U0946302

口述历史
— 辑要丛书 —
滇 印 缅
参战将士
口述全纪录

中国远征军

李立 - 编著

中国大百科全书出版社

图书在版编目（CIP）数据

中国远征军：滇印缅参战将士口述全纪录 / 李立编著. — 2版. —北京：中国大百科全书出版社，2016.1
ISBN 978-7-5000-9719-8

Ⅰ. ①中… Ⅱ. ①李… Ⅲ. ①国民党军–第二次世界大战–史料 Ⅳ. ①K265.210.6

中国版本图书馆CIP数据核字（2016）第005492号

策 划 人 郭银星
责任编辑 李 晓 郭银星
封面设计 今亮后声
责任印制 魏 婷
出版发行 中国大百科全书出版社
地 址 北京阜成门北大街17号 **邮政编码** 100037
电 话 010-88390636
网 址 http://www.ecph.com.cn
印 刷 中煤（北京）印务有限公司
开 本 787毫米 ×1092毫米 1/16
印 张 23.75
字 数 330千字
印 次 2016年1月第2版 2021年5月第3次印刷
书 号 ISBN 978-7-5000-9719-8
定 价 78.00元

序　言

中华文化发展促进会秘书长辛旗

“口述历史”近些年在学术界风靡一时。作为一种史学新流派，虽说发端于美国哥伦比亚大学，然考其源流，实滥觞于中国。早在春秋战国时期，中国就已经有众多形同“口述历史”的经典了。“六经”皆史，其中就有大量的口述者说。对中国几千年文明延续与发展产生巨大影响的《论语》，亦不失为一部经典的“口述历史”。班固《汉书·艺文志》载：“论语者，孔子应答弟子、时人及弟子相与言而接问夫子之语也。”《论语》除了其思想、人文价值外，我们从中亦可探寻到当时的社会制度、礼俗形态和生活方式等，其史学价值自不待言，或可称作“有韵之《史记》”。《礼记·玉藻》中有言，“动则左史书之，言则右史书之”。可见，中国古代早就有专门记载“口述历史”的史官了。一个时代的历史，不是由后人写出来的，而是由当世人共同塑造的，对他们言行与感悟的记载才是最真实的历史。今天，中国大百科全书出版社编辑出版的这套《口述历史辑要丛书》，正是对中国古代“记言修史”传统的传承与光大。

“口述历史”项目最初是由台湾近代史研究所首任所长、著名历史学家郭廷以先生拟订并组织实施的。历时四十余年，共收集整理了七十多名民国时期名流硕彦的记忆资料。受访者都是近现代史上具有重要贡献和影响的知名人物，或是与重要人物工作生活密切相关的人士，包括国民党党务要人、民国军政元老、科学教育方面的著名学者、经济及工业界人士、社会名流等，内容涉及中国近现代的政治、军事、经济、文化、教育等各个层面。而这套《口述历史辑要丛书》正是从“口述历史”项目所搜集编撰的一百二十余种访谈录中，经精心筛选后，按专题分册辑录而成的。系首次在大陆出版，可以说是继沈云龙主编《中国近现代史资料》和台湾版《传记文学丛书》之外的有关中国近现代历史的又一史料全、涉及面广、忆述人士关键、史料价值极高的大型系列读物。

中国的近现代是一个命运多舛、艰难困苦的时代，亦是一个奋发图强、英才辈出的时代。这套书里既饱含了当世人血泪沧桑的经历、颠沛流离的人生，以及一种痛入骨髓的情感，也饱含了他们心系社稷、忧国忧民的感叹和抵御外辱、献身民族的理想与志向。这样的历史才是丰厚鲜活、有血有肉的历史。但是，该书的口述者大多是当年国民党的党政要员，其忆述口径带有一定的历史局限性，再加上所述内容皆为个人所见所闻，其中难免有记忆不周之处，亦有主观成见或为名人友人亲人讳。这就需要我们阅读时能兼收并蓄、去伪存真。他们的许多看法观点，我们不一定赞同，但是我们应该尊重。因为它给我们展示的是历史的另一面，只有多面向的历史才是最接近真实的历史，这也使得这套书的出版具有了更加深远的意义：

其一，补阙拾遗。研究历史的人都很明白，离当代越近的历史越难研究。单凭文献研究近现代中国的历史，局限性很大。许多重要事件，不是没有留下文字，就是重要档案尚未公开，甚至有许多东西被涂上了太多的脂粉。那么这套口述历史，或许可以给我们拓展史学空间、廓清历史谜团带来一份惊奇与裨益。

其二，承前启后。按照“春秋三世”的说法，书中的口述者是“所见世”，在今天我们这些人是“所闻世”。我们能听到当世人的讲述，是我们的幸运。因此我们亦有责任把这些“所见世”者掌握的资料记录下来，把许多事情弄清楚，留下信史，这样才有“所传闻世”。中华民族的历史与文化，才不会因此而断绝，中华文明才能不断地繁荣发展。

其三，鉴往昭来。回顾近现代的中国，天灾人祸、更迭相加，国破家残，生灵涂炭。如今时过境迁，进入二十一世纪的中国已与往昔大不相同，国泰民安、物阜民丰，处处散发着和谐之气。然《易经》有云，“安而不忘危，存而不忘亡，治而不忘乱”。出版这套书，不仅是要提供一个认识近现代中国的完整视角，更是要“以史为鉴”以“知兴替”，从而可拒乱，乃至升平，直至万世太平。

愿我中华民族从此复兴，永享盛世。

泛泛为之一序，无以益其善美。

目录

第三章　仁安羌大捷

第四章　缅北大溃退

第五章　兵败野人山

第六章　驼峰航线

第七章　远征归来

导　言

李　立

中国远征军是抗日战争时期中国为支援英军在缅甸（时为英属地）抗击日本法西斯、保卫中国西南大后方而建立的出国作战部队。中国远征军作战是中国与盟国直接进行军事合作的典型代表，也是甲午战争以来中国军队首次出国作战，并立下赫赫战功。

抗战爆发后，由于中国的工业基础薄弱，急需大量物资和外援，遂于1938年初修筑滇缅公路。来自滇西二十八个县的二十万民众在抗日救国信念鼓舞下，自带口粮和工具，风餐露宿，劈石凿岩，历时十个月，在高山峡谷激流险滩上，沿滇西、缅北990千米的山野，用双手和血汗修筑了滇缅公路。其间因爆破、坠岩、坠江、土石重压、恶性痢疾而死去者不计其数。滇缅公路于1938年底通车，从此成为中国抗战的输血管。

抗战开始后，日本谋图以武力强迫中断"第三国"的援华活动。1939年冬，日占我南宁，断我通越南海防的国际交通线。

1940年春，日本对滇越铁路狂轰滥炸，并于6月迫使法国接受停止中越运货的要求。尽管如此，日寇并不罢休，于9月侵入越南，并与泰国订友好条约，滇越线全面中断。滇缅公路成了唯一的一条援华通道。

缅甸是东南亚半岛上具有重要战略意义的国家。西屏英属印度，北部和东北部与中国西藏、云南接壤。滇缅公路是中国重要的国际交通线，若为日军占据还可以威胁中国西南大后方。缅甸对于盟国中的中英双方来说都有重要战略意义。太平洋战争爆发后，日军在短时间内席卷东南亚，随即矛头直指缅甸。

为了保卫缅甸，中英早在 1941 年初就酝酿成立军事同盟。中国积极准备并提出中国军队及早进入缅甸布防。太平洋战争爆发后，1941 年 12 月 23 日，中英双方在重庆签署了《中英共同防御滇缅路协定》，中英军事同盟形成。

但是，由于英军轻视中国军队的力量，过于高估自己，又不愿外国军队深入自己的殖民地，一再拖延阻挠中国远征军入缅，预定入缅的中国远征军只好停留在中缅边境。然而，1942 年 1 月初，日本展开进攻后，英缅军一路溃败，这才急忙请中国军队入缅参战。中国成立远征军第一路司令长官部（原定第二路在越南方面，后因情况变化取消），开赴缅甸战场。但是，此时作战先机已失，造成缅甸保卫战的失利。这主要由于英国极端坚持先欧后亚的既定战略，战局一旦不利，便对保卫缅甸完全失去兴趣，而且一再撤退，使中国远征军保卫缅甸的作战变成了掩护英军撤退的作战。

但是，中国远征军却取得了让英美盟国钦佩的战绩，并达到了一定的战略目的。从 1942 年 3 月中国远征军开始与日军作战，至 8 月初中英联军撤离缅甸，历时半年，转战 1500 余千米，浴血奋战，屡挫敌锋，使日军遭到太平洋战争以来少有的沉重打击，多次给英缅军有力的支援，取得了同古保卫战、斯瓦阻击战、仁安羌解围战、东枝收复战等胜利。

在仁安羌援英作战中，中国远征军新编第三十八师师长孙立人凭借一团之力与数倍于己之敌连续英勇作战，以少胜多，解救出被围困数日濒临绝境的英缅军第一师，轰动英伦三岛。新编第二百师师长戴安澜屡建奇功，掩护了英军的平安撤退，后在翻越野人山对敌作战中不幸受伤殉国。战役结束后，英美政府高度颂扬并给孙立人与戴安澜将军追赠了功勋章。

缅甸失守给以后作战带来极为消极的影响，使日本可以直接威胁印度，也使中国彻底失去了滇缅公路这唯一的陆上交通线，以后不得不开辟从印度飞越驼峰（在喜马拉雅山）的空中航线。但是，这次远征作战也有重大的战略意义，掩护英军撤退，保存了力量以保卫印度，并消耗日军部分力量，阻滞了日军进攻中国西南大后方，从而赢得时间，配合国内部队阻敌于云南境内怒江天险，最后形成长期对峙，粉碎了日军从缅北进攻中国西南大后方的企图。这次远征作战，也是中国自甲午战争以来首次出国作战，中国军人弘扬了中国人民的国际主义和民族牺牲精神，提高了中国的国际地位。

第一次缅战日军伤亡约 4500 人，英军伤亡 1.3 万余人，中国远征军伤亡 5 万余人（绝大部分牺牲在胡康河谷野人山）。

缅甸作战失利后，中国远征军一部分退入英属印度。在中国战区参谋长史迪威的指导下，在兰姆伽训练营受训并进行整编，并于 1943 年 8 月改编为中国驻印军，利用美援物资配备全副美式装备，战斗力大为提高。

同时，中国鉴于缅甸的重要性，积极酝酿反攻缅甸，在滇西重新组编并整训第二批远征军，于 1943 年 2 月设立中国远征军司令长官部，严阵以待，随时准备与英美军队协同反攻缅甸。

1943 年 10 月，为配合中国战场及太平洋地区的战争形势，中国驻印军制订了一个反攻缅北的作战计划，代号为“安纳吉姆”，以保障开辟中印公路（中国昆明—印度利多）和敷设输油管。计划从印缅边境小镇利多出发，跨过印缅边境，首先占领新平洋等塔奈河以东地区，建立进攻出发阵地和后勤供应基地；而后翻越野人山，以强大的火力和包抄迂回战术，突破胡康河谷和孟拱河谷，夺占缅北要地密支那，最终连通云南境内的滇缅公路。

1944 年 3 月，我驻印军新编第二十二师和新编第三十八师占领孟关，消灭日本最精锐的第十八师团的主力，缴获其军旗、关防、大量文件及各种武器。继而这两个师又乘胜进军，一鼓作气，攻占缅北重镇孟拱，再次告捷。

此前，由国内于 1944 年春先后空运至印度接受美式装备和训练的新三十师、第十四师、第五十师先后转运至缅甸密支那，随即对日军发动进攻。新三十八师在孟拱战役结束后，也进军密支那。经过一个多月的激烈战斗，8 月初密支那终于被攻克。自从我驻印军先后开出兰姆伽后，连续作战，屡创强敌，战斗力较之以前大为提高，这是日军做梦也想不到的。他们弄不清楚这支两年前曾败在自己手下的中国军队何以在不到一年的时间里便成了一支攻无不克、战无不胜的威猛之师。

中国军队在密支那休整约两个月后，向日寇发动了最后的攻击，用缴获的日军文件上的一句话来说："支那军归国心切，锐不可当。"密支那休整后，新一军、新六军分左右两路向八莫发动进攻。一路上过关斩将，所向披靡。随后，新一军先后攻克八莫、南坎，并在畹町附近的芒友与云南西进的中国远征军会师，中印公路完全打通。中国驻印军旋即南下，于 1945 年 3 月 8 日攻克腊戌，30 日与英军会师于乔梅，缅北反攻作战结束。此时日军因在菲律宾失败，收缩战线，全部撤出缅甸。至此，缅甸战事全部结束。

此役历时一年半，歼灭日军 4.8 万余人，中国驻印军伤亡 1.8 万余人，中国远征军伤亡 4 万余人。

中国驻印军和中国远征军的反攻胜利，重新打通了国际交通线，使得国际援华物资源源不断地运入中国；把日军赶出了中国西南大门，揭开了正面战场对日反攻的序幕；钳制和重创了缅北、滇西日军，为盟军收复全缅甸创造了有利条件。

从中国军队入缅算起，中缅印大战历时三年零三个月，中国投入兵力总计 40 万人，伤亡接近 20 万人。中国远征军用鲜血和生命书写了抗日战争史上极为悲壮的一笔。

需要说明的是，本书口述者多为第一次参加远征缅甸作战，以及驻印军在印度生活和后来的反攻缅北作战；至于第二次远征军强渡怒江天险，反攻龙陵、腾冲、松山等战役的亲历者较少有口述者，是为本书的一大遗憾，待修订时再进一步充实、完善，以便更加全面地还原中国远征军的历史风貌。

本书口述者简介

白崇禧（1893～1966），中华民国时期新桂系首领之一。国民党陆军一级上将。字健生。广西临桂人。1916年毕业于保定陆军军官学校。后在广西陆军第一师任营长等职。1923年同黄绍竑在梧州组织广西讨逆军，任参谋长。随后与李宗仁的定桂军合作，于1924年6月打败旧桂系，占领南宁。同年加入国民党并任广西绥靖公署参谋长，桂军第二军参谋长。1926年3月桂军改编为国民革命军第七军，任参谋长。北伐战争开始后，任国民革命军副参谋总长。1927年初任东路军前敌总指挥，从江西攻取浙江，3月进抵上海郊区。当上海工人第三次武装起义胜利时入上海，任淞沪卫戍司令。随后，积极参与蒋介石发动的“四一二”政变。

1927年8月，他联合汪精卫等迫蒋下台，桂系军队乘机占领两湖一带。蒋介石重新上台后，对桂系势力的扩张采取抑制措施。白崇禧等率桂系军队进行两次反蒋战争均失败，退回广西。1931年5月又参加汪精卫、陈济棠等在广州发动的反蒋活动。“九一八”事变后，国民党各派系达成妥协，11月出任中央执行委员会委员。1932年李宗仁任广西绥靖主任，他为副主任兼民团总司令，合力控制和经营广西，作为争夺权力的基地。1937 年抗日战争爆发后，奉调赴南京就任军事委员会副参谋总长、军训部长等职，参与制订台儿庄作战计划。1939 年率部在广西昆仑关予日军以重大打击。1940 年冬，在蒋介石指示下，同何应钦合谋策动皖南事变，指使国民党军队进攻新四军。

1946 年 6 月任国民政府国防部长，积极追随蒋介石打内战。1948 年改任战略顾问委员会主任、华中军政长官。同年 12 月积极参与桂系提出“和平解决”的主张，逼蒋下野，企图借长江天险维持国民党在江南的统治。1949 年 4 月中国人民解放军胜利地渡过长江，白崇禧所统率的军队主力在鄂、湘、桂地区被歼灭。同年底，从南宁逃往台湾省，任蒋介石总统府战略顾问委员会副主任。1966 年 12 月 2 日病死于台北。

杜聿明（1904 ～ 1981），汉族，字光亭。陕西米脂人，中国抗日将领，曾任国民革命军陆军中将。

1924 年 6 月，杜聿明入黄埔军校第一期学习，毕业后追随蒋介石。在国民革命军东征讨伐陈炯明中初露头角，历任军校教导团副排长，武汉分校学兵团中校连长，中央陆军军官学校中队长，教导第二师营长、团长，第十七军第二十五师旅长、副师长等职，曾参加北伐战争、长城抗战、淞沪抗战，指挥收复桂南战略要地昆仑关。

1933 年以副师长身份指挥长城古北口对日战斗，激战三昼夜，歼敌 2000 余人。1937 年，杜聿明受命组建国民党第一个陆军装甲兵团。1937 年 5 月，首任装甲兵团团长。8 月率部参加淞沪会战。1938 年 7 月任第二百师师长。1939 年 11 月任第五军军长，率部参加桂南会战，指挥桂南昆仑关对日作战，使号称“钢军”的日军第五师团受到重创，歼灭日寇 4000 余人，击毙敌旅团长，获昆仑关大捷。1942 年 3 月任中国远征军第一路副司令长官兼第五军军长，率部参加滇缅对日作战，后兵败野人山。1943 年 1 月任第五集团军总司令。1945 年 2 月晋陆军中将，在解放战争时期被蒋介石视为股肱，堪称救火队长，奔波于辽沈、淮海两大主战场。1945 年 10 月任东北保安司令长官，指挥所部进攻东北解放区。1948 年 8 月任徐州“剿总”副总司令。10 月任东北“剿总”副总司令兼冀热辽边区司令官，旋回徐州任原职。

1949 年 1 月 9 日在淮海战役中所率各部全军覆没，于现安徽省宿州市萧县张庄寨镇张老庄村为中国人民解放军所俘。1959 年 12 月 4 日第一批特赦，1961 年 3 月任全国政协文史专员。1964 年被特邀为全国政协第四届委员会委员。1978 年当选为第五届全国人大代表、全国政协第五届常委和文史资料研究委员会军事组副组长。1981 年病逝于北京。

刘安祺（1903 ～ 1995），一级上将，字寿如，乳名开秦，山东峄县韩庄（今属枣庄市峄城区）人。1926 年毕业于黄埔军校三期步兵科、革命实践研究院第一期。陆军大学一期、国防大学二期毕业。早年投身军界，历经东征、北伐以至“剿共”“讨逆”诸役，由排长升至兵团司令官、青岛十一绥靖区司令官、军团司令。刘安祺原属胡宗南部下，1936 年晋升国民革命军陆军少将。抗战期间，曾任第八十七师二六一旅旅长、第八军第六十一师副师长、七十八师师长、九十七师师长，第一军第七十五师师长。后任第五十七军军长，青年军第六军、第二十一军军长，第七十一军军长，第七兵团司令官。

1946 年起任青岛绥靖区司令官兼行政长，1949 年 6 月 16 日发起著名的青岛大撤退，此撤退极为成功，但为了民族利益而拒绝了蒋介石城市大破坏的命令，做了一件大好事。蒋介石曾以快慰的心情说道：“此次青岛撤退，最为完整，不但军队及装备物资毫未损失，并将在青的反共人士及青年均已撤退赴台，至可嘉慰。”后任二十一兵团司令官。继赴琼、穗作战，掩护广州撤退。1948 年晋升国民革命军陆军中将。

罗友伦（1912 ～ 1994），字思扬。广东梅县人。黄埔军校第七期、陆军大学第八期毕业。后赴美国学习。曾任国民革命军第二百师副师长、师长，第四十九师师长、新六军军长。1949 年到台湾后，历任台湾陆军军官学校校长、“宪兵司令”、“海军陆战队司令”、“参谋总部副参谋总长”、“陆军副总司令”、“总政治作战部主任”、“联合勤务总司令”、“中华民国”

驻萨尔瓦多“大使”。

王楚英（1923～　），湖北黄梅人，黄埔军校第十七期毕业生。曾任中国战区参谋长史迪威上将的联络参谋兼警卫队长。中国远征军出征缅甸战史的研究专家。1937年抗日战争全面爆发后，14岁的高二学生王楚英不甘人后，考取了十八军干训班，在短暂培训后参加了“八一三”淞沪抗战、武汉会战及中国远征军。1941年，王楚英随中国驻缅甸军事代表侯腾入缅，组织“华侨抗日志愿队”并任队长，协助英军作战，打响了中国远征军入缅抗日第一枪。1942年3月至1944年10月，王楚英任中国战区参谋长史迪威上将的联络参谋兼警卫队长。1944年，黔南告急，王楚英被空运回国，参加湘西会战，他多次率领突击队，深入敌后作战，参加了对日的最后一战。1945年8月，王楚英又以警卫负责人身份，亲身经历了中国战区日军从芷江洽降到南京签降的全过程。先后六次获由蒋介石颁发的忠勇勋章、海陆军奖章等，曾荣获英国政府的丰功勋章。1950年起王楚英任国民党“陆军总部”办公室主任、高雄警备区及五十二军参谋长等职。1952年被蒋经国调任“总政治部”第五组代组长。1954年，王楚英借到香港考察之机起义回到大陆，现为南京市政协委员。

黄仁宇（1918～2000），1918年生于湖南长沙。天津南开大学肄业（1936～1938），抗战期间及战后曾担任国民革命军下级军官十年；自成都中央军官学校毕业后（1940），任陆军第十四师排长及代理连长。1943年加入驻印军，任新一军上尉参谋。1944年5月曾在缅甸密支那负伤，受颁陆海空军一等奖章。抗战结束，任第三方面及东北保安司令长官司令部少校参谋。1946年参加全国考试后，获保送入美国陆军参谋大学，1947年毕业后曾任国防部参谋。1950年以中国驻日代表团少校团员的身份退伍。后再度赴美国，于密歇根大学攻读历史，先后获学士学位（1954）、硕士学位（1957）、博士学位（1964）。曾在南伊利诺伊大学任教，1968～1980年任纽约州立大学教授，又曾任哥伦比亚大学访问副教授及哈佛大学东亚研究所研究员。2000年1月8日病逝于纽约的医院。

朱立民（1920～1995），1920年11月12日生于哈尔滨市，原籍江苏川沙（今属上海）。1932年入苏州东吴大学附中，毕业后入东吴大学化学系，后转入国立中央大学外文系。因抗战方殷，国步艰难，在大三时投笔从军担任译员，随远征军在缅甸、昆明任美军联络员。抗战胜利后返校继续学业，1947年毕业。1949年到台湾后，成为台湾外国文学研究专家。1995年8月19日病逝于台北。

云铎，中国航空委员会官员。

程敦荣，第十四航空队第二十三战斗机大队飞行员。

李光熹，中国空军第三飞行大队仪表员。

陈应明，中国航空航天方面的工程师。

邹德安，第五军军部作战参谋。

王树勋，中国远征军第七十一军直属山炮营二连上士通讯员、美军派驻七十一军炮兵联络指挥部准尉。

尤广才，中国远征军第五十四军五十师特务连连长。

刘桂英，中国远征军新二十二师野战医院女护士。

卢国维，中国远征军驻印军第六军十四师译员。

王恩溥，中国远征军第五军九十六师二二八团迫击炮连排长。

张家福，中国远征军第二百师少校。

邓述义，中国驻印军独立战车第五营士兵。

陈永益，中国驻印军新一军五十师士兵。

李祚达，中国驻印军炮四团士兵。

王汉忠，中国驻印军新一军三十师炮兵二营通讯兵和技工。

邱枫，中国驻印军战车营中士。

周文星，中国驻印军指挥部士兵。

潘克勤，中国驻印军新三十师八十九团第三排排长。

黄隆炽，中国驻印军新一军教导总队士兵。

杨毓骧，中国驻印军暂汽一团一营二连汽车兵。

胡子龙，中国远征军第五军新编二十二师六十五团二营三连指导员。

姚拓，中国远征军第八十七师二六零团二营六连副连长。

张清伦，中国驻印军新一军新三十八师一百一十三团四营四连战士。

叶进财，中国远征军某部少尉。

张子文，中国远征军某部上尉。

第一章 挥师缅甸

1941 年 12 月，日军先头部队入侵缅甸南部，直接威胁仰光和滇缅公路。鉴于缅甸局势岌岌可危，12 月下旬，蒋介石在重庆主持召开中英美军事联席会议。会后，有记者问蒋介石，万一缅甸不守，中国政府有能力应付四面受敌的困难局面吗？蒋介石回答说：鉴于亚洲局势日趋严重，我国作出决定，不日将出兵缅甸，与日寇决战。

中国政府决定出兵缅甸的消息，立刻震动了西方世界。在大英帝国主义的版图上，缅甸只是一个无足轻重的印缅省，它存在的意义仅仅在于对印度构成一道外围屏障。而对艰苦抗战的中国人来说，缅甸是中国通往外部世界的唯一通道，它的存在直接关系到大后方的安危。然而英国人虽然自顾不暇，却不愿中国插手缅甸事务。美国总统罗斯福对英国人的短视和自私很恼火。中国人参战不仅对亚洲战局至关重要，对在欧洲焦头烂额的盟国也很重要，只要拉着中国人在亚洲坚持抗战，英美就可集中力量对付德国。罗斯福决心说服英国人放下殖民者的架子，同中国人共同抗战。为了协调英中军队的关系，美国派出一位将军到中国任参谋长，用美国的武器和物资武装中国人，由亚洲人解决亚洲人的问题。这样，美国和英国就可以全力去对付欧洲战场了。不久，著名的阿卡迪亚会议在华盛顿结束，会议决定将缅甸、泰国和越南从盟军东南亚战区中划出来，与中国战区合并为“中缅印战区”，由蒋介石出任最高总司令。

1942年2月的一天，在美国迈阿密空军基地，一位瘦削的美国将军登上一架飞机。这位原西点军校的教官与中国有着不解之缘。他学过中文，曾在北京任美国使馆的武官。现在，他又要到遥远的中国担任战区参谋长，他的名字叫约瑟夫·史迪威。

1942年2月，缅甸毛淡棉失守后大约两周，滇缅公路上突然尘土飞扬，旌旗挥舞，浩浩荡荡的中国军队好像一条望不到头的灰色长龙，开始向缅甸境内大规模挺进。这就是由第五军、第六军和第六十六军组成的中国远征军，国内舆论无不对此欢欣鼓舞。

一、中国远征军组织的由来

杜聿明

中国远征军是根据1941年成立的中英军事民盟而组织的。当1940年欧洲第二次世界大战爆发，6月4日英法军在敦刻尔克弃甲丢盔大溃败之后，英伦三岛岌岌可危，英国希图借中国人民长期抗战的伟大力量，支援它在远东殖民地特别是缅（缅甸）、印（印度）、马（马来亚）方面的军事，挽救远东大后方的危机。同时，在中国方面，为了要取得抗战最后的胜利，当时也必须确保滇缅路这条最后的国际交通运输线。因此，自1940年10月间起，英国首先开放封锁已久的滇缅路，接着酝酿中英军事民盟。1941年春，英国邀请“中国缅印马军事考察团”到缅甸、印度、马来亚作军事考察。以后几经协商，才在同年12月23日签订《中英共同防御滇缅路协定》，成立中英军事同盟。

根据中国缅印马军事考察团的意见，中英军事同盟本来早应成立，以便中国军队及早开入缅甸布防。可是英方迟迟不决，直到1942年2月间，中国军队才先后动员入缅；3月12日，即仰光失守后第四日，才正式成立“中国远征军第一路司令长官司令部”（原定第二路在越南方面，以后情况变化未发表），指挥三军在缅甸与英军并肩作战。这就是本文所称的中国远征军。

中国远征军随着当时情况的发展分为前后两个阶段和三种不同任务、不同作战地区的组织。

前一阶段，自 1941 年 12 月 11 日中国军队动员入缅开始。属于中国远征军第一路司令长官司令部指挥范围。第一次入缅远征失败后退入印度的部分军队改称为“中国驻印军总指挥部”，简称“驻印军”或“中国驻印军”；另一部分军队退至本国境内怒江东岸，连同以后新增加的部队到 1943 年春重新成立“中国远征军司令长官司令部”，此为后一阶段。但因一般都称“远征军”，以致历史资料中，经常混淆不清。特别是这三种任务不同的部队在三个战区作战，先后又统归史迪威指挥，更易造成错觉。

现在我把中国远征军前后两个阶段、三种情况的实际组织分述如次：

第一阶段：可以概括为自珍珠港事变、日寇侵缅后中国出兵远征的时期。

时间：自 1941 年 12 月 11 日中国远征军开始入缅起，至 1942 年 8 月间。

地点：包括全境内同古（即东瓜）、叶带西、斯瓦、仁安羌（即彦南阳）、乔克巴当、棠吉（即东枝）、腊戍、曼德勒（即瓦城）、惠通桥诸战役及失败后分头撤退的地点。

部队番号及指挥官：中国远征军第一路司令长官司令部司令长官卫立煌，未到任，由杜聿明代理，继任罗卓英，副司令长官杜聿明；第五军军长杜聿明兼，第二百师师长戴安澜、新二十二师师长廖耀湘、第九十六师师长余韶，游击司令（即第五军新兵训练处）黄翔；第六军军长甘丽初，第四十九师师长彭璧生、第九十三师师长吕国铨、暂五十五师师长陈勉吾；第六十六军军长张轸，新三十八师师长孙立人、新二十八师师长刘伯龙、新二十九师师长马维骥。

第二阶段：可以概括为准备反攻及打通中印公路（亦称史迪威公路）时期。在这一阶段中又分为两个方面：

印度方面：

时间：自 1942 年 8 月间中国远征军第一路司令长官部及新二十二师、新三十八师等部队退入印度至 1945 年日本投降止。

地点：包括中缅印边境孟拱、密支那、八莫及畹町会师、打通中印公路诸战役。

部队番号及指挥官：中国驻印军总指挥部总指挥史迪威兼，副总指挥郑洞国（前为罗卓英）；新一军军长郑洞国，继任孙立人；新三十师师长胡素，继任唐守治；新三十八师师长孙立人，继任李鸿；第五十师师长潘裕昆；新六军军长廖耀湘，新二十二师师长李涛，第十四师师长龙天武。

中国方面：

时间：自 1943 年 4 月前后至 1945 年 3 月前后。

地点：包括中缅边境松山、腾冲、龙陵、畹町会师诸战役。

部队番号及指挥官；远征军司令长官司令部司令官陈诚，继任卫立煌，副司令长官黄琪翔；第十一集团军总司令宋希濂，第二军军长王凌云、第六军军长黄杰，第七十一军军长钟彬、第五军第二百师师长高吉人；第二十集团军总司令霍揆彰，第五三军军长周福成、第五四军军长阙汉骞；直属部队，第八军军长何绍周。

二、远征以前形势

杜聿明

（一）修筑滇缅公路和铁路

在抗日战争初期，日本军国主义者蔑视中国人民英勇无敌的力量，满以为在短期内完全可以使中国屈膝，哪知打了一年、两年、三年……伟大的中国人民不但没有屈服，反而愈战愈强，正循着毛主席在七七事变后指出的“抗日战争是持久战，最后胜利是中国的”这个方向发展着。这时日军妄想从沿海包围截断我国际交通线，迫使蒋介石投降，于1939年冬在广西钦州、防城登陆，侵占南宁，截断我通越南海防的国际交通线；1940年9月间又侵入越南。至此，我滇越路国际交通线已被截断，所可依靠的仅有滇缅路。

早在1938年春，我国即开始修筑滇缅公路，于是年12月间初步通车，以后陆续加以修改，成为支援中国抗战的一个重要的交通动脉。可是通车不久，即被英国殖民主义者不断留难，甚至在1940年7月18日英日正式成立封锁滇缅路协定，自是日起英国封锁滇缅路三个月，到10月才又开放。

虽然我们祖国抗日战争的胜利，主要依靠的是人民群众的不可战胜的力量，可是也不能全无外援。外援的最可靠的力量是苏联，而且苏联是抗日一开始首先援助中国抗日的社会主义国家。但蒋介石只相信他自己和依靠资本主义国家。记得在 1940 年底有一次官邸汇报中，蒋介石对一位交通部次长（姓名已忘记）说："苏联担任的西北运输工作应全部停止。"这位次长吞吞吐吐地说，新疆尚有许多物资未曾运完，而且都是急要的。蒋介石一听，怒气冲冲地命令他："你照我的意思办不会错，你不要再想运了，再这样下去，都成他们（指中共及苏联说的）的世界了。"我当时听到有些诧异，觉得苏联援助我国抗日的飞机、坦克、枪炮等都需要大量的油料、弹药补充，为什么要停运呢？特别是我所带第五军的坦克等装备迫切需要苏联的补充，可是慑于蒋介石的淫威，始终未敢出声。

蒋介石坚决站在反共反苏的立场上，当时断然拒绝了苏联的援助。他集中全力经营滇缅公路，任命宋子良为滇缅运输总局局长，设立许多汽车保养站，集中主要车辆担任运输。

由于宋子良搞得一塌糊涂，以后改由交通部部长俞飞鹏亲自兼任总局长，后来并有美国人参加整理，也都不见起色。1941 年春又发行修筑滇缅铁路公债一千万美元，发动当地民众日夜赶修路基，很快即将大部路基修好。昆安（昆明至安宁）段于 1941 年 4 月通车。

修筑这段铁路时，当地人民激于民族义愤，情绪非常高涨，参加筑路的工农劳动人民极为踊跃，有许多还是由原来津铺、平汉等铁路撤退下来的老工人。修筑这条公路和铁路对于抗日战争起了一些作用，并不是一件坏事。可是主持筑路工程的各级人员贪污腐化、剥削压榨，使广大劳动人民受到重重的灾难。可以说，滇缅路的建筑是染满了劳动人民的血汗的。

（二）蒋、龙各怀鬼胎

在蒋介石集中全力经营这条国际路线时，他同统治云南的龙云发生着尖锐的矛盾。蒋、龙各怀鬼胎。蒋介石企图利用抗日幌子，处心积虑"统一"云南。而龙云则处处防备蒋介石的这一手，坚持龙氏小王朝独揽云南政治经济军事大权的局面，关于云南的政治蒋介石不能过问。经济方面一直到 1941 年前后，云南仍使用它自行发行的"滇币"，军事上则中央军不能入境。

蒋介石这时对龙云所运用的政治手腕是：一面派中央大员如宋子文等人向龙云多方疏通、拉拢，一面以准备远征为理由，将他的嫡系部队先后向滇黔、滇川、滇康边境陆续集中。计先后集中的部队有：

滇黔边境：在兴仁、兴义附近整训的为第六军甘丽初部三个师（第四十九师、第九十三师、暂五十五师）；在安顺、盘县附近整训的为第五军杜聿明所部三个师（新二十二师、第九十六师、第二百师）及机械化部队。

滇川边境：在泸州、叙永附近整训的为七十一军钟彬部两个师（第八十七师、第八十八师）；另有新二十九师马维骥部。

滇康边境：在西昌、会理附近为第七十一军第三十六师。

滇桂边境：第五十四军黄维（以后为阙汉骞）部的第十四师、第五十师、第一九八师。

川黔境内：第二军王凌云部的一九八师、第七十六师、第三十三师；税警总团孙立人部（1941 年底编为新三十八师），新二十八师刘伯龙部——这两个单位以后编为第六十六军，属张轸部（另外有远征以后增调的部队未列入）。以上部队大概是自 1940 年 9 月间日寇侵入越南时即开始集中，但因蒋、龙间的矛盾，长期未能入滇。一直到 1941 年中英军事同盟酝酿期间，准备双方协力保全滇缅路及仰光国际交通线，蒋、龙之间经过长期曲折的商讨，这年秋冬间，第六军四十九师彭璧生部先开滇缅路担任护路，第五军也开入云南杨林、沾益、曲靖等处。不久蒋介石在云南成立军事委员会驻滇参谋团，以林蔚任团长，并成立昆明防守司令部，以我兼任司令。接着第六军九十三师陆续开往车里、佛海布防。至 12 月间又将新二十八师、新二十九师、新三十八师三个师编为六十六军，以张轸任军长，准备参加缅甸远征。

（三）中国缅印马军事考察团

英国是一个老牌的帝国主义、殖民主义国家，十分自高自大。它向来惯用两面手法控制欧洲大陆，挑拨战争，从中渔利，这是它的拿手好戏。在第一次世界大战后不久，英国为了同法国争夺欧洲霸权，就逐渐支持德国法西斯主义，并妄图怂动希特勒进攻苏联。正是玩火者必自焚，希特勒并未完全依照张伯伦的意图首先进攻苏联，相反地是在并吞了一系列小国之后，于1940年先向它的老伴法国下手。5月10日张伯伦垮台，6月4日英法军在敦刻尔克丢盔弃甲大撤退，伦敦一时张皇失措。可是英国并未接受这一教训，对日本法西斯主义者的疯狂侵略提高警惕，积极在缅甸布防。反而幻想仍用两面手法敷衍日本，以保全它在远东殖民地的大后方，7月18日同日本正式成立封锁滇缅路三个月的协定。但日本法西斯主义者并未因英国的拉拢而停止独霸亚洲的野心，相反地正是利用这一协定看破英国的弱点，于9月间侵入越南，并与泰国签订友好条约，直接威胁到马来亚、新加坡、缅甸等英国殖民地。

这时英国看到中国抗战以来愈战愈强，而且八路军的游击战深入晋冀鲁豫敌人的大后方，建立抗日政权，不断打击敌人，收复失地。英国认为这是了不起的抗日力量，较之英法在欧洲战场上的狼狈现象，真是不可同日而语。于是英国对中国的态度开始转变，首先于1940年10月间重开滇缅路，接着派了一些在敦刻尔克撤退下来的残兵败将来中国学习游击战（当然，他们在蒋政权中是学习不到人民的游击战的）。1941年1月，英政府又任命丹尼斯少将为驻重庆陆军武官，开始和中国酝酿中英军事同盟，第一个步骤是通过中国对缅印马的军事考察，两国共同商定保全缅甸的具体军事计划。经过协商，“中国缅印马军事考察团”于1941年1月间产生。考察团的成员如下：团长商震，副团长林蔚；团员方面，陆军杜聿明、侯腾、冯衍、唐保黄、刘方矩，空军王赞，海军周应聪，外交郑康祺，秘书刘耀汉。

考察团于同年2月初出发，到缅甸、印度、马来亚考察约三个月之久，搜集有关缅印马经济政治军事资料，编成《中国缅印马军事考察团报告书》，计三十余万言（当时有油印本），其中最主要的是中、英、缅甸共同防御计划草案。

这个草案是根据缅、马地形交通及估计日寇战略战术而拟定的。我们当时根据日本军国主义者已经吃了中国人民的苦头的情况及其政略、战略、战术上的特性，妄图独霸亚洲的野心，同时并考虑到英国军队不堪一击的情况，认为日本对于中国的国际交通线滇缅公路，将不是从中国境内截断，而是配合它对亚洲的整个政略、战略策划；一旦日寇与英国开火，势必先击败英军进而侵占马来亚、缅甸。这样，日寇既击败英军而夺了它的殖民地，又可以封锁中国，获得一箭双雕的效果。但是由于当时中国在政治上和经济上还在很大程度上依赖英国，因而就不敢正面向英方提出如上所述的判断，而只能含糊其辞。

草案的内容略如下述：

敌情判断

1. 敌情。日寇陆军既具优势，又有作战经验，以日军侵占越南并与泰国成立友好条约的情况来判断，它已在积极准备与英国挑衅。一旦日寇发动侵略缅马军事，可能以海军、空军掩护陆军沿泰马交界进军，先侵占马来亚、新加坡，然后乘战胜之余威回师北上，进攻缅甸。敌人可能使用兵力三至五个师团和优势的空军与海军。

2. 地形。中、缅、老（老挝）边境车里、临江一带山峦重叠，交通不便，易守难攻；而且瘴气特甚，对于大兵团尤其现代化部队运动限制很大。缅泰交界景东以南经登劳山脉、亘萨尔温江下游至毛淡棉（即摩尔门）一带，虽有崇山峻岭和萨尔温江之险，但景东、克耶邦特别是毛淡棉附近皆有公路与泰国境内公路相衔接，为可攻可守的决战地带。

共同防御意见

1. 中英两军为确保仰光海港之目的，应集结主力在缅泰边境毛淡棉、登劳山脉及景东以南地区预先构筑阵地采取决战防御，并将重点指向毛淡棉方面。另以一小部在中缅边境车里、临江间担任持久防御。以一部配合舰艇在仰光及仰光海面警戒。

2. 指导要领。（1）中英两军在车里、临江以南亘景东以南克耶邦缅泰国境至毛淡棉一带构筑纵深的据点式堡垒群阵地，吸引敌人于我主力阵地前，以强大之火力摧毁敌人之攻击，不失时机转移攻势，将敌人包围歼灭于我主阵地前，再一举出击来侵之敌。（2）敌人主力如从中央来犯，我利用既设阵地消耗敌人至一定程度，由景东及毛淡棉两翼先击破敌人，将其包围而歼灭之。（3）敌人主力如由毛淡棉附近来犯，我军应利用萨尔温江天险及据点工事吸引敌人于我主阵地前，以强大之火力摧毁敌人攻势，配合我左翼部队击破一部敌人，将敌人主力包围于毛淡棉海岸附近而歼灭之。（4）敌人主力如由景东来犯，我军应吸引敌人于山岳地带内，以正规战与游击战并用，竭力迟滞敌人，主力从毛淡棉附近出击，先击溃敌之一部，截断敌人后路，包围而歼灭之。

3. 兵力部署。（1）预定英缅军二至三个师，中国三至五个军。（2）布置中英两军主力（二至三个军）于毛淡棉、克耶邦、景东间地区，并在毛淡棉附近形成重点，构筑半永久性的纵深据点式堡垒群，形成坚固的主阵地带，在主阵地前选择要点构筑据点式前进阵地，吸引敌人于我主阵地前，以强大之火力摧毁敌人攻势，不失时机转移攻势，将敌人包围歼灭于我主阵地前。（3）以一小部（一团至一个师）位置于景东亘临江、车里以南地区，构成据点式野战堡垒群，形成纵深的主阵地带，在主阵地前构筑星罗棋布的前进阵地，采用游击战与阵地战相配合的战略战术。依据中缅交界山岳地带的特性，以主阵地为根据地，用一小部兵力警戒，以大部兵力担任游击，适时深入泰缅境内袭击敌人后方。（4）仰光及仰光海面由英军及舰艇担任警戒。（5）控制强大机动性预备队（一个半军至二个半军）于同古（即东瓜）、平满纳（即平马纳）、漂背、麦克提拉（即敏铁拉）间地区，不失时机增援第一线与敌决战。（6）其他。构筑工事材料及交通、通讯器材等由英方筹备；详细作战部署待双方政府协定后另行拟定。

中国的这个意见是在缅甸考察之后所拟的初稿，以后经过部分的修改补充。接着我们到了马来亚，见了英国当时驻新加坡总督波普汉，谈到这个问题。波普汉很同意中国军事考察团的意见，希望商震抄一份初稿给他。可是商震的英文是半瓶醋，只是唯唯地答应，并不明白对方的要求。商震的秘书刘耀汉因为商直接与波普汉谈话，正闹情绪，也未提醒商的注意。到两天以后，波普汉请吃饭，又问到这件事，商瞠目不知如何回答，反而问刘，刘说有这回事。商这时显得十分尴尬不安，马上表示道歉，并补抄一份送给波普汉。这里说明商震为个人出风头，在正式外交谈话中不用秘书翻译，既违外交惯例，又把事情弄错；而刘则为个人情绪，故意让商在外交上丢一次脸。

可是英国除少数人如波普汉、丹尼斯之外，对于当时局势的看法与中国大有出入。他们幻想以大英帝国的招牌吓唬日本。他们说英国有雄厚的力量，认为日寇不敢轻于向他们挑衅；如果日寇要截断滇缅路的话，必然从中缅或中老（老挝）边境，而不会经过缅甸。

因此，当 1941 年夏间中国正式提出中英缅甸共同防御意见书时，英国仍然坚持它的主观谬见，一再强调中国应在中老、中缅边境布防，以防止日寇截断滇缅路，而不允中国军队及早入缅布防。同时英国心中也明白：日寇一旦侵袭它的远东殖民地，它没有任何的防御能力，所以也不敢正面否认中国提出的意见，只是强调时机未到，不同意中国军队先行入缅。不过英国仍然要借中英合作的声势，进一步唬住日本，于是 1941 年 12 月下旬成立中英军事同盟，签订中英共同防御滇缅路协定。当然英国还有它不可告人的目的，留待下面揭露。

（四）中英共同作战的准备

中国方面：中国在这期间（1941 年 6 ～ 12 月间）对于英共同防御滇缅路方面，做了必要的准备：（1）成立军事委员会驻滇参谋团，以林蔚为团长，萧毅肃为参谋处长，及参谋若干人，策划中英有关作战的一切业务。（2）先准备三个军（即第五军、第六军、第六十六军）动员入缅与英军并肩作战，详细位置已如前述。（3）对远征各军充实装备，如第五军成立炮兵团等，并令加紧训练。（4）其他集中滇川、滇康、滇黔边境各部队亦在暗中准备动员（详见前述）。（5）其他炮、工、通、辎等部队亦作了必要的准备。

但对于缅甸境内的交通运输、通讯补给等则完全依靠英方，毫无准备。

英国方面：（1）任命胡敦为英缅军总司令。（2）增加兵力：1941年春中国军事考察团在缅甸考察时，英国在缅甸仅有英缅军第一师，而且尚未装备训练完成。到珍珠港事变前后，除这一个师装备完成外，还增加了英印军第十七师、英澳军第六一三旅及装甲第七旅（坦克一百五十辆），并有炮兵、空军等部队。（3）对缅泰边境防御工事、交通、通讯等完全无准备，但对于主副食、医药等有一定的准备。

三、在缅军事部署

白崇禧

敌自1941年12月8日偷袭珍珠港，发动太平洋战争，且预先占领安南、马来亚、新加坡、泰国以为南进之军事基地，敌又续占缅甸，切断我滇缅路交通。此外，敌更企图策动印度叛英，以饭田祥二郎为第十五军司令官，指挥第十八、三十三、五十五、五十六这四个师团及特种部队于仰光登陆，向我滇西边境前进。我为争取盟军胜利与打通滇缅路国际交通起见，遂应盟军英国之请，编组远征军入缅作战。第一路司令官罗卓英，指挥第五军、六军、六十六军，于1942年2月下旬由云南进入缅境，协助英军作战。

我军部署以第五军由正面进攻缅甸之同古及其以南地区，第六军由昆明经保山沿缅泰边境前进，3月中旬到达毛奇、孟畔地区，第六十六军进驻腊戍、曼德勒。而在此之前，敌已攻占仰光，正北进中。

英国有第一军团于缅境普罗美布防，第五军担任仰曼路（仰光—曼德勒）正面守备，六十六军控制腊曼路（腊戍—曼德勒）机动使用。

杜聿明

中国远征军入缅作战，由于中、英、美三方矛盾重重，是一个极其复杂的过程。自1941年12月8日珍珠港事变后，同月11日第一次下动员令起，至 1942 年 2 月 16 日远征军正式动员，这两个多月期间，时而动员入缅，时而停止待命，时而准备东调，反反复复，捉摸不定，坐使仰光沦陷，已经失去保全仰光国际交通线的根本目的。加以入缅后，指挥多次变动，系统紊乱，权限不明，各有所私，以及指挥无能，部队战力悬殊等，既未能适时适地集中主力与敌决战，以期收复仰光，又未能退而凭据险要与敌作持久战，保全我腊戌的物资。东拉西扯，一无所成，徒使将士浴血，丧师辱国，回想起来，实深愧痛！

但我远征军激于民族义战，同仇敌忾，士气旺盛，转战东西南北，与敌搏斗，也有不少可歌可泣的事迹。本文只将在缅作战比较有计划的、激烈的、时间较长的以及有意义的有关键性的战斗，如同古战斗、斯瓦逐次抵抗战、仁安羌解英军之围、乔克巴当大上英军之当等等，加以概略的叙述。

（一）动员方面

第一次动员：1941 年 12 月 11 日，蒋介石令第六军九十三师开车里，第六军第四十九师以一个加强团开畹町归英缅军总司令胡敦指挥，准备开景东。16 日令第五军、第六军动员入缅，协同英军作战。当第五军先头部队到达保山附近时，于 12 月 26 日又以奉令“英方表示第五军及第六军主力（欠九十三师及四十九师之一团）暂时毋庸入缅”而中止。12 月 29 日又令第五军毋庸入缅，必要时须向东转运。

第二次动员：1942 年 2 月 1 日令第六军集中芒市、遮放、龙陵，候英方派车接运入缅。

第三次动员：1942 年 2 月 16 日又奉令，“据英代表请求，仰光情况紧急，请速派第五军入缅”；“所有野炮、战防炮均应随同出发，装甲兵团先作出发准备”。

（二）指挥方面

1941 年 12 月 22 日蒋介石令第五、六两军入缅，归杜军长指挥。

1942年2月1日令第六军入缅部队归甘军长指挥，至于该军受何人指挥，另有命令。2日令第六军入缅后归英方指挥。25日令五、六两军入缅作战，着由杜军长聿明统一指挥，杜军长仍归胡敦指挥。

2月25日，蒋介石亲到昆明下达命令指挥部署。3月1日蒋介石亲赴腊戌指挥，2日蒋在腊戌面谕参谋团指导入缅军之作战行动，并与英方会商。4日蒋面对我说："你归史迪威将军指挥。"并说对史迪威将军要绝对服从。我反问："如果史迪威的命令不符合你的决策时应如何办？"蒋说："你打电报向我请示再说。"蒋回到重庆后有些不放心，又给我一封亲笔信，指明必须绝对服从史迪威的重要性。

同年3月8日腊戌会报英方通知，英政府已任命亚历山大接替胡敦的英缅总司令，胡敦任参谋长。11日令着第五军、第六军统归中国战区参谋长史迪威指挥，但未规定史迪威与亚历山大相互间的地位。12日腊戌会报，英方提出史迪威指挥五、六两军，与亚历山大之间的指挥系统不明。同日特派卫立煌为远征军第一路司令长官，杜聿明为副司令长官，在卫未到任以前准由杜副司令长官代理，也未规定司令长官与史迪威参谋长相互间地位。17日亚历山大由渝飞回腊戌转回梅苗，28日林蔚到梅苗，据亚历山大面告："在渝已决定以本人（亚自称）为在缅作战的中英联合军最高指挥官，史迪威将军受本人之指挥。"但参谋团及各部队始终未奉到此项命令。4月2日改派罗卓英为远征军第一路司令长官，仍未规定罗长官与史迪威参谋长相互间的地位。

同年4月5日蒋介石带罗卓英到腊戌，6日到梅苗亲自指挥部署，决定平满纳会战，增调第六十六军入缅，并召见同古突围的二百师师长戴安澜，与他同住一晚，予以慰勉。8日蒋约我和戴同他巡视曼德勒。蒋介石看到从梅苗到曼德勒间汤彭山脉一带山峦重叠，十分险要，对我说："平满纳会战十分重要，必须鼓励将士一举击破日寇，进而收复仰光。万一日寇后续部队增加，我军也不要勉强决战，退一步准备曼德勒会战，或把住这个山口（指梅苗、曼德勒间）与敌作持久战。"我当时很同意蒋介石的这个指示。回梅苗后他又叮嘱我要服从史迪威和罗卓英的命令，我因同古战斗曾和史迪威争吵，满肚怨气，对蒋说："如照史迪威的命令，二百师早已断送了，他既不了解中国军队的情况，也可以说不懂战术。"

蒋拦住我的话说："我知道的，以后有罗长官在，他会了解的。"9日蒋介石回国，以后关于中国远征军的指挥，即由史迪威、罗卓英完全负责。

（三）缅人的态度与缅甸的形势

缅甸各族人民六十多年在英帝国主义统治下，深受殖民主义者奴役的痛苦，要求民族独立自由的思想日益增涨，当时《缅文报》主笔宇克孟先生，谈到对中国远征军的感想时说："缅甸人不愿做亡国奴，无论日本用什么方式都打动不了缅甸人，缅甸人真诚欢迎中国军队。"他又说："我们一家三口都在抗日，我用笔，儿子用枪，我的太太每天为国运而祈祷。"他并且写过不少赞扬中国远征军的社论，这是缅甸人民的主导思想。可是蒋介石为了讨好英帝国主义，对于缅甸人民的民族独立运动毫未表明态度，更谈不到支援缅甸人民。于是缅甸除先进分子积极支援中国远征军抗日外，一般都抱着观望的态度，反动党派且为日本利用，甘作缅奸，到处进行破坏的活动。同时缅甸人民普遍仇视英军，遇机即杀，造成当时缅战中极其错综复杂的情况。如不是广大爱国华侨积极援助，我军就不免要全军覆没了。

缅甸按山川河流及政治经济情况分为两部分：曼德勒以北为上缅甸，重镇为曼德勒（即瓦城）；以南为下缅甸，重镇为仰光。上缅甸西有那加山脉，中为明克山脉，东南为汤彭山脉；下缅甸西有阿拉干山脉，中为勃固山脉，东有蓬隆山，与泰国毗连者为登劳山脉。全境三条主要河流，即伊洛瓦底江、色当河（亦称西当河、锡当河）、萨尔温江，南北贯通全境；铁路公路南北贯通，并与我滇缅路相衔接。瓦城为上缅甸政治中心，握交通之枢纽，扼水陆之总汇，为历史上兵家必争之地。其东汤彭山脉与登劳山脉间密林丛生，为现代反侵略战争进行游击战的最好根据地。

下缅甸以仰光为咽喉，为新兴的商港，有现代化的港口设备，为我抗战物资供应的最后一个国际海港，也是我远征军必争的目的地。

胡康地区包括那加山以东大洛盆地及新平阳盆地，都是原始森林，古木参天，不见天日，中国历来叫作野人山。其中河流交错，雨季泛滥，水势汹涌，舟船难通，因之有“绝地”之称。

每逢雨季，不仅用兵困难，即民间交通亦多断绝。可是到了旱季，河川变为通道，除亲敦河外，一般都可徒步通行。

中印缅交界的气候，可分为雨旱两季。自 5 月下旬起，至 10 月间为雨季，阴雨连绵，天气较凉，潮湿极重，蚊虫、蚂蟥很多，瘴气特甚。11 月以后至次年 5 月中旬前为旱季，天气多风，极少下雨，12 月间风势较大，1 月以后逐渐转热，经常在华氏一百二十度左右。

总起来说，缅甸形势是口小肚大、尾巴尖。仰光为全缅门户，同古、普罗美都是要隘，瓦城为四战之地，八莫、密支那为最后屏障，而棠吉、梅苗又为腊戍的屏障。屏障一倒，不仅缅甸自身无以立足，中缅边境物资汇集的腊戍、畹町也就危险了。

（四）敌友我的军事布置

1942 年 3 月 18 日，在同古以南约五十千米的皮尤及其南十二千米的大桥附近序战开始前，敌友我三方的军事布置如下：

1. 敌情。日本第十五军饭田祥二郎所部第三十三师团在普罗美以南地区；第五十五师团在同古以南地区；第十八师团在泰国景迈附近，一部主力于 4 月初增援斯瓦战斗；第五十六师团判断由仰光登陆，当时行动未明，以后集结于同古。至于空军和炮兵、战车的情况，当时均不明。

2. 友军。英缅军总司令亚历山大所部英缅军第一师（欠十三旅）、英印军第十七师、英澳军第六十三旅、英装甲车第七旅均在普罗美方面。英缅军第一师十三旅在景东、毛奇方面。英空军飞机共四十五架，在马格威尔。

3. 中国远征军。中国远征军第一路司令长官部所属部队第五军骑兵团附属工兵一部在皮尤河附近；第二百师在同古（配属炮兵部队未到）；新二十二师、第九十六师由芒市于6日开始以汽车运输；第六军所属第四十九师、暂五十五师、第九十三师在景东、毛奇一带；第六十六军所属新三十八师、新二十九师、新二十八师，此时尚未动员；炮兵为第五军炮兵团及炮十三团第一营；空军为美空军志愿队。

四、杜聿明与史迪威从合作到分裂

王楚英

（一）缅甸得到蒋介石接见

1941年12月15日，我随侯腾乘坐飞机赴缅，与此同时，杜聿明带领两个军日夜兼程向缅甸进发。侯腾一行到达仰光后，向英军呈交中国拟定的缅南会战计划，但是英国人对这个计划并不积极。

我们到了以后，侯腾就跟胡敦就是英军总司令驻缅甸的商量。说我们很要紧呢，如果不来，不及时进来，让日本人进来，我们就被动了。他摇摇头，意思就是说日本人不会进来。

英国人虽然不愿意让中国军队入缅，帮助英军作战，不过他们却接受了另外一个建议，那就是请中国派人组建缅甸华侨抗日志愿队，这一任务落在了我身上。

我接受这个任务，就是在仰光。他们把一个军营给我们用。17日我就开始组建，18日就组建起来了，19日、20日就要给我们授旗，就这么三天工夫。21号他就要给我们来检阅，当然那个检阅是比较呆板的，就是举枪向右看的，也不走正步。那个英国的参谋长哈丁看了很满意，说昨天你们还是老百姓，今天穿上军装就像个军队的样子，中国人会创造奇迹。这是我第一次听到英国人讲，我们中国人会创造奇迹。

我就跟他们讲，我说中国人“爱国仇敌”，就这个东西，他爱中国仇恨日本。这就是他们的一切的智慧都出来了，我说将来打仗的时候，你看到我们也会有奇迹的。

在接下来的战斗中，我和他的华侨志愿队的确创造了奇迹，这支四百五十人的队伍，在1942年年初三战三捷。而与此同时，英军却在土瓦毛淡棉一带屡战屡败。2月23日英军在锡唐河被围，又是我带领的华侨志愿队将日军冲退，使得三千多名英军士兵得以突围生还。

那个时候天已经快黑了，日本人在吃饭的时间我先打炮，炮一打我们就向前冲，后面我们志愿队就跟着装甲车，有的趴在装甲车上，一路冲了大概七八里路，他这个部队就好退了，这个时候他们有的已经投降了，还有三千多人还没有投降，他们就搞些门板啊，搞些东西就过河去了。

所以我们一到过岸以后，他那个师长讲：你们中国人了不起，我们的枪都丢了，你们连电台都带回来了，枪都带过来了。这件事情后来，韦维尔本来看不起中国军队，但是3月2日他一定要召见我，在那个腊戌机场握着我的手讲。他讲的一句话我到现在还记得：你们中国军人真是好样的，我们英军全体将士和我本人非常感谢你们在缅甸南部对我们的帮助。另外讲，我已经报告英国帝国参谋部要给你们授勋颁奖，当时给了我们每个人一百英镑。

尽管英军印度总司令、人称“独眼将军”的韦维尔，对我和他所领导的缅甸华侨抗日志愿军赞赏有加，但是我对这位英军统帅却一直没什么好感，因为在我看来，正是由于韦维尔对中国的偏见和殖民主义者的自私自利，认为中国军队会赖在缅甸不走，认为中国军队打胜仗会动摇大英帝国在亚洲的统治基础，这才使得《中英联军缅南会战计划》搁浅。而中国远征军没有能够适时地入缅作战，从而丧失了第一次取胜的有利时机，那同时也为后来中英联军在缅甸战场的失败埋下了祸根。

1942年3月1日，蒋介石首次以盟军中缅印战区总司令的身份飞临缅甸腊戌，筹划缅甸作战。而年仅十九岁的我，作为中国驻缅军事代表侯腾少将的助手，也被留在了腊戌，也就是在3月初那短短的一段时间里，我分别接触了中、美、英三国的高级将领。

1942年3月2日，英军印度总司令韦维尔将军晋见蒋介石，情形我不大清楚，后来听他的侍卫官告诉我的，蒋介石问他说英军有没有作战计划，他说没有，要不要建立统帅部，他说不要。你说两支军队、两个国家军队在一起打仗，没有一个统帅部来统一指挥行吗？他不要，他不要计划那怎么打？所以蒋介石就跟他讲：你这个部队现在是挫败，要赶快恢复，我们一定掩护你们，但是（你们）一定要有计划。同时告诉他日本人可能要攻的。他讲不会，锡唐河一千多米，他现在又没有器材，又没有船又没有橡皮艇，他的炮也没有来，坦克车也不能来，只有些马匹，他补给都没有办法，他还能打吗？

韦维尔判断日军不能打，但他把日本人估计得太呆板了，他是拿英国军队打仗的习惯来估计日本人，日本人是个非常的军队，什么事情东方人有东方人的特点，有些常人做不到的事情，他能做得到。蒋介石讲他这个判断是不对的，后来蒋介石的判断是对了，日本人8日就拿下仰光了，蒋介石判断10日以前一定拿到。为什么？10日是日本人陆军节，蒋介石是留日的，还晓得这些情况。

1942年3月2日晚，杜聿明约我谈话，当时我觉得这个人是个儒将，好像不像一个将军，他没有什么大的威严，就像个教书先生一样，谈话也很慢条斯理的，对我有一个好的印象，而且他分析问题也很中肯，就像戴安澜一样的，他说英国人对日本人苦头还没吃够。他看了英国人在缅甸打仗的决心不是太大，我说我也看到这一点，但是你对这个英军的分析，下面能打，上面不肯打，这样子，他这个部队就两条心了。

1942年3月3日上午，蒋介石召见我，本来他们安排的是接见的，我跟蒋介石只有三十分钟的谈话，哪知道蒋介石这个人对我讲的话感兴趣，因为他不了解日本人究竟怎么样，英国人究竟怎么样，所以我讲了一点后，他就开始问，问得比我讲的还多，他一问我我当然要答了，这样子一直就到九点五十分还没结束。蒋介石的侍卫官，他们有一个记号的，按一次铃，就是说这个结束快到了，按了好几次铃，他理都不理。

后来还是他的侍卫长俞清时跑来轻轻地跟他讲，说史迪威快到了，杜聿明也等你好久了。蒋介石说，哦，那就谈到这里吧。然后我就给他敬个礼就走了。走到下面来，他那个侍卫官叫皮宗瞰，湖南人，他讲，校长送你的书啊有三本，就是《曾胡治兵语录》《蒋总裁言行》，还有一本叫什么我忘记，三本书，另外还有一张照片，大概有这么大黑白的。这边写“楚英同志”，下面有“蒋中正”。

（二）担任史迪威将军的联络参谋兼警卫队队长

1942 年 3 月 3 日上午十时，我到机场迎接史迪威将军。史迪威这个人呢，我一看哪像个将军呢，就像个教授一样的，背有点弓弓的，人个子高，瘦瘦的，戴了童子军的帽子。他跟商震两个人是好朋友，讲的很热乎，就快到我们的汽车旁边了，侯腾就招手让我过去，我就跟他敬礼。他一看，是小孩子嘛，还上尉，他心里就反感了，当时他很不高兴地用中国话问我：你是哪一位达官贵人的子弟啊，到缅甸谋得这么一个好差事？我心想这不是诬蔑我吗，这个差事有什么好的？

我是要到部队打仗来的，没有办法把我调过来的，我家是农民，我没有靠哪一个权贵来当这么一个上尉。史迪威总认为，中国的官场他晓得，达官贵人的子弟虽然当兵了，但总是留在后方，不到前面送死的。那送死的都是工农的子弟吧，或者是没有背景人的子弟，所以他不高兴，我伸出手来了，他理都不理。他不理我，我心里也烦，我觉得我受到侮辱一样的。

我也不高兴，那侯腾在旁边看到我，他晓得我的脾气不好，他不要我造次，弄出事情来，他马上向史迪威解释，那个时候我的脸上这里还有一个疤呢，他说我是农民的孩子，城市贫民，会打仗，很勇敢，那时我们十八军军长董卓英将军讲我是不怕死会打仗的娃娃排长，他讲这个地方。

这个人也怪，一分钟之前还对我不高兴的样子，一听说我打过仗，再仔细看，他还拿手来摸一摸，是有这么回事。哦，就来跟我握手，完了以后他讲，你这么年纪轻轻的同日本鬼子打不怕吗？我说打仗是要牺牲的，但是如果把怕字丢掉了，就会不怕，要怕就永远怕，他看我讲的好像是打过仗的人。后来他就跟商震讲，说你们走吧，我坐这个小娃娃的车子。

正所谓不打不相识，虽然我年纪轻轻，又没有什么资历，没有什么背景，可是我的勇气和机智给史迪威留下了很深的印象。一个星期之后我们又一次见面，而这一次史迪威指名让我担任他的联络参谋兼警卫队队长，从此这个娃娃上尉就和中国远征军的总指挥史迪威朝夕相处了整整两年零八个月的时间，也见证了中国远征军在印缅战场上的胜败荣辱。

1942 年 3 月 12 日，蒋介石下令成立中国远征军第一路司令部，任命卫立煌上将为司令长官，杜聿明中将为副长官兼第五军军长，因为卫立煌没有到任，这一职务暂由杜聿明担当。蒋介石还特别要求杜聿明绝对要服从史迪威的指挥，而此前新任缅甸军总司令哈罗德·亚历山大已经在 3 月 5 日到任。但是正如杜聿明后来回忆所说，因为既没有规定亚历山大和史迪威相互之间的地位，也没有规定司令长官和史迪威参谋长官相互之间的地位，因此在缅甸战场上盟军指挥因权限不明，各有所私，钩心斗角，而使得远征军不可避免地陷入了被动，陷入了困境。

杜聿明把我喊去之前，我正在去的时候，他就在跟林蔚讲，发牢骚。他说，中国军队为什么一定要交给外国人去指挥呢？蒋介石接见他的时候就提到了，就是将来可能要史迪威到缅甸来指挥作战，你要有个思想准备。他当时对蒋介石的口令没有发表什么意见，但是他心里面不满意，到林蔚这儿就发泄了。但是据我所知，1939 年史迪威还是一个上校武官，史迪威没有打过仗，现在我们十几万人交给史迪威指挥行吗。而且现在你看英军也好，美军也好，都是打败仗，要我的部队让史迪威指挥，下级军官能信得过史迪威吗？

不过，在美国人史迪威眼里，中国将军杜聿明却给他留下了很好的印象。

史迪威这个人啊，在这个之前呢，他曾经私下跟我们谈话问我，缅甸的两个军长，就是第五军军长杜聿明和第六军军长甘麓初，还有六个师长，问问他们情况。我知道的不多，但是谈到杜聿明的时候他比我知道的还多，啊，杜聿明是黄埔一期的什么什么，讲了很多，他说这个人不错啊，在古北口他当副师长打过仗的。以后再昆仑关，1939 年了，那个时候我在美国看到报纸上报道他，说这是一个能干的，他说我们会处好的。

（三）惺惺相惜，史杜初会一见如故

1942 年 3 月 12 日晚，杜聿明拜会史迪威。

史迪威对杜聿明在古北口作战和昆仑关战役中的卓越建树，了如指掌，且颇赞赏，因而对杜聿明的最初印象甚佳。他认为杜聿明训练部队和带兵打仗都有独特的作风和卓异的见地，很有进取精神，是一位优秀将领。因此，当杜聿明于 3 月 14 日深夜驱车赶到梅苗“红楼”来拜访史迪威时，史迪威竟然一反他素来轻视中国高级将领而不假辞色的常态，一听说杜聿明到了，他便亲自来到杜聿明的座车门边恭候，好像是迎接久别的老友那样：笑容满脸，激情满腔、热烈握手、有说有笑，相偕来到“红楼”楼下作战室（由原来的大客厅布置而成），史迪威的参谋长格鲁伯准将便安排杜聿明及随行的参谋处长李汉萍少将在室内沙发上就座。可是，杜聿明在史迪威陪同下一走进作战室，发现墙上挂有巨幅缅甸军用地形图，地上还放置一个庞大的沙盘，都用兵棋展示出敌我态势，顿时眼睛为之一亮，便没有到沙发上落座，径直来到作战地图和兵棋沙盘前，注目细看。当他看见墙上悬挂的这张二十万分之一的缅甸地形图和另一张一百万分之一的缅甸全图，都很详细新颖，是英军于 1941 年航测而制的新图，他马上召来李汉萍处长，问他，为什么长官部没有这种新版地图。李说：“去年 12 月 15 日在昆明受命出发援缅时，他向昆明行营领取的全是缅甸旧图，而且只有一百万分之一和三百万分之一两种，后来参谋团经由丹尼斯从缅甸英军总部替我们要来一些三十年代出版的缅甸地形图，也是一百万分之一的，所以不甚详细，甚至与现地有

出入，很不合用。”杜聿明听罢就转身对史迪威说：“史将军！您知道地图对于我们战地指挥官来说，是何等的重要啊！可是，我们司令部现在使用的缅甸地形图，却是三十年代中期英军测制的百万分之一老图，很不详细，且不精确，现地上的地名在图上找不着，图上的地物现地却没有，这种过了时的军用地形图早就应当销毁了，岂能发给作战部队使用呢？”杜聿明的话锋一转，继续说道：“我现在看到了您这作战室内悬挂的地图，心里既高兴又羡慕，希望您能替我们也弄到这样精确而且详细的新图。”史迪威马上把我喊去，问我这种地图是从何处弄来的，是否还有办法也替杜副长官和各部队长再弄一些这种新版缅甸地形图，供其使用？我告诉史迪威，史总部和腊戍参谋团现在用的这种缅甸地形图，是前几天我从梅苗英军总部情报部领来的，听说英军总部近日又从印度用飞机运来了一批新版缅甸地形图，可以同英军总部联系，向其申请我们所需的地图。

杜聿明一听就对我说：“楚英老弟，就请你陪同李汉萍处长连夜到英军总部走一趟，请他们给长官部和各级部队发一些新版缅甸地形图。”史迪威也叫我立即去办此事。我便请杜聿明用电话向侯腾说明情况，请他即时同英军联络，谈妥此事。另请史迪威也给亚历山大写封信由我带去面呈。我随即带了两辆汽车和四名宪兵，陪李汉萍处长驱车来到梅苗北郊燕雀湖畔、英国维多利亚女王时代一座高大富丽的建筑——弗拉格斯塔夫大厦。这是当时英国缅甸总督府和缅甸英军总司令部的所在地。这天（1942 年 3 月 14 日夜）刚好是星期六，是西方人的周末。这时在缅甸虽然已是战火纷飞的战时，而且总督府和英军总部也是 3 月 6 日才从仰光撤退至此的。但是，梅苗这个著名的避暑胜地、声满全球的缅甸夏都还没有挨过日本鬼子的轰炸，也听不见前方的枪炮声，所以这座大楼底层的军官俱乐部里依然灯火通明，乐声大作，人们正在这里轻歌曼舞，觥筹交错，如痴如醉地在尽情欢度周末，偌大的楼房里除值班人员外，已是空无一人。我在作战值班室找到柯克上校，向他说明来意，并出示史迪威给亚历山大的亲笔信。柯克立即派人将此信送呈亚历山大，同时用电话向其说明我和李汉萍少将的来意。亚历山大即指示其情报部长侯勃生上校："对中国军队急需的缅甸新地图，应尽其所有，供给他们。"并把侯勃生和情报部主管地图资料的薛穆尔中校从俱乐部找来，给我们发了五十万分之一新缅甸地形图二十二份、十万分之一新缅甸地形图四十四份、五万分之一新缅甸地形图二百二十份，由中英两军士兵从仓库搬出装上汽车。我便连夜返回红楼复命。李汉萍少将向杜聿明详细报告了交涉经过和领取新图数量。杜听后异常兴奋，笑容满面地走来用手拍拍我的肩头说："楚英老弟！辛苦你了，你为中国远征军又做了一件很好的实事，谢谢！"他随即吩咐李处长：给师、团、营、连分别发五十万、十万和五万分之一的新缅甸地图，师部团部可多发几份，营、连各发一份。第六军也要如数发给。

（四）陈述缅甸作战方案，史杜二人不谋而合

此时，杜聿明正向史迪威介绍第五、第六两军的历史沿革、编制装备、现有实力、训练程度、体能状况和士气等。他说：第五军现有官兵54468人（包括配属的炮十团一营和炮十八团一营）；骡马1240匹，装炮战车59辆，装枪战车55辆，运输汽车512辆，工程牵引汽车412辆，摩托车456辆，其他车辆50辆；步枪10978支，轻机枪674挺，重机枪180挺，高射机枪18挺；3.7cm迫击炮63门，8.2cm迫击炮116门，山野炮（7.5cm）16门，平射炮（3.7cm）25门，战防炮（4.5cm）53门，15cm野炮12门，15cm榴弹炮6门。第六军现有官兵29222人，步枪8817支，轻机枪549挺，重机枪187挺，8.2cm迫击炮102门，3.7cm平射炮8门，10.5cm榴弹炮6门。两军共计83690人。

接着他对史迪威讲述了缅甸地理形势和英军与日军的状况，并对之做出分析判断。随即指出："综合亚洲太平洋地区当前的作战态势判断，我估计日军在两周左右极有可能从新加坡、马来亚方面抽出兵力，增援进攻缅甸的作战，以图在缅甸腹地同中英联军决战，进而夺取全部缅甸，掠夺缅甸的丰富战争资源，威逼印度。切断我国的国际通道，逼我屈服，以遂行其与希特勒会师中东、瓜分世界的迷梦。显而易见：一两周后缅甸战场敌我力量对比，将发生质的变化，使中英联军处于不利的地位，缅甸战场的空前鏖战局面，即将到来。时不假我，中英指挥官对此应有清醒认识，及早图之。”又说：“中英联军必须紧紧抓住目前日军在缅仅有两个师团且被分散配置，其后续兵团尚未到来，日军抢修的泰缅公路刚刚修通，其重装备尚未全部来缅的良机，用最迅速的方法在极短时间内集中中英两军主力，选择适当的地区，诱敌第五十五师团孤军深入，先将其包围歼灭，然后再围歼其第三十三师团，乘势收复仰光。再整顿态势，迎击日军的后续增援兵团。故‘攻势作战’、‘各个击破’、‘包围歼敌’的战术，应成为中英联军在缅甸战场打败日军的首选方针。而选定同古地区对日军发动进攻，则可期必胜之结果。”

史迪威听见了杜聿明说到最后这几句话，情不自禁地喜形于色，竟高兴得鼓掌称赞。正在一旁凝神谛听的格鲁伯准将、斯利尼和费里斯上校、多恩中校、罗伯茨中校、费尔德少校、梅里尔少校和担任杜聿明翻译的曾锡珪上校与我，也都受到感染而热烈地鼓掌。史迪威立马从沙发上倏地起身，走到站在沙盘和作战地图旁边的杜聿明身边，用双手紧紧握着杜聿明的手，高声笑着说：“杜将军！今夜我二人虽然是初次会面，你我却是一见如故啊！刚才你所讲的缅战方针竟然同我完全想到一起了，真是不谋而合呀！”他问杜聿明：“你打算如何进行同古攻势以及缅甸战役？”这时杜聿明正伸手接过史迪威侍从副官狄克杨送来的茶，轻轻呷了一口，便接着说：“我设想由二百师附必要的特种兵部队，在皮尤至同古城垣及其周边要地，分别构筑伏击，阻击阵地，逐次打击日军，不断消耗其有生力量，挫伤其士气，诱敌至同古主阵地前，利用急袭火力予敌以决定性打击，乘其攻势顿挫，指挥失灵，立即以第五军主力加上第六军一部从同古两翼出击，将敌人包围在锡当河西岸、喀巴温河南岸地区歼灭之。然后，会同英军包围敌第三十三师团于奥坎、勃固之间，夹击歼灭之，乘胜收复仰光。”史迪威听着杜聿明的讲话，很合他的意图，便情不自禁地连声说：“很好！很好！”杜聿明则进一步指出：“诱使敌人第五十五师团孤军前进到同古我主阵地前，将其包围歼灭，这一仗的胜算，可以说我们已经稳操在握。但是，我们正面临着同敌军抢时间和争速度的关键问题。这是个极其严峻的现实问题。现在第二百师刚刚到达皮尤、同古地区，正在夜以继日地赶筑防御工事，积极备战中，再有四五天时间，他们就能全部完成作战准备。该师加上配属部队有一万一千人，而日军第五十五师团估计有两万四千人以上，我二百师完全有能力独自抗击敌五十五师团，守住同古达一周以上时间。”杜聿明话锋一转，紧接着说：“可是，第五军直属部队到现在才有一小部分到达漂背，炮兵和战车还在腊戌以远的来此途中，第二十二师刚到芒市、龙陵地区，第九十六师还远在保山，第六军的暂五十五师正由腊戌南下。现在的关键问题是：如何能在一周左右将第五军主力和第六军一部都调到同古至平满纳（也译为：彬文那）地区集中，完成战备。这就要求英军保证有五百辆汽车日夜不停地在滇缅公路上川流不息地接运部队来缅，并在腊戌至平满纳以及到同古的铁路线上保持火车畅通无阻，而且能及时提供必需的火车车辆。同时请英军在我军活动和作战地域建设完善的后勤设施，保证供应毋缺，实为至要。这是决定同古攻势能否进行和成败的关键所在。”杜聿明说到这里便停了下来，随即端起狄克杨送来的茶，又轻轻地呷了两口，跟着又说：“我今晚专程来拜望您史迪威将军，就是希望能得到您的鼎力帮助，以促成同古攻势能顺利进行。事实很明显，同古之战是缅甸战局发展的转折点。从对日作战的全局来看，我们必须在缅甸战场打败日军，以扭转局势，激励民心士气。”

史迪威接着杜聿明的话茬儿高声答道：“杜将军啊！你的话引起了我强烈的共鸣。你我的想法很一致，真如我刚才所说是‘不谋而合’，使我深切感到，在缅甸战场上你的确是我的知音。”史迪威将军又说：“今天上午我再次就缅战问题同亚历山大将军恳切地谈过，他慷慨承诺满足我的各项要求，保证提供五百辆汽车赴滇西接运第五军来缅。他并郑重表示：‘英军决与华军并肩战斗到底，每一寸土地都要使日军付出惨重的血的代价。’我觉得亚历山大的话是可以信赖的。”杜聿明见史迪威对亚历山大颇为信任，并恳切表示将全力支持“同古攻势作战”，便欣然起身告辞。

史迪威送走杜聿明后，颇为自信地对我们这几个在他身边的工作人员说：“杜聿明不错呀！他很有头脑，很有见地，战术很灵活，企图很积极，有进攻精神。我们的目标完全一致。他是我值得信赖的伙伴，对打赢缅甸这一仗，他不但信心百倍，而且很有办法。看得出来，以杜聿明为代表的中国军人的战斗意志很坚强，进攻精神也很旺盛，他们是铁了心要在缅甸打败日本鬼子的，而且战术很巧妙，指挥也很适当。现在就看英国佬的实际行动了。但愿亚历山大能言行一致，不失名将本色啊！”

3 月 14 日夜，史迪威同杜聿明生平首次会晤，谈得很投缘，使史迪威大有相见恨晚之感，所以他称这次同杜聿明相会是“一见如故”，说杜聿明的意见同他是“不谋而合”。这是两人关系最最融洽的时刻。

（五）好景不长

史迪威的战争理念是：军队是战争的主体，战略确定之后主要靠军队去实现，军队建设尤其重要。当他于 14 日晚同杜聿明商定缅甸战略方针——由同古发动攻势后，便于 15 日晨飞赴同古视察二百师。从同古到皮尤近一百千米地域，他走遍了二百师每个防御设施，见戴师长战术机动灵活，指挥部署有方，官兵斗志昂扬，作战准备充分，确信该师能达成固守同古、消耗日军、策应主力反攻之任务，即于 17 日飞赴重庆向蒋介石汇报他与杜聿明共同策定的“同古攻势作战构想”。但因仰光弃守后，蒋介石的缅战方针已由“积极进攻”改为“积极防御”，其目标则由“保卫或收复仰光”改为“保卫曼德勒和缅北走廊”。加之我驻缅参谋团对英军的情报——“缅甸日军正以主力沿伊洛瓦江北上，直趋曼德勒。其十八师团已到泰国北部清迈一带，向撣邦进攻，以图夺取腊戌”竟轻信不疑，遂导致蒋介石的注意力，始终放在西线的伊洛瓦底江和东线的萨尔温江这两方面，对于史迪威的同古攻势并不热心。经过反复研究，终于同意“以现有兵力在同古、平满纳地区举行第一次会战”，而将新二十二师置于萨斯瓦、东敦枝地区支持英军，将九十六师置于曼德勒保持机动。该两师由史迪威直接掌握，另令正向昆明前进的新三十八师继续向缅甸前进。21日深夜，史迪威由重庆回到腊戌，便签发了由驻缅参谋团拟就的“第一号作战命令”，其要旨是：由杜聿明指挥第五军直属部队、第二百师和暂五十五师主力（该师第一团和第二团第一营接替英十三旅在毛奇、乐可的防务），担任同古方面作战；第六军按现行部署准备迎击由泰国来犯之敌（笔者注：该军军部位于罗列姆，第九十三师位于景东，守备孟帕亚、孟板地区；四十九师位于兰柯，守备孟庞、孟唐地区）；新二十二师、九十六师归史迪威直接指挥，分别位于东敦枝、萨斯瓦和曼德勒。

杜聿明原来满心期待史迪威回到缅甸，下令发动“同古攻势”作战。没有想到史迪威的第一号作战命令竟背弃了他14日晚在梅苗红楼同史迪威达成的共识，也违背了史迪威3月16日深夜在腊戌用电话同杜聿明最后商定的“同古攻势”的主旨，使人们热切期望进行的“同古攻势作战”，结果变成一种十分消极的防守战，完全没有发动进攻的迹象。这使杜聿明不得不怀疑是史迪威受到亚历山大的蛊惑和操纵，处处迁就英军而不顾中国军队安危的结果，从而衍生出对史迪威的猜疑和不满。史、杜二人的裂痕由此滋生。

（六）史杜同举平满纳会战

3月31日，史迪威到重庆向蒋介石汇报时，告了杜聿明的“状”，指控杜聿明和廖耀湘蔑视他的权威，不听他的命令，遂使同古攻势夭折，缅甸战局逆转，请求处分杜、廖二人。同时表示：他决定辞职，不回缅甸了。蒋对此颇为诧异，竟默然无语。沉思片刻，才微笑地慰勉史迪威，请他以抗日战争的大局为重，务必重返缅甸，继续担任缅战最高指挥官，协调好中英关系，力争打败日军，扭转盟军对日作战的形势，重振盟国的民心和士气。同时表示：已选派中国的抗日名将罗卓英上将取代卫立煌担任中国远征军司令长官，统帅驻缅中国军队，受史迪威指挥，并以在缅甸的参谋团团长林蔚作为史迪威的幕僚长，协助史迪威策划缅战。他将亲赴缅甸，向中国将领重申：史迪威参谋长是代表他指挥中国军队在缅甸作战的最高指挥官，拥有统帅全权，应绝对服从史迪威的命令。又说："由杜聿明策定的《平满纳会战计划》，经驻缅参谋团审核研究，认为可行，罗卓英阅读后也很赞同，现交将军审阅，请表示意见。"侍卫官杨凤藻即将此项计划交史迪威。该计划的要旨是："（1）新二十二师在现地（冈阳车站及其南方的米拉河）至扼拉间（约一百千米）阻击日军，依逐次抵抗战术，并用敌后奇袭、敌前埋伏和夜间扰袭诸战法，不断打击、消耗日军，为主力在平满纳准备会战，至少应阻止日军在扼拉以南地区达两周以上，尔后相机转移至平满纳西方的列威附近，整顿态势，准备出击。（2）九十六师以强有力一部在平满纳附近择要构筑防御阵地，依火力急袭与逆袭摧毁日军攻势，主力配合二百师在军炮兵及战车支援下从平满纳东侧，新二十二师自平满纳西侧同时出击，包围日军于胖加柏河北岸歼灭之。（3）军游击支队应向敌后积极活动，破坏其通信、交通、补给，袭击其后方机构，使日军腹背受敌。（4）以新三十八师为机动兵团置于塔泽。（5）如日军以一部自毛奇进击乐可，第六军除加强乐可的守备外，应保持强有力机动兵团适时击破自乐可北犯的日军。（6）应促使英军固守阿兰寥等西线要地，并应采取有效步骤防止英军突退。"

史迪威仔细看了上述这份《平满纳会战计划要旨》后，心里倏地一亮，再次感到杜聿明的战略构想又同自己的想法不谋而合了，原来对杜聿明因放弃同古而使他耿耿于怀的满腹愤懑情绪也随之冰释无遗，重新在心中升起了对杜聿明的好感，便主动找蒋介石表示，愿意重返缅甸继续战斗，也不再提要求处分杜、廖二人的事了。

蒋介石见此情景，便偕宋美龄、史迪威、罗卓英等人于4月5日来到梅苗，部署缅甸作战。

从3月31日史迪威离缅赴渝到4月6日他返回梅苗，在过去这七天中，缅甸战场的情况了发生了急剧的变化。

早在3月8日，日军占领仰光后，日本南方军已令第十五军不待第

十八、五十六两师团到缅，即以五十五和三十三师团分别攻占同古、卑谬，然后举四个师进行曼德勒会战，期于5月内占领全缅，进出怒江和亲敦江。当派第五飞行集团长小烟英良中将指挥第四、七、十、十二四个飞行团（四百多架作战飞机）支援第十五军作战，于3月21、22两天突袭了马圭、勃生两个英军主要空军基地，使罗奥准将的英国空军几遭全军覆灭，缅甸的制空权完全落入日军手中，英军飞机从此在缅甸绝迹。只有美国空军志愿队还不断地出动飞机攻击日军，使日军地面部队和飞机经常受到重大损失。

3月29日，日军第五十六师团主力另附汽车450辆、重炮一个联队、坦克和装甲车各一个大队赶到同古，于4月1日派出先遣队（由搜索联队附两个步兵队，野炮、工兵、汽车各1队编成）向毛奇突击，5日占领该地，进抵南麦黑。同时派一一三联队第二大队为左侧支队，经里克左、雅多向保拉克北方迂回，进出乐可。师团主力随先遣队跟进，企图夺取乐可，然后向腊戌奔袭。日第十五军还打算派空降兵袭取腊戌。

3月29日，日军第五十五师团在南阳车站附近遭到新二十二师猛烈进攻，退守米拉河南方的塞特里头、克拉格、克永岗一带与我对峙。其第十八师团于3日随十五军司令司饭田祥二郎中将及其司令部来到同古，部署“曼德勒会战”，决定以五十六师团经乐可、雷列姆袭取腊戌，尔后向怒江挺进；第十八、五十五两师团沿铁路线东西直趋曼德勒，与向曼德勒北方迂回之三十三师团相配合包围联军主力于伊江南岸歼灭之；第三十三师团直取仁安羌，尔后向曼德勒北方迂回，协力十八、五十五师团围歼联军主力后向亲敦江进出（笔者注：4月10日新二十二师六十五团邓军林部在司瓦与日十八、五十五两师团激战一周俘获日十五军《曼德勒会战计划大纲》其要点如上所述）。我新二十二师从3月30日到4月16日，以九千之众同敌十八、五十五师团鏖战十八天，至16日仍将该敌阻止在扼拉以南地区，共歼敌原田大佐以下四千八百多人，俘获了一批武器装具，达成预期的战斗目标。

在西线的日军第三十三师团于3月25日攻占要地礼勃坦（是通阿兰

寥、马圭、勃生和若开的交通枢纽）后，一路猛进，4 月 1 日占领卑谬，5 日占领阿兰寥，十天之内推进二百六十多千米，俘英军三千多人，坦克二十二辆，装甲车三十六辆，汽车一百六十三辆，大炮三十五门，机枪五十三挺，英军还伤亡六百多人。这是英军在 2 月 23 日西当河失败后又一次重挫。4 月 6 日，英缅一军军部退到马圭，英缅一师退到明拉、米昌耶、新滂卫一带，英缅十七师及装甲七旅退到萨斯瓦、东敦枝、科可工地区。

4 月 6 日，亚历山大晋见蒋介石，蒋以即将发动平满纳攻势相告，促请英军坚守西线战略要点阿兰谬，使中国军队在平满纳作战容易。不料，亚历山大竟报告说："英军已于 5 日撤出阿兰寥。现在萨斯瓦、东敦枝、米昌耶、明拉一带布防。"蒋闻言愕然，只说："希望英军信守'坚决与华军并肩作战到底'的庄严承诺，不要再自行后退了。"亚氏便心怀歉意，唯唯而退。

7 日，蒋介石召集史迪威、罗卓英、林蔚、杜聿明、戴安澜、孙立人、侯腾等等将领开会，宣布仍由史迪威任缅战最高指挥官，罗卓英、林蔚、杜聿明均归其指挥，拥有统帅全权。同时宣示他的缅战方针："力求先破敌之一路，取得主宰缅甸战局的主动权。"决定进行平满纳会战。并指出："决定平满纳会战胜败的关键是：第六军能否守住乐可，将敌五十六师团拒止于乐可以南地区，确保和榜、东枝、雷列姆、腊戍安全无虞；西线英军能否确守萨斯瓦、东敦枝至米昌耶一带现阵地，确保平满纳侧翼安全。"又说："如乐可方面仅有日军五十六师团，而中路日军尚未进行真面目的进攻，应火速调集可期必胜之兵力和特种兵于和榜以南集结，诱敌至乐可包围歼灭之，随即移师迎击中路之敌；倘若东路和中路的日军同时来攻，第六军仍应竭全力将东路的日军阻在乐可以南地区；第五军附新三十八师应断行反攻，迅速击破中路之敌，然后转用主力于东路，再歼敌五十六师团。"

8 日，蒋介石夫妇率林蔚、罗卓英、杜聿明等视察担任曼德勒卫戍任务的新三十八师。史迪威便亲诣英军总部，再次恳切敦促亚历山大务必严令英军固守现阵地，而亚历山大却将斯利姆策定的《曼德勒攻势作战计划》交史迪威过目，并使劲地劝说史迪威，要他放弃平满纳会战，将第五军北撤，和英军一道退到塔译、敏铁拉、东沙、敏建一带占领阵地，举行“曼德勒攻势”（笔者注：通称“斯利姆计划”）。史迪威一听就火了。他正色问道：“从3月25日到4月6日，英军一口气退了近三百千米，现在又想退，你们是否想一直退到印度去呢？”又说：“打败日军，保住缅甸，是盟国对日作战的共同需要，是中英两国共同利益所在。中国军队已准备好要发动平满纳攻势，而你们英军却要后退，这太不合情义了，也有损英国的风度，我恳切地希望英军以大局为重，配合华军打好这一仗。谢谢了。”亚历山大已无话可说，欣然答应守住现阵地，支援平满纳攻势。当晚，史迪威将亚氏的答复向蒋介石汇报后，仍然提醒罗卓英和杜聿明要时刻注意西线英军的动态，防其不告而走。看来史迪威对亚历山大的信任度已大不如前了。这正是缅甸战役的大不幸啊！

9日，史迪威送走蒋介石夫妇后，便带着我和梅里尔驱车到曼勒去看孙立人的部队。他不通知任何人，也没有佩戴军衔标志，穿美式军便服，头戴一顶“童子军帽”（笔者注：这实际上是美军在第一次世界大战中用的军帽），径直来到兵舍、伙房、病号休养室、禁闭室、仓库、马厩、哨所和施工场地去仔细地察看，途中遇到一一四团的巡逻队，将我们一行人拦下来盘问检查，经我出示证件并解释后，才被放行。史迪威站在一旁仔细观察这队巡逻兵的装备和执行任务的方式，感到很满意，随口说：“从这支巡逻队身上看见了孙立人部队的全貌，他们是受过严格训练的军队，很好！”转口对巡逻队说：“孩子们！你们是好样的。你们做的好！”接着史迪威就来到正在挖战壕的一群士兵中，跟士兵们攀谈起来，他听见有人说四川话，他也学着说四川话，发音难免怪腔怪调，引来士兵们的捧腹大笑。有的兵哥就喊着“老爷子”来纠正史迪威的发音。我告诉兵哥们，史迪威喜欢人们叫他“乔大叔”。从此，“乔大叔”的称呼便迅速传开，被官兵广为运用。史迪威听见“乔大叔”三字果然喜上眉梢，乐呵呵地发笑。他也跳进战壕拿起铁锹跟战士们一道干起构筑战斗工事的体力活，弄得我和梅里尔、狄克杨便一齐在他身边也照样干起来。不一会，一一四团团长李鸿上校闻讯赶来，一眼认出史迪威正在使劲地抡锹挖土，便肃立在旁，高声喊叫："立正！"全场二三百名官兵一听立即丢下手中的工具，肃然敬立在原地，原来热火朝天、有说有笑、有歌有唱的热闹场面突然变得寂静无声，史迪威也被这倏地变化了气氛弄得发愣，他抬头就看见李鸿上校正向他敬礼，并说："我是新三十八师一一四团团长李鸿，特来晋见将军，请到团部去休息。"史迪威慢慢站直身体向李鸿说，叫大家"稍息"，快让官兵们继续干活。同时伸手紧紧握住李鸿那沾满泥巴、长了血泡的手，仔细地把李鸿从头到脚打量一番，还反复地对李鸿那双长满老茧和血泡的手掌看了又看，深情地说："我就喜欢像你这样士兵化了的军官，能同士兵一体踏踏实实干事，在中国三百多万陆军中，能有半数的团长能像你一样就好了。在缅甸中国远征军二十一个步兵团中，如有十五个团达到你一一四团的标准，我确信打败饭田祥二郎，一定是'手到擒来，易如反掌'的事了。"李鸿便涨红了脸连说："过奖了，愧不敢当！"史迪威看过一一四团便赶往曼德勒南郊米丁格和西郊阿瓦去看一一三团刘放吾的部队（笔者注：一一二团陈鸣人部已于8日蒋介石来此视察后，奉派调赴塔泽归杜聿明指挥），在米丁格见到了正在指导一一三团构工布防的孙立人。史迪威看见一一三团也很棒，便怀着愉快心情于夕阳西下时离开孙立人等，回到梅苗。当晚同罗卓英商定：将长官和史总部移往漂背后，他和罗卓英一同到各部队去看看，了解情况，鼓舞士气，指导备战。

10日清晨，由杨业孔中将率领长官部、格鲁伯准将带着史总乘车前往漂背。我和梅里尔、王宴清等陪着史迪威，罗卓英驱车到漂背会合杜聿明，一道来到基东甘看望正在战前整训的二百师，检阅了部队，观看了实弹战斗演习和夜间战斗。史、罗二人对二百师观感甚好。11日，史、罗、杜三人又一同到平满纳看了九十六师，并在沙盘上演示了"平满纳攻势作战"的计划腹案，还举行了实兵演习。史迪威还想赶往司瓦，看望正同日军十八、五十五两师团激战中的新二十二师，被杜聿明劝阻，便利用电话同廖耀湘及守司瓦的六十五团团长邓军林了解到近几天的战斗情况，廖耀湘坚决表示：只要他在，就一定把日军阻止在现地，使其无法北犯。史、罗、杜三人经过这两天对二百师、九十六师的实地考察，以及对新二十二师战况的实际了解，都对“平满纳攻势”的前途充满信心。相约于12日由史迪威和罗卓英一同赴乐可、保拉克视察暂五十五师的战况。杜聿明前往马圭会晤斯利姆并考察英军的防务，请其以坦克、大炮支援平满纳攻势作战。

日军五十六师团先遣队在空军支援下，于11日与暂五十五师第一团主力在南麦黑激战竟日，我伤亡众多，便在据守柏桑的第一团第一营及据守土墙的第二团第一营合力掩护下，向土墙河北岸撤退，于12日在保拉克占领阵地，师骑兵连在雅多。甘丽初见情况严重，即令暂五十五师陈勉吾师长调整部署，另调第二团主力据守保拉克西侧的南柏，急调原在东枝黑河的第三团来乐可布防，师指挥所推进到乐可。甘军长另调军工兵营到乐可增援，再调四十九师一四六团团长梁筠上校率新部由木迈渡南邦河向乐可增援，又调原在萨尔温江畔塔科据守的第九十三师二七九团团长朱谔臣上校率所部经和榜向乐可前进，他自己率军指挥所赶到和榜南方约五十千米处的文因，指挥作战。12日中午，我开着史迪威的指挥所（美国制造的中型吉普，安装着强功率无线电话、电报两用机）随罗卓英的车队，急驰二百八十千米来到文因，同甘丽初会面，听取了他的简单战报后，连午饭都顾不上吃，随即一同驱车到乐可（北至文因九十八千米，南至南柏、保拉克约八十千米）暂五十五师指挥所吃中饭。史迪威、罗卓英和甘丽初就坐在桌边，一面吃饭，一面听陈勉吾师长介绍，正在前方雅多、南柏以及土墙、柏桑等地发生激烈战斗的情况。吃完饭，史迪威同罗卓英商定，要一同到战斗最激烈的第二团主力阵地南柏去实地看看。甘丽初和陈勉吾都以安全为由进行劝阻。无奈史、罗二人铁了心要亲自见识一下号称日军精锐、拥有机械化装备的五十六师团（其士兵多系矿工出身）的真面目，就只得随其来到南柏。南柏北面依山，南临土墙河（河宽约一百米，深约两米，自西向东，在土墙南方与南邦河合流后流入萨尔温江），西至雅多、东距保拉克各约十千米。该处是一个有六百多户居民的乡村，第二团团长刘行素上校将第一营配备在南柏东南方的土墙，团主力在南柏构工据守，在土墙河北岸设置了三个伏击阵地，各置一个连。12日午二时我们进入南柏时，敌机八九架正对南柏狂轰猛炸，其炮兵也在猛射，掩护着日军约两个步兵中队渡河来攻。第二团埋伏在河北岸的部队，见敌人纷纷登上橡皮艇，便突然向敌一齐开火。日军遭此猝然打击，死伤枕藉，第一次强渡被我摧毁后，便全力进攻土墙和柏桑，激战一个多小时，敌军也被打退。史、罗二人看到日军已被打退，便在现地对甘、陈二将军说：这次日军只是初试锋芒，日后定会进行真面目进攻。你们的防御设施太简陋，应赶筑坚固工事，作持久抵抗。据俘虏日军文件得知，你们面前的日军是以奔袭腊戌为目标的。第六军应调整部署重点在阻击当面之敌。建议你们用暂五十五师固守雅多、南柏、保拉克以及一五一五高地和瓦力苦、沙老等地，必须阻敌一周以上。另调四十九师附二七九团在乐可建筑第二线固守阵地，并须在昔胜、文因、和榜分别设置阻击阵地。乐可也应固守一周以上。当时，甘丽初则建议说："看来当面的日军五十六师团对我们威胁最大。除调四十九师附二七九团固守乐可外，请将二百师、新三十八师和第五军坦克、炮兵都调来，在乐可附近先围歼五十六师团，再回师消灭中路的日军。"罗卓英一听就有点动心了。但史迪威仍念念不忘"平满纳攻势"，没有采纳甘丽初的这个建议，仍嘱甘军长执行他和罗卓英前面已讲过的指示，随即登车回漂背。

12日清晨，杜聿明到马圭会晤斯利姆，通报了司瓦附近的最新战况和平满纳攻势的实施方案，吁请英军坚守现阵地，并请派坦克、大炮支援平满纳攻势作战。而斯利姆却建议杜聿明放弃平满纳攻势，同英军一道退到敏铁拉至敏建一带，举行"曼德勒攻势"。他还说：近来敌军对英军猛烈进攻，使英军受到重创，恐难再在现阵地坚持了。斯利姆说罢便陪杜聿明到明拉、米昌耶英缅一师防区视察一番。午后回到马圭军部，斯利姆再向杜聿明提出：中英联军举行"曼德勒攻势"的具体计划。杜火冒三丈，便不假辞色地答道："贵军既然决心放弃现阵地，继续撤退，那就请你们自便吧！中国军队有能力独自发动攻势，在平满纳打败日军的，再见。"杜说完便登车离去。中英两位名将在缅甸战场上的首次会晤，就这样不欢而散了。缅战前途，能不令人揪心？

12 日午夜前后，杜聿明和史迪威、罗卓英一行先后回到了漂背。杜聿明原想连夜召集会议，研究新形势下的新举措，因见史、罗二人奔波了一天，已有倦容，便相约于次日（13 日）上午八时在此相会。届时，史迪威和他的参谋长格鲁伯、罗卓英及参谋长杨业孔、杜聿明及参谋长罗友伦、游击司令黄翔、九十六师师长余韶、二百师长戴安澜、新三十八师长孙立人、新二十二师参谋长李涛少将齐集长官部。罗卓英首先讲话，介绍了 12 日在乐可及南柏战场所见，以及甘丽初的建议。李涛报告说：据守司瓦的六十五团已于 12 日深夜北撤，现日军正向我据守沙加雅的第六十四团刘建章部猛烈进攻中，六十六团仍据守苗拉、东仑雅之线，六十五团已到塔瓦堤、扼拉布防，赶筑工事，依目前战况看，新二十二师阻止日军于扼拉南方地区，再坚守阵地一周，应无问题。杜聿明接着报告，他与斯利姆会谈的结果及到英缅一师防区参观所见。他认为英军定会不告而走，平满纳的西侧安全堪虞。他还说，从罗长官的讲话中可以看出，对我们威胁最严重、形势最危急的地方是东路乐可方面，他因而决定：立即放弃他已筹备就绪的"平满纳会战"，将第五军主力调到东路去会合第六军，在和榜或乐可举行"东枝会战"，歼灭第五十六师团后，再移师向西，在漂背附近迎击中路的日军。杜聿明的方案是：

1. 由廖耀湘指挥新二十二师、黄翔的游击队，附第五军骑兵团、工兵团、战炮营，在沙加雅、塔瓦堤、扼拉、平满纳、基东甘、央米丁、漂背等地，逐次阻击日军，自即日起应阻敌在央米丁以南达两旬以上。

2. 由新三十八师一一二团在塔泽、敏铁拉构工据守，防敌由西方来袭。

3. 新三十八师主力、二百师、九十六师、第五军直属部队自即日起运用火车、汽车运输，限三日内到达东枝、和榜集结完毕。

4．暂五十五师应在现阵地及乐可间阻敌旬日以上，以四十九师在英莱湖至文因间构筑第二线阻击阵地，竭力拒止日军，依火力和逆袭予敌以决定性打击，使其攻势顿挫，乘势举全力进行反攻，将敌五十六师团压迫于英莱湖畔歼灭之。迅即移师向西，求中路日军于央米丁漂背地区予以击灭。

5．应请求速调六十六军来缅增援，以其到达之部队守卫曼德勒和腊戌。

杜聿明是察觉到西路的英军已无法依靠，同时发现东路日军五十六师团对我威胁最大，故忍痛地要放弃他经营了半个月的“平满纳会战”，另行“东枝会战”。他的这个大胆设想是很明智的，如能被采纳，并认真实施，也许确能改变缅战的结局。无奈史迪威过于信任亚历山大的承诺，且深受他提出举行“曼德勒攻势”的蛊惑，便对杜聿明、甘丽初的建议不经讨论、不加研究，断然予以拒绝，仍坚持要继续举行“平满纳会战”。史、杜二人此时又发生意见相左，使得原来因有共同的战略目标“平满纳会战”而言归于好的和谐氛围，忽然显现出了令人担心的苗头。

（七）战局急剧逆转

在13日的“漂背会议”上，已出现了指导缅战的两种方针：杜聿明、甘丽初主张放弃“平满纳会战”，另在东路举行“东枝会战”。而史迪威则坚持按原计划举行“平满纳会战”，他心中同时还在考虑另一腹案，即“如平满纳会战失败，则迅速退往曼德勒以北在英多、温佐地区与敌决战”。此时史迪威心中正在酝酿着另外的大计划，这就是他于4月16日派参谋长格鲁伯赴重庆向蒋介石呈交的《在印度训练十万中国新军的计划》，同时又提出建筑中印公路。可以看出，这时史迪威同杜聿明的战略分歧，不但表现在缅战的指导上，而且还表现在如果缅战失败中国远征军是向中国滇西撤退，还是退向印度？13日“漂背会议”上凸显出史、杜两人的意见相左，相互猜疑和误解又重新滋生并逐渐加深，以致发展到无法弥合，不欢而散，分道扬镳。这也是缅战急剧逆转的结果。

早在4月8日，史迪威去敦促亚历山大，请英军不要再后退，坚守现阵地，策应平满纳会战时，起初亚历山大婉言相拒，经史迪威反唇相讥，亚氏方答应照办。但史迪威已觉察到亚氏是在敷衍他。他虽然向蒋介石报告说："英军愿与华军并肩战斗到底。"但他心里明白，英军是不可信的，所以他在给马歇尔的密电中就明确指出："我认为英军已接到命令，要他们在缅甸只作象征性的防守然后就退到印度去，否则他们是不应该只顾后退，全然不顾缅战全局。"从这时起史迪威一面在策划平满纳会战，一面计划着在印度建立反攻基地，在印度训练中国新军。他的眼睛早就盯上印度，心中在盘算着一旦缅甸失守，如何从印度反攻收复缅甸，沟通到中国的通道，把美援物资运到中国，从中国对日本发动决定性的进攻。而杜聿明考虑的是如何在缅甸打败日军，保持国际通道，万一缅战败绩，将如何安全、完整地把军队撤回滇西，保卫国土，以图反攻。史、杜的着眼点不同，对缅战的指导存在分歧，这就不足为奇了。

杜聿明虽然对史迪威没有采纳他的建议，心里很有意见，大为不满。不过他意见归意见，既然坚持要发动平满纳攻势，照样认真地进行组织和准备。当日下午他又同罗卓英研究缅甸战场的形势和平满纳会战的有关问题。14日又同史迪威、罗卓英到平满纳视察炮兵阵地及其射击准备，装甲兵和战车的机械状况，待机阵地，出击目标与路线，工兵的阵前障碍设置及布雷作业，二百师、新二十二师和九十六师突击队的待机阵地，出击路线与攻击目标，通信联络与后勤设施等等。预定于16日发动反击，先由新二十二师自扼拉及其南方地区脱离敌人退回平满纳西侧的列威、代卡林、乔尔斯特、色格伊、亚印格地区整顿态势，待命出击，并须一部诱敌至胖加柏河沿岸，依急袭火力予以打击，乘其受挫，然后反击部队（二百师和九十六师主力在左，新二十二师在右）在炮兵、坦克、装甲车掩护下向敌冲击。

15日，杜聿明亲赴扼拉（新二十二师师部和刚从沙加雅退来的六十四团）、加耶（六十六团现在苗拉至东仑雅与敌激战中，入夜后退到加雅）、塔瓦堤（六十五团正在耶尼和塔瓦堤与敌战斗中）视察各地的战况，并向廖耀湘面授机宜。正当杜聿明深入火线，亲冒矢石，积极部署16日的反击战时，英军竟于14日不声不响地放弃马圭，15日炸了仁安羌油田，傍晚退到油田的英缅一师七千多人就被日军二一四和由水上赶来的二一五两个联队重重围困着，虽经反复冲突，仍无法突围。英军的情况，史迪威、罗卓英、杜聿明并无所闻，仍以为他们还守在原地呢。故16日凌晨，当史迪威、罗卓英二人被甘丽初的急电"土墙、柏桑、雅多相继陷敌，南柏遭敌猛攻"惊醒时，仍不知"马圭已失，仁安羌陷落，英一师被围"之事，便令我集合车队和随行警卫，立即驱车赶往乐可。行前史迪威通知杜聿明："新二十二师可退回列威、亚印格整顿态势。出击暂缓进行。"

这次我为史迪威及随行人员准备两辆小吉普，随扈警卫乘两辆中吉普，罗卓英及随行人员乘小、中吉普各一辆，另配指挥车一辆（安装着强功率无线电话、报机）共七辆。还有三辆摩托车，由钱济民率武装便衣华侨志愿队员六人，先行出发，沿途侦察（带有无线电话报机），以策安全。我们一行人于16日中午赶到乐可甘丽初战斗指挥所，见他正一手握电话，一手执笔，边讲边记，就没有去打断他，而与甘的参谋长林森木少将接触，请他来到壁上挂的地形图前，向史、罗二将军介绍前方战况。甘军长的电话一完便过来向史、罗二人说明刚才陈勉吾师长在电话中所述情况：自晨至午，土墙和南柏遭日机轰炸，已打退日军地面进攻两次，现敌一股已窜到保拉克北侧，切断了保拉克我第一团和在南柏第二团的联络，土墙已失，战斗正在保拉克、南柏两地进行，颇为激烈，已令第三团赶到瓦力苦，在该地和一五一五高地建立阵地。

史迪威、罗卓英都已听见前方的隆隆炮声，要求亲到现场去看看。甘丽初说："现在战斗正在保拉克和南柏两地激烈进行中，12日你二位已到南柏看过了，今天就不用去吧！"史、罗竟不听甘军长的劝阻，仍坚持要去。车过乐可十五千米处良巴勒时，陈勉吾师长正在路边等候，他便驱车作前导，引领我们来到两小时前刚刚激烈战斗过的战场——瓦力苦山麓南方公路路标三十六英里处。两小时前，日军五十六师团一四八联队第三大队附工兵、装甲车各一队从南柏东侧钻隙窜到此处，与我三团第三营（附第五军装甲车三辆）相遇，经过一场恶战，毁日军装甲车三辆，打死日军二十多人（其尸体仍遗弃在路旁），日军被击退。我第五军那三辆装甲车也被毁弃在路边。史、罗二人下车观看，史迪威以手抚着我被毁装甲车，深有感触地对罗卓英说："杜工部在《蜀相》一诗的末尾两句，'出师未捷身先死，长使英雄泪满襟'，可以说是对这三辆装甲车的写照吗？"又说："请你命令他们赶快把它拖回去修好再用吧！日军的装甲车毁坏太严重，无法修复，就放在这里展览，也可以鼓舞我军士气。"他说罢就上车继续前进，来到南柏村北密林处下车。这时前方的枪炮声更响更密集，陈师长引我们爬上山腰，从哨兵身旁钻进坑道，走了数十米来到一座坚固的堡垒里，这是团长刘素行上校指挥所。从展望孔清晰地看见南柏阵前约千米之处，日军步兵手持武器，身披伪装，既像人又似兽，成散兵队形跟随六辆坦克、九辆装甲车，如波浪一样向南柏涌来，其数十门火炮也对南柏村庄和小山上猛烈射击，日军飞机轮流飞来投炸弹并扫射。整个六百多户人家的南柏和小山上，到处有炮弹和炸弹如雨点一样落下爆炸，连我们呆的这座堡垒也挨上好多炮弹，却安然无恙。史迪威便夸奖刘团长工事坚固，做得好。第二团十多门迫击炮和四门战防炮一直隐蔽在坑道里，直到日军接近阵前二百米左右，敌炮兵开始延伸射程、步兵要发起冲锋时，这些隐蔽在坑道里的各种枪手、炮手、狙击手等战斗员便各自进入阵地，精确瞄准，猝然对敌猛射，打得日军纷纷中弹倒地，有的日军则到处奔跑寻找避弹处所，卧地求生，他们原来那种锐不可挡的攻势再一次被我刘团摧毁了，幸存的日军就狼奔豕突地往回跑，有两辆坦克和三辆装甲车被打中起火燃烧，其余就调头而逃。这是第二团在16日清晨以来，第三次打退日军的进攻。从日军丢弃的尸体上，发现这些日军属五十六师团一一三联队的第一和第三大队。史迪威、罗卓英目击了战斗全过程，对刘团官兵英勇善战，给予表扬，并请甘军长将有功官兵向长官部申请勋奖。同时，还提醒甘军长、陈师长：要严防日军钻隙向我后方迂回偷袭。罗卓英当令甘军长：

1. 对一五一五高地和瓦力苦应加强防卫，加强工事和反坦克设施；

2. 严令一四六团速到乐可布防，并调一四七团来援；

3. 限二七九团于 17 日赶到和榜布防。

史进威则风趣地说："我今天在这里经受了入缅抗日以来的首次战火洗礼！日军有几十发炮弹打到了这里，我们竟然毫发无损，这要感谢上帝对我们的保佑，更要感谢第二团的孩子们挖了这么坚固的堡垒。"说完就举手向周围的二团官兵敬礼，连声说："谢谢！"这时已是下午四时了。经过五小时的奔驰，于当晚九时回到漂背。他一进门就看见亚历山大在马丁少将陪同下，已在室内等着他。便冷笑地说："阿历克斯（笔者注：这是对亚历山大的昵称）！您深夜来访，一定得知我们马上要发动'平满纳攻势'，将以坦克、大炮来支援我们的吧！我们会十分感谢你们的。'亚历山大正色答道："乔（对史迪威的爱称）！非常抱歉！眼下我实在拿不出坦克和大炮来支援你们，反而要请你们尽快派兵去解救被日军围困在仁安羌油田、处境极危的英缅一师七千多人的生命。"又说："救兵如救火，请你们赶快行动吧！"史迪威听后一定很生气，可能是他忍了再忍，才没有发火。我在他身边看见他在听亚历山大说话时脸色神情的变化，就知道这是他内心里情绪在痛苦地冲突着的表象。他铁青着脸激动地对亚历山大说："这几天我们忙着发动平满纳攻势，中国官兵正在前方同日本鬼子拼命，打得鬼子弃甲曳兵、尸横遍野，没想到英军竟然不知会一声就撤走了，幸好九十六师派了一个营守住东敦枝，否则第五军的后路就要被日军切断，后果不敢设想。真险啊！"又说："现在你把仁安羌都丢了，还让英军七千多人被困在那里，这不但使那七千多人的生命垂危，而且波及我们已准备就绪了的平满纳攻势，眼看要被迫夭折了。而你却要我们派兵去解救英军，这叫我怎么去向中国军人解释呢？"史迪威越说越愤慨，情绪也越来越激动，在他身旁的罗卓英诚恐这样下去，会闹僵的，便乘机插话说："蒋委员长早有指示：'对英军的危难应倾力救助，毋使受挫。因唇亡而齿必寒。'本军对被围在仁安羌的英缅一师自应尽力去救。"随即提出由孙立人率新三十八师去收复仁安羌，救出英一师。史迪威点头认可。由此就引出了彪炳史册、饮誉寰宇，由刘放吾将军创造的以寡击众、以少胜多、以弱挫强的二战奇迹——仁安羌大捷。

亚历山大此来的目的业已达到，按理他应该怀着满意的喜悦，欣然归去。但他竟然得寸进尺，又向史、罗二人提出：放弃平满纳会战，将第五军撤到敏铁拉，按照斯利姆计划，会同英军举行曼德勒会战。史迪威一脸的不高兴，只是无言以对。他已于今日（16 日）派格鲁伯去重庆向蒋介石报告，他想在印度训练新军，建立反攻基地和修筑中印公路的设想，放弃平满纳攻势，这时也是他的意向。虽说这同杜聿明在 13 日漂背会议上的建议又想到一起了。但这时放弃平满纳会战，部队何时开始撤？向何处撤？下一步棋怎么走？史、杜二人又产生了新的歧见，关系更难协调了。

16 日晚上十一时许亚氏走后，史、罗二人立即研究放弃平满纳会战后的举措。罗卓英重提出杜聿明在 13 日漂背会议上的建议，史迪威表示应采纳亚历山大的意见，将第五军移到敏铁拉附近，会合英军举行“曼德勒会战”。并说：英军是想向印度溜了，我们必须设法把他们拖住，使他们继续留在缅甸，同我们并肩战斗。否则，中国军队孤军独力支撑缅甸战局，就更困难了。他这样一说，罗卓英就改变初衷，也同意接受亚历山大举行曼德勒会战的建议，决定将第五军转移到敏铁拉附近集结，由九十六师在现地阻击日军，尔后依逐次抵抗，诱敌至塔译以南、萨蒙河西岸围而歼之。当用电话将上述决定告知杜聿明，令其实施。

杜聿明在电话里对罗卓英说：“我在 13 日就提出要放弃平满纳会战，另行东枝会战，现在仍坚持这个方案，反对举行曼德勒会战。希望你们不要继续受英方的蛊惑。”杜又说：“日军正希望我们向曼德勒会聚，去钻他们布置的口袋呀！况且英军的所谓曼德勒会战实际上是要我们去掩护其向印度撤退的借口，千万不能去上当啊！”史迪威见杜聿明不愿听从罗卓英的命令，即把罗卓英手中的电话拿过去，亲自对杜聿明说：“16 日我在南柏看见第二团打退了日军三次进攻。临行已请甘军长速调四十九师和二七九团来守乐可，东路应无危险。现在最大的威胁在西路，不能让英军溜到印度去，一定要拖住他们，所以必须举行曼德勒会战，用以破坏日军的‘曼德勒会战’计划。请杜将军理解我们的战略意图。”

杜聿明认为史迪威的这种想法不但自相矛盾，而且是一厢情愿，幼稚可笑。便在电话里说：“史将军！您已经知道英军想溜走，为什么还愿意接受他的摆布呢？您明知道日军企图将我军包围在曼德勒附近逼我与之决战，为什么还要把第五军部署在敏铁拉一带，这岂不是自投日军设下的罗网吗？请恕我不能苟同。”杜聿明的话惹怒了史迪威，他没有再同杜聿明在电话里继续争论，而是厉声说：“这是命令。”便挂断电话。杜聿明立即用密电向腊戍参谋团如实报告。随即向各部队下达转移的指示，并亲赴平满纳向九十六师师长余韶面授机宜：利用平满纳既设阵地，运用火力与逆袭打击敌人，同时各一部分别在叶新、基东甘、什韦坪、达光、央米丁各处构筑阻击阵地，逐次打击来犯之敌，退滞其行动，至少应拒敌于央米丁以南地区，自即日再支持10日以上。

18日，林蔚派侯腾赶来漂背向史迪威、罗卓英建议放弃平满纳后应有的举措：

1. 一举退到曼德勒东北地区，重新组织会战。

2. 因乐可方面情况剧变，可以一部在中路阻击日军，竭力迟滞其行动，以第五军主力速调东枝、和榜地区，并指挥第六军先破东路之敌。

此时，史、罗已得知暂五十五师于17日在保拉克、南柏被敌切断后路，即失去联络，现敌正向乐可猛攻，情况危紧。因而有意接受林蔚的第二条建议，派第五军赴东枝、和榜布防。不料，这时忽接亚历山大急电，声称“皎勃东发现日军数千，英军后路切断，请速派兵收复皎勃东稳定后方”。史迪威立即把刚刚撤到漂背的二百师的六百团运往皎勃东去了。19日，杜聿明接摩托车骑兵侦察报告：“有大批零星散乱的英军正从纳貌方向退来皎勃东。六百团已到，此地并无敌踪。”同时又得知长官部派到新三十八师督战参谋王楚英、梅里尔报告说：“今天午后一时，一一三团完全收复仁安羌，救出了英军7683人和先前被俘的美英军人、教士、记者572人，现孙立人正召一一二团和一一四团来此，决定20日举行反攻，以期收复马圭。”杜聿明立即赶到漂背，他见二百师六百团已被派赴皎勃东，徒作无谓之奔波，而长官部对急如星火的东枝竟未采取行动，心里对史、罗二人非常恼火，便去找他二人理论，因罗卓英已去梅苗参谋团，他直接同史迪威面谈。因他两人心中已有芥蒂，一见面气氛就不对，杜聿明得理不让人，开口就用带质问的语气问史迪威：“东路的战局正在急剧恶化，亟待第五军速到东枝、和榜布防，您至今未发一兵，反而把二百师派到并无敌情的皎勃东去了。这是为什么呢？”史迪威是出了名的“尖酸刻薄”“醋性子乔”，一向自视甚高，性情倨傲，他怎么容得下杜聿明这种咄咄逼人的架势，便高声厉色地说：“在战场上枪声就是命令。亚历山大急电告知皎勃东有日军数千，我能不立即派二百师去打吗？难道中国军队只吃饭，不打仗吗？在我没有得到确切情报前，必须继续向皎勃东派兵，这是命令。”杜聿明马上反唇相讥，声色俱厉地说：“我们吃的是中国饭。中国是主权国家，是美英的盟国，中国军队是美英军队的盟军，不是哪个国家的雇用兵，不能接受任何人的无理摆布。”他随即对身边的戴安澜师长命令道：“限立即从皎勃东召回部队，从速准备车运东枝。没有我的命令，不得擅派一兵一卒。”说罢便急急驰车赶往梅苗。史迪威同杜聿明的个人关系到此就彻底结束了。

正因杜聿明对史迪威了无信心，且有恶感，当他于 5 月 8 日带着军部和新二十二师行抵英多时，龙陵、八英、密支那均已陷敌，第五军撤回滇西之路已断。为保全军队以备反攻，这时史迪威派人来请杜聿明率所部退向印度，同时罗卓英也电令杜部渡亲敦江入英帕尔。只有蒋介石仍令他回国。杜聿明就不顾史、罗二人的一再敦促，仍决定率部回国，终于同史迪威分道而驰了。但因部队迷路，在缅北密林中转了一个多月，官兵大部罹难，他自己也是九死一生，最后在史迪威派来飞机的救助下，仍然于 8 月初撤到印度利多，军部和新二十二师官兵仅三千余人。杜聿明虽保住了个人性命，却是带着满腹的遗憾和对数万埋骨异域英烈们的崇敬与不舍的心情，离印回国，就任昆明防守司令官兼第五集团军总司令之职，秣马厉兵，准备反攻缅甸，湔雪退出缅甸之耻。

五、二战期间印度纪行

云 铎

（一）赴印缘起

1941 年 12 月，日本发动了太平洋战争，侵占缅甸，国民党政府对海外交通完全断绝。当时许多货运船舶于航行途中临时改航印度，在加尔各答、吉大港、孟买、马德拉斯等处卸货，堆积如山，特别是抗战急需的军用物资，急待设法处理内运。告急电文，雪片飞来。

当时我在航空委员会随主任参事王立序工作，主管垒允中央杭州飞机厂和美军志愿队事务。有一天突然接到通知，令我和空军第四大队大队长赖逊岩（华侨）作为航空委员会代表，即日去印度开展工作。这项突发任务，情况不明，人地生疏，干什么、怎样做完全无数，只得仓促就道，随机应变。1942 年 2 月，正值正月初一，两人风尘仆仆，乘坐新开航的中国航空公司的昆明—加尔各答航线飞机，到达印度最大城市加尔各答。当时首先任务是接收、整理、处置航空器材，大部分先行储存，极少量设法空运。

到达加尔各答后，我和赖逊岩商量，这项工作牵涉到中、印、英、美四方，须从上面争取支持，才能办事。由于年龄较轻，两人都是三十岁，没有顾虑，胆量也大，就去印度首都新德里，通过驻印公使馆介绍，在总督府挂了号，直接拜会英国皇家空军驻印司令。也许当时我国和英国是所谓“盟军”吧，他答应全力支持，转令驻加尔各答的第二二一联队给予一切工作和物质的协作。以后证实，第二二一联队确实给我们很多方便，其中有一位空军中校联队队长，详细姓名已难回忆，在以后事务中合作无间，帮助很大（注：1942 年印度还是英国殖民地。由英国派总督统治，疆土包括现在的印度、巴基斯坦、孟加拉和斯里兰卡四国）。

回到加尔各答，我们访问美军驻加尔各答补给司令苏瑟兰得空军上校（注：此应为陆军航空队上校），挂上了钩。他为人爽直，表示密切合作。但以后交往中，他处理事有时过于简单。

此外，还有中国驻加尔各答总领事保志宁，中国银行经理陈长桐，中央信托局代表沈祖同等，也分别联系。

随着东南亚战局的变化发展，我们赴印使命逐步开展，由去时的单纯处理转口到印物资而转移到围绕一条国际航空通道的各项业务而工作。

（二）航空物资处理内运订江机场

解放前的航空军用物资，全部仰仗外国。一般普通的或零星的器材、物资、设备、航空维修零件、材料等，通过由航空委员会根据需要制备清单，经行政院长孔祥熙批准后，由他交给所控制的机构如财政部、中央信托局等，与中间商人或外国厂家订货。至于飞机、发动机等整机大件，则是航委会提出要求，孔氏大权在握，亲自过问，直接与外商洽谈订约，自然是黑幕重重，难为人知。

二次大战中，美国参战后，航空器材的供应有了重大变化，美商与中国官僚机制垄断营私的局面，为美国政府直接控制所替代，出现了所谓“租赁法案”（Land and Lease Act），中美之间成立 China Defense Supplies（注：中国防御援助中心，简称 CDS）机构，由它运转。在印度，掌握运用各项活动的机构和人员，一是美军驻印加尔各答补给司令部，负责人苏瑟兰得空军上校，另一是 CDS 中国方面驻印代表加尔各答中国银行经理陈长桐。这两人实际受命于华盛顿 CDS 总部。

外围的还有航委会驻美办事处（负责人先后为沈德燮、毛邦初）和加尔各答中央信托局等，只能做一些传递性和辅助性工作。至于我等，既不了解全盘计划，也无执行权力，只是在重庆航委会的紧急需要情况下，周旋于上述几个机构之间，做些调查、催促和专项空运工作。

这时印—缅—中公路，即所谓“史迪威公路”，正试图从印度东北边境，穿过缅甸北部村落而到达云南省边境。当时这条陆路国际运输唯一通道，还只是在努力准备之中，尚未全线开通。

空运方面，除中国航空公司的印度加尔各答—订江—昆明航线已经开办客运为主及少量货运外，没有其他手段。更多的空运是以后由美国空军逐渐开始的。

订江，英文拼音大致为 Dinjian，航委会文件中都称为定疆，国内常称为汀江，原系印度一片菜园，后建为机场。中国航空公司较早使用它作为昆明—加尔各答航线不可缺少的重要中继站。所以，国内一般只知订江这个机场名称，而不太清楚它是在印度东北阿萨姆邦（Assam）的迪布鲁加尔（Dibrtlgarh）与萨地亚（Sadiya）之间，有铁路从萨地亚通达加尔各答和达卡，也有一大段公路与铁路平行。

由于当时军事需要，盟军又在附近修建了恰堡（Chaibog）和叟奎莱廷（Searkulating 或系 Circulating，取名有循环、流通、运行之意）两个军用机场。

（三）瑞安（Ryan）初级教练机装配内飞

在印度各港口堆积物资中，航委会迫切需要之一是一批二十（或三十）架莱因双座初级教练机（注：此为美国瑞安 PT — 20 教练机，当时音译为莱因，中国空军 1942 年后用于取代老旧的联合“弗力特”Fleet5/10/11 初级教练机），希望及早运到昆明供空军军官学校飞行员训练使用。

按照苏瑟兰得上校的说法，只有等到陆路开通之后才能启运，他的意见有一定道理。当时运输机只有道格拉斯 DC — 3，无法容纳莱因机机身，急需程度也排不上号。

我们与英空军第二二一联队 K 中校商量，第一步是将它们运到达卡（Dacca）机场，开箱检查装配，首先维护好再说。这项工作比较容易，经过英国军士协助，二十天后即告完成，顺利地运转、试车、试飞。但是初级教练机航程短、速度小、马力小、升限低，不能高飞，又无通信设备，很难飞越印—缅—中交界的“驼峰”地区（注：The Hump 指喜马拉雅山脉中缅印部分，为二次大战中中英美飞行员常用语，含义是艰险的飞航条件）。教练机陆路运输遥遥无期，空中飞渡困难很大，长期搁置保全，陷入了困境。多少天来反复探索，终于提出一个大胆的方案，自认是有点想入非非的。

设想方案的构思十分偶然。在达卡试飞时，一位英国飞行员偶然开玩笑说：中国内地物资缺乏，这个双座教练机，可以坐一人驾驶，另一个空位，大可带些中国内地急需的药品、奶粉等回去。正是这句玩笑的话，给我们一点启发：有无可能利用空座舱装设一个加油箱，以解决困难之一的航程太短？这个问题如能解决，剩下还有飞行路线和最佳飞越时间的选择，以及飞行时的组织和带队技巧等问题。

在 K 中校协助下，我们认定，按莱因机前座座舱的空间，去除座位，最大限度地设计并试制桶形附加油箱。这样，估算飞机总油量，从印度订江飞越“驼峰”，选择较低山脉航线，考虑到一定的飞行高度和可能的偏离，还是能够飞到云南保山的。这是一个大胆的设想，也有一定的冒险因素。我和英方技术人员反复推敲、设计、试装，大约半个月后，改装完成。经过多次修改、试车和航程高度试飞，认为方案具有一定的冒险性，但更有成功的把握。于是分别报告重庆航委会和昆明空军军官学校，要求同意并派有经验和领队能力的飞行员来验收接机。事后了解，这个方案在重庆和昆明引起的态度有赞同、疑虑和不安，经过几度反复，终于下决心同意了。

第一批派来的飞行员果然都是有经验的，其中有人曾任大、中、分队长，有的是现任教官。他们到达以后，我们邀请英、美飞行员共同详细研究飞行路线，议定在订江机场加油后，避开高峰，先飞缅甸密支那上空，然后经畹町公路飞行。其次是研究飞行高度、时间等航行技术问题，特别是必须保持编队飞行，依靠领队准确无误的飞行动作指挥全队行动协调并多次进行了达卡到订江间的训练飞行。

内飞时，第一批领队是空军教官梁亦权，他是航校飞行第二期毕业，有长期飞行经验，对瑞安教练机的性能也足够熟悉。但是他个性有个缺点，就是比较刚愎自用，因此对新航线的艰险复杂认识不足，对带领编队飞行重视不够，以至第一批九架虽然安全飞越“驼峰”，而到达云南境内后由于指挥联络失当，在保山、祥云附近竟有三架飞机坠毁或撞碰，人员伤亡。他受到退役处理，以后转到中国航空公司为副驾驶员，安全记录良好。

稍后，第二批莱因机照原方案进行，全部顺利到达昆明。这批莱因教练机就是这样内飞的。

（四）局势发展

到印后半年期间，二次大战东南亚地区战局进一步扩大。日本侵略军探知盟军意图后，开始对印度东北地区进行侦察与空袭，盟军也不断调整加强，目的是争夺印度东北角地区，以便打通印—缅—中公路。

滇缅公路是 1939 年开通的，它的路线是昆明—大理—湄公河（Mekong River）—萨尔温江（Salween River，即怒江）—中国边境最后一站畹町（Wanting），然后越国境到缅甸的缪斯（Muse），经过缅境二段 180 千米山路到达缅甸的腊戌（Lashio），到此即有铁路联接，直通仰光。但是，英国政府于 1940 年 7 月 18 日～8 月 18 日受到日本威胁，曾一度停止通车。以后缅甸失陷，全境被日军占领。滇缅公路这条国际陆路通道就完全失效了。

这时东南亚战区的重要战略就是要打通中国的陆路国际通道。盟军于 1943 至 1944 年间，曾动用很多兵力，付出重大牺牲，终于夺回了这个地区，开始修筑从印度阿萨姆邦的列多（Ledo）到缅甸的密支那（Myitkyina）公路，该路终于在 1945 年 1 月通行。这就是当时所谓的史迪威公路（以中国战区参谋长美国史迪威将军之名命名）。

争夺印度东北地区行动开始后，加尔各答实行空防，管制灯火，曾遭受几次轻微夜间空袭，但损失不大。

与此同时，加尔各答作为物资转运和各国人员往来的枢纽，地位日益重要。因此，航委会扩建在印组织，成立驻印办事处，委罗惠侨为主任，驻卡拉奇，下设新德里、加尔各答及订江三个办事处，分别由郑汝镛、云铎、林祖心任专员，而实际业务，三处都是独立活动的。赖逊岩驻卡拉奇，总管飞行工作。

为了便于飞行管制和联络，航委会派出电台，配置到航线经过各地，主要任务是为飞机航行的机务、报务、气象、通信等服务，日夜三班，与国内机场电台保持联系。各台均由各办事处指导，转发日常经费，提供便利条件。这些电台人员，只有很少的人掌握印度通行的英语，因此，我们常去充当中、印、英、美几方的联系人和译员，特别是成批飞机过境之时。

这时，驻印工作同事，在卡拉奇有罗惠侨、赖逊岩、郑兆玲、任赞民等；在加尔各答有吴增鹤、某华侨、西南联大毕业的刘莹等；在订江有林祖心、李永熹、胡旭光、蒋滂孙等人。此外，还有两人是航委会基层单位直接派驻恰堡机场与美军联络本单位物资内运问题的，一是余秉枢（1943 年），代表单位已不记得，另一人是钱学渠（稍后），代表大定发动机厂。

订江地位偏僻，是贫困的阿萨姆邦落后地区，除茶园外，几乎没有其他工、农、商业，居民极少，大部分是茶园工人，生活艰苦，多是文盲。按当时我们标准，雇用一名勤杂工，工资定为三十至四十卢比，但是当地官吏对印度居民非常苛刻，并不同情或改善他们的待遇。因此，订江办事处雇用三人，只付一份工资，英国殖民主义者的剥削一至于此！

（五）美印—缅—中国际飞行航线

这条飞行路线是应盟军对日作战的需要而开辟的。它从美国本土东岸出发，飞越大西洋，经非洲西海岸，横穿非洲大陆至埃及开罗或亚历山大港，再到达印度西海岸的卡拉奇。由美国东海岸到卡拉奇的飞行距离大约为两万千米。

在印度境内，大体上由卡拉奇经过焦特布尔（Jodhpur）—阿拉哈巴德（Alahabad或译为安拉阿巴德）—达卡（Dacca或Dhada）或加尔各答—订江—昆明。卡拉奇到我国云南边境空中距离约三千千米。

1942年上半年，这条军用航线开始运行。先是美军飞机往来探测航路，继而正式通航，频繁往来于印度、昆明之间，机种也逐步增多。由于租借法案生效，援助中国的作战飞机也陆续按此航线飞往昆明。在此期间，多批飞机都在卡拉奇由美方交给中方，以后由中国自己飞回昆明。因此，不时有成批的接机飞行员由昆明乘民航飞机到加尔各答，转去卡拉奇，或乘军机直飞卡拉奇，前后有数百人，其中我记得的有王汉勋、郑少愚、萱明德、阳永光、王玉奎等，有些曾任飞行大、中队长，人数很多，有较好的飞行记录甚至抗日战功。

这些接收内飞的军用飞机的机种、型号、批数、架数等，我处没有统计。记忆较深者有P–43约100架，P–66约一百二十架，还有一批B–25轰炸机，估计不超过二十七架。接机飞回过程中，大部分都很成功，很少失事。

最早运行时（确切时间、人名难以回忆），有一批飞机，大约是P–43，从卡拉奇起飞后，到达焦特布尔附近时，遇到突然发生的沙暴（就是没有预报、没有迹象的强烈大风，夹以大量细沙，如同黄粉，致使空中混沌，有如黄雾，不见天日）。虽然这些飞机都有通话设备，飞行人员也有经验，但事起突然，从未经历，难以控制，以至编队离散，各自拼搏。结果，一批约九架中，有三到五架不同程度失事，机毁人亡，其余安然落地获救。这和气象预报不准，人地生疏，没有这类经验有关。

另外一次，一批P–43、P–66飞机航行中，发现机身附加油箱漏油，于是在加尔各答达姆达姆机场（Dum Dum Station）降落。我们检查，证实情况严重，但没有备件可换。美军人员认为，可以修补堵漏，但在印度没有材料，只好停飞等待。我们考虑，加尔各答机场秩序较乱，又无空余机棚，只能露天停放，也多损坏。和英军第二二一联队商量后，我们大胆采用一种印度的新产品封口胶。施工后，经过四十八小时，虽然烈日当空，接口焦热，而漏油停止，密封牢固。经过多次地面试车运转并试飞振动后，也无泄漏，于是大胆续航，安全飞抵昆明。

那些接机的飞航人员，时常和我交谈来印的感受。

他们在天空飞行，由于强烈的气流作用，如同船只航行在波浪滔天的海洋一样，机身簸动，令人呕吐。印度东北部的冬季温度之低（特别是夜间）不亚于国内，大大出乎他们的意料，使得他们啼笑皆非。他们到了订江，换乘火车到加尔各答，夜间寒冷，难以入眠。天明日出，气温陡升，又是一番景象。孔雀、白鹅，成群结队，安然漫步，比翼而飞。在热闹的车站，也常见到花脸猴和老鹰。

在卡拉奇，他们住在营房，面临大海，是一所一所的单独房屋，互不接连。有时竟有狼群出现。这些住所是专为中国空军所设，常住空勤和地勤人员，最多时达千人。一段时间后，他们转移到美军空军基地，和美军人员一同练习，熟悉新式飞机。他们一般大约在卡拉奇驻留三个月，达到要求后，驾机飞回国内，参加抗日空战。

这里讲一个插曲。大约 1942 年 4 月，由于工作需要，派遣吴增鹤常驻阿拉哈巴德，主要是办理铁路物资转运，将印度西海岸和南海岸到达物资，经阿拉哈巴德运往订江，不再经过加尔各答。但是，随着国际航空路线的形成，阿拉哈巴德约居印度境内航程之半，常有飞机起落，地位重要，修理维护与接待联系工作，日益加重。飞行任务与美军关系较多，地面服务则与英军联系为主，而飞机是我们的，常有需要协调安排，这些都交由吴增鹤负责。本来工作顺利，一切正常。但是，不知什么机遇，吴增鹤在该城认识印度政治家尼赫鲁的两位侄女，有些社交往来。吴是中央大学和空军机校高级班毕业，年轻好动。这本不是什么大事，也未逾越社交轨道，更无任何政治背景，不知怎样，竟然风传到重庆航委会，一纸电文调他立返重庆，也许是由于当时尼赫鲁在印度政治家中是中间偏左之故。

（六）空运剪影

中缅公路中断后，中印空运航线兴起。据美国记者 T. 杜尔丁介绍，美国运输机以印度订江为起点，到云南境内机场降落，单程航线就超过八百千米，每月运进中国的军需品竟超出中缅公路以前的运输量。中缅公路运输最高时一个月有一万三千吨，并且不全是军用品。这条航线装运的有汽油、弹药、枪炮、飞机发动机和零件、吉普车、卡车等。有史以来任何一次最难的单纯运输工作都没有这样艰巨，可以说，这是最困难而最危险的。那些双发动机以及后来四发动机飞机，满载军品，日夜不停，穿梭往返，飞越这条喜马拉雅山的特殊航线。那里有蜿蜒密集的高山峻岭，巍然作锯齿形状铺满冰雪的山峰，高达六千米。空运机飞越“驼峰”，进入时要抵抗印度洋吹来的季风，出去时又要穿过世界屋脊高山气流。高空飞行，飞机有时结冰。航程中，驾驶员大部分时间须用氧气面罩呼吸。由于各种原因飞机失事，机组人员跳伞或死难者，为数不少。此外，运输机没有武器，有时遭日本战斗机突然袭击，十分危险。就连降落的机场，也常有敌人间歇性地轰炸破坏，地面工作人员也不安全。尽管如此，航线上大量的军民，忍饥耐渴，甘心吃苦，都是为了一个目标：战胜侵略者，恢复和平。

随着战局逐渐转好，盟军组织日益加强，中印空运条件日趋完善。飞机、驾驶员、地勤人员迅速补充，场站设施、业务装备更加先进，中印空运状况进步很大。一次，有人现场观察，看到巨型飞机装卸货物组织得法，效率很高，从卸货到装货起飞，前后不过两小时。

中印航线不仅运进物资，回航之时又带出战时重要的援外出口物资，如给苏联和其他国家的钨矿砂等。

美国杂志曾经描述这条空中航线，“比二次大战前美国 3 大民用航线力量的总和还大”，也许有点参考意义。

（七）跨洋飞行和突破西藏“禁区”

1942年下半年到1943年上半年，中国航空史有两件值得纪念的飞行纪录。一件是衣复恩驾C-47运输机首次飞越大西洋，另一件是衣复恩、毛邦初驾C-47机首次飞越西藏“禁区”。我适逢其会，在印度现场目睹。可惜的是，确切记载已经无存，只能追忆大致时间地点和有关人物，但事实确切，有可以查证的线索。此两件飞行创举的详细情况必有正式的历史档案资料，值得探讨。当时发行的《中央日报》，特别是《中国的空军》杂志，必有记载，可以查证。另外，几年前空军三九一二三部队王春林同志曾与我联系，询问经过情况，想必对这一段史绩有完整的调查。

（八）加尔各答生活一瞥

随着战局发展，加尔各答成为进出入印度国境的主要港口，军人、官员、商贾、中外人士来往络绎不绝。国民政府大批飞行人员和技术人员陆续送往美国受训实习。同时，学成回国人员也不断涌到，一切往来都靠民航机和部分军用运输机。

成批人员出国，一到印度，即遇服装问题。印度酷热，温度常在四十摄氏度以上。在加尔各答，高温湿热，汗流浃背，而在西北地区，如拉合尔（Lahore），虽然温度在四十五摄氏度以上，但空气干燥，汗水随时蒸发，皮肤反而干滑。因此，出国人员到加后，必须立即换装，购用市场通行的英式咔叽布黄色军便服，佩以中国空军标志。开始时，一般就宿于施合，开支浩大，于是租建了招待所，提供膳宿。这类成批人员，少则几十，多则百余，都是等候盟军征用的商轮，从印度孟买或其他港口启航。由加尔各答到孟买乘坐火车，长达二十小时。印度铁路习惯，车上不供饮水，沿途自购饮料，大站停车等待，可去车站餐厅吃快餐。这样，每批人员到达后，均须介绍风俗人情、习惯禁忌，特别是不同宗教的特点等。有时要说服协调各种不同意见与要求，颇费口舌。基本上我们常要陪送这些人员到乘船港口，到达后住旅馆，等候上船。战时航讯，包括船名、航期、航线等绝对保密，只有在启航前约两小时，由美英军方通知，带领人员登船。船舱拥挤，难分等级，分配不尽合理，闷热不堪，纠纷迭起，时有怨言。

送往如上，迎来也不轻松。多数情况下，归国人员都是搭乘美军运输机，或成批涌到，或零散单行，一般终点是卡拉奇。到加尔各答后，则因加尔各答—订江—昆明军运线严格控制，不易搭乘，只能乘中国民航飞机进入国门。在此情况下，又生另一类型难题。办事处的电话是CAL–1050，从早到晚，有时夜间，不时有来自机场的电话，要我们去排解“纠纷”。一般情况是，归国人员带的东西较多，诸如小电器、药品、衣物……身穿军服，有人还佩带武器等。另一方面，印度海关人员经验丰富，执法很严，为中国人携带物品的品种、数量等双方时有争执。这些方面问题不大，可以疏导解决。最后问题是少数人携带金饰，按印度规定，禁止出口。有时印方说有，言之确凿，中方否认，气势坚决。由于是盟军人员，身着军服，不得搜身，但也不放行。双方坚持不下，形成僵局，往往由我劝告、节制、疏通、保证，算是过关登机。事实上，印度海关组织严密，消息灵通，例如我国人员到加后，如想带金饰，常去中国城商店购买。这些商店摄于印度警方压力，惯用两面手法，明里卖货给你，暗中通知海关，因此检查人员，以情况确实有数，掌握情况，相当准确。这样，对后来人员，我们预先提出劝告，作出要求，希望注意国体，自重自爱。印度也就接受“仲裁”，形成习惯。

加尔各答是印度最大城市，具有浓厚的英国殖民地色彩。不同国籍、种族、宗教、职业、阶层的人五方杂处，各行其是，交谈往来，各具特征。英国人老成持重，道貌岸然，不露声色，地位高低区分很重。虽然难以接近，但有事一经允诺，倒是尽力而为，言而有信。反之，美国人心直口快，容易为友，但有时恃财傲物，不免随心所欲，简单从事。例如与苏瑟兰得上校打交道，三言两语，快速成交，常说：“你去美国一趟，就可解决，给你一张来回机票，去吧！”而印度人，长期受压，不免唯唯若诺，低声下气，办事只求无过，情状可悲！航委会官员、同事，因公来印，做客他乡，自有不同需求，也要帮助，身处此境，五味俱全，心绪难平，当然也是对我们适应国际环境、学习社会知识和公共关系的考验与锻炼。

机场，美国称为 Airfield，英国叫它 Airport。印度达姆达姆机场是当时东南亚最大的机场，人们习惯叫它为“Dum Dum Station”，意即达姆航空站（机场）。它地势平坦，跑道宽长，航行指挥设备齐全，军民两用，但四周并无严格场界，也无栏栅，距加尔各答城区大约十千米，有大道通行。当时我们每天必去，多至一到三次。但是，由于场内各国民航和英、美、中军用飞机频繁起落，人员混杂，有关管理制度不能统一确切执行，各类事故时有发生。

一次我国一架驱逐机（Pursuit，即以后称为战斗机，可能是 P-43 或 P-66），与一架英国兰开斯特轰炸机（Lancaster），先后降落不同方向跑道，滑行到终点时相遇，慢速碰撞，两机均遭破损，虽各自仍能滑行，但已失去飞行和作战能力，需要修理。也许是战时原因，双方人员到场，略事查勘，认为各有失误，不作结论而罢。

另一次，一架美国重型飞机降落，制动较慢，冲到主跑道尽头以外，将草地上印度牧民及牛羊数十头撞压至死，血肉横陈，惨不忍睹。事后，我问英国管理当局，惨案如何善后，赔偿多少，哪知竟答以“谁叫它们吃机场的草呢”。帝国主义横行霸道，对殖民地人民的生命财产，视如草芥，令人发指。

1942 年春，日军目标转向印度，开始军事侵略，先后轰炸了吉大港、加尔各答等地。加城早已实行空防和灯火管制，一到夜晚，全城黑暗，车灯如豆。屋前树下，人们窃窃私语，惊恐万状，这座大城，形似坟墓。城市并无地下防空措施，空袭警报时，只是到大楼底层躲避，楼最高不超过六层，所谓防空仅仅聊以自慰而已。印度平民，大批携老扶幼，远走郊外。可惜的是，他们头顶布袋，内中仅有粮米数斤，估计也许就是全部生计了。所幸当时日军重点不在于此，每次仅来几架飞机，有时也未投弹，可能只是探测威胁，扰乱人心而已。

我们住处在外籍人员聚居的所谓高级住宅区，大都有印度仆从。这些印度仆从衣不遮体，食不成餐，对世事茫然，无知无虑，诚属可悲可叹！工作之余，许多人似无家室，也无住处。有人在庭院一角，席地而卧，或三五成群，或独操乐器（弦类、鼓类，形似曼德林或吉他，但结构较简，音调阴沉），轻歌细语，哀怨忧伤，间或霹雳一声，引吭高歌，忽远忽近，如泣如诉。虽然意不通，难悉衷情，但是曲调歌声，反映了弱小民族控诉压迫剥削之苦。歌声正在萌发抗暴独立种子，则可以断言。

我们一位汽车司机，都称呼他为阿唐，尼泊尔人，忠厚诚实，勤于职守，深更半夜，一有任务，从无怨言。夜间有事，我要单独驾车，他总是坚持同行，看来是有保卫之意。后来我离印回国，临别握手，久久不释，他泣不成声，泪如涌泉，欲言无语，心心相印，也许我们之间，已经形成被压迫民族间的正义情感吧！

（九）空军军官学校

随着战局发展，按照中美政府协定，由美国培训大批中国中、高级飞行人员。对于初级训练，仍在昆明军官学校培训，但是飞机与汽油都感奇缺，情况日益困难。大约在1943年初，中英双方协定，初级班由昆明迁往印度拉合尔城设立分校，中方办校，英方协助。7月，接到通知，调我到分校任修理厂厂长。在办事处交代后，我到拉合尔，看到机场内有两座棚厂，可容纳初教机约三十架。学校教官与学员已开始训练，工作正常。但是，对于中方建立工厂，自行修理，英方始终不予支持，并未同意，认为英方完全可以承担任务。同时，由于修护器材仍仰给于美军，英美两方又同床异梦，积不相能，这个方案，确是有悖实情，难于共处。我将情况分报军官学校教育长徐康良和航委会，得到同意，暂缓设厂，我则调回重庆。

这样，为了抗战，从1942年2月到1943年9月，共二十个月的印度之行，告一段落。

（十）尾声

1943 年 9 月回到重庆，稍事休整，不意航委会派我再去印度，作驻印工作的全面考察。于是昨夕告别，今朝又来，颇感意外。这段时间，正是中国战区参谋长美军史迪威将军全力以赴，指挥中美部队争夺印度东北阿萨姆地区，以便打通从利多到畹町陆路国际通道之际。中国方面也有远征军、青年军参战。由于地形复杂、人地生疏、民情淡薄、战况激烈，中国军队伤亡惨重，但却制止了日本侵略军疯狂肆虐，所向无敌，占领南洋大片疆土，妄图扼杀我咽喉要道之势。

我再次到印度后，在此决战之际，遍访各处，见到许多同仁，回顾两年工作环境与特殊生活，难辛苦乐，感受良深，我们都具有赤子之心，不辞劳累，不计得失，为了抗战，为了民族尊严，人人都努力工作。

考察本身，只是情况审度综合。战局铺开后，形势看好，各项工作，驾轻就熟，没有特别值得记载之事。地区情况大体上已经熟悉，加之机构完善，配合得当，错综复杂的国际环境和人情风俗、地理特点也逐渐有数，凡事因人因事区别对待。各办事处人员比较精练，埋头苦干。其中有些华侨参与工作，虽报酬菲薄，仍忠心耿耿工作，例如加尔各答办事处有李氏姐妹，是我初到印度时拜访新德里资深华侨陈老先生时，由他推荐的。她们出生于印度，通晓中、英、印语，承担大量工作，内外奔走，不辞劳累，不计报酬，具有强烈的爱国之心，愿为祖国抗日贡献力量。当然，不法之徒和醉心私利者也大有人在。民航线路开通后，昔日奔走于滇缅道上的公私掮客，又出现于加尔各答，以种种手法接近我们，妄图利用我们手中一点权力，渔利殃民。所幸各处人员，大都洁身自爱，未受蒙骗。

在这期间，我曾到印度东海岸孟买和马德拉斯等处一行，顺道去迈索尔邦（Musore）的班加罗尔（Bangalore），参观访问印度航空公司（Hinmlstan Air Craft Co）。短暂三天，走马看花，印象不深，但感触良深。

这个工厂也是美商联洲航空公司一手促成（老板鲍莱）。鲍莱是商人，获得美国寇蒂斯、道格拉斯等几家航空公司、工厂的远东代理权，首先以中国为目标，设法先接近宋、孔两大官僚财阀，早期创设了中央杭州飞机制造厂，后期与陈纳德合作，在组建美国志愿队时起过重要作用。

中杭厂从装配几种型号美式飞机，如弗力特（Fleet）教练机开始，逐步进行小零部件制造、组装。抗战开始后该厂内迁，先后到过武汉、昆明，并在湖南衡阳、四川成都等地派驻临时修理机构。随着日本侵略势力扩展，东南亚危机四伏，形势恶化，急转直下。鲍莱为人精明强干，善于捕捉时机，经营牟利，有其弟 E.P. 鲍莱和前上海租界治外法权审判官斯来脱律师（George Sellett）协助，不断周旋于东南亚各国之间，往往通达高层权威，兜售军火。1938 年夏季，他观察战局感到情势严峻，倡议将中杭厂迁往中缅边境云南省瑞丽县边境的一个叫做垒允的地方。垒允靠近畹町，是一块偏僻土地，与缅甸隔河相望，鸡犬相闻，两国人民自由交往，语言相通，如同亲友。他的选择基于仰光是一个很好的国际港口，有铁路通达北部的腊戍，易与滇缅公路连接，供给条件尚能满足。未料建厂生产后仅有年余，即遭日机轰炸，不久日军占领缅甸，攻到云南边境，全厂化为灰烬，损失惨重。

垒允厂在中国航空工业史上占有一定地位，承担很多生产和修理任务。据鲍莱宣称，垒允厂的生产将不同于杭州厂，生产能力有所提高。他在有关文件中提出一个名词“Stage 5 Material”，直译为第五阶段生产，其含义可认为是高一层次的生产条件，意即工厂开始有自行设计的力量，生产技术有所提高，能制造更多的零部件，具有更高的装配水平，有更完善的管理机能。事实证明，垒允厂确是按此方向前进的。可惜时间太短，未及见效。该厂引进美国工厂管理办法，要求严格，培训出一批技术过硬、工作踏实、具备管理能力的技术员工。停厂以后，他们分散到许多单位，做出了有益贡献。

中杭厂迁建垒允，是成是败，无须定论，只能认为是一个不幸的历史过程。但是，鲍莱的开发精神还是值得称道的。在那的荒僻的地上，除了交通上一线生机外，其他条件十分困难，从无到有，建设一个现代化航空工厂，确非易事。通过中美双方，主要是中国员工的艰苦努力，自立协同，终于在较短时间完成建厂，使其初具规模，工厂的生活设施，达到现代小城市规模，医院、学校、住宅、商店具备，形成良好的工作环境和气氛。我曾有幸于 1941 年到垒允参观访问，印象颇佳。美国生活杂志曾作介绍并戏称该厂为“鲍莱村”（Pawleys Village）！

到班加罗尔参观印航公司后，想起这个工厂也是由鲍莱鼓动印度当局于 30 年代末合资经营筹办的。除了那里没有战争和物质条件较好外，就员工素质、技术能力和管理水平而言，开始不如我们，差距较大。而这次参观中看到的一切，从厂房到生产，从外观到管理，从操作看技能，从现状问未来，都感到惊人的进步。按当时印度的一般技术水平衡量，处于领先地位。就餐时，我和几位印度工程师交谈，他们掌握的情况和发展设想，使我们想到这不是他们个人的知识，而是反映了这个印度唯一的现代化航空工厂的地位与管理，吸收与消化同步，仿造与创新并存的思想。他们依靠外力，不忘自力更生，勤奋学习，埋头苦干，实事求是，稳扎稳打，得到了发展（注：那时所见，该厂已经略高于垒允厂的水平。到了 70 年代，印航制造公司已发展为具有很高水平的航空企业，能生产近代高技术飞机，如苏式米格飞机、法式“幻影”飞机等）。几十年过去，回忆我们的航空工业，从马尾开始，起步不晚，技术人员，为数逾万，奋发图强精神，赤子爱国之心，绝不后人，何以蹉跎岁月，进步缓慢？

六、赴缅甸接机及随“飞虎队”在仰光作战

李光熹

1941年春，我辗转被分配到当时中国空军的第三飞行大队当仪表员。不久，就接到当时的航空委员会的命令，要我们大队派人去缅甸、仰光接收飞机。我们一行以机务长梁增光、军械长吴君干为首的地勤人员二十多人于6月中旬（或下旬）乘卡车从成都双流机场驻地出发，经宜宾、毕节等地先到昆明，在昆明稍事休息并办好出国手续（即每人发一张军人身份证后），就换乘另一辆卡车沿滇缅公路，经过中缅边界的畹町镇直达缅甸的北方重镇腊戌，再换乘火车，于7月初到达缅甸的首都仰光。行程三千多千米，经历的时间大致一个月。飞行人员以大队长罗英德为首，包括中队长、分队长及技术较好的飞行员共约二十人，则由成都乘飞机经昆明直接飞往仰光。

我们到达仰光的同时，美国寇蒂斯·莱特飞机公司的P-40B/C战斗机就陆续运到了仰光，总数原为一百架，有一架掉入海中，实际为九十九架。这批飞机的组装工作，由原在杭州后来迁至中缅边界垒允的原中美合办中国中央杭州飞机制造厂（简称中杭厂或垒允厂）派技术人员和工人负责的。据当时任检验员、现在是南京航空航天大学教授戴昌晖回忆，这批人员去时有先有后，最多时不超过四十人。装配人员的实际负责人是一名叫萨金特（Sargent）的美方人员，他是当时垒允厂装配车间的领班；中方领队是夏循槛，另外有他的弟弟小夏，其他职员中还

有姓马、姓蔡的华侨，工人出身的技术员等（可惜名字都忘了）。检验人员有吴铁镕、张冲、戴昌晖等，因吴资格较老，算是检验人员的头头。另外，还有政府指派驻厂的验收代表。试飞员中有美国人格林（Green）和空军的周庭芳，他是原高志航所在第四大队的少校。这批飞机的组装工作，大致 7 月开始，年底前结束，另有两三架零件不全，实际交付使用的在九十五架以上。

当我们大队人马到达仰光不久，就有两位刚从美国回来的留学生来给我们上课。一位姓熊，听说是熊式辉的儿子，给我们地勤人员主要讲飞机的构造和维护；另一位是顾德昌，听说是顾维钧的儿子，主要讲发动机的构造和维护。课程大致讲了两个多月结束，然后就分配到装配现场按各自的分工观察实习。我当时虽然是仪表员，但也全面学习了飞机的装拆和维护。

大致在 9、10 月间，这批飞机决定交给陈纳德组织起来的美国志愿人员（AVG）。由于这批志愿人员大都是美国军队的退役军官，他们来华参战，我国是要付给报酬的。为了尽量减少他们的地勤人员，决定我们大队的飞行人员全部回国，地勤人员除机务长外，其余全部留在仰光帮助 AVG 做地勤工作。由于当时国内汽油供应非常紧张，而仰光附近又有油田和炼油厂，这批志愿人员原拟在仰光训练一个星期再飞回昆明，待至 12 月 7 日日本偷袭珍珠港从而爆发太平洋战争之后，我们就奉命随志愿队留在仰光与英缅军队共同对日作战了。当时，地勤人员中只有我还会些英文，从此我就兼做翻译，工作开始忙起来了。

随后不久，日军就进攻缅甸，经常派飞机轰炸仰光，当时英国皇家空军留在仰光的只有“惠灵顿”轰炸机，有的还趴在机窝里飞不起来，地面防空部队的力量也不强，因此，仰光区域的空防及前线陆军的地面支援，几乎全靠志愿队配备的 P-40C 这批飞机了。P-40C 飞机的性能，相对于日本当时较多的 99 式飞机（注：这里应该是中岛 97 式战斗机或中岛一式“隼”战斗机）来说，还是较好的。除了有两挺 12.7 毫米机头机枪、四挺 7.62 毫米机翼机枪、防弹玻璃、防弹钢板、自封油箱等攻击和防护装备以外，高度在4580米的最大速度可达574千米/小时，爬升速度可达938米/分，正常航程可达1050千米，续航时间一般在两小时以上。

志愿队当时采用各机能灵活应急的九机串联编队队形（当时日本和我国一般都采用六机品字形编队队形），并根据我机速度和爬升率相对较快的特点，采取打了就跑、爬高后再攻击的战术（意即避免与敌机缠斗和格斗），每次空战都大获全胜。当时志愿队有一个默契：凡是作战回来，先对机场作一个俯冲，然后拉一个快滚表示打掉一架敌机，拉两个快滚表示打掉两架敌机等，我们知道这种默契的真意后，都把快滚看作是对我们地勤人员的极大安慰和鼓励。大致在1942年元旦前后，日寇有两次出动几十架飞机空袭仰光，志愿队飞机及时起飞应战。空战结束后，我数了一下，我方飞机做的快滚，每次都有十五或十六个之多。有一次，我们在机场上空看到，有一架日机在机场上空摇摇晃晃，盘旋不久就来一个垂直俯冲，轰然一声，直撞地面，事后一年，才知道该机飞行员是准备撞毁一架我方趴在机窝里的英国轰炸机的。由于稍偏了一点，那架英国飞机完好无损，但这说明那时日寇飞行员武士道精神还是很足的。我印象中，美国志愿队在仰光作战两个多月期间，P-40飞机的性能略胜一筹，又由于他们有针对性地采用一些好的战术，加之他们也比较勇敢（当时大家都说这些志愿队人员是些亡命之徒），取得的胜利还是较大的。据有些资料透露："在为期两个多月的仰光保卫战中，美国志愿队共击落日本飞机216架，自己仅损失14架，取得巨大的胜利。"仰光最终失守，完全是由于英国太弱了。直到后来中国远征军出兵缅甸，才阻挡了日军的锐利攻势。

大致在2月上旬，听说有一架日本零式飞机迫降在距仰光的两三天路程的农田里。飞行员在缅奸的帮助下逃跑了，飞机还相当完好。为了研究敌机的性能，志愿队派我和一位机士（阿钟，名字忘了）随一位英国军官前往拆运。经过几次车船转换，好不容易才找到这架飞机的所在地。由于所带工具是英制的，而日本使用的公制，同该机的结构也有些特殊等原因，我们费了九牛二虎之力，在英国军官督促地方政府派人大力协助下，来回花了十天左右的时间，才把这架飞机运回仰光。当我去交代这一任务时，志愿队就告诉我：日本军队已逼近仰光，留在仰光的飞机（大致一个中队）将于次日飞往昆明；地勤人员将于第三天也撤往昆明。

大致 2 月下旬一天的清晨，我们开着志愿队管辖的卡车、加油车、吉普车等各种汽车约十辆，浩浩荡荡撤离了仰光。几天之后，车到了腊戌，我们大队的机械员（大家都喊他老梅，名字忘了）因中途患疾病而无法得到及时救治终于不幸死亡（可能是中暑，因为缅甸属于亚热带气候，2 月份气温已经很高了），为抗战献出了宝贵的生命。正好该地有航委会的办事处，我们将尸体交给该办事处处理并休息两天后，又开车继续前进了。

大致 3 月中旬，我们安全回到了四季如春的昆明。这时我们才知道由于中美已是盟军及新闻报道等原因，志愿队已改名为“飞虎队”。

同时，也看到许多 P-40 飞机所装 V 形液冷式发动机形成的扁长形整流罩外壳上，用各种颜色的油漆，涂成一条可怕的大鲨鱼，有鼻子、有眼睛、张着血盆的大嘴，露出两排洁白光滑可怕的牙齿。我们大致随该队又工作两三周左右，就接到命令，要我们原班人马到印度卡拉奇（当时巴基斯坦和孟加拉国都尚未独立，统属印度）接收另一批飞机，于是我们就结束了在“飞虎队”的工作，走上新的征程。

七、第一次见到“飞虎队”的P-40战斗机

陈应明

由于我出生于越南河内，后来回国到广州，因为抗战爆发迁到香港。太平洋战争爆发后，香港被日本占领，我也和母亲等家人在日本侵略者铁蹄下战战兢兢地过着沦陷区耻辱的生活，并且备受日本法西斯军国主义者的剥削和残害。我们的家产被日军强制兑换为“军用券”，随后日本鬼子又迅速将其贬值，借此掠夺广大香港市民乃至中国人民的财富。1942年春，我们在法国维希政府驻港领事馆登记后，被送回越南河内，当时越南的军事要地均由日本占领使用，而地方行政仍由法国人管理（当时法国还有驻军）。

约在1942年初夏，一次空袭后，我听说有一架美国飞机被击落，便骑着自行车与一些越南人赶到河内嘉林机场附近。当时有很多人围着一架飞机观看，这架飞机的机身和机翼有些破洞，但没有燃烧迹象，其螺旋桨已经全部毁坏弯曲了，我分析这是没有放下起落架迫降造成的。等近了后，我看见座舱已经敞开，座舱盖飞散不见了。因为当时我从外文杂志上曾经看到过寇蒂斯P-40战斗机的照片，所以我一看残骸便知道这是一架P-40战斗机。飞机的涂装为绿、褐色迷彩。

经过与越南人谈话，据说飞行员已由日本军队就地埋葬，而且飞行员身上所有贵重物品据说均由日军分别抢夺瓜分了。但我不甘心，在附近草堆中找到一副已经破损的飞行眼镜，随即带回家中，但不到三天却

被我的五叔害怕惹事丢掉了。

抗战胜利后，我回到国内，后来受两航起义感召，投身中国航空事业，业余时间进行航空历史方面的研究，在有关资料中查实了我所见的那架 P-40 战斗机的来历：该机是 1942 年 5 月 12 日由“飞虎队”第二中队派出的。是日，由分队长琼斯（Jones）率领六架 P-40E，挂载炸弹前往袭击越南河内嘉林机场，其中一架因为发动机故障中途返航。是役剩余五机飞临后扫射投弹，按照美方档案记录，于地面击毁日运输机一架，战斗机十五架，另有部分飞机损伤。但队员唐诺万（John Donovan）的 P-40E 座机却被敌高射炮击伤，迫降时罹难。牺牲时，他只差一架战机便可以成为王牌了。

第二章

血战同古

1942 年 1 月，日军攻占仰光。3 月 19 日，在二百师师长戴安澜领导下，发动了同古战役，蒋介石的计划是以二百师不惜代价死守同古争取时间，掩护远征军主力向同古一带集结。而主力第五军迟迟未集结，造成二百师牺牲很大，但由于中方不愿进攻，只想保存实力，而英军却又将右翼空开，造成日军包围二百师。在孤军无援情况下，二百师主动撤出同古。

第五军入缅的先头部队第二百师（师长戴安澜），是一支机械化装备的在抗日战争中屡建奇勋的部队，先行入缅，士气高昂。军运卡车身上，贴满了用中、缅两国文字书写的标语："中国军队为保卫缅甸人民而来！""加强中英军事合作！""缅甸是中国最好的邻邦！""驱逐倭寇，扬威异域！""为国争光，不胜不还！"

1942 年 3 月 7 日，二百师日夜兼程，到达战斗第一线同古。同古南距仰光二百五十千米，北距曼德勒三百二十千米，是仰曼铁路的重要城市和战略要地，西北还有克永冈（开道）机场，是日军"必须迅速占领"之地。而我方则认为，它与西线普罗美和东线毛奇互相呼应，构成阻止日军北犯的屏障。尤其是仰光失陷后，同古争夺战就显得更为重要。

驻守在同古一带的英缅第一师士气极为低落，既不了解敌情，又未作迎战准备，只准备安全后撤，保存实力。3 月 18 日，日军向同古推进，英军同时撤往普罗美。从 19 日起，日军第五十五师团第一一二联队向同古发起攻击，第一四三联队于 20 日投入战斗，双方激战十二天之久，日军遭到太平洋战争开战以来未曾遇到过的猛烈抵抗。

由于西线英军始终没有采取积极行动配合，加上英方延误，中国远征军后续部队未能按预订计划运送到同古前线，第二百师苦战十二天，伤亡两千余人，内缺粮弹，外无援兵，面对增援后四倍于己的敌人，困守孤城，形势危急。

杜聿明认为，“在此形势下，我军既不能集中主力与敌决战，以解同古之围，而旷日持久，仰光登陆之敌势必参加同古战斗，坐使第二百师被敌歼灭。如此，则我远征军将被敌人各个击破，有全军覆没之虞。因此，我决心令第二百师于29日晚突围，以保全我军战力，准备在另一时间、另一地点与敌决战。”于是第二百师在戴安澜指挥下安全突围，连一个伤兵也未丢失。

同古保卫战是缅甸防御战期间作战规模最大、坚守时间最长、歼灭敌人最多的一次战斗。而且在仰光失陷的不利形势下，同兵力、装备都占优势，并拥有制空权的敌军苦战十二天，歼敌五千余人，掩护了英军撤退，为远征军的后续部队赢得了时间，最后第二百师全师安全转移，不能不说是很大的胜利。日军也承认，同古战斗中，第二百师十分英勇，对于日军来说则是缅甸战役中最艰苦的一战。

历时十二天的同古大战终于以中国军队主动撤退而告结束。日本人占领一座空城，中国军则退守一百英里外的彬文那。战斗尚未结束，中日双方都迫不及待在各自首都发布战报，都称自己取得重大胜利。双方舆论为此沸沸扬扬，国民情绪跟着振奋鼓舞。事实上该战役双方损失基本相等，日本人付出重大代价攻占一座废墟，中国人虽然后撤一百英里，却阻滞了敌人攻势，因此公正的结论应当是：双方都取得了应有的胜利和遭到了不应有的失败。

同古之役初步矫正了西方人对中国军队的歧视和偏见。它在军事史上的意义几乎等于零，但在认识论上的价值却意外地获得一个高分。

一、浴血奋战固守同古

杜聿明

我远征军先遣第二百师附骑兵团及工兵团的一部，先头部队于1942年3月8日到达同古，9日接收英军防务完毕，11日骑兵团附工兵一部、步兵一连，推进至皮尤河及其南十二千米处担任警戒，由骑兵团副团长黄行宪指挥。骑兵团团长林承熙鉴于英军与敌作战月余尚不明了当面的敌情，想到前哨部队的最主要任务就是搜索敌情，应该设法获得敌人的有关文件。

他根据连日侦悉日寇大胆追击英军的战术，在皮尤河南十二千米处先构筑假阵地，又在皮尤河南岸构筑埋伏狙击阵地，皮尤河北岸构筑主警戒阵地，并准备好皮尤河大桥下的爆破工作，等待敌人行至北端，即用电气导火爆炸。所有阵地都伪装得十分巧妙，不易被敌人发现。

3月18日英缅军全部撤退，日寇跟踪追击，到达皮尤河南十二千米处，与我发生了激烈的前哨战，这样就掩护了英军脱离敌人，安全撤退。当时从敌人尸体身上的符号，发现当面之敌为五十五师团。我前哨连当日达成任务后，即在黑夜撤退，埋伏于皮尤河南岸南侧，准备狙击冒进之敌。

19日晨，敌果然采取追击英军的姿态，以一大队轻快部队冒进，不知在皮尤河岸已踏入我远征军前进部队预设的埋伏阵地。当敌军用汽车数辆行至桥北端时（桥长约二百余米），全桥轰然陷落（英军在皮尤河以南桥梁皆未破坏，故敌人有此冒进），敌车尽覆。但敌兵仍下车企图顽强挣扎，后续车辆霎时拥塞于南岸公路上。这时我军枪声四起，埋伏的机枪从尾到头，反复射击，打得敌人落花流水，向公路两侧逃窜。企图顽抗的敌人多被智勇双全的我军王若坤排长予以消灭。敌后援不济，大部被歼，仅有少数向森林内逃窜。我军搜索敌人死体，发现击毙敌人中有联络军官一员名机部一经。虏获地图、日记、望远镜、文件、武器、车辆甚多。证明从泰马入缅之敌为十五军之两个师团，是从泰国经毛淡棉进犯缅甸；中路仰曼公路为敌五十五师团；其进入仰光向西路普罗美英军进攻之敌为三十三师团；东路敌为十八师团，尚在泰国景迈及毛淡棉间；敌原企图分三路向曼德勒进攻。又知这天被我消灭之敌为一一二联队的一小队。午后敌人增加兵力并以步炮联合向我皮尤警戒阵地进攻，这时我骑兵团以已达成任务转移至后方既设阵地，皮尤河岸仅留少数狙击兵迟滞敌人前进，战争至深夜，撤回既设阵地。

我当时明了当面敌情及敌人整个战斗计划后，判断当面之敌最大不会超过两个师团（虽认为敌第十八师团主力有增加中路的可能，但尚未料到敌在仰光登陆之五十六师团），就下决心照蒋介石指示，集中我军主力，击破当面敌人，进而协同英军收复仰光，我并亲赴同古，指导二百师固守同古，掩护我军主力的集中，史迪威也同意我的意见。于是我在前方积极准备同古会战，史迪威任后方与英方交涉调度部队集中，预定5日至7日开始向敌攻击。

3月20日起，同古序战开始。敌自前日受我伏击后，行动极为慎重，先头以步骑联合约五六百人，用广正面向我军搜索前进；发现我军在鄂克春有既设前进阵地，随就展开一联队附山炮四门向我攻击。

21日，敌增炮二门，共为六门，向我攻击整日，敌机并更番轰炸同古，我军勇猛还击。敌伤亡三百余人，攻击顿挫。我亦伤亡一百四十余人，阵地屹然未动。

22日，敌再向我鄂克春阵地进攻未逞，一部企图迂回，亦被击退。全日炮战激烈，入夜沉静。

23 日，敌增至两联队（一一二及一四三联队），炮十二门，以战车、装甲车掩护向我鄂克春阵地攻击，炮火猛烈；敌机二十余架这天投弹六次。我以步骑配合向敌侧反击，结果毁敌战车、装甲车各两辆、汽车七辆，敌向南窜逃。下午八、九时敌再向我攻击，阵地被突破一部，彻夜对战。

24 日，敌炮空联合向我阵地猛攻，另一部敌五六百人附小炮数门由同古以西向同古以北飞机场迂回。同古机场北部由我工兵团警戒，正在破坏铁路，团长李树正仓皇失措，向后撤退；仅二百师五九八团的一营与敌激战，午后五时放弃机场退守同古。是晚戴师长调整部署，将鄂克春、坦塔宾前进阵地放弃，集结该师主力保卫同古。

25 日拂晓，敌步炮空联合三面围攻同古，我军沉着坚守，并以火烧森林阻敌前进。敌机三十余架更番轰炸同古，一般建筑多被炸毁。但我军利用阵地，伤亡甚微。入晚我各部队不断以小部队袭敌，有断续小战斗。

26 日，发现敌占同古机场后，敌五十五师团以工兵及骑兵守备，另以一部挺进至南阳车站占领阵地。

这一天敌以三个联队（一一二、一四三、一四四）围攻同古，主力指向同古西北角攻击。该方我二百师六百团阵地被突破，我军遂退守同古铁路以东继续抵抗。是日敌我争夺战甚烈，双方伤亡较大。

27 日，敌主力继续进攻同古，因敌我短兵相接，敌人炮火失效，我官兵沉着固守，敌伤亡较重。我二百师五九九团伤亡亦大。午后敌一部向北推进，与我新二十二师在克永冈附近发生遭遇战，双方彻夜对峙。

28 日，敌人在同古北方要点构筑阵地，企图以一部对叶带西方面取守势，阻我新二十二师攻击；集中主力先消灭我第二百师，并放射糜烂性毒气。敌我反复冲杀，我伤亡虽重，但士气旺盛，迄晚城内阵地仍未动摇，敌并化装英缅军及缅甸土人，驱牛车暗带械弹，企图混入同古城内里应外合，均经我二百师查出消灭。至晚清理战场，计虏获迫击炮七门、步枪百余支、机枪六挺及防毒面具等甚多。

是夜十一时，我戴师长在桥东司令部被由同古东南迂回的敌军越过色当河东岸来袭，与五九九团第三营特务连发生混战，激战至29日拂晓后即与城内部队通讯中断；同古城内我守军二百师步兵指挥官郑庭笈听到桥东战斗激烈，立即派五九八团的一部对敌东西夹攻，午后已将敌压迫于大桥东南对峙，并与五九九团第三营取得联系，逐渐恢复掌握。

同日（28日），我叶带西集中的新二十二师主力及炮兵战车各一部（只有轻战车，炮战车尚在腊戌待运），为了解救二百师的被围，向南猛攻，至午后攻占南阳车站四周及部分建筑物；战车并将敌炮兵阵地摧毁，获山炮一门及弹药文件甚多。但南阳车站坚固建筑物中的敌人顽强抵抗，迄未肃清。

29日，我新二十二师向南阳车站继续攻击，敌军增援，以步炮联合反攻，敌我相战竟日，均无进展。同日，我游击司令黄翔令补二团的一部由南阳车站以西勃因山脉森林内迂回至同古附近，有一连曾一度进入永克冈机场这一天，同古西南北敌部被我军攻击牵制，对同古攻击减轻，仅有炮战。大桥以东之敌仍对戴师攻击甚烈，似有断我同古后路、包围歼灭我二百师的企图。

王楚英

3月15～16日守卫良礼彬、佩岗的英军在二百师的掩护下安全撤出后，日军第五十五师团便跟踪追击，于18至22日同我第五军骑兵团、二百师五九八团一部在皮尤、良赤道克、巧背、开威布威、坦德宾、屋墩等地激战，打死其横田大佐以下千余人，我阵亡黄行宪上校、曹成、黄景升中校等官兵三百余人。战况紧急，援军却远在数百里之外，戴师长决心与同古共存亡，当夜亲书遗书以示决志。同时令各级干部指定自己伤亡后的第一、第二代理人，以防指挥中断。史迪威闻讯深受感动，即于22日将新二十二师和九十六师交杜聿明亲自指挥，并令新二十二师兼程驰援二百师。令九十六师推进到平满纳布防。因敌机连日对曼德勒、同古及其间的城镇、桥梁、车站猛轰狂炸，使火车停运。新二十二师交替用徒步行军与汽车运输的办法，24 日赶到平满纳，而九十六师正从腊戌向前跋涉，以致二百师仍然孤军在同古苦战，24 日便被敌切断后路，陷入重围之中。

随着战局日益紧急，英军自私自利、不顾全局、背弃承诺、处处拖中国军队后腿、帮倒忙的用心和行为已完全暴露，这也就进一步影响着史迪威同杜聿明的关系，使他二人互不信任，更加猜疑。从 24 日到 28 日，日军对二百师三面围攻更加猛烈，飞机、大炮、坦克全部投入战斗，而且使用了毒气和“第五纵队”。二百师伤亡不断增加，阵地仍巍然不动。敌军伤亡枕藉，屡进屡退，形成极其惨烈拉锯战。28 日敌五十六师团先遣兵团赶到同古，猛攻河东的二百师指挥所，虽被击退，二百师却已四面受敌，弹药给养俱罄，援军仍未到来，处境极危。

二、安全撤退寻求战机

杜聿明

在这期间（3 月 18 日至 30 日）全面情况是这样的：

3 月 14 日由仰光登陆的敌军后续部队约一师团（以后证明为五十六师团），行动尚未判明。在泰国境内的十八师团既未向景东方面进攻，即有经毛淡棉入缅的可能（以后证明其主力加入中路战斗）。

东路景东、毛奇方面：我第六军在景东、毛奇方面无大小战斗，景迈方面之敌正向景东抢修公路。

西路普罗美方面：英军正面仅有小接触。3 月 29 日英军应史迪威的要求（这是合理的），在普罗美南向少数日寇攻击，英装甲部队进入庞得后，即被敌军在斯维当截断后路，英军仓皇撤回普罗美。

英空军于 21 日被敌机完全毁灭。我美空军志愿队虽经协定自 27 日起协同我二十二师攻敌，但直至 30 日从未出现。

除以上情况外，我第五军九十六师、战车炮兵等部队尚需一周以后始能集中（以后实际到 4 月 15 日才集中完毕），而六十六军何时集中尚难预料。二百师已在同古连续战斗 12 日，补给中断，加以日寇顽强坚守既得据点，我军攻击亦非一举可以夺取（根据昆仑关作战经验）。在此形势下，我军既不能迅速集中主力与敌决战，以解同古之围，而旷日持久，仰光登陆之敌势必参加同古战斗，坐使二百师被敌歼灭。如此，则我远征军将被敌人各个击破，有全军覆没之虞。因此，我决心令二百师于 29

日晚突围，以保全我军战力，准备在另一时间、另一地点与敌决战。

当时史迪威坚决反对，仍坚持以不足的兵力向敌攻击，双方争执甚烈，竟至闹翻。史迪威坚持不放弃他的错误主张（其实是想个人出风头），竟以服从命令来威胁我，并派他的参谋窦尔登监督我实施他的攻击命令。我以这个问题关系远征军存亡，并未受他的威胁，另令新二十二师于 30 日向南阳车站之敌佯攻牵制敌人，令二百师于 29 日夜经同古以东突围，沿色当河东岸到叶带西归还建制，车辆经毛奇公路归还，主力撤出同古后即将大桥破坏。

二百师在同古撤退，可以说是有计划的主动的撤退。撤退时同古城内部队接到戴师长命令，由步兵指挥官郑庭笈指挥，撤退前对敌实施佯攻，撤退后仍留少数部队牵制敌人。到 30 日拂晓，我大队已经安全渡过色当河，而敌人仍围住这座空城，步炮空联合向城内大举进攻，弹如雨下。我最后牵制敌人的小部队也就在这个时候安全渡河。敌部前进，才发现同古乃是一座空城。我二百师却连伤兵都未丢失，全师而归（当时伙食担一度走错路失去联络，以后全部归队）。

同古战斗，二百师是完成了任务的，战术战斗都有一定的成功。我远征军既不能适时适地集中主力与敌决战，那么予敌以一定打击之后放弃同古，保持战力，选择另一有利的时间地点集中主力与敌决战，这是合乎战略、战术原则的。

所遗憾的是，同古会战未成，放弃控制毛奇公路的重镇，既不能积极达到收复仰光的目的，反使以后敌人从毛奇公路向我军大后方腊戍长驱直入，这是错误的。但这种错误是英方另有阴谋，故意耽误运输，我统帅部一切依赖英方，咎由自取，而不该把一切责任委之于前方部队的。

王楚英

杜聿明见新二十二师连日反攻进展不大，难解二百师之危，经报蒋介石同意，遂于 29 日夜令二百师突围而出，退到叶带西集结整顿。

而史迪威已于28日严令新二十二师奋力进攻，以解二百师之危，但因敌五十六师已于28日赶到同古，使新二十二师的进攻无进展，二百师的处境更见危殆。他于29日晚，由梅苗长驱数百千米，急急赶到叶带西新二十二师战斗指挥部，一听杜聿明说已下令二百师放弃同古，便火冒三丈，声色俱厉地指摘杜聿明不服从他的命令，擅自放弃缅甸战略重镇同古，殃及缅占全局，将难辞其咎。杜聿明则怒不可遏，气呼呼地历数史迪威处处迁就英方，听任英方背弃承诺，拖中国后腿，导致同古攻势被迫放弃的种种不是，两人争得面红耳赤，各不相让。经廖耀湘多方圆场，兼之新二十二师已开始进攻，隆隆的炮声和密集的枪声，一下子引起了史迪威的兴趣，非常专注地询问进攻部队的进展情况。廖耀湘便乘机请史迪威同杜聿明赶回漂背督促九十六师前来增援。史迪威见进攻已经开始，对杜的反感有所淡化；杜聿明也觉得同史僵持下去也不是办法，便乘机下台阶，接受廖耀湘的意见，偕同史迪威连夜返回漂背长官部。史迪威则叫我和多恩中校、梅里尔少校留在廖耀湘处督战。史、杜二人的首次公开冲突，终于暂时平息，二百师遂按计划完整而安全地撤出同古了。

30日，中午史总部参谋长格鲁伯准将由梅苗来电话，传达史迪威的决定：留多恩在新二十二师督战，要梅里尔和我亲自去看望戴安澜，实地考察二百师目前的状况，了解该师眼下最急迫的需求。我和梅里尔接到这个电话指示后，立即驱车去追赶戴安澜和他的二百师，这时他正带着全师九千多官兵通过塔瓦堤（在平满纳南约五十千米）向平满纳前进，我二人立即下车与之徒步同行，向他面致史迪威对他本人和全师官兵深切关怀之挚情，并叩询二百师两周来的作战经过和他的经验教训与意见、目前二百师的实况（人员、武器、装备实数与状态）伤患情况、部队士气、今后的打算和要求（这些问题是利用部队行军途中休息时我们同戴师长面谈并作记录）。谈完后我们便陪同戴师长，从队伍尾部一直走到队伍先头，仔细察看在公路上成两路纵队分沿公路两侧行进的二百师全体官兵的形象和动态，看见他们在同古经历了两周的血战，满身都是灰尘，军服大都破烂不堪，但个个神气十足，满脸欢欣，有说有笑，有的班排在行军中竟然齐声引吭高歌，《大刀进行曲》《八百壮士》《保卫黄河》等歌声，在队伍里此起彼伏，只在敌机来袭时他们才躲进路边丛林隐蔽，用轻重机枪射击敌机，其战斗情绪之高昂，战斗动作之熟练，令我叹为观止，便信口对戴师长说：你们二百师真像史迪威将军所说“是中国的好军队”“强将手下无弱兵”。戴师长则谦虚地说：“本师在同古战斗中也暴露出单兵战斗技能不够扎实、夜间射击命中率不高、连以下干部指挥不够灵活等重要问题。这是我们要抓紧时间利用机会加强训练的目标。”二百师快到平满纳时，我二人随戴师长一道驱车前往漂背长官部。当晚我二人回到梅苗红楼时，史迪威马上召见我二人。当向他详细汇报了二百师和新二十二师的全部情况，史迪威听得很仔细认真，不断地插话提问。我见他对戴师长和二百师很关心、很有感情，期望良殷；对新二十二师的表现也较满意，心情还好，我便果敢乘机向他说明二百师 3 月 29 日在同古所面临的极危险的处境，和杜聿明不得不放弃同古的苦衷。并向他汇报说：“杜聿明在放弃同古时，已决心在平满纳另行组织会战，且有所筹划和准备。”我说：“杜聿明在 29 日晚撤出二百师，是明智的抉择，既有必要又很及时，否则二百师就难免覆灭之祸。我认为杜聿明深得孙兵法的‘全军为主’和‘强而避之’的要领，所以我赞成杜聿明的处理。”我接着说杜聿明对他在 21 日深夜下达的“一号命令”也有误解，经我向杜解释，杜方释然。史听后，欣然微笑。我便说想向他说一则中国历史故事。他忽然哈哈大笑起来，接着说道：“我的孩子呀！你想给我讲的故事是你们中国妇孺皆知的‘将相和’吗？你真是用心良苦，这使我听了很感动。不过你是熟知我的性格和处人之道的，对于一心要打败敌人并且努力去做的人，我是很敬重也很宽容的。你就放心吧！”

第三章 仁安羌大捷

1942年4月19日的仁安羌大捷，是中国入缅远征军新三十八师第一一三团在缅甸仁安羌救英军、大胜日本常胜军第三十三师团之世界著名战役。

日本人在兵不血刃占领仰光后，兵分三路继续北犯。当左翼日军在同古受到戴安澜将军的英勇阻击、苦战不下时，右翼日军却所向披靡，势如破竹。英国军队在日军的猛烈攻击下，晕头转向，根本不敢接战，一触即溃，望风而逃，4月1日放弃普罗美，5日放弃阿兰庙，可谓一日三迁。之后又毫不犹豫地放弃马圭、新甸这些天然屏障，并断定仁安羌也守不住了，于是炸毁缅甸最大的油田——仁安羌油田，准备再逃，并于13日提出要求中国军队在英军方面萨斯瓦、唐德文伊、马格威接防，掩护英军撤退。不料，4月14日日军左翼的第三十三师团使用迂回穿插战术，派二一五和二一四联队占领平墙河南北两岸阵地，17日将英缅军第一师全部和战车第七旅一部后路切断，包围于拼墙河南的仁安羌。英军反复攻击均告失败，粮弹告竭，又无水源，陷于绝境。师长斯考特一再向其上司斯利姆上将告急：若不解围，将有被瓦解的可能……

时我第六十六军新三十八师主力已到达乔克巴当，接受了解围的命令，18日师长孙立人前脚刚到仁安羌，斯利姆后脚就跟到他的师部并请求立即渡拼墙河解救，孙立人告诉他我师仅一个团的弱小兵力，不宜立即渡河，但我军已决定19日拂晓发动攻击。斯利姆显得焦急不安迫不及待，孙坚定地说：贵师已忍耐了两天，无论如何要坚持这最后一日，中国军队一定负责在明天下午六点前，将贵师全部解救出来。

18日，孙立人率本师刘放吾一一三团发起攻击，至中午攻占拼墙河以北所有阵地，歼敌一个大队。18日夜，一一三团第一第二营从渡口以东一英里处偷渡拼墙河，19日凌晨五时突然向日军侧翼发起攻击，同时第三营于正面渡口强渡拼墙河。日军三十三师团不愧日军精锐，射击准确，逆袭果断，然一一三团激战至下午六时，终于将日军阵地攻破，迫其向伊洛瓦底江溃退。到20日全部残敌肃清。此次战斗救出英军七千余人，并夺回被俘传教士、记者约五百人，甚至英军被日军缴去的大量武器也原数归还英军。一一三团以寡击众，亦付出重大代价，战死三营长张琦以下二百零四人，伤三百一十八人，全团伤亡近半。仁安羌之战是中国远征军入缅后第一个胜仗，孙立人以不满一千的兵力，击退数倍于己的敌人，救出近十倍于己的友军，轰动全球。之后，蒋介石给他颁发了四等云麾勋章。

一、英军丧失斗志撤退被围

杜聿明

3 月 30 日晨二百师突围后，当晚令新二十二师以一营在叶带西占领前进阵地，掩护主力在斯瓦河南北岸构筑逐次抵抗阵地，31 日下达正式命令。这一战斗的目的是掩护主力集中，准备平满纳会战（以后平满纳既会而不战，是因东西两路告急，棠吉、瓦城动摇，因而放弃会战）。其所以称为逐次抵抗战斗（或称狙击战斗），是根据当前地形（斯瓦至平满纳为隘路）、敌我战术特点、缅甸交通运输腐化、主力集中无法预计以及同古被围的教训等等，确定我军掩护部队不固守一阵地，利用隘路预设纵深阵地逐次抵抗优势敌人的攻击；在诱敌深入我阵地内尚未立足时，埋藏的地雷炸弹一起爆发，两侧埋伏狙击兵配合我正面部队一举反击消灭敌人。我军这种阵地又要虚虚实实，使敌人捉摸不清；尤其经过一两次打击后敌军就裹足不敢急进。因此，新二十二师牵制敌人半月之久（连南阳车站攻击约 21 日之久），其间激烈战斗亦达 12 日之多，使敌人伤亡惨重，寸步难行。我军已达到以少胜众、以劣制优的目的。

当时敌我使用兵力如次：

敌方：第五师团三个联队，第十八师两个联队，山野炮二营，重炮一营，空军飞机数十架，战车若干。

我方：第五军新二十二师三个团，战车一部，山炮一营，游击支队新兵训练处两个团。

从4月1至4日，新二十二师一部与敌五十五师团一部对峙于叶带西以南面阳车站间，仅有小部队搜索战斗及断续炮战。

4月4至10日，敌五十五师团以步炮战车联合，全力向我新二十二师猛攻，我军按照预定计划在斯瓦阵地以南完成任务并予敌以严重打击。敌伤亡甚众，并摸不清我军虚实战法。

这期间我第五军部便衣侦探马玉山伪装缅甸人，为敌五十五师团司令部挑水打杂。有一天他发现敌人办公桌上有地图一幅，绘有部队番号位置，他立刻烧好一壶水，乘敌人吃饭时送进办公室，将地图偷出，星夜跑回平满纳。我亲眼看到是日军地图，并注明新增十八师团五十六及一百二一四两联队，山炮、重炮各一营，当即转知前方注意。

4月11至16日，敌增援部队轮番攻击，炮空轰炸更为猛烈，并不断轰炸平满纳，新二十二师应用虚虚实实的狙击埋伏并进行游击战，给敌人以极大打击。至16日晚，我军安全进入平满纳既设阵地。

在这期间，我游击司令黄翔派队在勃固山脉内，神出鬼没地往来穿梭打击敌人后方交通运输，并袭击同古机场；于4月7日前侦知敌人从仰光向同古方面增加三千余人。可惜团长王肇中经验不够，所部官兵又多属新兵，扰乱敌人的次数不多，严重的打击更谈不到。

但以后从各方对照，他们所得情报和第一线部队发现敌人的文件基本上是符合的。

是役我军战术运用灵活，使敌人捉摸不定，伤亡较大。敌五十五师团已十分残破，不得不增加十八师团作为主力，我新二十二师也伤亡一千五百余人。

东路毛奇方面18日以前仅有敌人一个联队，18日敌侦知我放弃平满纳会战计划后，始将集中同古之第五十六师团主力转用于毛奇方面，19日保拉发现敌战车运输车四辆。

当日我暂五十五师即失去联络，罗衣考失守。23日敌进入棠吉，同时东犯，罗列姆当日失陷。我第六军兵力分割使用，一营一团被敌各个击破。而最恶劣的是一经与敌接触即离开公路，各级指挥官失掉掌握，以致腊戍门户大开，敌人得以长驱直入。景东方面则始终未与敌人接触。

英军在这期间已全部集结于西路。英军无斗志，一经与敌接触即行溃退，4月1日放弃普罗美，5日放弃阿兰庙，以后逐日撤退不停。4月13日，英军提出要求中国军队在英军方面萨斯瓦、唐德文伊、马格威接防，掩护英军撤退。这等于全部向我交防，而毫未提及英军以后的任务。到17日英军在仁安羌的一师及装甲旅约七千余人就被敌人一个大队包围，实为战史中的最大笑话。

我新十二师自3月26日与敌接触以来，至4月16日共与敌战斗21日之久。我军先攻继守，用逐次抵抗战术与优势之敌（先后五个联队）连续激战达12日，不但达成掩护主力的任务，而且消耗打击敌人并引敌人深入于与我有利的决战地区。

可以说，在我抗日远征史上这是罕见的战例。

王楚英

同古会战的计划夭折后，史迪威和第五军军长杜聿明共同策划了平满纳会战计划，要旨是在西线英军的配合下，中国远征军将集中主力于缅甸中部的平满纳一带中央战线，以顽强的阻击大量杀伤敌军，将日军一至两个师团诱至我军预设阵地后，围而歼之。

4月5日，蒋介石、宋美龄夫妇在史迪威陪同下来到缅甸。他批准了“平满纳会战计划”，并要求史迪威去说服新到任的英军统帅亚历山大，要英军履行他们自己所作的承诺：守住西线要地，以便中国远征军在平满纳与日军决战。这个亚历山大倒也不是个等闲之辈，在欧洲战场他因为成功地指挥了敦刻尔克大撤退而名噪一时。英国首相丘吉尔把他派到缅甸的用意是不言而喻的。

果然，亚历山大不仅不支持中国远征军的计划，反过来要求中方派一个师去西线支援英军作战。蒋介石发现英军无意参加平满纳会战，判断英军很可能会擅自后撤。为使第五军能按计划在平满纳与日军决战，先破其一路，蒋介石决定：以中国远征军为主，继续实行平满纳会战。

若单从军事的角度看，我觉得蒋介石决定举行平满纳会战，并提出具体的会战指导方针和要求，其考虑很周全，措施也很得当，这个仗原是有胜算把握的。

关键问题出在英国人不仅无意参与平满纳会战，而且“不愿意看到中国军队在缅甸打胜仗，制造出使中国人有赖在缅甸不走的理由”。这是英十七师副参谋长安德森上校和装甲营长派生少校 1942 年 2 月 28 日夜在勃固同我话别时向我透露英军在缅最高指挥韦维尔此前对他两人所讲的原话。其实英军的战车和炮兵等重装备明显强于日军，但他们无心恋战，畏敌如虎。

在中国远征军于平满纳一线展开时，英军却在 4 月 4 日就开始全线北撤，到 4 月 6 日，我军平满纳战线的右侧背完全暴露在日军的威胁之下，迫使杜聿明于 13 日赶往马圭会晤英缅一军军长斯利姆中将，再次要求英军据守现阵地，切勿再后退；并希望英军炮兵和坦克能派出一部支援平满纳会战。斯利姆随即同亚历山大通话商谈此事，以“撤退将军”闻名的亚历山大再次故伎重演。非但不支援中国军队作战，反而要求中国军队派出精锐部队掩护英军撤退。杜聿明当即断然拒绝，说：“既然你们一定要退走，那就请便吧！平满纳会战我们自会独力进行。再见！”他说罢就愤然离去。杜聿明同斯利姆的首次会晤就这样不欢而散了。

俗话说兵败如山倒，英军一退再退，很快一发不可收拾，终于在短短的十天内把自己最重要的战略能源基地——仁安羌暴露在日军的刀锋之下。仁安羌是缅甸最大的油田，年产石油百余万吨，侵缅日军早就对其垂涎三尺，力图尽早夺取这个极端重要的战略目标，掠取其丰富的石油，以供其侵略战争的急需。仁安羌东邻勃固山脉，西滨伊洛瓦底江，东北距缅北重镇曼德勒约二百五十千米；南至仰光四百五十千米，正南同空军基地马圭仅四十五千米，战略地位十分重要。该地南临因河，北濒宾河，内为沙漠地带，到处耸立着如林的采油井架，靠近宾河的五一零高地（其西侧临河高地名白塔山）和南部靠近因河的五一零高地（名妙峰山），是控制油田区的制高点。油田内有东西向和南北向两条柏油公路在白塔山和妙峰山之间交汇，一条公路从伊洛瓦底江边的油田码头通到东面铁路线上的纳貌，另一条公路从宾河大桥经妙峰山西麓南接马圭空军基地。

14 日，英军放弃马圭，随即炸毁仁安羌油田。斯利姆亲率十三旅和十多辆坦克，经仁安羌退向归约、稍埠，英缅一师和战车营由马圭向仁安羌退去，英十七师和装甲旅则由东敦枝向北退到纳貌（又名：纳特卯克）。

15 日，日军第三十三师团长樱井省三中将得知仁安羌油田已被英军炸了，遥望该处火光烛天，响声动地，即令第二一四联队第三大队长高延隆雄中佐率该部及轻装甲车队、山炮、速射炮各一队，乘汽车向宾河北岸急驰。不久这支日军控制了大桥，一举截断英军退路，并俘获英后勤部队和十三旅官兵二百八十人。第二一四联队主力及山炮三大队则追踪英十三旅占领了油田区内的道路交叉点附近地区，派兵四处扑灭大火，抢救油田设施。黄昏前英缅第一师师长斯考特少将率所部第一、第二两个旅和战车营共七千六百八十三人，在日军第三十三师团的荒木支队（由少将步兵团长荒木正二指挥二一三联队、山炮三十三联队主力、工兵三十三联队、速射炮三中队）的压迫下，由马圭向仁安羌油田退来，他们以坦克分别提前卫和后卫，一路仓皇后退。刚进到油田区内道路交叉地区，即遭到日军二一四联队主力和乘船由伊洛瓦底江赶来的二一四联队一大队的堵击，以及跟踪追来的荒木部队从英军背后的攻击。该师当即陷进了日军的包围圈中，他们向日军发起了几次冲击，却未奏功。与此同时，斯利姆亲率英十三旅在坦克、装甲车和炮兵支援下，也对宾河北岸的日军高延大队发起攻击，但遭到了日军的强力反击，不但未能逐驱日军，反而损失了数十名官兵和几辆坦克、装甲车，无功而返。斯利姆同时命令英十七师和装七旅全力进攻仁安羌，解救被围的英缅一师，结果也是一样，被日军迎头痛击后负创而归。

二、国军英勇攻击解英军之围

杜聿明

当4月18日晨我远征中路放弃平满纳会战时，正是西路英军第一师及装甲第七旅在仁安羌被围的第二日。这时我第六十六军新三十八师主力已到达乔克巴当，第一一三团孙继光部星夜用汽车输送到英军被围前线。到后发现敌人仅有一大队，迂迴至仁安羌以北大桥附近，截断了英军后路。而英缅军第一师及装甲七旅共七千多人辎重车百余辆，竟至束手无策。经我军猛烈攻击，至午即将敌击退，英军全部解围。

我远征军的这一英勇行动，轰动英伦三岛，以后英方曾发给新三十八师师长孙立人、团长孙继光及营长多人勋章。

王楚英

亚厉山大和在新德里的韦维尔以及远在伦敦的丘吉尔都闻讯大惊，心急如焚，纷纷向中国求援。亚历山大则带着马丁少将于16日黄昏前赶来漂背中国远征军长官部求救。因杜聿明在叶新第五军军部，史迪威、罗卓英均在东线视察战况未归，他们在长官部坐等史、罗二人归来，如同热锅上的蚂蚁。这时，我正开着史迪威的座车，沿着崎岖漫长的山路疾驶，远征军司令长官罗卓英及随行人员的座车则紧跟其后，直到深夜才赶回漂背长官部。史迪威一见亚历山大便满脸的不高兴，旋即冷笑着说道："阿历克斯，您深夜来访，一定是您听说我们马上要发动平满纳攻势，给我送来坦克和炮兵部队支援战斗吧！我们真要十分感谢您了！"史迪威这个人很有个性，他对士兵非常体贴关爱，但对他看不上的大人物，说出话来常常尖酸刻薄，在美军上层中有"醋性子乔"的绰号。面对史迪威的讽刺挖苦，亚历山大无心反唇相讥，他正色答道："乔！非常抱歉！现在我拿不出坦克和炮兵部队来支援你们的攻势作战。相反，我还要请你派新三十八师赶快去解救被日军围困在仁安羌的英缅一师，那里有七千多英军官兵翘首渴望你们派兵去救他们脱险呢！伦敦和新德里向你们呼救！请赶快行动吧！救兵如救火！"

史迪威一看事态严重，也无心再戏弄对方，马上找来罗卓英，一道商议亚历山大求救的问题。罗卓英欣然答道："蒋委员长早就明确指示我们：对于英军要适时适切地给予援助，以免唇亡齿寒之痛。现在英一师在仁安羌陷入重围，危在旦夕，本军义不容辞，应立即派孙立人师长率部兼程赴援。但是，平满纳会战也必须立即转入攻势，先破敌一路。"问题到此已经圆满解决，按道理亚历山大应即感谢告辞。可是，他却得寸进尺地向史、罗二人建议："放弃平满纳会战，将中国军队撤到塔泽、敏铁拉、东沙一带，举行曼德勒会战。如此则胜算较大。"史、罗二人断然予以拒绝。

当下参谋长柏业孔将军先用电话向孙立人传达了命令要旨，令孙立人立率一一二和一一三团兼程驰援仁安羌，救出英一师；一一四团速开塔泽，暂归杜副长官指挥。同时派我和美军少校梅里尔向孙立人送交书面命令，并监督其实施，还有两名宪兵随车护卫。

因梅里尔有心脏病又高度近视，便由我开车，连夜向事先约定好的会合地皎勃东进发。17 日拂晓我们赶到。这时，一一三团刘放吾团长已率全团先期到达该地，正在埋锅烧饭。不一会，斯利姆带着他的助手也驱车来到这里，他找到刘放吾团长后便说，英一师在仁安羌被围，情况危急。他要刘团长立即率领所部，乘英军汽车继续向宾河前进，英军第十三旅旅长柯第斯准将会在该处（肯耶）同刘团长相会，并以坦克、炮兵支援刘团长作战。

刘团长则对斯利姆说，没有孙立人师长的命令，本团不能擅自行动。这时，我和梅里尔也告诉斯利姆说，我两人是来向师长传达罗卓英将军命令的。罗长官已令孙立人师长指挥一一二和一一三团反攻仁安羌，解救被围的英一师，并接受您的指挥。孙立人正在急速来此途中，将军可在此稍待。

早在3月16日斯利姆就任英军第一军军长后，我同梅里尔已与斯利姆见过面。所以，相见就比较谈得来，他接受了我的建议，决定留下来等孙立人。

17日上午，孙立人随一一二团团长陈鸣人上校、师参谋长何钧衡及师直属部队赶到。我向孙立人呈交了罗卓英的命令，梅里尔则递上史迪威写给孙立人的信。他仔细阅读罗的命令和史的信后，问斯利姆有何指示。斯利姆迫不及待地提出要求：请孙师长立率全师驰赴宾河北岸，对日军展开进攻，他将令十三旅及坦克、炮兵支援孙师作战。孙立人见斯利姆很急，便冷静地对斯利姆说："据将军所告，包围英缅一师的不过是日军第三十三师团的两个联队，而英缅一师却有两个旅七千多人、百多门大炮、五十八辆坦克，敌我力量相当；而且敌人正忙于扑灭油田大火和抢救油田设施，眼下敌人是不会全力猛攻英一师的，请转告斯考特将军，务必坚守，切勿投降。本师集结完毕后，一定火速前去救援他们。"

斯利姆也是英军中著名的战将，素以镇定、勇敢、善战见称。曾在东非指挥过打垮意大利奥斯塔公爵兵团、俘虏意军二十三万的"东非大捷"，由于战功卓绝，由印度第一旅旅长擢升为印度第五师师长。他对孙立人的分析甚为信服，便留下韦尔斯上校和罗伯逊上尉作联络参谋，跟随在孙立人左右，他自己则返回归约军部候讯。

孙立人见部队已到齐，斯利姆也走了，便召集干部宣布所受命令大要和仁安羌方面的情况以及斯利姆的请求，叫大家就达成任务的方法各抒己见。我记得当时两个团长对作战方案争了起来。陈鸣人主张用两个团从宾河上游坎纳特附近渡过去，从日军的背后奇袭仁安羌；同时由英十三旅猛攻宾河北岸之敌，用以迷惑仁安羌之敌。刘放吾认为陈鸣人的方案可以出敌不意，能收奇袭之效，但我军深入敌军后方，若敌从正面宾河大桥出击，断我后路，必使我陷入绝境。因此，他建议以一一二团由坎纳特方面奇袭仁安羌敌之侧背；由一一三团从宾河大桥正面进攻，先肃清宾河北岸之敌，再趁势攻入仁安羌，夺取五零一和五一零两个制高点，则日军不攻自破，英军之围即可迎刃而解。孙师长决定采纳刘放吾的意见，命副师长齐学启率一一二团乘英军汽车驰赴坎纳特，联系在纳貌的英十七师和装七旅，对仁安羌之敌积极地进行侧击。令刘放吾团长派副团长曾琪率第三营、师工兵、战炮、搜索三个连和便衣队乘汽车先行出发，在肯耶南方占领阵地，侦察敌情地形，相机夺取大桥。

孙师长则带着我们中、美、英三方联络参谋及其师部直属部队，随刘放吾团长指挥的一一三团主力向宾河北岸前进，于午后二时行抵肯耶北方。正在这时，忽闻前方枪炮声大作，孙师长、刘团长即令随行的部队在道路两侧小山上占领阵地，准备应战。同时命令通信连向前方追架电话，并架设电台。我们六人爬上山顶，用望远镜观察前方情况。

不一会儿，前面的曾副团长送来了报告："占据大桥至老渡口约三千米正面的日军，至少有四五个步兵连，另有山炮、速射炮、步兵炮约十二门，装甲车十辆以上。我蒋元连和搜索连已在大桥和老渡口与敌接触。现敌用炮火掩护，出动了两个步兵连伴随十辆装甲车，向蒋连猛扑。我已将工兵、战炮两个连和第三营主力在公路东侧展开设伏，令蒋连沿公路西侧后撤，诱敌来追，用火力急袭将敌消灭。"

刘放吾得报后便想以团主力由公路东侧抄袭敌后，乘势夺取大桥，肃清宾河北岸之敌，然后渡河进攻仁安羌。此时适逢斯利姆也爬上山来，听了刘放吾的作战方案后，当即向孙立人建议予以采纳。他还诉说，英一师被围数日，伤亡骤增，兼因缺水缺粮，官兵均极疲惫，难以久撑，请孙师长立即采取行动，去拯救七千多名英军的生命。孙立人听罢平心静气地对斯利姆说："本人和全体官兵要救英军脱险的心情都很急迫，刚才刘团长的话很能说明一切，他的心意正是本人和全体官兵的心意。但因敌众我寡、敌强我弱，我们对敌情地形都很茫然，故必须先摸清敌情地形，然后采取适当的步骤和战术，力求以奇取胜。现在重要的是肃清宾河北岸之敌，再取仁安羌。”

孙立人希望斯利姆力促英军坚守待援，切勿投降。斯利姆见孙师长、刘团长斗志昂扬，胸有成竹，而且战术巧妙，计划周全，便很放心地对孙、刘二人说：“我已对贵军能战胜当前的日军、救出英军，充满信心，我等待你们的捷报。”他说罢就叫第十三旅旅长柯第斯准将向孙师长报到，接受孙立人的指示。

斯利姆一走，孙立人便告诉刘团长不要向前线增兵，由曾琪去对付来犯之敌，要他计划并组织好夜战和明日（18 日）拂晓的进攻事宜。并问柯第斯能出动多少兵力参战。柯第斯答：可派步一营和炮兵、坦克各一连参加战斗。随即嘱其同刘放吾团长直接商议具体的作战行动与联络方法。孙立人交代妥当后，即带着他的指挥所人员和我们四个联络参谋，于十五时三十分来到肯耶南方两千米处、公路东侧一座森林茂密的小山头上，这里是副团长曾琪和三营长张琦的指挥所。

我看见部队都隐蔽在伏击阵地上，并在公路上埋了地雷。向右前方望去，清晰地看见几百名日军跟在装甲车后面，借着炮火的掩护，向边打边退的蒋元连跟踪追来。

时针指向十五时五十六分时，曾琪见敌军已进入我伏击阵地内，蒋元连已退到了安全区，便对着话筒喊“打”。顿时地雷爆炸，冲在前面的日军装甲车当即起火燃烧，我军阵地上也枪炮齐鸣，打得日军非死即伤，狼奔豕突。日军在宾河南岸的炮兵反应很快，我们这边刚刚打响，那边炮就打过来了，而且火力很猛，一时间，我伏击阵地上弹如雨下，残敌乘机兔脱。十六时四十分战斗结束，清扫战场发现敌尸一百一十二具，内有二一四联队八中队长吉柳仲次大尉的尸身，还缴获一批武器弹药。

日军遭此重创后，除留一部在宾河北岸守护大桥和老渡口外，主力连夜缩回仁安羌油田。孙师长和刘团长便组织部队于18日拂晓开始进攻。刘放吾命令副团长曾琪指挥第二营从公路右侧由西面进攻大桥；第一营从公路左侧（东）进攻老渡口；第三营张琦部为预备队；同时令搜索连附工兵排、谍报队（便衣）从老渡口东侧在缅甸向导引导下偷渡宾河，潜入五零一高地白塔山隐蔽，侦察敌情；英军坦克队归曾琪指挥，支援作战，其炮兵（山炮三门）在公路交叉口北侧占领阵地归刘团长直接指挥。英军古尔卡团第七营随张琦部行动。

18日晨五时，刘放吾一声令下，各营同时出动，迫击炮、英军坦克炮、山炮、轻重机枪同时向敌阵猛射，步兵便乘势冲入敌阵。日军仓皇应战，伤亡累累，大多泅水南逃。至十时许，我完全肃清宾河北岸之敌，控制了大桥和老渡口，日军多次反扑均被击退，但其炮火和机枪火力异常猛烈，使我前线部队伤亡大增，因此数次渡河进攻，均无功而返。

孙立人见状，立即请刘团长下令暂停进攻，准备夜袭，要求前线部队严密侦察敌情地形，组织好夜间袭击。

这时，斯利姆乘装甲车来到前线，听说孙师长、刘团长都在前沿，他也壮着胆子，跟着向导潜行向前，终于在桥头堡东侧一个小高地上的密林中第一连的连指挥所内找到了孙师长、刘团长、杨营长。一见面，斯利姆便十分惊讶地说："我万万没有想到你们的师团营指挥官是这样的身先士卒，亲临前线，都跑到了最前沿的连指挥所来指挥作战，我非常敬佩你们的英勇。"他接着又说："今晨你们大举进攻时，我也令英一师发动反攻，希望能对日军造成内外夹击之势，撕开一个缺口，让他们在你们的支援下冲出重围，结果却又受挫了。该师已缺粮断水两日，实难再撑，务请孙将军立即挥师渡河，解救英一师于倒悬。"

正说着，无线步话机里传来了焦急的声音，英一师师长斯考特竟不顾保密规定，直接用无线电话向斯利姆呼救，其情凄切，其声已嘶。孙立人见状，当即接过斯利姆手中的话筒，用英语对斯考特说："中国军队包括本人在内，纵使战到最后一人，也要使你们在明天脱险归来，务必请你们继续坚守下去。"话筒里传来了斯考特嘶哑而存疑的问话："有把握吗？"孙立人斩钉截铁地答道："请你等着吧！明天此刻我们一定可以见面的。"斯利姆在身旁听见孙立人如此信心百倍的回答，焦急的心情顿时涣然冰释，面露笑容同孙师长、刘团长握别，并说："我静候佳音。"他走时刚好路过我们打伏击的地方，看见被一一三团击毁的日军四辆装甲车中竟有两辆是英军的，连车上的标志和车号都原样未动，其尴尬之情昭然无遗。

经过仔细侦察，孙师长、刘团长得知：日军二一四联队控制着五○一高地和仁安羌以北地区，成为一一三团进攻时最初的拦路虎。日军炮兵群都放列在五○一高地西麓，是主攻方向上一大障碍；二一五联队控制着沿江和仁安羌西南地区，是解救英一师的第二道障碍；还有日军荒木部队（二一三联队）正在仁安羌东南地区，警戒着纳貌和坎纳特方面，并防堵英一师向东突围，这股敌军在一一三团开始进攻后也会机动使用，成为对一一三团新的反击力量。孙师长和刘团长对上述敌情地形研究后部署如下：由刘放吾团长亲自率第一、第二两营、师工兵连及英军坦克队为右翼队，由大桥两侧偷渡至南岸，秘密逼近敌炮阵地，以一部袭占白塔山，待机进攻；第三营主力配属已潜入五零一高地的搜索连、工兵排、谍报队为左翼队，由老渡口偷渡至南岸，潜入五零一高地，待命进攻；曾琪指挥英军第七营和炮兵队、迫炮连、战炮连在桥头堡两侧占领阵地，对敌人各种目标完成射击准备；坦克队隐蔽于大桥附近待命过桥进攻；由参谋长何钧衡总揽后勤事宜，任务是请英军准备充足的饮水、食物与医疗救护队和运输车辆，随车在集结地隐蔽待命，一旦同英一师会师，迅速前去送水、送食物和医药，并接运该师北撤；前线进攻以第一次炮击为号，我军一开始炮击，突击部队立即向敌冲锋，坦克立即过桥支援一、二两营向敌炮阵地冲击。

19 日凌晨四时半，孙立人在指挥所接到各部队相继报告"准备完毕，敌未察觉"后，立即下令"打"！霎时间炮声隆隆，枪声骤起，爆炸声像滚雷一般响个不停，整个大地仿佛都在颤抖，寂静漆黑的夜幕一下子被撕得粉碎。在五零一高地、白塔山以南地区的敌阵内，火光冲天，杀声震地。杨振汉带着第一营首先冲入敌炮兵阵地，一阵猛烈的机枪扫射和连续不断的集束手榴弹的爆炸，把敌人三十多门大炮炸坏了一半，打死的敌尸在大炮掩体四周横七竖八地躺着。敌人这些大炮在一一三团开始进攻后还没来得及开炮还击，便被一营全给炸哑巴了，幸存的日军开着汽车拖起大炮纷纷向南逃窜，当其经过炮阵地南面两千米处的岔路口时，突然与刚刚迂回到该处我第二营遭遇，当时我二营已来不及布设路障和地雷，见鬼子冲过来，举枪便打。日军不敢恋战，仗着汽车速度快，冒死往外冲。结果，坐在车上的日军步、炮兵遭我火力急袭，死伤一大片。

这样，在白塔山上掩护敌炮阵并阻我渡河的二一四联队第三大队在我第一营突击时，便死伤过半，接着又在掩护其炮兵南逃途中再次遭我第二营的阻击，其大队长高延隆雄以下五百多人非死即伤，连高延隆雄中佐的尸体都来不及运走，其溃败的情景由此可见一斑。

初遭重创的日军马上派出二一四联队第一大队长德重房夫少佐，率所部乘汽车，并配属十八辆装甲车、四门速射炮，赶来救援其炮兵和第三大队，在仁安羌北方五千米处小村庄内，又遭到追击到该处的刘放吾指挥的一、二两营和英军坦克队的伏击。我军一通猛打，当即击毁其装甲车五辆、汽车七辆。敌力战不支，掉头南逃，刘团长立命各营奋力追击。

是日十一时，第一营攻占了仁安羌，在伊洛瓦底江边截获日军二一五联队主力和工兵二十六联队逃跑时来不及开走的轮船 3 艘，汽车三十多辆。第二营则击溃该敌第三大队，占领了五一零高地及附近要点，英一师之围顿时破解，残敌夺路南逃。

再说三营，根据孙立人的命令，他们在拂晓悄悄地潜渡过宾河又秘密地攀上了五零一高地，一直摸到敌阵前沿，潜伏下来。攻击信号发出后，他们一跃而起，在搜索连、工兵排、谍报队引导下，一举突入敌阵，随即同日军展开了极其惨烈的肉搏战。经过殊死拼杀，那些武士道精神很强的顽敌渐渐不支，分路向山顶和山麓撤退。营长张琦即令副营长胡德华率搜索连、工兵排、谍报队追击退向山麓之敌，令九连长王学义肃清残敌后去追赶胡德华。他亲率七、八两连和机枪连向盘踞山顶之敌进攻。据侦察得知此敌系二一四联队二大队，垂死挣扎的敌人抵抗极为顽强，加上山势陡峭，攻击部队每前进一步都要付出血的代价。张琦奋不顾身地冲在队伍的前面，正在向上攀登，突然遭敌机枪手狙击，连中数弹，血流如注。他在生命垂危之时仍拼尽最后的力气高喊：“兄弟们！冲啊！消灭鬼子！”蒋元连长见状大恸，振臂高呼：“消灭鬼子！为营长报仇！”说罢纵身而起，带着部队冲上了山顶，消灭了负隅顽抗的日军三百余人，完全占领了五零一高地。此时，第九连、搜索连、工兵排、谍报队也消灭了退向山麓的敌人，同第二营在萨旦胜利会师。

就这样，围攻仁安羌英一师的日军二一四、二一五两个步兵联队和炮、工两个联队，被一一三团完全打垮，分别从水、陆路退走，只留荒木部队在因河南岸继续监视和警戒。

清扫战场时发现，日军不但抛弃了大批军火和被其俘去的英美军文职人员五百七十二人，而且丢弃了一千二百多具日军尸体。同日军交过手的人都知道，日军中有个死规矩，不到万不得已，是绝不允许在战场上遗弃一具尸体的。

一一三团也伤亡五百二十二人。正当刘放吾沉浸在胜利的喜悦中之时，忽得知张琦身受重伤、生命垂危的凶讯，他和孙立人都悲痛万分，立即爬上五零一高地，用颤抖的双手抚握着张琦已无知觉的手臂，热泪如雨、泣不成声地说：“好兄弟啊！我们攻克了仁安羌，英军得救了，而你却要走了，苍天何其不仁！”

刘放吾安排好张琦的后事。转身令胡德华率第三营守备五一〇和五〇一高地及附近各要点。令第一营守备仁安羌及宾河大桥。令第二营控制因河阻敌来犯。孙立人同意其处置，即令在坎纳特的一一二团速来仁安羌，以便于20日对敌进攻，乘势收复马圭。另令在曼德勒的一一四团速来仁安羌参战。同时，叫韦尔斯带领运水车、给养车、救护车、运兵车速赴油田内救助英一师官兵，我与梅里尔与其同行。

濒临绝境的英一师终于绝处逢生，完全得救了。当送水、食物、医疗和接运他们撤退的汽车开到这些忍饥挨渴数天、身体极度虚弱的官兵面前时，让中国人感到奇怪的事发生了，这些可怜的英国人竟没有一个人去取饮水和食物，他们泪流满面，拖着十分疲惫的身躯纷纷涌上来，去热烈地拥抱给他们解了围、救了他们性命的中国兵，许多人竟像孩子一样高兴得乱喊乱跳，把衣帽抛向天空。有些人竟抱起中国兵向天上直抛，也有人抱着汗流浃背的中国兵狂吻，这些英军的狂欢之情达到了极点，连我们也为之动容。并深感一个人在死亡到来之前忽然意外地获救时，其心态和神情是多么奇妙啊！

这时英一师师长斯考特少将和旅长法威尔准将及波凯准将（我同他们都熟悉）在人丛中找到了我们，不但紧紧握手，而且热烈拥抱，一定要我们带他们去见孙师长和刘团长。我劝他们从速整理部队，抓紧时间休整。他们竟不理会，仍然坚持要见孙、刘二人。并叫前来接他们的第十三旅旅长柯第斯准将去集合部队，分发饮水、食物，医治伤患，安排乘车。他们三人硬是逼着我非带他们去见孙立人不可。我无奈只得领着他们爬上五一零高地，他们一见到孙、刘二人都肃立致敬，然后热泪盈眶、泣不成声地拥抱孙、刘二人，一个劲儿地道谢。孙、刘二人的上衣都被他们的泪水染湿了一片，其情景着实感人。

当时孙立人正计划着将一一二和一一四团连夜调来，借助英军的坦克大炮，于次日攻击日军。不料，因为西线英军全线动摇，史迪威、罗卓英不得已放弃平满纳会战，并接受了亚历山大的意见把第五军调到塔泽、敏铁拉一带去组织曼德勒会战。这样一来新三十八师就深陷敌后，只能担负掩护英军撤退的任务，仁安羌大捷的战略成果瞬间消失了，令人遗憾！

1942 的 4 月 17 日至 19 日，中国远征军新三十八师第一一三团团长刘放吾上校，指挥所部官兵千余人，携迫击炮四门、重机枪十二挺，轻机枪八十一挺、步枪五百六十六支，在缅甸西部伊洛瓦底江东畔的仁安羌油田，打败了拥有山炮三十六门、速射炮二十四门、高炮十六门、装甲车四十八辆的日军第三十三师团（欠二一三联队二大队和山炮六队速射炮五队），救出了被困在仁安羌油田内濒于绝望中的英一师少将师长斯考特以下官兵七千六百八十三人、坦克五十八辆、炮百余门、汽车三百余辆，以及在此前被日军俘去的英美军人、教士、记者五百七十二人，打死了日军大队长高延隆雄中佐以下官兵一千二百多人，缴获了大批的装具武器，创造了第二次世界大战中以寡击众、以少胜多的奇迹——仁安羌大捷。这一仗，饮誉寰宇，轰动英伦。

当时在缅甸任英缅第一军军长后升任英帝国参谋总长和澳大利亚总督的斯利姆元帅在仁安羌战斗结束后，亲自向孙师长和刘团长热烈地表示感激之情，并在其所著《反败为胜》一书中说："中国军人是出色的勇士。他们在缅甸仁安羌一役中，不但打败了兵力十倍于己的强敌，救出了濒临绝境的英军，而且在战史上创造了一个以少胜多、以弱破强、以寡击众、出奇制胜的奇迹，是一个不朽的典范。在那次作战中，孙立人将军和刘放吾团长都展现出中国军人的优良传统和品质，他们勇敢沉着，有过人的智慧和胆略，遇事冷静、处事果断、战术灵活、指挥巧妙，都是最优秀的指挥官。尤其是孙立人将军英勇善战、乐于助人，维吉尼亚军校应以有孙立人将军为荣。他们在任何国家，都是最好的指挥官。"

然而，后来的英国史学者就变了。英国记者亨利·莫尔，参加过第二次世界大战，曾在缅甸战场皇家印度炮兵部队当过上尉，他在所著《第二次世界大战的重大战役》一书中，既没有写"缅甸保卫战"和"反攻缅北"，而且在其写的"英帕尔"和"仰光"两章内，竟只字未提"仁安羌大捷"。英国另一位作者巴兹尔·亨利·利德尔·哈特在所著《第二次世界大战史》中，竟然也没有"缅甸保卫战""反攻缅甸"这两大战役，自然也只字没提"仁安羌大捷"，这不能不令人深感遗憾和愤慨！

我当年和梅里尔（美军少校，后任美军五三零七团准将司令）曾作为史迪威的参谋，亲历了仁安羌大捷的全过程。我觉得我有责任把事实的真相告诉世人。

第四章

缅北大溃退

仁安羌战役的战果并没有扭转盟军在缅甸的整个战局。胜利的喜悦没有维持几天，盟军指挥官之间的矛盾全面爆发。4 月 19 日，史迪威和杜聿明两人在西进乔克巴当还是防御棠吉的问题上再次爆发争吵。争吵的结果是杜聿明拒绝服从西进，率领第五军三个师转到梅苗、棠吉。

4 月 20 日中午，曼德勒正面防线的英缅军再次在没有通知中国友军的情况下开始撤退，并在曼德勒大桥上装了炸药，准备撤出曼德勒后炸毁大桥，防止日军追击。蒋介石当晚从重庆发来急电，命令远征军将会战计划改为纵深防御，御敌于国门之外。防卫重点是腊戌。

与缅甸盟军混乱不堪相反，日军好像一股强大的洪流，沿着缅甸的公路和铁路快速推进。28 日，一个石破天惊的消息传来：腊戌以北二十千米的山谷发现日军第五十六师团主力。日军在几天之内完成了迂回缅北的千里大奔袭。就在中国军队向腊戌方向集结的时候，日本人又抢先一步占领了腊戌。占领腊戌意味着远征军的退路被切断了。这时那位因敦刻尔克大撤退而闻名于世的英国将军亚历山大又故技重演，他率领英军不顾一切地向印缅的边界撤退。这样缅甸的盟军分道扬镳了。

英军迅速向印度撤退，史迪威和罗卓英也随着英军一起后撤，而数万中国大军开始向密支那退却。但是此时日军已掌握了缅甸的制空权，飞机每天紧跟着中国军队轰炸。腊戌被占领半个月后，敌人第五十六师团的坦克部队再次赶在中国军队的前面，一举拿下了防守空虚的密支那。

密支那被日军占领后，中国远征军彻底绝望了。其实当时占领密支那的日军不到一万人。可这蜂拥而至的中国远征军有六万多人，杜聿明已经是这支部队的指挥官。所以历史没有假如。假如当时杜聿明率领六万大军跟这一万日军决死一拼，没准能突出重围，没准能成功把部队带回国内。可是接二连三的失败让这杜聿明也有点英雄气短下不了决心。蒋介石命令他把部队带回国，可是能走的路全部被日军占据了，只好走进了惨绝人寰的野人山，走上了不归路。

一、放弃平满纳会战

杜聿明

4 月 18 日放弃平满纳会战，是因西路英军退于仁安羌以北（在平满纳右后方约二百千米），而东路罗衣考方面的暂五十五师已失联络，棠吉告急，我中路军有被东西两路敌人截断后包围歼灭的危险。当时参谋团团长林蔚提出两种意见：

（1）贯彻平满纳会战，努力击破敌之一路，以解除我之危局；

（2）彻底脱出敌之包围圈，一举退守曼德勒之东北，再增调兵力，重新部署作战。

他并星夜派侯代表到漂背通知罗卓英（因当时电话不通）。史迪威与罗卓英虽接受了第二种意见，可是他们的决心处置并不彻底，史、罗命令要旨如下：

（1）放弃平满纳会战，改守梅克提拉、敏扬之线，准备曼德勒会战；

（2）令六十六军刘师固守瓦城，先一步占领敏扬、棠沙，对西南警戒；

（3）令六十六军孙师前方两团逐次阻敌，会合于乔克巴当，以棠沙为后路，节节阻敌前进；

（4）令第五军先抽二百师回占梅克提拉、漂背之线，掩护主力转进；

（5）以九十六师在平满纳坚强抵抗当面之敌；

（6）该军以棠吉为后方，准备在梅克提拉、他希、带侧打击北犯之敌（按此令漏掉对二十二师行动之规定）。

史、罗这个计划将五军、六十六军（欠一师）分布于长达三百余千米之平（平满纳）曼（曼德勒）公路上，既不能攻，亦不能守，我极端反对。当时命令要旨是由电话中传达，我说要么在平满纳打下去，要么退守棠吉、梅苗，我不同意这样分散兵力，被敌人各个击破。在电话中相持不下，最后罗拿出他的威风说：“不接受命令决不许可。”我一看表快四点钟了，再拖下去，各部队攻击开始，与敌胶着更不好办。于是接受了罗的命令，下令放弃平满纳会战。

放弃平满纳会战曾是中国远征军失败后争论的一个中心问题。但我始终认为应否会战须根据具体的时间、地点、条件，放弃这一会战，虽然有些可惜，但尚不是中国远征军惨败的关键。

我下令后即赶赴漂背，向罗卓英陈述以后作战的意见，大意说：既因东西两路吃紧，放弃已有准备的平满纳会战，那就必须集中兵力保全腊戍的两大门户——棠吉和梅苗，不应再作无准备的曼德勒会战。当时罗曾同意考虑我的意见。

二、乔克巴当上大当

杜聿明

到4月19日午后，史迪威、罗卓英忽然变更计划，既未进一步作合理的部署，反而将我远征军进一步分割使用。他们说，乔克巴当西南发现敌人三千余人，令二百师开乔克巴当向敌攻击。当时我根据摩托化骑兵搜索的报告说，我新三十八师尚在仁安羌，乔克巴当并无敌情。史、罗坚持认为英方情报确实，非去不可，我坚决反对，并力陈利害，说明即有敌人也不应置棠吉之危而不顾。这时罗已唯美国主子史迪威之命是听，完全拒绝我的意见。我警告罗："如果出此决策（其实是下策）的话，我不能负责。"罗现出窘态，他的参谋长杨业孔和外事局的一个参事（记不清姓名）出来帮腔，力劝我遵照"命令"。

史见我仍坚持保卫棠吉、梅苗的意见，他便反唇相讥说："中国军队光吃饭不打仗吗？"我也回敬说："我吃的是中国饭，而不是吃英国饭。"如此大闹一阵，我仍抑制着自己的愤怒，再向史、罗申述说：即使乔克巴当发现敌人，以新三十八师掩护英军撤退已可安全无虞，我军应顾全大局，不要前门拒狼，后门入虎，使我远征军一败涂地。史、罗仍无动于衷。我无可奈何，只得忍辱负重，一面接受了史、罗的命令，但声明如再侦察无敌情的话，仍不能去。一面找戴师长吩咐："除先开一团外，其余等我从梅苗回来再决定行动。"

20日得我骑兵再度往乔克巴当搜索的情报，仍无任何敌情，只有大批英军零零散散在我新三十八师掩护之下狼狈溃退。我得到这一证实情报后，为了远征军的最后命运，再亲赴长官部向罗报告，不料罗已先到梅苗参谋团去了。罗去时交代他的参谋长杨业孔对我说：乔克巴当之敌不堪一击，必须先击破乔克巴当之敌，再作第二步计划，他坚持将二百师向乔克巴当输送，否则以抗命论。我觉得他们已不可理喻，急驰梅苗向林蔚陈述意见。约在午夜十二时前后，途中遇见罗卓英（距梅苗约八英里处），罗说："你不必去了，现在照你的意见，二百师不去乔克巴当，改调棠吉。"他并不安地说："我于本日午前已直接令二百师于黄昏前集结乔克巴当以东向敌攻击，不知现在情况如何？"我说："乔克巴当确无敌情，我只要二百师去一团，如果你有直接命令的话，可能主力已到乔克巴当了。"罗这时有些张皇，拉着我上车同他一路回去。

我觉得既然如此，争取时间第一，就再无见林蔚的必要了，于是同罗一路赶回。在车中罗对我说："东路罗衣考已失守，暂五十五师情况不明，敌人正向棠吉、罗列姆前进中。"我说："这是可以预料到的。乔克巴当我们上了英国人的当。我认为目前必集中第五军主力二百师与新二十二师与敌人力争棠吉，否则棠吉不得，腊戍危急。"我并力述棠吉、梅苗是我腊戍、畹町的门户，必须以最大之决心保全棠吉。如敌已占领，必须以全力攻克。如我先敌占领，则必须顽强狙击北犯之敌，使我军主力集中梅苗、棠吉间，与敌作持久战。第九十六师掩护主力集中后也要归还建制。罗这时并未否认我的意见，也未说明他以后的全盘计划，只说："只要你带二百师把棠吉控制，我就有办法准备曼德勒会战。"我觉得罗在现实情况面前也许会改变他要在曼德勒会战的梦想，所以决心率二百师先将棠吉占领，再以事实转变罗的错误见解。

21 日十二时前后，我返回梅克提拉司令部，即作重新部署，将已运到乔克巴当的二百师主力（两个团）及骑兵团改向棠吉运输，并先遣骑兵团向棠吉方面搜索敌情。同时我将必须集中主力于梅苗、棠吉间与敌作持久战的意见电告蒋介石，但以后始终未得蒋的复电。

其实史、罗这时仍然决心将二百师、新二十二师、新三十八师皆使用于乔克巴当方面，第六十六军及直属部队与新二十八师也向曼德勒方面运输。而这种毫无军事常识的改变处置，据说是“自4月18日变更决心后与史迪威参谋长同亚历山大总司令所商决者”，其理由为“彼时我如不去则英军要走”。继知并无目标后，史、罗又改定措施如下：

（1）新二十二师在梅克提拉不开；

（2）二百师仍开乔克巴当附近，以一部搜索敌情，以主力控制待机，并支援新三十八师之行动。

20日下午，得知罗衣考方面十分紧急，遂又决定：

（1）新二十二师附战车及战防炮各一部由廖师长率领增援第六军方面，但须待二百师运输完毕后乃有汽车，而火车又不可靠。

（2）二百师到达乔克巴当后，如敌情不急，则待三十八师集结或站稳后，即开回梅克提拉。

（3）预定二百师须于21日运完，以便迅速输送新二十二师（共汽车百余辆）。

参谋团看到史、罗以上的处置后极为不安，用电话通知侯代表立刻派员赶往皎克西征求罗卓英的意见，即：

（1）可否立即停止二百师之运输并改运棠吉。

（2）可否令新二十八师只留一团守曼德勒，而令刘伯龙率师主力或一团由火车运回细包，并连同第六十六军将到腊戍之军直属部队（工兵营、战防炮营、特务营等）归一人指挥，再由汽车向罗列姆方向运送，以期与新二十二师夹攻北进之敌，并自然掩护极空虚之腊戍根据地。

罗卓英的处置却是：

（1）对参谋团第一项意见，立令杜副长官率二百师及特种兵半部由汽车开回并指挥甘军准备迎击攘田、罗衣考北进之敌。

（2）对于参谋团第二项意见，认为不必如此处理。

以上事实可以看出史、罗是一直坚持错误，对于腊戍的门户棠吉的重要性始终未认识，也不了解第六军的战力脆弱。

他们始而坚持将二百师运到乔克巴当后再运新二十二师到棠吉，继而同我在途中商决将二百师改运棠吉，最后参谋团来人商讨时亦只承认我率二百师到棠吉，而把原与参谋团决定调新二十二师到棠吉之事既不告诉我，亦不回答参谋团。因之参谋团认为第五军主力二百师及新二十二师皆到棠吉，而实则只有二百师及特种部队之一部，谓为欺上瞒下，贻误战机，亦不为过。

三、棠吉攻克，又转皎克西

杜聿明

4 月 21 日午后，第五军二百师及军直属部队一部奉命由西路乔克巴当调回梅克提拉转向棠吉运输（约三百千米，加上空车放乔克巴当百余千米，共计五百多千米行程），进击由罗衣考北进之敌，往返之间延误三日，将士疲于奔命，而战局已陷于危殆。

23 日午后，我先遣骑兵团及二百师一部到达距棠吉约十五千米的黑河即与敌人遭遇，我骑兵团对敌猛烈袭击，将敌击退。进展至距棠吉约九千米附近，又发现敌前进阵地，至晚攻占并接近棠吉敌人阵地，准备明日开始攻击。

24 日拂晓，我二百师向棠吉攻击前进，进展迅速，至午我已攻占西南北三面高地，继续突入市区与敌巷战，争夺至晚十一时克复棠吉。敌大部东窜，仅有一小部尚在棠吉东南隘路附近坚固建筑物内顽抗。

25 日，敌增援向我反攻，棠吉东方及西北高地得而复失，至晚始将敌人击退。

棠吉东南隘路凭险据守之敌亦将肃清。

这时我的决心是：继续肃清隘路之敌，向罗列姆攻击前进，以断向腊戍北犯敌人的后路。同时林蔚也来电谓“腊戍之安危，系于吾兄一身，望不顾一切星夜向敌攻击”云云。

我正在部署间，罗卓英连来四道命令，着将已攻克之棠吉除留二百师向棠吉以东罗列姆攻击外，其直属部队一部、新二十二师、九十六师均向曼德勒集结，准备“会战”。

虽经我一再去电申述棠吉的重要性，必须以第五军主力控制棠吉东西南北隘路以解腊戌之危，皆未蒙罗采纳。他仍坚持其谬见，勒令我必须立刻返回曼德勒。我迫于命令，不得不从，于是星夜急返皎克西，26日又将已攻克之棠吉放弃。

27日，我到皎克西后问罗为什么这样改变决心，罗拿出蒋介石4月24日“手启”电给我看，其中要点是：“腊戌应有紧急处置，万一腊戌不守，则第五军、第六十六军应以密支那为后方，第六军应以景东为后方。”

蒋介石这一指示虽然着重于保卫腊戌，但有“万一”云云，又给史、罗死钻这个空子，不考虑全盘情况，不顾腊戌的安危，断章取义，选择了符合他们个人企图的部分——以八莫、密支那为后方，所以才连电令我回曼德勒的。

这时我对蒋介石也十分不痛快：第一，自罗、史到后，有关作战方面，蒋对我无直接指示。第二，我21日陈述集中主力于梅苗、棠吉间作持久战的意见，蒋始终未复，不知他的意图。第三，我认为蒋24日“手启”电是未了解棠吉二百师的战绩，决心变得过早，给史、罗钻了空子，转发命令来威胁我。第四，到这时已将远征军弄得一塌糊涂，很难挽回危局。总之，我认为蒋介石太相信史、罗已将战局搞坏，再向他们说话也就无用。于是我抱定丢车上山的决心，听他去吧。

当日，我看到罗卓英下达曼德勒会战命令中并未规定战车、骑兵、工兵、辎重、汽车等部队的任务，认为曼德勒会战是史、罗的梦想，一旦吃紧又会逃走，于是即令胡团长献群指挥这些部队即日经腊戌回国，于28日前均安全通过腊戌。

这时，我军各路情况如次：

西路英缅军第一师及装甲第七旅自仁安羌解围后，即在我新三十八师掩护下逐渐向曼德勒及其以西地区撤退，21日退宾河北岸，23日退乔克巴当，26 日基本上撤至曼德勒以西。当面之敌自发现我新增部队以来，未敢冒进，甚至由 5 月 20 日至 5 月 30 日曼德勒撤退期间，基本上与我军无重大战斗。

中路自 18 日起，敌五十五师团和十八师团主力及重炮战车、空军向我第五军九十六师猛攻。该师利用既设阵地逐次抵抗，与敌作战八日。平满纳以北至梅克提拉间地形多开阔平坦，很少隘要可以利用，该师在第五军中又属战力较弱的部队，可是士气旺盛，仍能予敌以严重的打击。该师伤亡甚重，凌则民团长阵亡。该师始终未被优势的敌人击破，诚如林蔚所说："该师战斗成绩及指挥技术则均属可观"，"惜苦战结果，所取得之宝贵时间（八天），我军主力既未用于保护腊戌之门户，又未集中击破任何一方之敌。"

东路在 18 日以前，仅有敌一联队与我第六军暂五十五师接触。19 日，发现保拉克附近有敌运输车及战车四百辆，而 20 日罗衣考即失陷，暂五十五师与军部失去联络，棠吉门户大开。23 日敌占棠吉，复犯罗列姆。及 25 日我二百师克复棠吉，26 日又自动放弃，敌看破我军弱点，以轻快部队用日行百千米的速度大胆向腊戌前进。

至 28 日，腊戌即陷敌手。

这里可以看出，由仰光登陆增援之敌五十六师团，早在同古集中，其所以在 4 月 18 日以前未敢以主力向毛奇方面前进者，一方面是侦察我军情况及准备工作，而主要的则是准备策应我中路军的攻势。及 4 月 18 日我军放弃平满纳会战后，敌人才大胆向棠吉、罗列姆、腊戌包围前进。

四、惨败后的总退却

杜聿明

当4月27日罗卓英下达曼德勒会战命令的时候，西路英军已全部退至伊洛瓦底江以西，正准备向印度英普哈尔撤退中，我新三十八师直接担任英印军的撤退掩护。中路我新二十二师的一部在他希以北三十千米处的温丁与敌对峙。

东路我第二百师正向罗列姆攻击前进中，第六军已全部离开公路向萨尔温江以东撤退中。

敌人先头已到达细包以南大桥附近，腊戌十分危急。

罗卓英当时的兵力部署，以新二十八师四个营守曼德勒核心，以新三十八师守瓦城以西伊洛瓦底江的北岸（弯曲部），以新二十二师及九十六师分防瓦城以南小河之线。

敌28日占领腊戌后，29日敌一部附战车由细包回窜曼德勒。这时罗卓英张皇失措，再不叫嚷“曼德勒会战”了。30日，他急令瓦城各部队向伊洛瓦底江西岸撤退（因东岸道路不良），续向八莫、密支那后撤。从此我中国远征军走上惨绝人寰的惨败境地。

西路我军自4月27日前后即由孟尼瓦（曼德勒西，铁路终点）向印度英普哈尔撤退，所有武器车辆全部遗弃。至5月3日前后，在孟尼瓦附近与敌小有接触后即无消息。

东路第六军25日以后，即向景东方向撤退。敌先头卡车百辆已到腊戌南 110 英里之孔海坪，26 日午后六时即到达细包东南之南海附近，与新二十二师八十二团接触。

27 日，我放弃细包。28 日，敌向腊戌新二十九师攻击，当晚腊戌失守。30 日，新二十九师在新威布防，5 月 1 日即失守。5 月 2 日，贵街失守，一百零五英里通密支那、八莫的公路开放。3 日，敌攻陷畹町，分兵进占八莫。4 日，敌向惠通桥急进，当时参谋团控制着战车部队，竟不知使用战车逐次抵抗，阻击敌人，反令与敌战斗，又在芒市附近破坏一连战车以阻塞道路。他们对于武器运用毫无常识，可以想见。5 日上午，敌进至惠通桥，与我三十六师先头部队接触。当时惠通桥已破坏，敌由上游渡河，与三十六师后续部队发生激战。6 ～ 8 日这三天，敌我仍在惠通桥东岸激战。八莫之敌于 8 日进占密支那。9 日，惠通桥东岸之敌被击回西岸。10 日，敌占腾冲。

中路我军于 5 月 1 日全部撤完，并将伊江大桥破坏。史、罗原计划退过伊江后利用火车由密曼铁路向八莫撤退，不料史、罗乘第一列火车从斯威堡开出二里即碰车，竟日修通后，开至坎巴拉车站，以后再无车可开。此后第五军直属部队二百师、九十六师及六十六军新三十八师，即徒步轮流掩护撤退，部分以汽车分段利用牛车道转运。8 日到卡萨南印岛时，始悉史、罗已于 3 日前丢下部队只身逃往印度，我派参谋长罗友伦追赶亦未追到。罗并来电令全部向英普哈尔东一百五十千米之温藻撤退；同时又奉蒋介石 7 日令向密支那、片马转进，勿再犹豫停顿。我召集各部队长及参谋长商讨后，决心仍照蒋介石命令向国境撤退，当时各将领均无异议。

9 日卡萨发现敌人，这时仅有孙师先到卡萨掩护的一个团，余师虽到而廖师、孙师主力尚须一天半始可从正面撤下。

我判断敌人企图从南北包围歼灭我军，如不能将部队集中掌握，即有被敌各个击破之虞。卡萨地形负山带河，形势险要，如果将敌击退通过，深恐旷日持久，不能达成先占密支那的任务；若以一团掩护主力，安全转进，尚可希望达成任务。正在决策间，又收到敌人 3 日占八莫、8

日占密支那的广播。于是我决心先遣九十六师在右翼掩护，并于孟拱附近占领掩护阵地，使主力经孟拱以西以北进入国境，与敌作游击战。命令下达后，各部队均遵令转进，独新三十八师未照命令，而是照史、罗命令一直向西，经英普哈尔入印度。

至此，我中路军即分为四条道路，以不同的方向撤退：第五军直属部队之一部、新二十二师及长官部所属各单位如交通部处长唐文悌、铁道兵团团附张学逸所率的交通员工，暂编团运输大队及英联络官二人等由曼西北后转大洛到新平阳，因雨季延时2月余又奉令改道入樱至7月底到印度利多。8月初我奉命返国。第九十六师及炮工兵各一部经孟拱孟英、葡萄、高黎贡山返国。第二百师及新兵训练处补充一、二两团自棠吉开始攻罗列姆，以后沿途突破敌人封锁线经南盘江、梅苗、南坎以西返国。

五、远征军失败原因分析

杜聿明

远征军失败的原因，乃中英战略矛盾，美方别有阴谋。从中英共同防御滇缅路这一协定来说，中国远征军的主要目的是确保滇缅路这条国际交通线。而只有保卫滇缅路的咽喉——仰光海港的安全，才能保全滇缅路，这是人所共知的常识。可是自从中国缅印马考察团提出中英共同防御意见草案，于 1941 年五六月间正式送交英方后，在半年多时间内，英方对中英共同防御计划既未着手准备，亦未同意中国远征军事先入缅布防。多次中英会报中，英国方面一直坚持它的错误判断，着重要求中国在车里、佛海布防，而不愿讨论中国远征军入缅布防问题，以致中英共同防御计划未能及早准备。这是中国远征军失败的根本原因。

当 1941 年 12 月 7 日日寇对英宣战后，我第五、六军即行动员入缅远征。同月 11 日先遣一个团到畹町，车里方面也作了部署。16 日第五军即行出发，26 日先头部队到达保山附近时，即因“英方表示第五军及第六军主力暂时毋庸入缅”而停止，一直延误到 1942 年 2 月 16 日再行动员入缅。英方为什么这样呢？此中内幕，当时谁也猜不透。

后来终于被一个比较善良的英国人（只能这样说）揭穿了：中国远征军再度动员入缅远征时，英国驻缅甸总司令胡敦不充分供给中国远征军的油料。我第五军有一个技术员陈乃能当时当我的代表，在曼德勒领油，会到他认识的一个英国老朋友。这个英国人拉着手对他说：“你不要听英格兰人的鬼话，我给你每月发 100 万加仑油，再多点也行。”这个英国人气愤地说：“没有汽油怎么能打仗呢？英格兰人的国策是：远东殖民地宁可丢给敌人，不愿让与友邦，你懂么？”并指着伊洛瓦底江的两岸堆积的汽油说：“这许多油，你们几年也用不完。”原来英国是宁愿把缅甸丢给日寇，而不愿让给中国。

其实中国只是为了战胜日寇，需要借重缅甸仰光海港而已。这是中英间的主要矛盾，未能及时揭露，合理解决。所以英国始而不同意中国远征军预先入缅布防，继而战争爆发，又阻止中国军队入缅，及仰光危急，英国才要求中国一个团、一个师，及我先头部队到同古后，它即对中国远征军实行缓运。

这样，英国政府的阴谋就暴露出来，它是利用中国军队来掩护它的安全撤退，并不希望中英并肩与敌决战，更不是为了保全仰光这个海口。

蒋介石当时是中国战区总司令，可是联合军统帅部并未赋予蒋介石在缅甸作战的指挥权，中英双方亦未就此点达成协议。可是蒋本人企图以这个头衔来指挥中英双方在缅甸作战的部队。他的做法是：“若要取之，必先予之。”就是说他要取得指挥权，必先让英国指挥一些中国的部队，然后在重要关头他自己亲自来指挥。

但英方并不欢迎蒋介石，所以他不得已才下令中国远征军归英方指挥。蒋介石对此自不甘心，曾于 1942 年 2 月 27 日令侯腾飞返腊戌提出七项条件通知胡敦，大意是铁道由我方守备，派副司令主持运输，划清中英作战地境。我派联络员到英军司令部，要胡敦将军答复上项照办后，我第五军始入缅。英国是一个唯利是图的国家，只要于它有利，它是什么也承认的。胡敦除了关于设置联络官一点怕暴露其不可告人之企图，因而未予承认外，其余都接受了。3 月 1 日，蒋介石亲到腊戌指挥部署，企图对胡敦施加压力，取得指挥权。

英方另派魏菲尔来见，他们会谈情况我虽不知，可是指挥权的问题仍未取得协议。因为以后蒋介石召集五、六两军长指示说，魏菲尔判断日寇迟迟不攻仰光，系因渡色当河困难，但他判断是由于调查我军行动。

并说，如敌人兵力在一个师以内，我应对其攻击，若有三师，则五军主力集中后方（按此系指他希、曼德勒以东以北地区）。由这些情形看来，蒋介石仍未取得指挥权。

蒋介石另来一手，在他离腊戌前又调中国战区参谋长史迪威来腊戌，指挥中国远征军，并面命我“要绝对服从史迪威，对于英方有关问题由史迪威去办”。这就是在中国远征军之上，再加上一层重复机构。

史迪威一出头，英方看到胡敦经不起中美双方的压力，就改派亚历山大来继任英缅军总司令（当然英国还另有用意）。

亚历山大一到任，便下令放弃仰光。这时美国将军的气焰很高，史迪威虽然没有指挥联合军的名义，却以中英联合军指挥自居，指手画脚，不可一世，尤其史迪威派出的人员对英方人员十分傲慢。蒋介石以英方不通知中国即放弃仰光，非常愤怒，3 月 9 日令第五军未入缅部队暂缓入缅。11 日正式令第五、第六两军归史迪威指挥，12 日又令成立中国远征军司令长官部。12 日，英方正式提出意见说：“史迪威与亚历山大间指挥系统不明。”史迪威日益感到亚历山大比胡敦更狡猾难缠，于 18 日由腊戌飞渝，向蒋介石报告与亚历山大会商结果，并“请示将第五军主力集中于平满纳”。史迪威希望借中国远征军之力，在同古击灭敌人一部，以张大他的声威，从中取得中英军在缅联合作战的指挥权。史迪威由渝返缅后，因为二百师撤离同古问题和我闹翻，他就返梅苗向亚历山大报到，表示归英方指挥（据刘耀汉对我说，亚历山大在重庆返缅后，蒋介石曾给史迪威一封亲笔信要史归亚历山大指挥）。

从此史迪威就以中国战区参谋长的身份，卑躬屈膝于亚历山大之前，把中国远征军完全任令亚历山大宰割，并派出他的喽啰到中国部队中监督执行亚历山大的错误指示。

最后他和罗卓英两人丢下大军，只身逃往印度，造成中国远征军的惨败。就中国方面说，蒋介石过分迁就英美，应负最大的责任。

史迪威逃往印度，还幻想凑合一部分兵力打通滇缅公路，1942 年 7 月间曾草拟了一个《反攻缅甸计划》，作为他在缅甸指挥无方遭到惨敗的“遮羞布”。此案在当时国民党政府中一直酝酿到12月间，因英国自顾不暇，美国也不同意，并未实行。以后1944年间，中国驻印军反攻缅甸，也不是照这个计划从仰光登陆而是从缅甸北部密支那方面攻击。这也说明史迪威只凭主观愿望，不顾当时中美英三方具体条件，在失败后还写了一纸废文。

中国远征军惨败，罗卓英和我都有责任，罗卓英的责任更大。尤其罗卓英对于乔克巴当的行动（根本无敌人，谈不到战役），更是惨败的关键。他把军队的“生地”（占领梅苗、棠吉门户，依据汤彭山脉为根据地与敌作持久战）变到“死地”（向乔克巴当扯乱军队主力，又失守棠吉），一意孤行，以致一败涂地、丧师辱国。

罗卓英为什么这样糊涂呢？不，罗卓英不是一个糊涂人。

他明知我远征军作战的目的，其所以背道而驰，是他太“聪明”了。他觉得依靠美军可以拿到美国装备（在远征军反动集团中就在争这一问题），可以掌握美国装备的军队，以谋升官发财。所以他到缅甸后就投到美国主子史迪威的怀抱，俯首帖耳，唯命是听，甘心做美国的走狗。最后他丢开腊戌门户而不顾，坐视腊戌危亡而不救，并且同史迪威一道丢下部队，只身逃往印度。当蒋介石听到罗卓英逃印时曾电我追回，但因他逃得太快，追也来不及了。

以后史迪威在印度掌握中国军队的目的达到了，就控告罗卓英十大无能，把他赶回中国。这就是做走狗的下场。我的最大责任是1942年4月19日未与史迪威、罗卓英彻底闹翻，未能独断专行下令让第五军全部向棠吉集中，反而委曲求全，先遣了一个团到乔克巴当去。对于史迪威的命令，我并不在乎（因为可以向蒋介石请示），而对罗卓英应服从到如何程度，却未曾得到蒋的指示，心中无底，未敢断行，以致造成不可收拾的局面。以后又未料到敌人先我侵占八莫、密支那，丢车上山的决心太晚，又造成雨季困于野人山的惨境。

至于其他某些将领的无能，如甘丽初逐次使用兵力，对当面之敌始终不明；陈勉吾放开正面，回避战斗；新二十八师、新二十九师均系康泽的别动队改编成师，毫无战力，一触即垮等等，也是惨败的局部原因。

第五章 兵败野人山

杜聿明率第五军向缅北撤退，第九十六师在右翼担任掩护，行至孟拱，遭到日本军队猛烈的侧击。部队被拦腰截成数段，彼此不得相顾。

第九十六师因为炮兵、工兵部队随之行动，攻击力较强，率先杀出一条血路。但新二十二师及军直属部队的一部分，不得不向大洛方向撤退。要想回国，前面唯一的通道便是野人山了。

野人山位于中、印、缅交界处，绵延千里，纵深二百余千米，山上乔木遮天，藤草弥漫，终年不见天日，猛兽成群，毒蛇、疟蚊、蚂蟥遍地，并传说有野人出没。

靠近野人山时，杜聿明命令全体将士甩掉汽车、战炮，轻装上路。接着，杜聿明打开出国时蒋介石送给他而他一直舍不得喝的上万美金的一瓶红酒，说："远征军的将士们，这瓶红酒，是蒋总指挥送我的饯行酒，我没舍得喝，今天我把它喝下去，因为，我们穿越的是九死一生的野人山，我们每个人都面临着生与死的考验！野人山，既是我们通往国土的生路，也是我们走向死亡的鬼门关，祝将士们好运。"

杜聿明走进去了，将士们也走进去了，于是，死亡之旅从脚下延伸。

热带的原始森林从来肆虐无常，而这时缅甸的雨季已经来临。每天二十四小时下个不停。密林遮住了阳光，却挡不住雨水。将士们脚下汪起了一摊又一摊水坑，那些蚂蟥便爬了出来。将士们都是赤脚草鞋，而注意力又被恶劣的环境分散了，被蚂蟥叮咬住了，连感觉都没有，于是，将士们走过的路，很快就被血水染红了——真正趟着一条“血路”！

而突然扑来的山洪更是吞噬战士的猛兽，将士们来不及提防，便被山洪卷走。有些将士挣扎着爬上树，但尚未等到山洪过去，因耗尽支撑力，又从树上掉下来……凶猛的山洪夺走了多少将士的生命，这始终是个未知数。

毒蛇、野兽、蚂蟥，甚至蚂蚁都成了剥夺将士生命的死敌。它们袭击将士们的时间是夜里，每当将士们筋疲力尽，躺在潮湿的地上睡着的时候，它们便乘虚而入，许多将士都是在睡梦中走向死亡，有些将士侥幸活了下来，但已遍体鳞伤，失去继续行走的能力。能够继续行走的将士满心想帮这些遍体鳞伤的将士，然而无能为力，因为他们每走一步，两腿如同拖着千斤重的沙袋，已自身难保，无奈只能眼巴巴地抛弃重伤的战友。

野人山的瘴气从来都是突然出现，将士们没有预测的常识和经历，于是瘴气就成了剥夺将士生命的又一个杀手。许多将士都是在不知不觉中，什么都没看见时，便缓缓地倒下来，渐渐停止了呼吸。

……

走出野人山后的将士由出征时的十万人锐减至四万人左右。

一、野人山英灵知多少

杜聿明

远征军实行总退却后，各部队经过之处，多是崇山峻岭、山峦重叠的野人山及高黎贡山，森林蔽天，蚊蚋成群，人烟稀少，给养困难。本来预计在大雨季前可以到达缅北片马附近，可是由于沿途可行之道多为敌人封锁，不得不以小部队牵制敌人，使主力得以安全转进。因此曲折迂回，费时旷日。至6月1日前后，军直属部队的一部及新二十二师到达大洛；九十六师到达孟关（孟拱西北）附近；二百师到达中缅边境南坎附近；黄翔部到达国境沪水附近与国内宋希濂部取得联系。

自6月1日以后至7月中，缅甸雨水特大，整天倾盆大雨。原来旱季作为交通道路的河沟小渠，此时皆洪水汹涌，既不能徒涉，也无法架桥摆渡。我工兵扎制的无数木筏皆被洪水冲走，有的连人也冲没。加以原始森林内潮湿特甚，蚂蟥、蚊虫以及千奇百怪的小巴虫到处皆是。蚂蟥叮咬，破伤风病随之而来，疟疾、回归热及其他传染病也大为流行。一个发高热的人一经昏迷不醒，加上蚂蟥吸血，蚂蚁侵蚀，大雨冲洗，数小时内就变为白骨。官兵死亡累累，前后相继，沿途尸骨遍野，惨绝人寰。我自己也曾在大洛患了回归热，昏迷两天，不省人事。全体官兵曾因此暂停行军，等我被救治清醒过来时，已延误了二日路程。我急令各部队继续北进，而沿途护理我的常连长却因受传染反而不治。二百师师长戴安澜因重伤殉国，团长柳树人阵亡，第九十六师副师长胡义宾、团长凌则民为掩护主力安全而牺牲。

至8月初，各部先后集结于印度和滇西。据当时初步统计，由于指挥错乱，致各部队被敌杀伤、落伍、染病死亡的，比在战场上与敌战斗而死伤的还多数倍。计中国远征军动员总数约十万人，至此仅余四万人左右。以第五军一个军来作比较，情况如下：

番号	动员人数	战斗死伤人数	撤退死伤人数	现有人数
第五军直属队	15000	1300	3700	10000
二百师	9000	1800	3200	4000
新二十二师	9000	2000	4000	3000
九十六师	9000	2200	3800	3000
合计	42000	7300	14700	20000

从以上数字可以看出在撤退中损失人数比正式作战伤亡的大得很多，尤其在正式作战中未损失团长以上将领，而在撤退中竟损失四员之多。其情况之惨可想而知。至其他两军，除新三十八师在仁安羌之役外，其余损失也都是溃退中的损失。丧师辱国，罪无可赦。

二、不堪回首野人山

罗友伦

1942 年 2 月，第五军开赴昆明，旋转赴缅甸，这即是所谓的“远征军”。那时我已是少将参谋长了，督导了三万多名部队、一千多辆车辆，由昆明运输到腊戌，后来司令部就设在缅甸梅苗，美军史迪威将军、英军蒙巴顿将军的司令部也同驻一个山庄里。我们就在那里举行联盟作战会谈，采用我们的作战计划，以第二百师南下缅甸中部同古阻止日军前进。

于是第二百师到了同古，与日军发生了激烈的战斗，终被日军三面包围了，那时最高统帅的命令是该师死守同古，牺牲到最后，以表示国军的精神。因为救援部相隔百里远，所以我们只能在撤退与死守之间做选择，假如死守，就会眼睁睁地看着被敌人包围、歼灭。那时第五军有三个师，如果有一个师被敌人吃掉，只剩两个师，士气一定受挫，而且坐视不救，有损指挥道德，因此我力主撤退。但撤退是违抗最高统帅的命令，可能受军法审判，我和军长杜聿明将军、最高统帅参谋团团长林蔚将军三人在房间内反复讨论了几个钟头，始终没有结论。时至深夜，我说：“假如不立刻下令撤退，就再也没有撤退的机会了，如此一来，一定会完全被敌人包围歼灭。”所以我亲自拟好了命令，请他们签字，他们都不肯签字，我只好先签了名以示负责。那时作战有一个严格的规定，就是指挥官与参谋长同负责任，所以要是违抗军令，军长、参谋长都要接受军法审判，最后军长杜聿明被我说服，也签了字。在一夜之间全师循着铁索桥渡过河川撤退，使拂晓前敌人四面包围攻击扑了一个空。事后第五军二百师戴安澜师长向我抱怨，说我们不管他，将他丢在那儿。缅甸同古战役之后，又有平南纳战役等其他战斗。

第五军同时也指挥第六军，那时远征军司令长官罗卓英将军来到了缅甸，他住在我们军部内。派遣了一个梁其霖少将参谋处长送一道作战命令，要第六军打通缅甸公路，阻止敌军前进。于是我就派了一班卫士及一辆装甲车，护送他去，车子一直往仰光开去。一路上并没有找到第六军，但却碰上了敌人，驾驶兵的腿被打断了，梁处长带着作战计划被俘，关在仰光，后来被日军枪杀了。

敌人沿着公路，大举北进，威胁到我们的后方腊戍远征军司令长官部。而与友军讨论我军撤退的问题时，他们要我们到缅北打游击，我们以为期期不可行，因为这是机械化部队，而缅北无路可走，铁轨不能行驶车辆，我们必须退守国门，防止敌人侵入云南。反复争论没有结果，于是我们只好连夜下令将所有的车辆，战车、装甲车、汽车、炮兵辎重车全部从腊戍撤回昆明，军队则轻装退到缅北打游击。

这样一来国门洞开，敌人就近攻腊戍，又从腊戍通过惠通桥，一直打到云南的龙陵、腾冲。那时我军在惠通桥的一千多辆车、数以万吨计的物资全部被敌人俘获。后来我军反攻，日以继夜地激烈战斗，牺牲了很多的性命，才把龙陵、腾冲收复了，最后反攻打到了松山。在那山顶上一个掩蔽部内，发现十三个日本艺妓，打扮得花枝招展，坐在里面，但一个个都被枪杀了，最后屠杀她们的日本军官也自杀身亡。敌人的残忍使人目不忍睹。我军攻下了龙陵、腾冲、松山，全部把敌人消灭，日军无一人活着撤退，全部战死，倒也充分表现了日本武士道精神。

1942 年，战事失利，我们被迫转进缅北，再转进印度，适逢雨季来临，终日下着倾盆大雨，雨势之大，连对面五十米的东西都看不见，原来山间的小路在雨季时都变成了小河。缅甸的气候只有两季：雨季和干季。其中干季是一点雨也没有，但一到雨季就全部是倾盆大雨。我们一步一步地走入了原始森林，行进非常困难，于是把带来的几门炮及几辆吉普车也通通丢掉了，只剩下几部装甲车和一百多匹骡马。我们越过了伊洛瓦底江，深入不毛的地方。一天露营在诸葛亮 5 月渡泸河坝上，因喝了河水，三千多人通通腹泻，听说骨灰可以止泻，于是把马杀了，烧成了骨灰给官兵吃，果然止泻了。

这回到缅甸作战，完全就不晓得当地的气候，气温已经高达华氏一百零几度了，我们还穿着棉袄去打仗，所以把棉袄拆掉改成单衣，再改成短裤。下雨时连雨衣都没有，士兵全遭虫咬，死了相当多。而且当时完全没准备，连地图都没有，气候又不能适应，非常辛苦。

行行复走走，到了伊洛瓦底江边，看到树枝漂流，判断日军在密支那方向，想要渡江拦截我们。于是我们更向西走，朝着靠近缅印交界的地方前进。这时突然听说远征军司令长官罗卓英将军携带了卫士，间道去了印度。于是我就坐了一部装甲车带了一班卫士去追赶他，追了一天没追上，我就写了一封信，派了一个人送到印度去，信中写说："长官一日不可无部队，部队不可一日无长官，我们虽剩一兵一卒也要保护您回到国内。"这封信后来竟在重庆流传一时。

在追赶的途中，我们遇到了英军威廉准将，他带了十个英国官兵，赶了四十多头大象，他要间道到印度去，看到我后就把大象送给我。我跟象夫赶了两个钟头，大象比牛还笨，始终不走。这时我就想起成吉思汗蒙古的骑兵从陕西到缅甸，又从缅甸回师到湖南的衡阳将宋军打败的故事，蒙古马队是当时世界上最快速的部队，可是一到了缅甸，蹚上了象队，看见这种庞然大物，马匹都吓得退避三舍，不敢作战。后来蒙古人经过了这个教训之后，就把大象引诱到森林里，大象在森林里转身困难，全部被蒙古马队歼灭。我们赶不动大象，所以我也不要了，只好让象夫们自行处理去了。

回到了部队，困难情形愈来愈多，最后连装甲车也丢掉不要了，而一百六十匹骡马也全部倒毙，之前我一人就骑了十六匹骡马，在路上行军时还好，马匹不倒毙，而到了休息时，马匹就倒毙。死去的马匹也都被吃光了。

连续不断下大雨，下得连对面都看不见人。一天走到一个山头上，全军没有一支洋火可以擦得着，因此虽然仍有粮食，但无法熟食，只有我一人身上带的火柴可以用，因为我是穿着毛衣，毛衣可以御寒，也可以御水，大雨下过了，不一会儿就干了，所以洋火摆在毛衣内，穿在身上不会淋湿。但火种虽点燃了，却没有木柴生火，因为树木都是湿的，后来有人说起枯树枝是干的，因此我们就摘了很多枯树枝摆在一起，果然火柴一擦，枯树枝就起火燃烧了，于是大家又有熟饭可吃了。

我们走过了不知多少河流，因为道路都变成了河，有的因山洪暴发，波涛汹涌，根本无法渡过，因此前卫司令官因为工兵架不了桥，不能达成任务渡江，所以想要举枪自杀。我赶到前面，集合土人，问他们如何才能渡过这条河，他们回说得架桥：长长的藤绳绑在河边的大树上，然后搭成三角形，再扩大延伸过去，同样的再把藤绳绑到对面的大树，做成了一个藤索天桥，就可以渡江了。我们循着藤索天桥，一步一步地走过去。像这样的河流不知经过了多少。而且愈走愈困难，前面走过的前卫，沿途就留下一身白骨，感觉好像真的是进入了人间地狱。在路的两旁，有些士兵身上爬满了蚂蟥，数以万计的围着在那儿啃食他们的尸体，其中有一位士兵眼睛、嘴巴还能动，他说："军长、参谋长！救救我吧！"但我们也无计可施，谁能赶得走那么多的蚂蟥，而把他救起呢？那时因为雨季太长，水泡得太久，四肢都麻木了，所以常常一旦坐下来，就爬不起来了，稍一迟疑就会有蚂蚁、蚊蝇出来围攻你。我的一个侍从副官就因蚂蟥从尿道里钻进去几乎丧失了性命。

我们那时最大的困难还是饥饿。有一次饿了七天，所有粮食都吃光了，就吃芭蕉、树枝、葛草。几天后走到一处土人正开发的地方，种满了一片包谷，饥饿的士兵蜂拥而上，像蝗虫过境一般一扫而光，只有一尺多高的包谷一下子就连根带叶地被吃掉了。我是非常幸运的，在缅北时把英军所有的仓库都打开，大量地让士兵补充了粮食、军毯、毛巾、干粮等，而我则留了几箱奶粉，告诉我的特务连一百二十个士兵："你们每个人携带两罐，留给我一罐。”后来我就是靠这个奶粉维持了生命，一直到印度。

有一次我感染了痢疾，医官打针因没有蒸馏水，只好打普通水，结果手臂发炎，发着高烧，但还是得徒步行军，而医官就四处找锯子，说是要把手锯掉，还好没找到，不然我就变成了独臂将军了。锯子没找到，反而在死尸上找到了消炎药片，吃了消炎片，打了针，手臂就消肿了，所有的淤血也都从小便排出来，所以我就渐渐好起来了，但手臂的疙瘩直到四十年后才消失。

军队走到后来实在是太疲倦了，突然发现一个小村庄，村里的屋子都是用木头搭盖的，下面关牛马牲畜，上面则住人，在屋里中间摆了一个大火盆，可以驱除蚊蝇、毒蛇。我们到了村庄后就得到了补给，村子里的粮食都被我们搬光了，我走进一间屋子里，就躺下来休息，满屋子都是半死的人，虽然外面下了那么大的雨，但我还是可以听到他们的呻吟声，但我也管不了那么多了，因为我实在是太疲倦了，就在一边睡着了。

军队稍稍补充了粮食之后又继续前进，没几天粮食又没了，于是又吃树皮、吃芭蕉，这次饥饿的时间更长，有十四天没东西吃，途中被蚂蟥、蚊蝇吃掉的士兵很多。后来我们又发现了一个村庄，叫做新平阳，这个村子比较大，于是我们就在这儿暂时住了下来，补充了体力，整整待了五天，又准备向着死亡之路前进。那时军队什么东西都丢了，就只剩下一部大电台，这是唯一可以和重庆通讯的管道了，但由于我们是在深山内，根本收不到重庆最高统帅的电讯，但我们却收到了日军的广播，得到情报，知道日军占领八莫、密支那，又扬言要拦击支那军。我们于是更向西走，原始森林也更茂密了，树也更粗大了，抬头看不到树顶，只听见有猴子在上面叫，可是抓不到，那里有人传说着：一位士兵被大蛇吞掉了，吞到肚子之后士兵醒转，就用冲锋枪连发二十几发子弹，把大蛇的肚子打破，由此生还了。

我们把无线电打开了，果然天无绝人之路，我们收到军事委员会后方勤务部俞飞鹏部长的电讯，说蒋委员长派他到印度来找我们，飞机经常在我们头上盘旋，可是看不见我们，我们也知道有飞机，但是敌机或是我机还是盟军的飞机，无法辨别。而后收到了电讯，我们就立刻回复电给他，大约一小时后，就有一架飞机穿云下降，找到了我们，丢下了地图、指北针，叫我们不要走。隔不久又来了许多架飞机，丢了很多粮食下来，还打伤了不少人。这时我们的部队通通得到空投补给，官兵皆大欢喜。但就有一位美军联络官亨池上尉半夜和人大吵大闹，说："参谋长不公平，私藏了很多粮食，我们都没分到。"我一听就很生气，说："你来看看我的房间好了。"他来到我房间到处看了看，就只看到一个米袋。我说："我就只留一包米袋，同你们是一样的。"他无言以对，于是我痛骂他一顿。有了粮食之后，有一个处长就煮了一大锅饭，拼命地吃，没想到居然就胀死了，原来是饥饿太甚，不能一下子吃太干、太多的东西。

后来电报上又告诉我们，英军驻印度阿萨姆省的省长威廉先生亲自率领了二百多名土人拿着指北针、镰刀开路来迎接我们，希望我们这边也一样开路。于是我们收到讯息之后，就很兴奋地开路了，最后终于和他们会合了。会合后见面、谈天，这才知道他是英国最年轻的官员，才三十二岁，而且是继承英王王位顺位排名二十六位。他随身带了一个跟房间一样大的大蚊帐，吃饭、睡觉都在里面，以防止蚊蝇的攻击。我带着部队跟着他的向导终于走到了印度，而那位英国省长带了二百多名土人，不少都死在路上，可以想见当时的艰苦。

从缅北到印度，我们绝地行军，一路上遭遇饥饿、疾病、虫害，死在途中的有八千多人，沿途都是白骨。我们带了一万一千多人，到了印度只剩下三千多人；而带着的一百六十匹马，全死在路上。有人还说我们比牛马还要健壮，在那种环境之下，像牛、马一样壮的也死光了，我们之所以能活着，主要还是靠着求生存的意志力量，人类求生存抵抗恶劣环境的力量，要比牛马强得多。到了印度重整军备，在兰伽训练，后来这些部队就从缅甸反攻，消灭了日军的第十八师团，打通了利多公路，直通昆明，从此物资源源而来，使后方得到了补给，壮大了国军的反攻能力。

我到了印度，反而害了热带病，一直高烧不退。史迪威将军就把我送到印度医院养病，病愈之后，畅游了喜马拉雅山脚的大吉岭。不久我就乘了飞机，飞过了喜马拉雅山的驼峰，回到了昆明。

三、背戴安澜将军回国

张家福

我叫张家福，1904 年春节生人，祖籍是四川省云阳县龙重乡的凉水井村人。父亲叫张传人，租人家的地种。我说自己有运气，外婆是个医生，街上有旧学先生教书。八岁那年，外婆送我去上学，一共读了五年书，然后，回家放牛、放羊。后来又去小学读了一年书，一共读了六年四书五经。十九岁开始在当地当了三年的小学教师，后来，在龙重乡当书记员，管理户籍。1937 年 7 月卢沟桥事变，日军开始了全面的旨在占领整个中国国土的侵华战争。我放弃安逸平静的生活到四川重庆的军官总队当了一名少尉文书。我得意地自述："我字写得好。"

1940 年，在重庆陕西街有个军官训练队，专门训练团长和上校以上军衔的军官，一年训练三期，每期二三百人。那时，我调到军政部当中尉军官。1942 年，我到远征军二百师参谋处当了一名上尉书记员。由于张文龙少校开车逃跑了，所以，在滇西的楚雄我被提升为少校作战秘书，专门辅佐戴安澜将军。1942 年春夏，日军进攻并占领缅甸北部，盟军在缅甸战役中遭受挫折，为协助盟军，解救受围英军，二百师在戴安澜将军的指挥下英勇作战，不幸在缅北中伏。

由于英军的撤退和后续部队没有及时跟上，二百师陷入了日军三个师团的包围。当时的困境我们二百师全体官兵都清楚，上下都横下了以死报国的决心。

同日军作战很激烈，二百师也是中国的精锐部队，数十天的大小激战下来，双方死伤人数相当。在同古那一仗，我们只有二百人，而日军数量十几倍于我们，把我们团团包围，仗打了七天七夜，二百人打得只剩下我们十八个人。战场上月黑风高，硝烟弥漫，冷枪不断，篝火丛丛。我们和师长一起突围，戴安澜师长走在最前面，周维汉参谋长走在第二，我走在第三，战士们跟在后面。近在咫尺的敌人发现了我们，师长腹部连中三枪，负伤。参谋长毕业于日本士官学校，会日语，他和日本人喊话，对方以为是自己人，我们才得以突围。

我们十几人轮流背着戴师长翻越缅甸的野人山，往中国云南方向走。由于没有吃的，没有药物，戴安澜师长两天以后就牺牲了。我们砍下胳臂粗细的树枝做成担架，轮流抬着戴师长往祖国的方向走，他著名的战绩和战至一弹一卒的精神举世闻名。他身先士卒、吃苦在前、冲锋在前、牺牲在前，他是我们的军魂，他是我们的英雄，我们一定要和他一起回到祖国去。

和戴师长一起踏上祖国的土地那一刻，我们都放声大哭，我们回来了！我们还要和外国的侵略者血战到底！那时，戴安澜将军的遗体已经开始高度腐烂了，一路上，我们都把军装脱下来裹在将军的身上。那些军装什么军衔都有，有士兵的，有尉官的，也有校官的。

戴安澜是1925年1月入黄埔军校第三期，次年毕业后，被分配到国民革命军总司令部，先后任排长、连长、营长、团长、旅长等职。1938年，在台儿庄对日作战因战功卓越晋升为第八十九师副师长兼第三十一集团军干部训练教育长。1939年升第二百师师长，授予陆军少将军衔。

戴安澜牺牲，各界给予高度评价。

毛泽东在给戴安澜的挽诗中写道：外侮须人御，将军赋采薇。师称机械化，勇夺虎罴威。浴血东瓜守，驱倭棠吉归。沙场竟殒命，壮志也无违。

周恩来在送的挽词中写道：黄埔之英，民族之魂。

蒋介石对此的赞誉是：中国军队的黄埔精神战胜了日军的武士道

精神。

重庆的报纸称东瓜保卫战“无论在中国抗战史或世界大战史均有其不朽的价值”。

英国的《泰晤士报》称之：“东瓜之命运如何，姑且不论。但被围守军，以寡敌众与其英勇作战之经过，实使中国军队光荣簿中增一新页。”

美国国会授权总统罗斯福，在戴安澜去世后，向他颁发了美国军团功勋章。

在云南省的腾冲县，由县长张问德领全县父老乡亲沿街而跪，迎接我们二百师的官兵。当时我就下了决心：可爱的祖国，为了你，为了我们的土地，我还要上前线！

1944 开始反攻啦！我又被派到设在楚雄的远征军参谋部，从松山战役开始，势如破竹，中国军队一路横扫，把侵华日军消灭在腾冲、龙陵！把日军残兵败将赶出畹町！一直把侵华日军撵到缅甸的曼德勒！

松山一战艰苦卓绝，日本人在山头上修了十八个钢筋水泥的碉堡。我们一个团的一千多人都战死在日军阵地前。

一个美军上校出主意说：不可硬冲。他主张向日军堡垒方向挖一人深战壕，并在数百米外安排狙击手，这样，堡垒中的日军单兵射杀就施展不开了。等战壕挖到距离堡垒二十米处，使用火焰喷射器。就这样，我们消灭了不可一世、凶残万分、顽强抵抗的日军。打扫战场时，我看到在日军战壕里和堡垒中存放着大量的弹药、罐头等物资，他们还可以坚守一个月以上。

后来，我多次去松山，那里日军和中国军队挖的战壕仍然清晰可辨。山头上时至今日没有大树，只有一颗半截的苍年老树发着绿绿的新芽。老树身上弹痕累累，有的子弹至今镶嵌在树身上。风声响起，可以听见松山上隐隐的枪炮声和冲杀的呐喊。我曾经多次书面向云南地方政府提出建议，开发滇西的战争遗迹旅游资源。可惜如泥牛入海。

1945 年 8 月 15 日日本宣布无条件投降后，我随部队撤回昆明，在当时一个军管站教军官们古汉语。1946 年我和一位石屏姑娘结婚，姑娘当时二十岁，在汽车公司当售票员。我当时已经四十二岁。我和妻子一生感情都非常好，育有一子一女。

我的儿子张云蜀说：头一次见到父亲也是偶然。1975 年 9 月他作为毛泽东思想宣传队的队长兼号手到石阁林场演出，休息时见一老汉在修建二十米高的防火瞭望塔。瞟一眼，似曾相识，于是就上去攀谈。血缘的力量似乎神秘，总之，三言两语，父子相认了。这一认可不得了了，张云蜀从此就回家吹号去了。

我的后半生很简单：七十二岁时转业，在旧冶炼厂当工人，1982 岁退休。每月退休费四百二十元。

四、浴血热带丛林

王恩溥

1942年，二十三岁的我是国民党第五军九十六师二二八团迫击炮连的一名小排长。1942年2月，我所在的部队接到赴缅甸作战的命令。

此前，中英双方签订了《中英共同防御滇缅路协定》，并成立了军事同盟。

这是中国百年来第一支出境作战的部队。和大多数官兵一样，出国作战令我感到振奋。当年，从西安师范专科学校毕业的我告别老母和兄弟，报考黄埔军校，为的就是要和日本人决战沙场。1939年底，我毕业后被分到第五军，参加了正在进行的昆仑关大战。

我至今仍记得部队到达缅甸境内受到欢迎的情景。

运兵的火车一到达缅甸境内的腊戌车站，就受到盟军慰问团的欢迎。带队的团长是个很胖的英国女人，她带人向车厢里的中国士兵抛撒糖果，表示欢迎。而就在这时，日本飞机来了，欢迎仪式被迫中断。列车启动后继续南进，直奔阵地。

一路上的情景让我们感到意外，沿途村庄多被烧毁成废墟一片，空气里满是焦糊的气味。按理说，日本兵还没有占领这里，村庄何以被烧毁呢？原来，缅甸当地的许多村庄由和尚掌管，其中不乏一些投靠日本人的奸细，他们为阻止中国军队立足而大搞破坏。

这进一步恶化了中国军队在缅甸的处境。原本因军需供应紧张，加上军队腐败严重，国民党部队的装备和给养已经很糟糕。即使这支号称装备最阔气的第五军，赴缅作战时士兵们也都穿着草鞋，被称为“草鞋兵”。

在今天看来，当时远征军中的许多普通士兵并没有多少国家概念，也许只是为了有一口饭吃来到部队，甚至没有经过有效训练，根本不知道怎么行军打仗。我一直记得，部队刚刚驻扎下来的一天，我到团部开会，手下一个班的士兵围在一起赌钱，这时，日军飞机来了，士兵们顿时慌成一团，其中一个士兵竟吓得撑着一把伞爬上了树，以为这样可以躲开敌机。没想到，正是他暴露了目标，敌机连续投弹，七人被炸死。那个爬上树的士兵也受了伤。

进入缅甸的前三个月里，我所在的部队一直在一个叫“平那蛮”的地方构筑工事。依照形势，联军将在此展开大的行动。

工事做得很坚固，交通壕都是用木料绷起的，上面盖了一米厚的土。地道里装满了粮食、武器和弹药。

一切就绪，中国官兵士气高涨，就等待日本人来，好痛痛快快地打一仗。孰料，几天后等来的却是上级下达的“后撤”命令。

原来，联军订立的会战计划是由英军打左翼，美军打右翼，中国军队守中间，结果一开战，英美军队光顾着后撤，留下中国军队在中间孤立无援，且被日军切断了后路，面临被包围的危险。

在后撤的过程中，我所在的二二八团两度打退了日军先头装甲部队的追击，缴获了一些战利品，但也引来日军的重点包围。在和日军鏖战一昼夜后，师部命令突围。我当时是第四连的一名排长，负责带队掩护兄弟连队先行突围。敌人地空两道火力封锁，眼看着冲锋的兄弟一个个倒下去，伤亡过半。随他们一道最后突围的团长凌则民本打算坐吉普车冲出去，因尸体横七竖八摆满了道路，只好弃车而行，不料团长刚一下车，就被敌人的子弹打透了后背，倒在了阵地上。

我带着一位班长、一名传令兵沿着路边的丛林向外突围，也许是身上背负的一些装备暴露了长官身份，敌人的火力集中向我扫射，那一刻，我觉得自己死定了，干脆趴在地上一动不动，听天由命。不料这招“佯死计”还真骗过了敌人。敌人的火力一停，我又爬起来边还击边撤退，如此反复七八次，终于冲出了敌人的包围圈。

我一气跑出了两三里地，始终没有见班长和传令兵跟上来。这样，在缅甸和日本人唯一一次正面交火，我们全连人就剩下了我一个人。

从今天众多的史料分析也可以看出，造成中国远征军第一次溃败的主要原因是：中英美高级统帅之间存在严重分歧，贻误了战机。

这一战，中国十万大军损失过万。

接下来的十多天，我跟着突围出来的大部队一路后撤，边走边打。撤到缅甸京都瓦城时，部队整编，九十六师战死二千余人。

在不断的后撤中，联军的失败已成定局。而日本人又提前占领了从保山通往大理的道路，切断了中国军队回归的后路。英军统帅要求中国军队以难民身份进入印度，这使得杜聿明无法容忍，他毅然决定带部队向北绕道回国。

新三十八师师长孙立人与杜聿明意见不合，带领万余名部下随美国统帅撤向印度。

从 1945 年 5 月起，杜聿明率领五万之众的残部遁入胡康河谷的深山老林。

胡康河谷，缅语意为“魔鬼居住的地方”。它位于缅甸最北方，再北是冰雪皑皑的喜马拉雅山，东西皆为高耸入云的横断山脉所夹峙。由于胡康河谷山大林密，瘴气横行，据说原来曾有野人出没，因此当地人将这片方圆数百里的无人区统称为“野人山”。

野人山山高林密，车辆根本无法通行，所以在进山前，上级下令就地烧毁一切重型武器和车辆，要求每位士兵除必要武器外，尽量多携带粮食和食盐。

因九十六师担任前卫阻击的任务，在远征军长官部偕直属部队遁入野人山数天后，他们才摆脱敌人追击，弃车上山。

野人山古木参天，遮天蔽日。对于精疲力竭、士气锐减的中国士兵来说，摆脱敌人的追击遁入深山老林无疑是难得的休整，因此在我的印象中，刚一入山的一段路途还是充满了乐趣。

大树上爬满了猴子，顽皮的士兵不时向森林深处投掷石块，惹得猴子哇哇大叫，震天响。

人在山上行走，头顶一时出现晴空，一时又浓云滚滚，一时又来一阵细雨，好不容易爬到了山顶，沐浴在阳光里，低头看去，山谷里云雾迷漫，还正在下着雨呢，这景色倒是罕见。艰难困苦之中，欣赏着仙境奇观倒也是一种安慰。

因为是自愿参加抗日，面对兵败撤退的局面，我也没有太多的丧气，只一心想着尽快逃出这深山老林，早日回国。

出发前，年轻力壮的我一人背负了近百斤的粮食，还带了缴获的一顶日军钢盔，用来烧水煮饭。因为部队编制被打散，进山以后，士兵们三三两两结伴前行。我主动请缨，与另外两名排长负责打前站，一边负责通讯联络、一边寻找前面部队的踪迹。但不久，我们这支队伍就在沟壑丛生的密林里迷失了方向，又因为电池耗尽与长官部失去联络。近千人只有踩着野兽走过的小路在阴暗潮湿的大森林里摸索前进。

约半个月后，士兵所带的粮食基本都见底了，一些体弱的士兵开始掉队。同行的一位排长也因为生病落在了后头，剩下我和一个叫李克宁的排长结伴而行。路上，靠用枪打一些野味或采集野果，勉强维持半饥半饱的生活。

白天在山里走经常能看到“野人”，其实就是靠打猎为生的当地土人，他们身上裹着兽皮，远远地盯着我们看。

到了晚上，狼虫虎豹全都出来了，漆黑的山林里满是野兽的吼声，在山谷里久久回荡，让人毛骨悚然。

对这支迷失在原始森林里的饥饿大军来说，最可怕的是雨季的到来。

雨一下就是四五天，路也更加难走，上下山就像在泥水里滚鸡蛋，草鞋陷在泥里被挣断了，只好打赤脚。我至今还记得，他们师长余韶，与士兵们一道行军，一直穿着双大靴子，靴子上糊了泥，沉重无比，走路时不停地摔跤。旁边一个傻伙夫直乐，还不停指指点点说：我让你光着脚走嘛，你偏不听……师长开始黑着脸不吭气，最后也忍不住骂傻伙夫：“王八羔子！”

“在那种情况下，师长也要尽量保持他军人的风范！”我至今对那位带他们杀敌，又同他们一道走出野人山的师长余韶满怀敬佩。

黄昏露宿时，士兵们砍些树枝，上面搭着芭蕉叶做个棚子，但有时夜里雨大，将棚子冲垮，士兵们只能靠在一起，头顶军毯以待天亮。

那几个月里，我的背包一直都是湿的，浸了水的军毯背在身上如千钧重担，包里的一块马肉发霉变质了也舍不得扔。

热带丛林也是蚂蟥的世界。下雨之后蚂蟥遍地皆是。人在路上走，它们昂头直立在树叶、草叶上等候，稍一接触，就上了人的身，不知不觉中，它已把你的血吸了出来。发现了蚂蟥，只有在它钻入的地方狠打，它就不得不缩成一团退出来。但不能硬扯，这头扯下来，那头又钻进去。

队伍在密林中穿行，竟在一个不知名的地方发现了一个英军建的小型飞机场，师长亲自出面向英军讨到两节干电池，才用无线电和政府联络上。

那几天，总能听到森林上空不时有飞机盘旋，像是在搜寻我们，但山高林密，阴雨连连，互相总是看不到。直到有一天，雨过天晴，飞机又来了，师长即命令通讯连在山头一块较开阔的空地上摆出联络布板信号。飞机发现我们后，投下了粮食、干菜、罐头、香烟等物品，师部派人捡拾后分配给各团，虽然东西不多，但对官兵的精神起到了巨大的鼓舞作用。

在通讯的帮助下，他们一度又找到了先头部队走过的路，但令人痛心的是，这条路上已经布满了士兵的尸骨，有的甚至已被野兽撕碎。

面对如此残酷的景象，士兵的心里会是怎样的绝望呀！

但今天我却不认为自己有过绝望，我说：“难过肯定是有的，但当时对自己能不能走出去并没有考虑太多。从战场上下来，生死已经不重要了，只要有口气，就往前走！”

“但凡有点畏惧的，就不可能坚持下来！”我说。在穿越野人山的过程中，我们一共渡过了迈立开江、恩梅开江、怒江等七八条大江，梅雨季节，江水暴涨，水流湍急，没有桥梁，没有船只，上千名士兵仅靠当地土人在江两岸拉的一根用竹篾做成的桥索攀援渡江，日夜不停。一个胆小的士兵，迟迟不敢上前，战友们帮忙把他捆绑好挂在溜索上向对岸滑去，却久久不见回应。上山一看，人已没了影，只剩下一根拉绳悬在桥索中央……

死亡之神不时降临，威胁着这支孱弱的军队。每天都有士兵因饥饿、流行病、坠崖、陷入泥沼等丧命。

我也差点因误食野果遇险。

当时我饿得头晕眼花，看到前面一棵树上挂满了鸡蛋大小的野果，就迫不及待地摘下一个塞进嘴里，但马上又意识到可能有毒急忙吐出来，但已经来不及了。一滴果汁流到喉部，嗓子立刻哑了，咽喉肿痛难忍，连呼吸也困难了，我躺在地上，好长时间才喘过气来。

走了近三个月，同行的李克宁排长也病倒了。他劝我先走，我不肯，执意背着李克宁走，走了十来天，李克宁的病却越来越严重。他再次劝我：“你先走，我慢慢挪，等后头的弟兄，打前站的任务只有靠你了。”就这样，同甘共苦三个月的兄弟无奈分手了。

根据记载，当年由杜聿明率领的三万多名长官部及直属部队官兵在野人山陷入困境时，接到重庆方面的指令，要求他们向印度撤退。1942年8月，这支队伍走出胡康河谷和野人山，进入印度。而这时，再度与他们失去联络的九十六师残部却在不知不觉中来到了高黎贡山的脚下，一步步靠近国门。

我还记得，在翻过一座大山后，远远听到江水的急流声。到达岸边，看到渡江的工具依然是溜索，意外的是，还碰到了几个当地人，而且居然能听懂他们的语言。当地人告诉我们，这条江是澜沧江，对面就是福贡。

这支历尽艰难险阻的队伍，终于踏入了国门！士兵们尽情地欢呼、人人都流下了热泪。

进入国境后，我大病了一场，伤寒引起的高烧造成意识昏迷，部队请老乡用担架抬着我一路到了大理。

身体恢复后，我还受命再次返回澜沧江边界，收容陆续走出野人山的散兵，令我激动的是，竟然在这里见到了李克宁。此时，已是10月份了。两个人相拥一起，又哭又笑。

根据战后盟军公布的档案材料，中国远征军入缅兵员为十万人，伤亡总数达六万一千余人，其中有近五万人是在撤退途中自行死亡或者失踪的。走出野人山、回归国门的九十六师到达昆明休整时全师剩余三千人，二二八团仅余不足二百名官兵。

一年以后，由当年退入印度的中国远征军改编成的驻印军与卫立煌重组的十六万第二期远征军，从印度东北部和滇西两个方向对进，反攻缅甸。士气高昂的中国军队，克服沿途日军抵抗，连战连捷，胜利会师，打通了中印公路，战争胜利结束。

这时，我正随部队驻守云南。日本投降后，我随部调到东北。1946年，二十八岁的我与十七岁的沈阳姑娘杜桂珠结婚。1949年西安解放后，我即携妻儿回到阔别十一年的故乡。

回到家乡后，我执起教鞭，在当地一所小学教书近十一年。困难时期，为了家庭生计，被迫辞去教师职务，回生产队劳动。

如今五个子女都已成家，八十六岁的我在老伴的照顾下安享晚年生活。当年幸存的远征军战友，如今更是寥寥无几。

五、逃出野人寨

胡子龙

野人山的陷阱防不胜防，我的话在当天晚上就被不幸言中。

晚上，部队露宿在一片密林里，万籁俱寂，只有幽深的莽林处，偶尔传来一阵野兽的嘶叫。

“哎哟，救命啊！”

一声哀嚎，惊得人毛骨悚然。人们以为又是谁在像那个放羊的孩子一样喊狼来了。可一听叫得惨烈，我和连长翻身而起，循声跑去。手电光中，只见曾祥欣一边呼救，一边手忙脚乱地在头上，脸上猛拍重扫，双手沾满鲜血，脸上血污淋漓。黑压压一片小蜻蜓似的巨蚊，正以成师团的编制，在轰炸机般的轰鸣声中盘旋俯冲，向曾祥欣前仆后继地发动着地毯式轰炸。

……

曾祥欣越来越不行了，灰乌的瞳孔开始扩大，浑身抽搐，手脚乱抓，气息奄奄，嘴里不停地念叨着：“娘，你的儿……走到……你前面……去了，谁，来，服侍你……”

李连长噙着泪水，对着他的耳朵大声道：“我的好兄弟，你放心，你的娘也是我们的娘。只要我李楚祥能活着回国，就不会让她老人家受苦。”

祥欣弟兄转过脸去，望了连长一眼，把头一歪，伏在我手臂弯里，闭上了眼睛，脸上留下一丝欣慰的笑容。

大家在悲哀中忙乱了一阵，把他安顿在一棵榕树根蔸的荫翼下，蒙上雨布。

这天晚上，全连官兵度过了一个不眠之夜，除了伤感，更有恐慌，生怕毒蚊光顾自己，一有风吹草动就心惊肉跳，好在烧着几堆大火把林子映得火红，再没有蚊子飞来了。

第二天早晨起来，有人从摆放着祥欣弟兄尸体的榕树旁经过，惊得目瞪口呆，连声喊大家快去看。

树旁站满了人，一个个毛骨悚然。

只见盖着尸体的雨布已经掀掉，衣服也被什么野兽撕扯开了，内脏已被掏空。那副骨架上，爬满了指节粗大的红褐色蚂蚁，野人山的东西几乎都是超大型号的。那些蚂蚁虽然和我们家乡墙边地头的红蚂蚁形体类似，却像在十倍放大镜下看到似的，一个个如尚未长翼翅的小蜜蜂，圆鼓溜溜的脑袋上，一对方括号似的触须横伸在前头，灵活地摆动着，一对复眼闪烁着幽光，两片钳子似的横颚，弯嘴镊子一样，正在啃咬着曾祥欣剩余的皮肉。细细的腰肢后面，拖着个椭圆形的大肚子，滚瓜溜圆，微翘着尾尖，配合啃噬动作，左右蠕动……

野人山果然有野人。

我们这群穿着衣服，背着行李、枪支的现代军人的出现，使他们大为恐慌，以为是和他们来争地盘的。全部落的人都聚集在村寨边，手持棍棒，身背弓箭，严阵以待，守卫着家国。

野人们赤身裸体，男人也许为了在丛林中行动方便，才用树皮或兽皮围住下身。女人则很少披挂什么，神态自如地袒露着一对硕大的乳房，好奇地打量着队伍。

进山前，部队颁有严令，对克钦人秋毫无犯。见我们不骚扰，他们的戒心渐渐松弛，有的年轻女人则在小溪里嬉戏游泳。这些没有羞耻感的女野人，皮肤黑褐而很有光泽，头发披散着，显得很野又挺潇洒。她们的样子不像传说中的那么丑，和中国西双版纳一带的人差不多，身体丰满，就是肚子很大，没有腰身。

……

防不胜防的死亡威胁，笼罩着这支曾经浴血奋战、一往无前的队伍。军人宁愿战死沙场，马革裹尸，却怎么也忍受不了这些无谓的牺牲。一时间，士气低落，行军途中，没有了往常的生气。上峰觉察到这种情绪。中午休息时，团部召集连长指导员以上部队长会议。

团部机关驻在离我们连两里地的一片林地里。李楚祥因喝了生水患着痢疾。我独自一人赶去参加会议。

……

回连队时，我为刚才会议上的发言感到很开心。虽然是单身一人行在路上，但豪气在胸也并没什么可担心的，我一边走，一边酝酿着怎样向李连长商量，贯彻、执行会议精神，鼓励弟兄们，克服千难万险，走出野人山，喝上邓团长的庆功酒。

正得意地走着，猛然，脚下受了一击，身子向前一趋，栽倒在地，来不及挣扎，就被几双大手抓住手臂，拽住脚踝，身子悬着空，朝丛林深处荡去。

我被这突如其来的变故搞得心惊肉跳，身子悬空，心也悬得高高的，脑子里一片空白，发生了什么事？要被捉到哪里去？是谁在恶作剧？全然来不及想，直到脸上被荆棘划拉得生疼，才有点意识到大事不妙，赶紧挣扎扭动着喊道："你们要干什么？快放下我！"

我被俯卧着放到一摊柔软的椰子树叶上，抬我的人发出"嗷嗷"的欢叫。转过头一看，顿时傻了眼，三个女野人，头发披散，赤身裸体，硕大的乳房跳荡着，奇怪的是，乳房上面还文着些稀奇的图案，下身用树叶或兽皮做成超级超短裙围着，不为遮羞，只是装饰。

进野人山之前，缅甸的华侨已对我们做过详尽的介绍。野人山里称之为"野人"的这群人，大多是克钦族人，但是在进化程度上不同，分布在缅北。处于中缅边境的克钦人与我国的景颇族人有密切往来的亲戚关系，这部分克钦人所处的人类史时代与景颇族人相似。

从地理上说，处在野人山外围的克钦人要比山里的进化许多，中缅边界的克钦人已进入奴隶早期形态，在服饰上也与当时我国后进民族相似，女性仍裸露上身，在两性关系上也已进入父系时代。愈往山里去，进化程度愈迟，不过仍有群聚的山寨和部落首领，也有农事，当然十分原始。刀耕火种，结绳记事，没有文字。就是这部分克钦人被称为“野人”。

野人已具有语言，属汉藏语系藏缅语族，懂得使用火和工具。他们显然并不是独立完成漫长进化的人种，应是某种原因进入野人山的原始人群，在与世隔绝的状态下停止了进化。

也可能是本已有相当进化程度的部分人群，由于某种未知的原因躲入野人山，在漫长的艰苦的生活环境中向蒙昧退化了。

……

她们把我团团围住，丑态百出，伸手来拉扯在她们看来毫无必要的衣裤。我左挡右拦，大声地喝斥、抗议着。真是“秀才遇到兵，有理说不清”，我的话完全是对牛弹琴，她们反而觉得我的声音优美动听，叫得更欢，显得更兴奋。她们把我按倒在树叶上，用乳房来摩挲我的脸，用十分古老又神奇的法子隔着裤子挑逗，引诱。我拼命偏过脸去，并夹紧大腿，顺势趴伏过去，不让她们得逞。

女野人有点气愤了，大概认为我不识抬举，发出尖厉的嗷叫，三个人一起用力，把我扳转过来，仰天向上，又打了一阵划拳的手势，于是一个按住我的手，一个把我的脚强行劈叉开，压住脚踝，叫人根本无法动弹。剩下的那个，一定是占了头彩，满心欢喜地来扯我的裤。她不会解裤带，索性从开口处撕开，伸进手去抚弄捉捏。因为生理功能的作用，我那个不争气的东西竟然膨胀、竖立起来。三个女人见了，都喜形于色，欢叫起来，放松了对我的制服力。

如此受辱，毋宁死！我恼恨那个东西意志脆弱，一气之下，趁她们防备松懈捉拿不紧时，挣脱手脚，一个鲤鱼打挺，坐立起来，接着闪电般地左右开弓，一对拳头同时捅在旁边两个女野人肚脐处，一脚踹在捉住脚的那个女野人的大腿间。趁她们痛得蹲下身子喊叫时，我拔腿就跑……

女野人彻底愤怒了，顾不上疼痛，咬牙切齿地怒吼着，一个在后追，两个变戏法似的包抄到我前面，我慌不择路，侧转身，落荒而逃。

山上几乎没有路，荆棘、藤蔓缠绕。我顾不得许多，径直闯过去，钻过去，衣裤被撕破，皮肉被划破，也在所不惜，我又痛又累，张口喘着粗气，汗流浃背。跑着跑着，渐渐力气不支，头昏脑涨，腿又直打颤。

……

不知过了多久，恍恍惚惚地，我觉得嘴巴被什么掰开了，一股不辨滋味的温热流汁渗进口里，人类生存的本能和欲望促使我贪婪地吞咽着，一口又一口，仿佛婴儿吮吸乳汁。

生命的活动在体内渐渐恢复。

我这是在哪里？脑子里有了些零碎的记忆，中国远征军入缅抗战，野人山，女野人的恶作剧，女魔的丧命棍，巨石的夹缝……莫非我到了阴曹地府？鬼卒正在给我灌迷魂汤？

我不能死，我还年轻，我要回到七连的弟兄们中去，要回祖国，要承欢父母膝下，要……

我猛一挣扎，顿觉得浑身筋骨疼痛，四肢软弱无力，连眼皮也疲软得抬不起，后脑勺一阵钻心的痛，使我又昏迷过去。

……

那人又要我喝了几口装在一个小竹筒里的流汁。这也是一种特效滋补药，就像中国人浸制的药酒。不是特殊关系，部落首领决不轻易施人。我更加觉得神奇，喝下去，神清气爽，浑身有劲，比先前躺着时喝的还管用。

山寨里阴暗下来，劳作了一天的克钦人在各自的窝棚里快活地叫喊、嬉笑，不时传来女人放肆的呻吟、荡笑。我身边的这人却响起了鼾声。

深夜，到处一片宁静。深林中偶尔传来一声声怪兽凄厉的啸鸣，令人毛骨悚然，似乎在传递着什么凶险的讯息。我躺在那人身边，被鼾声吵得一刻也没有眨眼角，焦虑得度时如年，几次想摇醒他，终于忍住了。

他总算醒来了，叫我起身，摸索着在身上捆扎着两个竹筒和皮袋，背上弓，用张兽皮裹住头，拿一根长矛，也递给我一根齐眉棍，轻声吩咐道："跟着我，小心下梯子，千万别发出声音。"

我们从巢上下来一前一后，弓背弯腰，左拐右绕，离开了那片部落村寨，在密林深处逃奔。

"嗷！"忽听得身后一片混喊，震得树林山鸣谷应，那声音充满愤怒，透着杀机。我不由浑身一阵哆嗦，牙齿打战。那个人也惊得"啊"的一声："一定是哪个骚货吃醋了，爬到我棚子里不见我，告诉了萨巴姆酋长。"

"怎么办？"我舌头发抖。

"快跑，过了那座桥就好办了。"他拖着我的手，在他熟悉的路径上奔跑。

喊声越来越近，火把的光亮映现出树木的轮廓，那些野人显然是径直追上来的。

我们来到一个去处，隐约中看出是一道鸿沟，下面幽黑阴森，深不可测，没有了去路。我惊问："怎么办？"

他并不答话，拽着我沿着沟顶，绕过一块石头。仿佛看见一座桥状的东西飞架两岸。我心里的一块石头落了地，赶在他前头就要迈步跨过去。他慌忙把我拉回来："你不要命了。"

他从石缝里拿出两截手臂粗细的竹子，赶紧把我的木棒，连同他的长矛、弓箭掷过对岸，说声："快伏在我背上，抱紧我胸前，不能乱动。"我爬上背，抱紧了，他把中间劈开的竹子扣在架成"桥"的藤索上，费足劲，屏住气，在摇摇摆摆的桥上蹬着腿，几下子就变戏法似的蹬过了一大半。

"嗷嗷"声也到了身后的鸿沟边沿，我们的身影完全暴露在通亮的火光中，也映出陆续赶来的人的身影。

我的心绷到嗓眼里，毫无作用地催他快些。他并不慌张，稳打稳扎地蹬着。

藤桥摇摆得更厉害了，后面已有人蹬上来了，我正绝望间，背我的人终于跨上了沟顶。放下我，顾不得喘息，朝对岸“嗷”了一句什么，像是对过桥的人发出警告。对方并不听他的，并且接二连三地有人握住了竹子要往上蹬。

这人无奈，咬咬牙，走到一棵树下，解开系在上面的一个藤索套结。那藤索被桥上的重力压得飞快地松动，“嗷——”的一声惨叫，蹬在桥上的那个人身子一歪，掉下沟壑，一路惨叫地坠落下去，好一阵才传来令人毛骨悚然的落地的闷响。

隔岸的野人们朝我们“嗷嗷”怒吼，像恶骂，也像诅咒。这边的他用同样的语言回了他们一句，捡起地上的武器，拉着我急速隐入丛林之中。身后的叫嚷声渐渐小了，终于完全听不见了。

走了一气，我还在后怕，心里“咚咚”直跳。

那人已如释重负，停下来，欣喜万分地抱住我的手臂，激动得声音颤抖：“亲人哪，我终于可以跟你们回祖国去了！”仿佛颠沛流离的游子回到母亲的怀抱。

我也不由心花怒放，绝处逢生，搭救自己的是骨肉同胞。现代中国人沦为野人山原始部落中的成员，一定有着辛酸苦辣的奇妙原因。我也抱着他的臂膀，问道：“好兄弟，这究竟是怎么回事？快告诉我。”

他悔恨交加地摇落两串热泪，哽咽着：“一言难尽呐！这里还不是说话的地方，我们再走一程，吃点东西，听我慢慢对你说。”

他带着我来到一片林子里，爬上一个被野人刚废弃不久的窝巢。吃了些他带来的食物。往事不堪回首，他给我说出一篇令人难以置信的传奇故事来。

他的中国名字叫黎杰，云南昆明人。十二年前，他有个幸福温暖的家。

……

我们翻山越岭，晓行夜宿，饥餐野果，渴饮山泉，不敢稍停。黎杰久居野人山，和野人一样，练就了一身对付艰险的本领。多数地段循着部队走过的踪迹走，有些地方他嫌绕道费时，就攀悬崖，趟急流。我也并不笨拙，跟着他顽强行进。

一路上，我给他讲“九一八事变”“卢沟桥事变”“西安事变”“南京大屠杀”“台儿庄战役”“昆仑关大捷”……介绍中国远征军入缅抗战。

黎杰大有“山中才一日，世上已千年”的隔世之感，也激起了他对日本侵略者的仇恨和对远征军溃退野人山的深切同情与担忧。

……

进了深林，果然有依稀可辨的路径。我们很轻松地走着，不必像往常一样披荆斩棘，探索着前行。

走着走着，一股高度腐败的恶臭扑鼻而来，熏得我连连作呕，斜眼一瞥，不远处一具人的尸体上，爬满了白蛆虫，一大群苍蝇围着尸体嗡嗡作响。尸体上裹着黄军装，显然是远征军的弟兄倒毙在这里。

一段不祥的预感和恐怖袭得我浑身抽搐。越往里走，尸体越多，有的整齐地排放在一起，腐烂的程度却不同，不少已成骷髅，被雨水冲刷得白骨嶙峋，凹陷的眼窝，紧合的牙关，黑洞洞的鼻孔。见得多了，并不觉得狰狞可怕，只令人觉得莫名的悲哀。

我和黎杰并不觉得路走起来轻松了，心头弥漫着凄冷的阴翳，脚像绑着沉重的铅块。我们拼命往前奔走，那种感觉，就像陷入一个怎么也醒不过来的噩梦中。

前头，隐约传来了人声，发现帐篷的轮廓。部队果然进了黎杰所说的“敖巳图”迷网，转不出去，困住了，好在还有活着的人。我庆幸着，梦幻般的沉重消失了，我顾不得疲累，催着黎杰，赶过他们，飞奔向前。

近了，能看到人们在树下空隙间活动的身影，说话的声音也清晰了，还像是一连的弟兄们，那高个子不正是我的勤务兵向振武吗？他们也仿佛发现了我们，正向这边张望着。我激动得心里突突直跳，张开手臂，正要呼唤弟兄们……

“鬼来了！”顿时，那群人发一声喊，扭过头去，争先恐后地拔腿而逃。

我立刻意识到了，弟兄们见了我这衣衫褴褛，头发蓬乱的样子，尤其是黎杰那披头散发、赤身裸体的形状，误以为是大白天活见鬼了。他们是怎么也想不到我还会活在世上的。

一阵悲哀掠过心头，我仍然抑制不住狂喜，跑着喊着："弟兄们，不要跑，我是胡子龙。"

黎杰也跟着叫："我是黎杰，嗷……"

人们跑得更快，不时有人发出惊惶的怪叫。

我喊得更响。终于有人停下脚步来，是向振武。他牛高马大而且胆子也大。他好像辨出了我的声音，回头张望。

我惊喜地说："向振武，我是指导员呀。我回来了。"

向振武回过神来，喜从天降地向前喊了一句："不要跑，是指导员回来了。"旋即迎着我扑过来，"指导员……"

久别重逢的亲切感，使我们紧紧拥抱在一起。向振武哽咽着："指导员，我知道你不会死的。你的行李，你的粮食，我一直给你带着、留着，等着你回来用，回来吃……"

我热泪盈眶，感激地说着："谢谢！"

这时，黄保旺兄弟也赶过来，握手，拥抱，搂成一团。连里的弟兄们纷纷问询着我这些日子到哪里去了。

我把被大家冷落了的黎杰拉过来，说："多亏了这位弟兄搭救，仗义带我逃出野人部落。"

……

我躺在潮湿的毯子里，久久不能入眠。

原始丛林的夜晚，特别静寂。被饥饿疲劳折磨着的弟兄们，早已进入梦乡。密林深处，偶尔传来声声野兽的哀嚎，在峡谷、绝壁间久久回荡往复，撩得人身上浑身起鸡皮疙瘩；窝棚周围虫鸣啾啾，如怨如诉，似在向人们传递着什么恐怖的信息……

窝棚里，不断传来向振武和弟兄们的磨牙声、梦呓声，有人咂咂嘴，呼唤着娘亲。

我的心里一阵震颤。

司马迁在《屈原列传》中写着："劳苦倦极，未尝不呼天也；疾痛惨怛，未尝不呼父母也。"弟兄们颠沛流离于异国荒野，呼唤家乡亲人，实在是情理中的事啊！

这一声声呼唤，也把我带回远隔千山万水的家乡。

一条小河绿色绸带似的，飘荡在湘中腹地南部的一片丘陵之间。小河有一段，每隔里许远就有一个高出水面三四尺的拦河坝，两端的溢洪口处，支起个半径足有一丈的纺车型的巨大木轮，边沿等距离绑扎着一些倾斜的长竹勺，巨轮在水流的推动下，发出"吱细吱细"的响声。转动时，入水的竹勺舀满河水，到了顶端下落时，勺中的河水倾倒进架在半空中的笕槽，接二连三，周而复始，笕槽里就有了涓涓细流，欢快地流进笕槽下周围的稻田，浇灌着嫩绿的禾苗。这种转水车，构成沿河一带一道古朴的风景线。

在一个叫荷叶坝的河段左岸，有座二十来户人家的小村落。村后的金字峰，修竹茂林，柴草丛生。无论春夏，林中鸟雀欢叫，绿荫间山花灿烂，流彩溢香，秋来野果压枝，枫叶红似火。这个山清水秀的小村庄，叫做狮子井，因村庄左侧狮子山下一股四季长清的山泉而得名。

我就是饮着狮子井的泉水长大的。

我有个在当地还算得殷实的家，忠厚纯朴的父亲终年日出而作，日入而息。松明子织股捋索打草鞋，换点零用钱。贤惠慈祥的母亲在孝敬公婆、相夫教子之余，白天帮着父亲抛粮下种烧茶煮饭，秋收冬藏饲猪养鸡，晚上和父亲共伴松明纺纱接绩，缝补衣服。双亲的勤劳节俭，使一个七口之家粗茶淡饭不用发愁，母亲还不时接济一些亲戚朋友、左邻右舍。

父亲是光眼瞎，却也懂得"穷靠喂猪，富靠读书"的道理，节衣缩食，供我读书，巴望儿子有朝一日能求得功名，出人头地，支撑门户。

我是兄弟行中的老二，自小有点天资，又喜争强好胜。闭塞、偏僻的山乡，究竟没能隔绝外面世界的现代文明气息，生性活跃的我也抗拒不了精彩世界的诱惑。我开始厌弃起刻板的蒙馆先生终日灌输的“子曰”“诗云”的老一套。

一天晚上，我乘父亲不在家，趴在母亲膝上，端出了我由来已久的心事：“娘，孩子想到新学堂去读书。”

母亲停下纺车，有喜也有忧：“听说现如今兴新学堂，只有读那样的学堂才有出息，可是儿啊，就凭我们家的境况，读得起吗？”

“只要准我去，我宁愿少吃少穿，日后有了出息，我一定尽力孝敬娘。”我给娘描画出美好的前景。

“傻儿子，只要我儿有出息，娘用不着你孝敬也是欢喜的。这事，你先和你爹说说吧。”

“谁都知道娘是个贤内助，爹哪有不听你的？”我狡黠地朝母亲一笑。

母亲起着皱纹的脸笑成一朵菊花，点点我的额角：“难怪都说你这老二滑头，倒是把娘抬到奖（井）坑沿上了。”

母子俩会心地笑着。

晚上母亲向父亲提起这事，父亲咬咬牙说：“行，为了孩子能有个好出息，就勒紧腰带苦几年。”

于是，我考入了桃花坪的东北中学，就在如今的隆回县境内，当时属我们武冈县。这所学校是东北沦陷区几个爱国人士开办的。

进入新的学习环境，我的抱负不小，立志效法古人，乘长风破万里浪，展翅高翔，我给自己起了个学名，表字鹏程。

桃花坪虽然了是个小镇，可是比起山窝里的狮子井，在我眼里却是个海阔凭鱼跃的世界，学校有着浓郁的科学、民主、爱国的气氛。大开眼界的我，如痴如醉地全身投入，犹如一条饥饿的牛犊闯进了菜园，尽情享受。

……

1941 年春，我在驻广西的国民军第三十九补训处任排长。

一天上午，我带着保旺和另一个士兵在营房内执勤，巡视、督察军容风纪和内勤卫生。

操场上，有一个军不军民不民的人，戴一顶拿破仑帽，配副深色遮阳镜，西装革履，拐着自由棍，在那里优哉悠哉地踱着步，这是与肃整的军营风纪格格不入的。

我迎了上去，厉声喝问："什么人，擅闯军营？"

那人挺傲慢地上下打量了我一番，一副竟敢在太岁头上动土的狂妄派头，冷笑一声，反问道："妈的，你是什么人？"

我以军人的职业习惯，随口应道："第三十九补训处中尉副排长胡子龙。"转而觉得失口，马上反守为攻，"抗战特别时期，你混进军营，行动可疑，请出示证件，接受检查！"

那人扬着脑袋，挑衅道："我操！我要是不给呢？"

我当即命令："黄保旺，你们给我把他拿下，关进禁闭室，等候审讯！"

保旺和那个兵冲过去，一个缴过自由棍，一个把他的手反剪起来，押着要走。

补训处长闻声赶来，喝令士兵放开，冲着我说："胡鹏程，你真是大水冲了龙王庙，自家不认自家人了，你知道这位是谁？"

我也想到这人一定是有点来头的，可我并不买账，凛然说道："军营之内，只认军纪，不认面子。'周亚夫军细柳，汉文帝去劳军'，他吩咐'军中只听将军之令，不闻天子之诏'，文帝被军士挡在营外。后经说明情况，进了军营，周亚夫'甲胄之士不拜，请以军礼见'。今天，他不接受检查，我就有权执法。"

"胡排长，算你小子有种，邓某人深表敬佩。"那人不知是为了下台阶，还是怎的，"啪"的一个立正，把手举在帽檐，给我行了个军礼，掏出证件交给我。

我一看，暗吃一惊。他就是邓君林，第五军新编二十二师六十五团上校团长，在昆仑关大捷中，带领部队杀得日寇闻风丧胆，很有点威名。

我强自镇定，把证件还给他，也例行性还个礼："报告邓团长，胡子龙执行军纪，请你原谅！"

……

邓君林团长是迎着窝棚前的火光奔过来的。

我几乎不敢认他，忽明忽暗的光亮中，他如一个飘忽不定的鬼魂，东倒西歪地迈着零乱的步子，仿佛那两条腿不是他自己的，而是冥冥之中的什么魔力，推搡着他机械地运作。那张苍白的脸上，胡须蓬勃凌乱，两颊颧骨高耸，一对失去光彩的大眼深陷在眼窝，就像农药瓶子上那个骷髅头部毒药标记。

我叫喊着迎上去，张开双臂接住他，可他似乎失去了听觉，只是咧嘴笑了一下，就倒进我的怀里。

我大声喊着向振武快来，另几个弟兄也醒来了。我们把他扶到火堆前安顿好，想办法救醒他。大家知道他极度疲劳、饥饿，失去了神态，没有惊动他，只是用钢盔烧些水，一边缓缓地喂进嘴去，一边用渔网似的毛巾蘸着热水为他擦抹身子。

过了好久，邓团长懒懒地睁开了眼，痴痴地看着我们。他后来说，他在醒来之前有许多稀奇古怪的际遇，当他朦胧欲醒时，那些际遇便在脑海中变得模糊了，那大概是些梦。

"团长，你醒了？"我们抑制住激动，平静地喊着他。

"醒了。"他机械地回答，仍然不明白眼前的一切到底意味着什么。

"喝点水吧。"

"喝点水吧。"他的回答就像我的回声似的。

我托起他的上身，让他头靠住我的肩，揽稳了，把缸子送到他嘴边。

热水入口，由喉而胃热力一路散开，生命的意识訇然复活了！

"我没有死，我还活着？你是胡鹏程？我这是在哪里？"他靠在我的手臂弯里，看着我们，虚弱地问道。

我轻轻地告诉了他，他的意识才变得清晰起来，哀叹一声，又疲惫地合上眼皮，喃喃地说了句："我操，中国远征军，不知造了什么孽。"

我安慰他不要去想什么，安静地休息一下，然后，要向振武把米袋仅剩的一把米全倒出来，给他熬稀粥喝。

向振武真是天下少有的好人，他对粮食看得比自己的性命还珍贵，一路上积攒省俭，保证了我每餐都能见到点米花花，吃起来，营养价值虽然有限，精神价值却是巨大的，总觉得有粮食支撑着，身体不至于垮下去。近两个月来，别人的米袋子早已告罄，我们的一直坚持到最近。前不久，他的已经空了，可他丁是丁，卯是卯，我袋子里的几把米，他绝不动用，跟人家一样吃着纯粹的树皮草根，只给我每次撮一小撮拌在食物里。我要匀点给他，他毫不通融地拒绝了，把米袋子管得严严的，不准我插手。

……

自从最后一把米让给邓君林以后，我的心开始出奇地作怪。虽然平时吃的主要还是野菜野果之类，可一旦没有了那几粒米，总觉得没了主心骨，就像被哪吒抽了筋的龙王三太子，精神彻底崩溃，接着是肢体软塌下去，浑身无力，即使是肚子被野草撑饱了，也无力支撑起已经瘦得不到七十斤的身躯。

那种疲软的感觉是常人体验不出来的，走起路来双腿就好像灌了铅块，颤巍巍的老是打熬不住，迈一步就得使出吃奶的力气，硬拖动几步，浑身虚汗淋漓，头昏脑涨，眼神散乱，看什么都出现重影，难受得就像心脏要被揪脱。

很多体质不强的人，断了粮以后，都跟我一样严重虚脱，倒下去再也没有爬起来。以前，我觉得他们太缺乏刚气，现在，想到下一个该轮到谁了，我就一阵战栗，刚气荡然无存。

这天上午，我拄着拐杖，向振武附带地搀扶，硬撑着走了一程，实在拖不动了，虚汗沾着变霉发臭的内衣，冷浸浸、黏腻腻的，极不舒服。特别灵敏的鼻子，闻着身上散发出来的恶臭，熏得一阵阵的恶心，精疲力尽的倦怠感犹如毒蛇的信子，一阵阵吞噬着生命的汁液。望着茫无边际、不见天日的阴森丛林，求生的念头灰飞烟灭。队伍里一个弟兄倒下去，我生不出半点伤感，倒是羡慕起他来，从此解脱了苦痛和无穷无尽的烦恼，我也跟着趴倒在地，希望从此在这里清静无为地长眠下去。

……

“嗡嗡嗡……”

是什么声音？熟悉而又陌生，遥远而又迫近，起初，隐隐约约，继而越来越清晰、洪亮。

对生存几乎已失去希望的人们，被野人山的磨难折腾得神经麻木的军人们，开始并没有什么反应。是神志恍惚时脑子里发出的轰鸣？是夜梦中听到的冥冥之音？行进的队伍更没有激动，仍然踢踏着疲惫的步子，毫无目的地丈量着永远也走不到尽头的荒原……

“我操！你们都听到什么声音吗？”还是邓君林头脑清醒。

大家被点醒了，异口同声：“好像有声音啊。”

人们不由停下脚步，侧着耳朵，屏住气，凝神谛听。那声音越来越近，越来越响。

是飞机！我们忘记了一切，冲到一个最开阔处，等着那声音飞临。

是飞机，它出现了，飞得很低，显得非常快，这是一架瘦长的侦察机，弟兄们叫它“黑寡妇”。是我们的飞机！大家看到那涂在翼翅下的青天白日。

……

“向振武！”我威严地喝他，“你还要不要性命？马上给我停下来！”说着掏出手枪，逼视着他。

向振武究竟服从惯了，见我发威，才稍有收敛，不好意思地说：“指导员，你别发火，我不吃了，我实在忍不住，才不想听你的话。”

“这才对嘛。”我收起枪，觉得自己也太过分了，温和地夸奖着。

正说着，只见他神色有点不对，苍白的脸痛苦地歪扭着，眉头紧皱起来，渗出冷汗。他“咝咝”地倒抽着冷气，双手抱着肚子，弓背折腰：“格老子，肚子痛。”

我知道大事不妙，喊声“团长快来”，扑过去抚着他的背，轻轻捶着："向振武，你痛得厉害吗？"

他的脸色苍白得十分难看，不住地扭动着身子："指导员，怪我……没听……你的话，怕是……断肠……肠子了。"

邓团长和几个弟兄跑过来，焦急地望着痛苦万状的向振武。

我巴望着团长："怎么办？"

邓寻林说声："别慌，试试看。"要我和一个士兵稳住他的身子，他折下一段树枝，趁向振武张口呻吟的时候，插进去，压紧他的舌头，吩咐说：'用力，呕吐！"

向振武拼命用力，伸长了脖子"哦哦"连声，却始终吐不出来，最后把压舌头的树枝咬住，从邓团长手里拉出，挣扎着歪向一边。

在场的人都急了，纷纷出着主意，有的说要是有烟锅水，灌一点可以呕出来，有的说闻恶臭的气味可以催吐。可眼下远水解不了近火。这些一时都无法找到，有人无奈，说只好屙点屎喂……

向振武扭曲着上身，骂一声："格老子，你锤子才吃屎！"

人们眼睁睁地看着他痛苦万状的样子，一筹莫展。

我比谁都心焦，这些年来，特别是在野人山，他为我含辛茹苦、鞠躬尽瘁地服务。我俩之间没有严格的军级观念，更多的是兄弟之情。我想起那次我从野人部落逃回来他那副由衷高兴的情景。他一直苦苦地为我守着行李，保存着大米，说出"我知道你会回来"的那种贴心贴肺的话语。他又是那样通情达理，为我攒着粮，卡得紧巴巴的，却能大方地接济袁家骅，救援邓团长，虽然割掉自己身上肉似的痛心。如今，眼看着劫难历尽，将要脱离苦海见青天，这位饥饿煎熬大的好弟兄竟然被饱食折腾得如此苦不堪言，这难道就是命？我急火攻心，却强自忍着，替他捶着背，安慰道："向振武，好兄弟，你忍着点，我一定给你想办法。"

向振武来不及理会我的话，大幅度扭歪了一下身子，惨叫一声，无力地倒在我的怀里。

"向振武！"我和人们惊呼着。

他不再痛苦挣扎，只是微微地喘着气，浑身冷汗如洗。过了一会，他轻轻启开眼皮，安详地望着我的脸："指导员，我很高兴，别的弟兄，临死都没吃上一口好东西，我做了饱死鬼，我没啥怨的。听人说，这辈子做饱死鬼，下辈子就有吃有穿，不要饿肚子，是吗？"

我泪如雨下，哽咽着连连对他点头。

终于，他慢慢合上了眼皮，嘴巴一歪，头向旁偏去。

向振武，我的好兄弟，我的忠厚、善良的好战友，就这样怀着满足，带着希冀，仰靠在我怀抱里，永远离我而去了。

说来令人痛心，有多少像向振武一样的弟兄，接到空投食品以后，因毫无常识，也耐不住引诱，在挣出死亡线边沿时，竟然命丧黄泉。

后来，我们活着的人，做了严格规定，少食多餐，不许超量，才减少了一些不必要的牺牲。

我们当时所处的位置，离野人山边沿已经不远了。自打飞机发现了我们以后，不时前来空投食品和医疗药物。凡是得到空投物品的部队，从根本上扭转了局面，饥饿解除了，病痛得到治疗，部队之间的联系加强了。不久，我们连和廖耀湘带领的师直机关以及其他一些零散的队伍陆续会合，死里逃生的人们逐渐恢复了一些活气，终于走出了野人山。

六、随杜聿明撤退野人山

邹德安

我是第五军军部作战参谋。在部队正式入缅前，我就跟随着“参谋旅行团”先行到缅甸同古（Toungoo）和英国人接洽移交防务事宜。后来一直在漂背的军部，战斗开始后，我常常到前线。在仁安羌（Yenangyoung）油田的大火中，看到了孙立人将军，那时我跟着二百师去支援，以后又去增援被日本五十六师团突破的暂编五十五师把守的棠吉（Tounggyi）、平满纳（Pyinmana）、敏铁拉（Meiktila）、梅苗（Maymyo）、昔卜（Hispaw）、腊戌（Lashio）所有重要的地方我都去过。

1942年5月1日，部队从曼德勒（Mandalay）撤退时，过了大桥以后，杜军长要军部几个人停下来看着英国人把大桥炸毁以后再走。部队、印度人几十万人，军车、牛车、马车、人力车拥挤路上。从曼德勒沿着到密支那（Myitkyina）的铁路旁边的公路北上，除了军部和二十二师，还有九十六师和新三十八师以及史迪威司令部和部分英军，经过英多（Indaw）、卡萨（Katha），准备从密支那回国。不过，我军的二百师，第六军和新六十六军的二十八、二十九师没有走这条路。

原来准备从密支那回国，在我们到达卡萨时，前面说5月8日，日军占领了密支那。这样，军长命令九十六师前进到密支那西南几十千米的孟拱（Mogaung）进入阵地。

到底是按照蒋介石的命令从密支那突围回国，还是按照史迪威的命令沿着缅北古代的马帮路到印度？军长（指杜聿明）犹豫了很久，耽误了许多时间。6月1日，由于日本人已经把所有回国的道路都封锁了，所以不得不决定从孟拱撤退到印度。我们那时从一个有火车的地方叫做“英多”沿着铁路线朝北，在九十六师的掩护下从孟拱西北前进。在英多，那里英国人抛弃了大量的物资，好像有一家英国银行（准备银行？）里面还有大量的现钞，当兵的拿了许多，但是后来这些钞票除了用做把干树叶和草当做烟叶的卷烟纸外，就只有擦屁股用了。还有一些崭新的美国汤姆冲锋枪，我们拿了许多，试枪也就是对着没人要的到处乱跑的牛乱打一气……

在一个叫做“洞洞山”的地方没有路了，只好全部烧毁车辆和辎重，那时点火的小兵差点把自己给点燃了。在熊熊的大火中，突然军长的最新款的美国“林肯”轿车，因为燃烧电线短路居然“嘀……”地叫了起来，好揪心唉！我在半路上拣来的美式吉普也一同烧毁。那时我看到路边有一辆崭新的美国威利斯（Willys）牌小吉普车，电瓶没有电，我要卡车拖着，到了驻地，用卡车引擎给吉普车的电瓶充电，第二天就可以用了，我得意地开着车，军长还问，哪来的？“捡来的，捡来的。”我说。同时烧掉的还有我在曼德勒弄到的美国最好的猎枪，好像是“詹姆斯兄弟牌”，我有两支。头一支是买的，另外一支是从商店里面拿的，那时商店的人都跑光了。

徒步行军时，一天半夜，卫兵把我叫醒，说军长召集大家在篝火边喝酒，那时军委驻滇参谋团萧毅肃给了两瓶最好的法国白兰地，说是预祝我们打胜仗！现在，卫兵背不动了。“打败仗也喝！”军长说。

驻印军反攻时，美军惊奇地发现了两年前撤退时远征军第五军军部和二十二师烧毁的装备。注意看炮口的形状，说明是自己炸毁的。

不久大雨就下来起来，一下就没完没了。我记得很清楚是6月3日，因为那天是林则徐的“禁烟日”。我亲眼看着二十二师前面开路的士兵捆扎的竹筏在放入洪水瞬间就玩具般支离破碎，竹筏上的人当然是死掉了。刚刚还在有说有笑，马上就彻底消失……前面是二十二师六十四团，军部直属队在中间，后面也是二十二师的部队。军长要我在军部前面打前站，每天下午三点多钟，只要看到有水源的地方，我就可以决定宿营。开始还有吃的，后来就没有了，吃骡马牲口，吃野菜番薯芭蕉，最后吃猴子。沿途森林里，到处都是“呜……”猴子的叫唤声，好像还有几个美国军官也跟着我们走，有一个美国人说猴子的呼叫很像英语“Who（你是谁）”。后来也不知道他们的下落。

（注：美军资料记载：史迪威司令部的 Roscoe L. Hombletong 上尉和第五军一同撤走，但是在到达印度前，他死于筋疲力尽。）

军长的文章中说“由曼（德勒）西北后转大洛到新平阳”短短几个字，好家伙，我们在这几个字之间不知道走了多少路，吃了多少苦，死了多少人！甚至连军长也差点病死，为了抬着军长走，死的人不下二十个，包括特务连常连长。常连长和军长是同乡（陕西米脂人）。（有一次专门用了半天的时间，邹老异常仔细地要我讲述了大家抬着军长的担架穿越丛林的经过。即便是一棵砍倒的大树挡住去路这样一个非常简单的障碍，常连长他们都要花费很长的时间和体力……）

人们说，“生”是一个伟大的过程，那么“死”呢？“死”同样是一个伟大的过程，至少在我看来是这样。“死亡”和“尸体”那都是具有极大神秘力量的有生命的东西。到处都是尸体。有时半夜爬到路边窝棚睡觉，早上起来看到自己睡在整整齐齐一排一排的死人中间。尸体发酵膨胀把军装撕开一个个大口子，在尸体上蠕动的蛆、苍蝇、蚂蚁不计其数，也大得出奇。在跨过一个一个尸体时，看到是自己认识的人，有时也找一些树叶把脸遮挡起来。我最好的朋友谢竹亭参谋就是这样，靠着大树就“睡”过去了。他的未婚妻是军政工队队员郭萍，长得别提有多漂亮了，大伙都羡慕他。还有军绘图员，名字记不清了，广西人，军校毕业。他家很有钱，从小穿的夹袄都是那种带暗花的黑缎子绸料。一路上，他把从小吃过的好东西一五一十讲了不知道多少遍。结果现在他就躺在那里，手上抓着一把草。脚上的皮鞋也被人脱了。

再往后，队伍里面就出现自杀的人，开始是把枪口放到下巴下面，用大脚趾头扣动步枪的扳机……这是部队崩溃的前兆。后来是上吊死的，因为枪都扔了。尸体挂在树上随风飘动，很可怕的。有许多是准备修筑滇缅铁路交通工程局的工程师。四五十岁的人，他们哪里受得了这样的苦。

终于有一天，强烈的阳光照射得我们的眼睛都睁不开。啊，我们走出了遮天蔽日的森林，来到一条大河旁边，大河对面是一个缅甸的比较大的村庄——大洛（Taro）。那天，我们把军长安置好了以后，我赶紧过江去找吃的东西，老百姓已经跑光了。我们在一个房间里面看到了一点苞谷粒，马上用水煮吃了。然后又看到了当兵的在煮吃老百姓的牛，我又跟着吃了。我到对岸是要赶快找一块空地，布置和飞机联系的航空布板，要求空投食物。沿途我们电台发疯似的呼叫空投，飞机天天在头上嗡嗡叫，就是看不见。他们总是说，要告诉他们我们的方位……空投的食物开始的都被当兵的抢跑了，美国人空投的物资很多，甚至连刮胡刀和英国士兵的短裤都有。其中有一封牛皮纸的公函，当兵的不敢要了，他们跑过来对我说："邹参谋，这里有一封信。"

信是写给军长收的，内容是告诉我们下一步行走的路线和什么地方有食品，还有电台的频道波长什么的。

我们断粮了很长时间，饿死了大量的人，结果遇到第一次空投，又涨死了许多人。那天从中午到下午，我都大约吃了六顿饭，肚子胀得别说有多难受了，连蹲都蹲不下来……

再后来到新平阳（Shingbwiyang），那时，我们第一次看到了许多逃难死去的印度难民。一堆堆的尸体聚集在几间茅屋里，有女人的长头发和印度人使用的器皿，臭气直上云霄！一辆辆印度人的破牛车东倒西歪地遗弃在路上，一副副牛的骨架仍然忠实地坚守在拉车的岗位上……很像是罗马古战场。在新平阳已经有英国人的收容救济站了，我们在那里待了很长的时间才继续前行。最后翻越高山时听到了小火车的叫声，那是我们的最后目的地——印度的列多！因为那里才有火车！那时已经是7月末了，一万多人仅仅剩下两千。后来修公路时，只要看到有尸骨的地方，就说明路走对了……

七、唯一走出野人山的女兵

刘桂英

1920 年，我出生在长沙郊区一个贫寒的农民家庭里。我三岁那年，长沙久旱无雨，因为家里的农田颗粒无收，家人实在养不起我了，只好忍痛把我送给长沙一户姓刘的人家当养女。在我十岁那年，养父和养母相继病逝了，养父的好朋友韩叔叔把我送到长沙贫女院安身。1937 年，在贫女院里学习了七年的我以第一名的好成绩考入长沙市湘雅医院护士助理班学习护理知识。

抗日战争爆发后，我和几名热血青年一起报名参加了中国军队新二十二师。我被分配到野战医院，成为一名女护士兵。

1942 年 3 月 8 日，日军攻占了缅甸的首都仰光，切断了中国当时最重要的国际运输线路——滇缅公路，威逼印度和中国的大西南。为了保卫滇缅公路，中国政府抽调了十万名精兵组成远征军奔赴缅甸抗日，我就是这十万名战士当中的一员。

我至今仍然会哼唱那首《中国远征军战歌》："枪，在我们肩上。血，在我们胸膛。到缅甸去吧，走上国际战场！"当年，我和战友们就是唱着这首歌抵达中缅边境的。

到达缅甸以后，中国远征军浴血奋战，沉重地打击了日军的嚣张气焰，但后来因为英军配合不力，远征军陷入腹背受敌的危险境地。5 月上旬，中英军队开始撤退。日军切断了远征军的归国通道，少数战士跟随美国统帅去了印度，大部分战士都在杜聿明将军的带领下走进了野人山，他们准备从那儿绕道回国。

野人山位于中印缅交界处，绵延千里，纵深二百多千米，山上乔木遮天，终年不见天日，猛兽成群，蚂蟥遍地，传说还有野人出没，当地人把这片方圆数百里的无人区统称为野人山。

1942 年 6 月，数万名疲惫不堪的远征军战士走进了野人山，开始了他们的“死亡之旅”。

那片原始森林浩瀚得如同大海似的，成千上万棵生长了千百年的大树巍然耸立着，层层叠叠的树叶遮住了天空，阳光照不进来。偶尔看到筛子眼儿那么点儿大的天空，我们就会觉得精神一振。

到了晚上，豺狼虎豹全都跑出来了，野兽凄厉的吼叫声回荡在山谷里，听得人毛骨悚然。战士们用芭蕉叶和树枝搭成棚子，一个棚子大约有三四平方米，能睡十个人，大家就挤在棚子里过夜。

我、何珊、笑春、孙月霞和王苹这五名护士班的女兵跟在队伍后面徒步前进，走了几天后，我们的脚上都冒出了血泡。旧的血泡破了，脚板上又冒出新的血泡。每个女兵的脚上都是血泡连着血泡，血泡叠着血泡。如果沙子掉进鞋子里，嵌进血泡里，那可真是痛得钻心啊。

一天，一条湍急的河流拦住了战士们的去路，大家都得踩在河水里，一步步趟到对岸。虽然河水只有腰深，但是这对于女兵们来说却很困难。我和护士长何珊正处于生理期，身体根本就不能浸泡在冷水里，但是我们别无选择，只能咬紧牙关硬着头皮在冷水里走。每走一步，我们身后的河水里就会泛起一片鲜红色……大家在河水里整整走了两天才爬到对岸一条狭窄的山路上。两天下来，大家的身子都泡得肿起来了，全身都是鸡皮疙瘩。

进山十多天以后，热带原始丛林的雨季到来了，天天都下着倾盆大雨，道路泥泞不堪，战士们举步维艰，下山的时候就在泥水里滚。有时山洪“轰隆隆”地冲下来，一下子能冲走很多人。有一次，我看到整个班的战士一起被山洪冲走了。

军部那张地图也不管用了，战士们经常是走了好几天又回到原点。

在这片原始丛林里面，他们迷失了回国的方向，回家的路出乎意料地艰险而漫长。

一个月后，部队开始断粮了，有几名战士饿死了。杜聿明只得把驮物资的一百多匹战马都杀了，让战士们饱餐了一顿。战马吃光以后，大家就开始吃皮鞋，吃皮带，就连手枪套也成了他们的食物。当这些东西全都吃光以后，大家就只能够靠树皮和草根来维持生命了。一天，一位战士看到河边长着野生魔芋，极度饥饿的他急忙挖了一小块儿野生魔芋，用舌头舔了舔，谁知道他的舌头马上就肿了起来，连话都不能说了，直到四天以后他的舌头才消肿。有的战士误食了有毒的植物，痛得满地打滚，哀号不止，但是因为没有药品，大家只能眼睁睁地看着他们被毒死。

连续多日以树皮和草果腹，很多战士的身体开始浮肿起来，步履蹒跚。有的战士走着走着，突然“扑通”一声跌倒在地上，然后再也爬不起来了。我和护士班的另外四名女战士想：我们五个人要走就一起走，要死就死在一起！我们手拉着手，互相鼓励着往前跋涉。

雨季的丛林是蚂蟥的天下，丛林里面到处都是蚂蟥。战士们走在路上，这些嗜血的魔王就昂着头在树叶上等候，人体一接触到树叶，它们就趁机爬到人身上吸血。缅甸的蚂蟥个头特别大，据说一只大蚂蟥一次能吸一斤血呢！小蚂蟥会通过衣服的缝隙钻进人的皮肤里，不知不觉间，它们已经把人体内的血吸了出来。等到战士们发现的时候，蚂蟥已经变得又粗又大了。我每天都能从身上逮到一大把蚂蟥。至今我腿上还有很多伤疤，都是当年被那些蚂蟥咬的。

和蚂蟥一样猖獗的还有蚊子。野人山的蚊子也大得出奇，翅膀一张开简直就像蜻蜓似的，战士们被咬得满身都是包，又红又肿，奇痒无比。细皮嫩肉的女兵是蚊子的重点攻击目标。有一天早上醒过来，白净漂亮的何珊发现自己脸上满是大红包，都是被蚊子咬的。我数了数，竟然有二十多个大红包。她觉得痛痒难忍，只好用手拼命地抓脸，结果把脸抓得鲜血淋漓。有时走到低洼处，埋伏在那儿的成千上万只蚊子如同一片黑云似的向大家飞过来，大家只能抱头逃跑。

成天雨淋汗浸却又无法洗澡，女兵们的头发上都生满了虱子。一只灰黑色的虱子有米粒那么大，白色的虱虮一串串地粘在头发上，头发上就好像撒满了白芝麻。女兵们被虱子咬得苦不堪言，边走边抓。

进山之前，我们天真地想：快点儿撤吧，野人山是天然屏障，撤进山里，日本鬼子就拿我们没办法了，山里可能还有很多野果和野味呢！但走进野人山以后，才发现我们的想法是多么幼稚，野人山分明是一个可怕的“绿色魔窟”！

在这条险象环生的死亡之路上，死神紧紧地尾随着战士们，随时都在伺机吞噬掉他们的生命。

我没有想到，第一个离开女兵队伍的竟然会是温婉可人的笑春。

进山几天以后，笑春在寻找食物的时候一不小心被毒蛇咬伤了。姐妹们及时用土方对她进行了抢救，毒性没有发作，但是她一直觉得心里闷胀难受，走路的时候没有力气。姐妹们都特别关心她，抢着帮她拿包裹，温言细语地安慰她，鼓励她。可是谁能想到，笑春还是第一个离开了我们。

那天，我和何珊搀扶着笑春一起赶路。走着走着，我和何珊突然都想去解手，笑春便独自一跛一跛地往前走去。过了三四分钟，我和何珊听到前方传来一阵凄厉的叫声：“救命啊！”我们急忙抬头一看，只见一只恶狼叼着笑春往前跑去。

我们拼命地追过去，一边追赶一边大声叫道：“有狼，有狼……”营长身上有枪，听到叫声，他立即拿起枪瞄准那只狼开了一枪，打中了狼的后腿。那只狼放下笑春，仓皇逃命。我们跑到笑春身边，发现笑春的颈部动脉血管已经被狼咬断了，血流如注。几分钟以后，她就离开了人世。姐妹们心如刀割，扑到笑春身上哭喊道：“笑春，笑春！”可是笑春再也听不到了。

我这个女战友真命苦，先被蛇咬，后来又被狼咬……虽然事情已经过去六十多年了，但是我只要一想起女战友惨死时的情景，就会忍不住哭泣起来。

眼睁睁地看着年轻的同伴在自己面前死去，姐妹们感到悲痛不已。

面对茫茫的原始丛林和不可预知的命运，我们更加紧密地团结起来。

越往山林深处走，山林就越显得阴森恐怖。这时，更加可怕的事情发生了。瘴气开始在军队里肆虐横行，成千上万名战士倒下了。路边和草棚里堆满了战士们的尸体，尸体散发出恶臭的味道，闻之使人晕眩。

一天夜里，孙月霞突然发高烧了。一直烧了三天，到第四天才稍微好一点儿。几天以后，她再次发起了高烧，而且呕吐不止。我知道，孙月霞肯定也染上了可怕的瘴气。孙月霞劝姐妹们丢下她快走，免得被她传染上。可是姐妹们怎么忍心这样做呢？明知道有可能被她传染，姐妹们仍然陪在她身边照顾她，想等她病好了一起走。孙月霞生气地说："你们等我一起走，就是等死啊！你们赶快走吧，再不走我就死在你们面前！"她发狂似的赶大家走，大家仍然不肯丢下她不管。

几天以后，持续高烧的孙月霞进入了一种癫狂的状态，她烧得稀里糊涂的，经常脱光了衣服，又是哭又是闹。有一天，她趁大家不注意的时候疯狂地跑了起来，一直跑到悬崖边上。当大家追到悬崖边的时候，她已经纵身跳下了悬崖。大家趴在悬崖边上，撕心裂肺地哭了起来。

孙月霞死后两个星期，活泼开朗的王苹也染上了瘴气，发起了高烧。她的男朋友钱一平让我们先走，自己留在她身边照顾她，等她好些了他们俩再追赶上来。过了好几天，他们俩还没跟上来，我逢人就打听他们俩的行踪，有人说在路边看到了他们俩的尸体。

同伴们一个接一个地惨死，五名女兵只剩下我和何珊两个人了。她的男朋友也是远征军战士，后来他掉了队，正好碰到我和何珊，他就和我们一起走。我们三个人走走停停，离主力部队越来越远。一天，何珊因为吃了有毒的植物而腹痛难忍，她捂着小腹，有气无力地对我及其男朋友说："你们先走吧，我在这儿休息两天，我会追上你们的。"我哭着说："我们要走一起走，要死一起死！"

我们三个人艰难地前行，何珊的腹部疼痛不止，走起路来跌跌撞撞的，我和她的男朋友轮流搀扶着她往前走。

坚持了两天，何珊再也走不动了。在我眼里，何珊一直都是一个坚强的大姐姐，看到她被疾病折磨得不像人样，我说不出有多么心痛。何珊不愿意连累别人，下山的时候，她开始坐在山坡上往下滑行。可是山坡上不光是软绵绵的枯叶，还有石头和荆棘，她的臀部很快就变得血肉模糊，连白花花的骨头都露出来了。

山里又下起雨来，何珊开始腹泻和发烧，泻出来的全都是黑水，臭味也不正常。她躺在那儿，一动也不能动了，病情越来越严重。临终前，她对我及其男朋友说："你们要争取活着回到祖国，把我们到缅甸打仗和穿越野人山的经过告诉国人，我们是为国捐躯，我们是爱国青年。"

因为见过太多人死去，我已经麻木得不再害怕死亡了。我不再去想是不是能够走出野人山，是不是还有生的希望，我只是在一种生命本能欲望的驱使下机械地向前走着。

路边的棚子里躺满了死尸，夜里我和她的男朋友找不到棚子住，就把那些死尸往旁边挪一挪，我们就睡在死尸旁边。很多死尸上面都爬满了一寸多长的蛆，再加上蚂蚁咬啮，蚂蟥吸血，大雨冲洗，几小时之内死尸就会变成恐怖的白骨。手指的骨头和脚趾的骨头都看得清清楚楚，头骨是圆的，风一吹就和身体分了家，在地上"骨碌碌"地滚动。一路上白骨累累，有这么多白骨指引方向，我和她的男朋友不会迷路。

我和她的男朋友都已经瘦得皮包骨头了，我们俩互相搀扶着往前走，累了就休息一会儿，饿了就吃点儿野果和野菜。我们俩凭着顽强的毅力苦苦支撑着，沿着累累白骨指示的方向从夏天走到了秋天。

这天，我们俩和另外几个掉队的战士一起艰难地爬上了一座陡峭的山峰。忽然，我看到前方有一些红色、绿色和黄色的帐篷，我以为是"神仙湖"，也就是海市蜃楼。她的男朋友告诉我，那些帐篷不是海市蜃楼，帐篷旁边有人正在向我们招手呢！我定睛一看，果然看到有人在招手。那一刻，我觉得全身又有劲儿了，我激动得热泪盈眶，用几近嘶哑的声音喊道："我们死不了，我们有救了！"

原来，部队终于与司令部取得了联系，盟军从飞机上往森林里投下粮食、衣服、药品、电池、发报机、火柴、刀具和降落伞等物资，战士们把降落伞撑开来做成帐篷，在帐篷内设立了供给站。这是 7 月底的事情，我和她的男朋友到达供给站的时候已经是 9 月中旬了。

如今回忆起那一天在供给站吃到的大米饭，我感慨万千地说："在野人山供给站吃到的米饭是我一生当中吃过的最美味的东西，我一连吃了几大碗，实在是太香啦！"

几天以后，我和最后走出野人山的一批战友被送抵远征军位于印度兰姆伽的基地。

一个女兵活着爬出野人山的消息不胫而走，轰动了整个基地。基地上的战士们都跑过来看望我，基地上的印度人、英国人和美国人也都热烈地欢迎我，大家竖起大拇指，佩服地称我为女英雄，我说："我可不是什么英雄，我只是一个普通的小兵。"

中国远征军以十万之众出国，活着离开战场的只是四万多人，而最终穿越野人山回归国境的只有三千多人，我是唯一一位活着走出野人山的女兵。

整个兰姆伽基地只有我一个中国女兵，大家都很照顾我，没有给我安排工作。新二十二师的师长廖耀湘和他的夫人黄伯容热情地请我到他家里做客。著名画家叶浅予先生专程从重庆赶过来为我画像，并且送给我一张作为纪念。我一直珍藏着那幅画像，奉为至爱。

在兰姆伽的那段日子，我如同一只快乐的小鸟似的在军营里飞来飞去。几个月以后，我在那儿举行了婚礼。1943 年，我生了一个可爱的女儿。我说，我在异国土地上结婚生子，完成了一个女人一生当中重要的两件事情，在兰姆伽的那段日子是我一生当中最快乐的时光。

1945 年 1 月，中国远征军对盘踞在野人山的日本第十八师团进行反击战斗，取得了胜利，我们夫妇抱着女儿回到了阔别三年的祖国。

抗日战争胜利以后，我以为日子应该会一天天好起来，谁知道曾经和我生死与共的丈夫竟然爱上了别人，离开了我和两个年幼的孩子，我觉得不可思议，伤心极了。那段日子很艰辛，最难熬的时候，这个曾经依靠坚韧不拔的毅力走出野人山的女兵竟然想跳河自杀。但为了两个孩子，我最终还是放弃了自杀的念头，靠打零工和好心人的接济勉强度日。后来，别人帮助我在当地一所小学谋得一个教师的职位，我的生活才逐渐安定下来。

“反右”运动开始以后，因为有跟随远征军出国征战的“历史问题”，我成了“女特务”和“黑五类”，被揪出来批斗。1962 年，我被遣送到农村进行劳动改造，这一改造就是三十年。

后在叶浅予先生的帮助下，我走出野人山的事迹在 1989 年第十六期《新观察》上刊登出来。直到 1990 年，我才获得平反，恢复了教师身份，按照退休教师的待遇领取退休金。这一年，我已经七十岁了。

作为远征军抗日的“活档案”和“活化石”的我，如今定居在合肥，和女儿生活在一起。我每月的退休金只有四百多元，我还要从中取出一百元为患病的儿子存起来。我身体很健康，能够自己买菜做饭。在我房间写字台的玻璃台板下面压着一首我自己写的《不老歌》：“起得早，睡得好；七分饱，常跑跑；多笑笑，没烦恼；天天忙，永不老。”我每天都坚持练习健身拳，写写回忆录，学学英语。前几年，在一位台湾朋友的帮助下，我和远在美国的廖耀湘夫人联系上了，我们俩经常通信，谈谈远征军的往事。我还把自己当年在印度用过的毛毯和手电筒无偿地捐献给重庆抗日历史博物馆。

值得一提的是，虽然我的生活极其简朴，但是从 1992 年到 1994 年，我坚持每月给一位家境贫寒的大学生寄去三十元钱，直到那个孩子大学毕业。

八年抗战，十年教书，三十年下放，我这一生真是历经坎坷。虽然吃了那么多苦，但我仍然坚强乐观。我说我对现在的生活很满意。孩子们都已经长大成才，我没有后顾之忧，能够这样健康地活着就已经很快乐了。

第六章 驼峰航线

1942年夏，日军切断了中缅公路这条盟军和中国联系的最后通道，一切物资运输被迫中断。美国总统罗斯福下令：不惜任何代价，开通到中国的路线。由于海陆已无通道，只能开辟空中航线，于是驼峰空运诞生了。

驼峰航线西起印度阿萨姆邦，向东横跨喜马拉雅山脉、高黎贡山、横断山、萨尔温江、怒江、澜沧江、金沙江，进入中国的云南高原和四川省。航线全长五百英里，地势海拔均在四千五到五千五米上下，最高海拔达七千米，山峰起伏连绵，犹如骆驼的峰背，故而得名“驼峰航线”。

驼峰航线是世界战争空运史上持续时间最长、条件最艰苦、付出代价最大的一次悲壮的空运。驼峰航线途径高山雪峰、峡谷冰川和热带丛林、寒带原始森林以及日军占领区；加之这一地区气候十分恶劣，强气流、低气压和冰雹、霜冻，使飞机在飞行中随时面临坠毁和撞山的危险。在长达三年的艰苦飞行中，中国航空公司共飞行了八万架次，美军先后投入飞机两千一百架，双方总共参加人数有八万四千多人，共运送了八十五万吨的战略物资、战斗人员三万三千四百七十七人。单是美军一个拥有六百二十九架运输机的第十航空联队，就损失了五百六十三架飞机。在这条航线上，美军共损失飞机一千五百架以上，牺牲优秀飞行员近三千人，损失率超过百分之八十！而前前后后总共拥有一百架运输机的中国航空公司，竟然先后损失飞机四十八架，牺牲飞行员一百六十八人，损失率超过百分之五十！

一、念奴娇·飞越驼峰

龙广才

1944 年 4 月的某一天，我所在的部队接到命令：马上飞赴缅甸前线，参加对日作战。当时，我在五十四军五十师师部任特务连连长，五十四军军长是黄维，下辖第十四师、第五十师和第一九八师三个师，其中第十四师和第五十师被调到缅甸战场，能成为中国远征军的一员，我们每个人都深感自豪。

算起来，我们是中国派出的第二批远征军。1942 年春，日军进攻缅甸后，中国派遣五军、六军和六十六军三个军约十万部队，组成“中国远征军”，但是由于中方和美方指挥混乱，远征军遭受重大挫折，共损失五万人，其中多半是在撤退途中死于饥饿和伤寒病疫。远征失败后，廖耀湘率领的新二十二师、孙立人率领的新三十八师退到印度，重新整编为“中国驻印军”，国内番号为新一军，军长郑洞国，史迪威任总指挥，在著名的印度兰姆伽基地受训。1943 年，史迪威发誓要卷土重来，重新打回缅甸，中国政府先是从国内调来胡素率领的新三十师，之后又将原五十四军所辖第十四师、第五十师调入印缅战场，以增强反攻力量，代号“X 部队”，从缅北向中国方向进攻；又在云南组建了中国远征军，由卫立煌任远征军司令官，代号“Y 部队”，从滇西渡怒江进攻腾冲、松山、龙陵，向中缅边境推进。我们接到出发命令时，并不觉得突然。当时，军队里经常向我们讲缅甸战场的形势，我们早就做好随时被派往前线的准备。而在云南的祥云机场一带，美军一个军官训练团专门训练五十师排长、连长学习热带丛林战术和使用新式武器，比如“六十炮”“三十步枪”和冲锋枪。我也参加了这些训练，回来后再教给士兵。丛林里十米之外就看不见人，所以冲锋枪很适合近距离作战。我们还学习怎么用专门打坦克用的战防枪和火箭筒，这些武器我们以前从来没见过，所以感觉特别新鲜。中国远征军司令卫立煌还来检阅过我们，他戴帽子、留小胡子的形象让我记忆深刻。当年我们飞越的正是那条著名的“驼峰”航线。这条航线从昆明到印度东北加兰邦的汀江机场，全长八百四十千米，要经过喜马拉雅山东段群峰，山峰起伏连绵，犹如骆驼峰背，故美军称之为驼峰。驼峰航线高度在六千至六千五百米之间，空气稀薄，受气流影响变化大，很多飞机因此坠到山谷里，机毁人亡。驼峰又是日军空军和高炮控制区，又被称为“死亡航线”。通过驼峰航线，中国向印度运送境外对日作战的远征军士兵，再从印度运回汽油、器械等战争物资。在1941至1945年之间，援助中国的物资百分之八十一是通过驼峰空运，美国陆军航空队司令长官阿诺德将军曾说，在驼峰航线中，飞机的损失率超过轰炸德国时的飞机损失率，驼峰航线堪称二战最伟大的空运行动之一。

当时运送中国士兵的是美国C46、C47运输机，C46能装二十二人，我坐的C47可容纳四十多人。C47是投入“驼峰”航线飞行最早的运输机，登机前，我们还接受了短期跳伞训练，但那时候好像我们对此并不重视，只知道飞机迫降的时候，跳下去，躲命就行了。

我坐的这架飞机是一位美国飞行员驾驶的。这也是我第一次坐飞机，好奇多于紧张。飞机越爬越高的时候，最大的感觉就是冷，冷得我直打哆嗦，听说有的身体虚弱的中国兵，在飞机上就已经瘫下去了。然后感觉呼吸困难，两个耳朵也被震得受不得了，直到下飞机时也没缓过来。

那时的感觉，就是现在所说的“踌躇满志”吧。我记得到了营地驻扎好以后，还填了一首词《念奴娇・飞越驼峰》：

穿越云海，战心切，大军远征印缅。
驼峰横亘，听说是，海拔万仞险关。
敌炮轰隆，高寒抖颤，胸中烈火燃。

遥想当年英武，觅敌求歼，敢骑虎登山。
万里擒贼囊物探，国威军威赫显。
战地神游，激情油然，重现当年。
疾风劲草，无愧吾生人间。

经过两个小时的颠簸后，我们的部队安全地降落到了印度的汀江机场。汀江是离列多很近的一个机场，滇缅公路被切断后，美国援华物资从美国海运到加尔各答，再由铁路运到列多。因此，列多既是向国内空运的基地，也是反攻缅北的兵站基地。

我没有想到，到达印度的第一件事就是洗澡。机场搭建了一个临时浴池，一位美军军官把我们带过来，让我们每个人都脱掉军装，卸掉背包，于是大家都赤身裸体地走进浴池。二十分钟后，一声命令，我们全体出浴，再排队等医生打防疫针——我后来才知道这个防疫针的作用，在后来奇袭密支那的战斗中，K 分队指挥官尼森上校在行军途中死于斑疹伤寒，而中国官兵全都安然无恙，就是因为我们在机场都注射了传染病疫苗。

洗澡消毒后，我们每人换上了新军服。新军服是米黄色的，与英军一样。又发给我们每人一床毛毯、一顶蚊帐、一个防蚊面罩、一瓶防蚊油、一盒防蚂蟥六六六粉等。然后更换美式武器，因为之前在云南已经有美军军官教过我们，所以对这些武器并不陌生。

拿完这些东西后，我突然看到前面有一堆熊熊燃烧的大火，里面烧着的，正是我们浴前脱掉的那些军服和背包——虽然我们在国内的装备很差，但出国前还是给我们每个人换了一身崭新的军装，毕竟我们出去代表着中国军人的形象，所以我看到刚发的这些军服就被烧掉了，很是心疼了一阵。当然后来才理解这是为了防疫而必需的措施。

由于战争形势紧迫，我们在汀江没有停留，马上换乘另一架运输机直飞孟关。孟关是缅甸北部的另一个重要基地，不久前被新三十八师和新二十二师攻下。这里也饱受战火摧残，刚下飞机，就看到机场附近到处是遗弃的弹壳和烧焦的树木。

来机场接我们的是一辆十轮大卡车，很快把我们拉进一大片密不见日的大森林里。大约半个小时后，汽车停下来，有人告诉我们营地到了。我下车一看，除了参天大树，什么也看不到，只看到一条清澈见底的小溪，我们的饮水问题就靠它来解决了。

饭后，每个班都领到刀、斧、锯，这是在丛林里作战、生活必不可少的工具。我们于是在树林里开辟一片空地，搭起简易帐篷。营地周围一片寂静，除了我们彼此的说话声外，唯一能听到的就是树上群猴的吼叫声，一直叫个不停。

丛林生活对我们是完全陌生的，空旷的热带丛林什么也看不到，多少都有些寂寞、恐惧感。有时夜里睡觉，某个士兵会突然在梦中大叫起来，其他人被惊醒之后，也都跟着叫起来，在深更半夜的丛林里听着更恐怖。现在想起来，那是不适应丛林生活而产生的心理障碍，但我们当时也不懂那么多，称之为“闹营”，不过闹一阵子也就好了。

雨季来临的时候，天天下雨，眼看着一朵云飘过来就会下一阵子雨，有时感觉似乎是一天有无数朵云飘过来，一天要下无数次的雨。记得我们攻下密支那时，正赶上雨季，伊洛瓦底江的水便漫了上来，地面不能睡了，我们就睡在吊床上，行军打仗就是这样。

到了缅甸，生活改善了许多，我们终于可以吃饱，而且可以天天吃到肉了。主要是美军的牛肉罐头，但时间长了，又觉得很腻，长期吃不到青菜，我们有时出去挖野菜吃，但能找到的野菜也有限。美军会定期用直升机空投物资，空投前我们先找个空场，在上面摆个布板，布板颜色不一样，表明空投的东西不一样：我记得空投食品时用的是白色的布板，而投弹药和武器时则是其他颜色。因为一切物资都是由美国空投过来的，所以在印缅战场，我们结束了埋锅造饭的历史。

二、印度见到史迪威将军

李祚达

我姓李，名祚达，原籍浙江奉化，出生于1920年7月1日，黄埔军校第十六期炮科毕业生，1942年当兵，同年参加中国驻印军。

我是最早飞越“驼峰”航线远征印缅抗日战场的老兵之一。我今天都叫自己是“驼峰战士”、印缅老兵。那些事直到今天回想起来都好像发生在昨天。

1942年，我以炮兵中尉观测员的身份带领二十二师三十九名新兵出征，飞往印度汀江。

我们从昆明巫家坝机场起飞。该机场是美国志愿航空队（又称陈纳德飞虎队）的空军基地，也是中国驻印军空运基地。机场上野马式战斗机三五成群，那是日本空军零式战机的克星，它的明显标志是机头到机腹下画着血盆大口的鲨鱼。机场上还有C46军用运输机，大部分驻印军就是乘坐这种运输机飞越“驼峰”航线到印度汀江机场的。

C46运输机没有雷达、导航、制氧、自卫武器等设备，飞行高度不得超过七千米，航线务必在七千米以下的雪山冰峰之间穿插。那是一条充满死亡气息的航线。

1942年11月4日午后，我们登上飞机，被告知机在人在、机毁人亡，遇敌机务必保持谨慎。飞过冰峰雪山之后，绿色的树像海洋似的出现了。这时，飞机的轰鸣声音减弱了，我们的呼吸也顺畅起来。接着，我们看见了红墙绿瓦的建筑，飞机迅速在一座茶园着陆。我们欢呼雀跃，可是彼此却听不见任何声音。

我们短暂地失聪了，那是因为飞机的轰鸣太久地刺激了我们的耳朵。

印度朋友在出口给我们指明要去的方向。他们骨瘦如柴，皮肤棕色，可是双目炯炯，牙齿雪白。语言不通，只好不停比画。

我们一共到达了四个小队，凑足了五百人，这才达到开动火车运输的要求。

我们要去兰姆伽，它是印度比哈尔邦的一个小镇，距离大商埠加尔各答约一百五十英里。此行有五天水陆行程，负责指挥的是我团副团长张宏范，负责联络的是美军一名少校军官，我充当临时翻译。

列车正午开动，第二天傍晚到达一个终点站。我们下了车等待坐轮船。因为吃了两天的干粮，我们渴望吃点热饭，于是我们领来一头羊，自己动手做饭。

吃饭的时候，一个印度军官来观看我们使用筷子的技巧，他看见我用的金边瓷碗，眼睛都不转了。我猜到了他的心思，用简单的英语问他："你喜爱这只瓷碗吗？"他点头称是，我马上把碗送给他，他立即回敬了一大盘面制薄饼，两盘羊肉。他还友好地告诉我们，说这里是孟加拉湾东北，是印度第二条大河中游的伊斯兰教地区，告诫一定不要吃猪肉。

经过五天的旅程，我们终于来到了兰姆伽。

兰姆伽是中国驻印军总指挥部，总指挥是史迪威将军。

史迪威将军毕业于美国西点军校，在第一次世界大战中当过美军情报官，还曾担任驻华武官，能说一口流利的普通话。将军平易近人，衣着很随便，喜欢穿军便服，袖上无臂章，衣领无领章，头戴军呢帽，称呼下属总是用"上尉李"或者"少校王"，没有趾高气扬的官架子，没有三五成群的警卫，常亲自驾驶吉普车来往于指挥总部和各营区。因此基层军官不知道他是什么级别的将军，私下尊称他"平民将军"。

有一天看电影，在兰姆伽电影院，我有幸和他并排坐在一起。

在放映前十来分钟，将军开口问我："你贵姓？什么地方人？哪一个军校毕业的？何时参军的？”我吃惊他的中国话讲得如此标准。明明是一个典型的美国老军人，怎么会说出如此流利的中国话？我局促不安，发问试探道：“请问您贵姓？”他清晰地回答说：“约瑟夫·史迪威。”

我听了如雷贯耳，他就是我们的总指挥、盟军西南太平洋副总司令啊！

将军和气地继续对我说，他是半个中国人，父亲是一位牧师，过去在天津和郑州传教，他出生在天津，童年在郑州上小学，与中国同学同玩同乐。将军接着告诉我，他家住在重庆，有爱妻和两位千金，她们都穿旗袍，用筷子吃可口的中国火锅，所以和我有共同语言。

我聆听着将军的讲话，感慨颇深。

一天，我们的队伍野战训练，需要穿过 DADA 钢铁厂。DADA 钢铁厂是一座现代化军工厂，厂内高级技术人员多是英国人，厂里有高大的烟囱和银光闪闪的防空气球，在十里之外就可以隐约望见了。

我们团三百多辆军车，牵引着三十六门一百零五毫米的榴弹炮轰隆隆经过厂区，穿越厂区需要三十五分钟。在厂区宿舍区短暂休息时，一位老太太来到我们跟前。她自称是厂里工程师的眷属。当她了解我们是中国驻印军时，跷起大拇指，脸上露出笑容。她问我：“孩子，你今年多大啦？是中国什么地方的人？”

我用半通不通的英语回答说：“老妈妈，我二十二岁了，是中国浙江人。”

老人摇着头表示不知道浙江这个地方。

我补充说：“老妈妈，你知道西子湖吗？西子湖就在我故乡。”

老妈妈点点头。三五个和我年纪相近的军官拥向老妈妈，老妈妈一个个端详着我们的脸，很感慨地说，她有个儿子，在北非战场对德作战，他从阿尔及利亚来了一封信后，就再也没有音讯了，至今生死不明。老妈妈说完，急急忙忙从家里拿来一大盘美味可口的蛋糕，盛情地请我们吃。

我们津津有味吃着异国老妈妈亲手做的蛋糕，心里无比温暖。

老妈妈流下了热泪，说：“我是把你们当作北非凯旋归来的儿子看待的。”

我们随即祝愿她母子平安团聚。当我们和老妈妈分手时，我对她说：“我们将开赴缅甸北部对日作战，等胜利之后，欢迎老妈妈到西子湖来作客。”

她点着头，一手扶着铁门，一手伸出食指和中指做着V字形，频频地呼喊着：“Victory（胜利），Victory，Victory！”

兰姆伽是中国驻印军的摇篮。各兵种基本实战训练完成后，立即开赴缅北战场对日作战。

1944年8月，雨季刚刚结束，我团奉命离开兰姆伽，前往色地亚营地集训，准备开赴缅甸北部前线。我们在兰姆伽整整度过两年，即将分离，有些依依不舍。

色地亚在汀江东边三十里处，色地亚军营又在色地亚以北三十余里的丛林中，三面围绕着原始森林，一面临近布拉马普特拉河滩。总部选择色地亚丛林作为我团的集结营地，主要是让我团作适应性实战训练，以对付惯于丛林作战的日军坂垣师团。

丛林作战训练的主要内容有：高射炮射击、空中观测、榴弹射击，还有就是适应丛林生活。

我们一直在色地亚训练到1945年初。当我们训练成熟的时候，史迪威公路全线通车，抗日战争形势也一片光明。这时，也就是在4月，我们接到总部的通知，立即整装待发，回国参加对日作战。到了5月4日，我们驾驶着三百三十辆越野车、六十辆加拿大生产的军民两用车，拖带着三十六门榴弹炮，浩浩荡荡踏上归国之路。

三、远征军成了冰冷的“摆子军”

邱　枫

1944年元旦至1945年3月，是第二次世界大战中国军队最骄傲的一段时间，我作为中国驻印军的一员，亲历了这段历史。

多年后，常有人问我为什么要参军。为什么呢？也许今天已无法说清当时真实的想法，但在那个年代，身为中国人，好强的我如何能够在同学们纷纷投笔从戎，走上前线去救国时无动于衷呢？

日本人打到独山的时候，我正在重庆复旦中学念高中。同学们早已没有心情上课，课堂里的人也似乎每天都在减少，我们每天关注的事情只有一件：报纸新闻。和很多同学一样，我自作主张跑到重庆临江路兵役署报了名。当时身高一百七十七厘米、体重七十五公斤，双眼视力极佳的我，仿佛天生就是当兵的料，体检官只看了我一眼，二话没说就让我通过了检查。报到那天，为了能顺利地冲到前线去，我懒得和家人商量，空着两手便偷偷溜出了家门。在一张表格上填了家庭、学历、年龄等内容后，我被宣布成为正式军人。这一年，我二十岁。

我被分在教导一团二连，领回了曾经让我向往不已的军服，还有衬衣、袜子、鞋子、毛毯等等。在这里，我惊喜地看到了许多熟悉的同学。同时，我得知原来我们的教导团长就是渝南师管区司令吴朗（吴玉良），我们这批入伍的军人是招来当空军，或到印度接受美军的新式武器训练的。我渴望端着先进武器打日本鬼子的机会，于是放弃了去空军部队的选择，走进了驻印军的队伍。

在江北鸳鸯桥经过几个月枯燥的操典训练，我和同学们初步掌握了军人的基本知识。其间一些国民党中将以上的官员来看过我们。记忆最深刻的是宋美龄，看着在瑟瑟春寒中冻得脸蛋青紫的小伙子们，她马上下令给每人发了条美国军毯，随后又赠了许多日常生活用品给我们，并杀了许多肥猪给大伙“打牙祭”，这使得我们很久以后还在念念不忘蒋委员长“婆娘”的好处。

1944 年 5 月 7 日，在沿途不绝于耳的爆竹声和老百姓的欢呼声中，我们怀着满腔激情，离开重庆，踏上了去印度的远征军之旅。

以前我从未坐过飞机，本来很稀奇想看个究竟，但我们在昆明巫家坝机场登机时，天还未亮，四周一片漆黑，根本没机会让我们东瞅西瞅。2004 年 11 月 6 日，我和我的战友们在重庆史迪威博物馆又看到当年我们所乘的那架飞机，终于了解到那架飞机的详细构造。

当时国内物资奇缺，很多军人入伍后都没有装备可发。为了不浪费宝贵的资源，上飞机前，教官要求我们放下背包里的棉衣、毛毯，留给国内的战友们。穿着薄薄的衬衣，我们登上了美军飞虎队的运输机。

飞机起飞了，窗外一片黑暗，离开地面、离开昆明、离开祖国时的那一瞬，心底竟升起了一丝莫名的惆怅。多年抗战，不知何时才能结束中华民族的噩梦，何日我才能重归故里……

很快飞机到了喜马拉雅山上空，经过“驼峰”时，舱内温度急剧下降，我眼睁睁地看着舱外成了一片雪白，机翼也迅速结上了一层冰，便不由自主地开始拼命哆嗦。一百多个身着衬衣的热血远征军立即成了冰冷的“摆子军”。我们都握着拳，牙齿不停地上下磕着，浑身抖个不停。十几分钟的时间，仿佛有一个世纪那么长，下飞机后才听说，居然有人在这十来分钟的时间里被冻死！还有一些飞机在半途中掉下深崖。飞机终于平安飞过了驼峰，我们开始感觉到暖和，然后就是逼人的热度，到印度了。

从重庆到印度，一路长途跋涉，大家身上都臭得不得了。还没出机场，我们便被要求脱光了衣服去洗澡、消毒。狠劲儿地搓洗了半天，光着身子正要出澡堂子时又遇到一个美国黑人。他拿着一根皮条哈哈地笑着，对出门的人挨个地抽一鞭子，并张牙舞爪地比画着搓的姿势。我猛然看到时吓了一跳，仔细一看才发现，原来那皮条上面抹了硫黄油膏，美国大兵正在给大家消毒呢。条子抽在身上很痛，但却感觉很爽，每一个被抽的人都痛得双脚乱跳，但却觉得很好玩，于是满地的人都跳着、搓着，哈哈地笑着，澡堂子里一片欢腾。到了更衣室，各人的行李处早已摆好一套崭新的装备，先前我们脱的一堆臭衣服已不翼而飞。

我们驻扎在兰姆伽营地。营地里有美国人、英国人，还有不少印度人。印度人长得很黑，还有长长的鼻毛，看起来很凶悍的样子，刚开始看到的时候我们竟不敢和他们说话。以前也经常听到有印度人打英国人、欺负华侨的事情发生，但自从孙立人将军带领的中国军队来到印度后，无论是印度人还是英国人都开始对中国人很友好，当地的华侨也为我们的到来而感到骄傲无比。

按照当时驻印军的建制，战车营是由三个战车连和一个补给连，以及营部直属通讯排、搜索排、高射机枪排和工兵排组成；而补给连又分油料组、弹药组、给养组，编制较大。我们同去的同学都被分到了战车三、四、五、七营，我则被分到了战车四营二连搜索排。

搜索排有十辆坦克，每辆坦克上有一名车长，兼任炮手，一名驾驶，一名副驾驶，一名弹药手，一名通讯兵，负责坦克内的电台，便于坦克内外的无线电联络。搜索排的任务主要是作战前的搜索，我们有十辆三十吨以上的战车，里面全部都是最新的美国武器。

作为新兵，我们一开始的任务，便是学习这些武器的操作方法。美国人的坦克都是十五吨以上的大坦克，火力大、灵活，第一次发射时，好多人都受不了炮弹出膛时的巨大后坐力，以至于被震伤甚至淘汰。还有人力气太小无法控制方向杆而把整个坦克开了个四脚朝天。作为一支机械化部队，战车营对士兵的要求很高，进坦克前必须先学会驾驶所有的汽车。当时美国人的吉普车、道奇车、ST 派克、JMC10 吨大卡，甚至相当于飞机马力的10至47吨的新坦克，像霞飞、谢尔曼，我们全部都能操作。当然，射击能力还必须达到优秀。连里有的是兵器和弹药，我们不用考虑子弹，只管埋头苦练，想打多久就打多久，有多大干劲就能练成多大本事。我那时候训练出来的射击本事，到现在还能派上用场。退休后我开始摄影，外出拍片子时常常懒得带脚架，端着相机就像端着步枪，拍出的片子就像命中十环，不管多久的曝光速度也绝对不会模糊。此外，作为坦克兵，战车驾驶、射击、基本兵器、伪装、阻击等十多门技术也必须全部过关，以便战时根据需要随时补缺。如果用今天的眼光来看，战车营士兵的作战能力和特种兵差不多，每一个都十分全面、优秀。

日本人的坦克大多是五至十五吨的中小坦克，因为火力小，他们把坦克换成了四十五厘米的大口径炮筒，这使得我们的三十八口径坦克立马相形见绌。但贪心的日本人完全不顾坦克本身的承受力，大口径炮弹发射时使得坦克无法承受后坐力，以至于每次发射时坦克都不得不暂停一下。在战场上，这瞬间的停滞无疑给日本兵造成了巨大的麻烦，因为我们的大坦克无须停留，只须抓住这宝贵的一瞬，一发接一发不停地向敌人发射。虽然日本人的工事一流、坦克质量一流，但我们终于还是把他们打得落花流水……

我那时很玩命，每一项都申请学习，而且要求自己必须达到全优，在全营技术考试中，我得了第四名！所以很快我就从下士提升为中士。当时的士兵津贴很少，下士十二卢比，中士十四卢比，上士十六卢比。而我因为技术好，享受一大堆技术津贴，每月的薪水竟有四十多卢比，在士兵中是相当富裕的人了。印度的货物在当时我们看来是很便宜的，三个卢比换一美金，一个卢比可以买五块最好的美国力士香皂；鱿鱼、大虾等最好的菜，请战友们吃一顿也花不了一个卢比；作战用的墨镜，我们每个人都备有黄、绿、黑等不同颜色的化学镜片好几副；五十加仑一桶的印度木瓜酒，只需要付卢比四块五个，当地人就会马上送货上门。

美国人单纯，热爱生活，热爱自己的爱人、孩子。他们常常会和我们谈他们的生活，拿了家人的相片给我们看，并且喜欢被别人赞美，那样他们便会更加高兴。在营地里还有不少年轻的美国女兵，她们看上去都很漂亮、大方。每次见到，我们都会伸出大拇指学美国人的样，大声地冲姑娘们叫“beautiful”，她们便会回过头来，灿烂地冲我们笑，并嚷嚷着“你好、大家好”的可爱中文。虽然语言不通，但和美国大兵碰到时，相互间总会使出各种奇怪的方式来表示友好：趁对方不注意踢他的屁股、二话不说挽起袖子就打一架、用怪词称呼对方，然后大家抱成一团，拍着手哈哈大笑。

很快我就厌倦在营地里待命的生活，作为一名早已磨刀霍霍、成绩优异的军人，我迫切地希望上前线实现自己的愿望。1945 年初，前线开始频繁传来捷报，但也时时传来失败消息，这使得我更加烦躁，每日里茶饭不思，满肚子都是火气和牢骚。

直到有一天，我在练习时忍不住冲教官嚷道：“我来印度不是当运输兵的，我是来打仗的！再不让我上前线，我就自己跑到昆明，找地方去打日本鬼子！”这一来不得了，很多战友和我一样，都纷纷吵着要自己找地方上前线。

1945 年 3 月 12 日，正是下午，营里突然宣布紧急集合。一群宪兵走上台去，开始点名，突然就听到了我的名字，糊里糊涂的，我和另外九个人被带上卡车，然后关进了重禁闭室、反省室，开始受刑，他们用尽了各种刑法。这时，我们才知道自己原来被疑为共产党混入军队的破坏分子，犯了扰乱军纪的罪。但我们并不知就里，所以他们也审不出任何结果，不久便只好派宪兵用火车将我们押送到利多。记得当时押送我们的宪兵里有一个人叫吴玉璋，他对我们很好，沿途和我们说着话，还劝我们不要太激动，大家都是一腔热血报国，上面会理解的。

一个月内，我们受到不停的调查，都没查出个所以然，最后被送回了国。直到 1946 年 3 月 13 日，我才被宣布无罪释放回到重庆。一腔抗日热血，就这样被终结了。

四、光荣的岁月，悲壮的历程

程敦荣

（一）前　言

第二次世界大战是人类历史上规模最大的一次战争；抗日战争是中华民族抗击外来侵略的最大一次战争，也是世界大战的组成部分。两者都属于世界反法西斯统一战线的范畴，因此也是人类历史上最大的正义战争。战争的结果是进步战胜了反动。

1942～1943年是这次战争最关键的时期。希特勒还是趾高气扬，因为法西斯德国占领了几乎整个欧洲并且深入到苏联腹地；东条英机也不可一世，日军所向无敌，武功赫赫，似乎要“武运长久”下去。但是斯大林格勒保卫战苏军的决定性胜利，英军第八军击败了德国的非洲军团，美国海空军在中途岛大战中给日本海空军以沉重的打击，法西斯的气焰受到了挫折，世界反法西斯盟国士气高涨，战争已到转折点，胜利曙光已可见。但是，取得优势和最后胜利还要经过激烈、艰苦的战斗。

中国空军在美国训练的十二期毕业生正是在这关键时刻学成归国。恰是风华正茂，壮志凌云，求战心切，视死如归。1943年初，在中国战区的美空军第十四航空队刚刚建立，有十二个航校十二期毕业的中国青年飞行员参加了它的第二十三战斗机大队，与美空军飞行员并肩作战。我是其中之一，因而亲历了1943年在中国战场上激烈的空中战斗。

1943年的紧张激烈战斗中，我们十二个人在三个中队执行作战任务二百五十次，击落敌机五架，击伤一架，作战牺牲五人，还有一人在越南受伤跳伞后被越奸出卖做了日军的俘虏。战斗的酷烈，于此可见。往事已历四十二年了，但是回忆起来，一些战斗的场景和战友们的音容笑貌仍宛然如昨日。在我们纪念抗日胜利四十周年和世界反法西斯战争胜利的日子里，更加令人心情激动，感慨不已。我将当年的战斗经历和生活的片段写出，正是对生死与共的同学和美国战友们的怀念，也可以使当代青年人了解抗日战争的一些空中战争情况，或许能激发居安思危、奋发图强的志气。

（二）从“飞虎队”到第二十三战斗机大队

第二十三战斗机大队是第十四航空队的主力，其前身就是著名的美国志愿飞行队，即“飞虎队”。它于1940年就在美国筹组。由于当时美国孤立主义势力很大，陈纳德等人费了很大的力量，在罗斯福总统的支持下于1941年秋在云南昆明组成美国志愿大队，陈纳德任指挥官。“飞虎队”共三个中队，空、地勤人员约三百人。它于1941年冬投入战斗，执行昆明的空防任务和在缅甸支援中国陆军作战。到1942年6月止，共作战百余次，击落、击伤日机五百多架，做出了卓越的贡献，赢得了“飞虎队”之名。

因1941年12月7日珍珠港事件后，美国正式参战，“飞虎队”于1942年7月4日解散，改为驻华特遣飞行队即第二十三战斗机大队，半年后扩大为美国陆军第十四航空队。陈纳德亦恢复现役，任少将指挥官。

第二十三大队当时的骨干，特别是大队长和中队长，仍是“飞虎队”的飞行员，还有一些是从菲律宾撤退出来的部分海陆军现役飞行员，另一些是跟作者一样的1942年初毕业的青年飞行员。

第十四航空队初建时只有第二十三战斗机大队和B–25轰炸机中队，夏季增加了一个B–24重型轰炸机队，通过“驼峰”（印度到中国的航线）的运输量在1942年每月只有约五百吨，后来逐渐增加到1943年的每月一千吨。所以，第十四航空队在当时是最小的航空队，总计约五百架飞机。而第八航空队（驻美国）曾达到八千架飞机。所以美国战友戏称十四航空队是“吊在一根鞋带上的”航空队。

但是第二十三大队的五个中队（一个是第五十一大队驻中国的中队）却分布在从云南西部的云南驿到昆明，直到广西桂林和湖南的衡阳与零陵长达二千千米之遥的空域内，自然形成了东西两个作战空域。在昆明和云南驿机场的两个中队是防御为主，保护驼峰航线，监视越南和缅甸两个方面的日机。东部是以攻击为主，北起武汉，沿长江航运线到南昌，南达广州、香港，经常驻有二至三个中队的力量。作者在这两个地区都作过战，而且在云南驿机场曾受到一次日机的突然袭击，遭受了相当的损失。那次，日机从仰光飞到缅北密支那加油后，以大速度偷袭成功，但那是唯一的一次成功偷袭，也是因为从滇西到缅北都是大山区，设置防空监视哨困难，而且当时也没有雷达网。

第二十三大队虽然是正规的空军部队，但在战术与技术、战斗作风与风格上仍然是“飞虎队”的继承与发展，故颇有些战争的浪漫主义色彩。“飞虎队”的风格就像美国的职业明星球队，个人技术强，而且配合默契，打仗机动灵活，善于以少胜多。陈纳德也更像一个有威望、有能力的教练，队员们习惯称他是“老头子”。“飞虎队”在美国招募时，报名者多是陆、海军军官中的佼佼者，具有美国青年人的朝气与活力，富有正义感和冒险精神。尽管也有少数人是为了较优厚的待遇而来，但绝大多数是抱着对中国抗日战争的同情心和意识到美、日之间终不免一战的前途而热情参加的。如：巴麦尔曾参加过西班牙内战，是著名的林肯大队飞行员。罗·斯考特上校两次到中国作战，担任战斗机大队长。前几年已七十多岁高龄还特地作了从嘉峪关到山海关的徒步长城旅行，为的是实现他少年时期走遍长城的梦想。副大队长约翰·艾利森是矮个子，但非常勇敢。他和巴麦尔曾在衡阳于没有夜间照明条件下起飞拦截并击落日本夜间轰炸机，自己的飞机被打坏，结果迫降到湘江里被人救上岸来；后来他又参加了在缅甸丛林中作战的英、美突击队，即英国的温盖特和美国柯支兰领导的别动队，从事另一种更富有刺激性和危险性的军事冒险活动；战后他曾任美商务助理和美空军协会主席，现在是诺斯罗普飞机公司经理。还有继斯考特上校任第二十三大队大队长的布·霍洛威上校，他是西点军校毕业的现役军官，从1940年秋季就要求加入“飞虎队”，直到1942年才到中国。他沉着勇敢，大的战斗任务必定自己领队，有正规军人的严肃但又亲切和蔼，说话和行事敏捷而简明，平时经常是一架飞机、一个挎包在五个中队飞来飞去。我在桂林时，只要看见一架单机从西边的山头缺口中钻出来直向机场俯冲下来时，就知道大队长来了，而且明天一定有大仗打，令人非常兴奋。作为优秀的飞行员和指挥员，他后来曾任美国战斗机战术学校司令和第一个喷气式战斗机大队长，退役前是四星上将，任战略空军司令。还有一位，我永远记得他的杰作，即P–40机首上的鲨鱼嘴涂饰的创作者，可惜我记不得这位有艺术才能的飞行员的名字了。那真是一种军事艺术的灵感。P–40机的发动机和下面的冷却罩构成了短粗的机头。绘上鲨鱼的大红色血盆大口，配着上下两排锯齿形的雪白的利牙，上边一对带着邪恶的鱼眼，给相貌本来很平常的P–40机一种凶猛勇悍的神气，增添了战争浪漫主义的色彩。有趣的是，其他的机型也曾模仿过这种鲨鱼嘴涂饰，但效果就不如P–40机那么合适，显不出虎鲨的凶悍神情。所以到现在美国的宇航博物馆中众多的机型中，只有P–40机的鲨鱼嘴最能吸引游客的兴趣，成了第二次世界大战中激烈多彩的空战的象征物之一。所以，从“飞虎队”到第二十三大队一脉相传的活泼与民主的作风，紧张勇敢的作战风格，反映出一种“队组精神”。这种精神与作风也正是美国在体育运动上，甚至科学技术上经常处于领先地位的重要原因之一。个人技术水平力求是第一流的，但是能最佳地互相配合，使一个队或一个小组具有最大的战斗力和创造力，能打硬仗也能符合战略。谁也不计较主角和配角，大家信任和服从教练。一人为全队，全队为一人；我认为这种“队组精神”是我们学习的一种风格。

（三）我所知道的陈纳德将军

在陈纳德将军去世二十年后，在美国著名的兰道夫机场终于建立了陈纳德将军的纪念铜像。历史的辩证法就是这样。一个生前有争议的人物，盖棺也不能定论，而要经过一段时间，人们从新、旧历史条件的对比中，最后分清功与过，是与非，做出定论。

据说在1943年于埃及首都开罗举行的三国首脑会议上，陈纳德的威猛面容曾令已故英国首相丘吉尔吃惊不小（陈纳德当时作为蒋介石的顾问列席会议）。陈纳德将军身材中高，深褐色而且粗硬的脸孔，像美国西部久经风霜的牧人，也像一个印第安的老酋长那么威严勇猛，双目有神。他是个不苟言笑的人，一个空军战术家。

给我第一个最深的印象是1940年秋，当时日本新锐战斗机零式初次出现在中国的战场上空，陈纳德当时是美国总顾问教官。那天，日机十余架从越南的河内袭击昆明。航校只有三架苏制的伊－15二式战斗机起飞迎战。伊－15是老式的双翼机，起落架是固定的，有四挺小口径机枪，速度慢，但转弯半径小，操作灵活。教官谭汉易带领两个毕业不到一年的见习官组成三机编队，敌我在四千米高空遭遇，敌机占高度优势，立即击落我一架僚机，另一僚机俯冲脱离，四架零式机轮番攻击谭汉易的飞机，从四千米盘旋格斗到低空。谭汉易以熟练、沉着的小转弯、半滚俯冲、上升反转等动作，避开了日机一次又一次的射击，而且不时开枪反击。最后在一次贴近地面的高度上升转弯时，被一架左后方的零式击中发动机。发动机沙沙的声音，螺旋桨转速顿减，谭汉易当机立断，来一个大侧滑下降，飞机摔在田边，他并未受伤。经验丰富的谭汉易教官立即从座舱滚了出来，借田埂俯卧以保护自己的身体。果然两架零式转弯过来，朝着伊－15的残骸扫射后才飞去。这场惊心动魄的格斗就发生在航校附近，我们都在场目击其全部过程。第二天，陈纳德召集我们飞行人员讲话。他首先指出这是一种新型战斗机，速度、爬升能力、火力都远远超过伊－15或伊－16式；在同这种飞机作战时不能用三机编队，只能作圆圈转弯飞行，前后交错掩护，充分利用本机的灵活性能与它周旋，用急转弯迎头攻击方法等等。

在我们处于劣势之时，陈纳德还是积极利用地面的电话网和无线电组成监视警戒系统，来配合驱逐机的基地与城市防御。1938年他退役后来到中国，以后一直到1945年再度退役才离开。他对日本空军的战术、技术有过长期的观察和了解。所以指挥“飞虎队”时，对日军的情况已较熟悉并能正确地分析零式机与P-40型机各自的优、缺点，从而正确地制定四机编队的战斗队形和“打了就跑”的战术。1942年初，日本零式在太平洋战场及东南亚各地成为“空中之王”，令盟国闻零式而气馁之时，“飞虎队”在缅甸与云南上空的多次交锋中，多数上占优势，打击了日本飞行员的气焰，鼓舞了盟国飞行员斗志。

战后，日本战术家在评论日空军在空战中的惨败时，承认他们因受到第一次世界大战传统的三机编队和单机格斗的陈旧战术思想的束缚，特别是又被日本自己的“武士道”精神所影响，在很长时期内不能认识这种四机编队的灵活性，也不了解“一击脱离”（即“打了就跑”）战术的优越性，这也是他们空战失利和造成有经验飞行员死亡过多的原因之一。例如，1944年9月，日本两架“东条”式战斗机（日名“疾风”四式战斗机，当时日本最精锐机型）冒险从河南新乡起飞，于黎明时分袭击西安机场，当时西安机场驻有16架P-51型战斗机，且有雷达预警，所以这种行动是近似自杀。结果，其长机冒险低空扫射时，可能是操纵失误，坠毁在机场内，另一架被击伤后迫降。当时情况是长僚机编队太近，又同瞄一目标（正紧急起飞的P-51）射击；僚机一开火，打中了长机，僚机被起飞的P-51机追上击落，是当时的目击情况。从战后日本自己的报道中，证明其长机飞行员是岩桥少佐，第二十二战队（大队）长，据称是击落过二十二架飞机的老手，如此武士道精神实不可取。

陈纳德将军在指挥第十四航空队时，更能充分利用在中国战场上的有利条件以实现他的攻势防御战略思想。首先，在防御上可以依靠中国非常有效的地面监视警报网，使被偷袭和突袭的可能性减少，并由于对日机活动情报了解及时，在防御中又能不失时机出奇制胜。例如日军占领越南后，从海防与河内两方面都对昆明的威胁很大。但由于采取攻势防御，主动出击，压制敌人，故仍能确保驼峰航线的频繁空中运输，安全到达昆明终点，也能保障基地的安全，并且长时期内昆明只有两个中队的 P-40 型机，其余三个中队便可以在东部加强攻势作战。

中国的广大解放区与游击区，有英勇作战的八路军和新四军，故而凡跳伞的飞行员，百分之九十以上的人可以安全归来。这对于保护有经验的飞行员非常重要，也有助于保持旺盛的士气。并且，在东部还有广大的非沦陷区，对我方的出击能起到隐蔽意图和出敌不意的作用。其中，最著名的一次战役是 1943 年冬季对台湾新竹机场的长距离渡海奇袭。因为有在江西、福建、浙江的临时机场可以利用，航线的大部分是在非沦陷区上空，过海峡时可以超低空飞行避开雷达监测，所以这是一次非常成功的奇袭，击毁击落敌机数十架，也是对飞行技术及耐力要求很高的一次作战；当时刚组建投入战斗的中美混合联队的中国轰炸机队也参加了战斗。领队是第二十三大队大队长霍洛威上校，为了成功地领导这次攻击，他事先对台湾作过单机侦察飞行。

正是由于这些有利条件，陈纳德将军往往敢于作出看起来似乎冒险的战役决定，并获得成功。日军的指挥是有失误的。1943 年夏季的激烈频繁的双方攻势作战中，有时我方补给非常紧张，甚至作战飞机都不足。可是日方却往往突然终止攻击，给了我方喘息和补充的机会。所以优秀的指挥员也要敢于冒险，险中求胜。

笔者与陈纳德将军的直接接触不多，在我击落第一架日本重爆击机（注：即重型轰炸机）后，他曾为我请勋和通报嘉奖。当我后来知道他因与蒋介石的密切关系，曾于蒋败局已定时给蒋空中援助一事，我认为是他的失策和政治上的错误，只能觉得遗憾。但是对于一个对中国和美国共同抗击日本侵略有卓越贡献的指挥员和空军战术家，历史是会做出公正的评价的。

（四）P-40 型战斗机与日本零式战斗机

P-40 型和零式是二战初期太平洋战场和中国战场上较量最多、时间最长的两种战斗机。

1941 年 12 月 7 日，日本偷袭珍珠港成功。美国参加第二次世界大战。当时，美国陆军航空队可用的飞机是 P-40 型。虽然美国飞行员认为它是“哪方面都不出色”的飞机，可是却一直使用到 1943 年，甚至 1944 年。P-40 型飞机在最困难、最激烈的战斗中有大功劳，一共击落了一万三千多架飞机。

P-40 型机的特点首先是结实可靠，能承受打击，只要冷却液箱没有被击中，全机满是弹孔也还是像一匹忠实的战马一样，将骑手安全地送回家。它对飞行员的保护也较好，风挡后有很厚的防弹玻璃，飞行员身后有厚钢板，油箱是防弹的自动封闭式。

再就是它的火力强，六挺十二点七毫米大口径机枪，射程远，组成的火力交叉很强。如在八百米距离开始射击，它能从六百至二百米织成杀伤破坏力很强的火力网，工作可靠；P-40 的武器系统很少发生故障。笔者在一次空战中，目睹我僚机将日机打得空中爆炸开花，可见火力之强。

P-40 型的平飞与上升性能都不强，但俯冲好，作垂直俯冲时，操作性好，没有抖振。笔者曾在一次空战中被二架零式攻击，机身中了两发炮弹，炸开了两个直径二十多厘米的洞，我以垂直俯冲脱离，空速表指针接近六百英里 / 小时处的极限速度时，操作仍不很沉重。故而 P-40 型的这一特点决定了它采取“打了就跑”的战术最能发挥其优点。

此外，P-40 型适应性强，维修比较容易。所以无论是太平洋上的热带森林，北非的沙漠，或在我国云贵高原，它都能适应，工作可靠，不娇气。在北非，美国空军叫它“小鹰”，美空军中的外号则是“印第安战斧”，都是很形象的外号。

日本的零式无疑是二次大战中的杰出机种之一。“零”是日本纪元

2600（1940）年之意，日本海军编号是三菱 A6M，1939 年首飞，1940 年首先在中国战场使用。主设计师崛越二郎，毕业于东京帝国大学航空系，留学美、英、德三国，吸取了二十世纪三十年代战斗机设计的新思想：全金属、低单翼、可收放的起落架等加以改进设计而成。零式最大平飞速度可达 500 千米 / 小时，升限超过一万米，续航距离达两千千米，火力增加为两门机炮（二十毫米）和两挺七毫米口径机枪。这些性能使日军的战斗机有了划时代的飞跃，与 P–40 型不相上下，零式上升性能与操作灵活性、转弯半径就优越得多，因此，零式是二次大战中所有战斗机型中格斗性能最佳者。

但零式的致命缺点也不少。因为追求重量轻使结构不强，金属蒙皮薄，不耐打击。俯冲性能差，大角度与长时间俯冲速度不能超过 660 千米 / 小时，否则抖振激烈造成机翼折断。对飞行员的保护差，钢板很薄，油箱无自封闭性、易击中着火，仪器及液压、电气设备等也较粗糙。而且零式在六千米以上性能变劣。因此，零式机在空战中常在四千米左右的高度作特技飞行或转弯，吸引 P–40 机作格斗战。在太平洋战争初期，它的这一套战法很有效，如果和它转小转弯，一圈以后它就能咬着你的尾巴，而将你击中。以后由陈纳德将军指挥的“飞虎队”创造的“一击脱离”战术逐渐普遍被接受，零式机就常处于劣势，被击落的远多于 P–40 机了。并且，由于飞行员的保护设备差，也造成死伤比率过高，特别是有经验的飞行员的损失更是难以补充，使日本空军在后期的力量更为削弱，最后只有采取“体当”（肉弹，即连人带机撞毁）战术，所谓“神风攻击队”的战法，就是战争的最下策了。

但零式机自 1940 年秋出现于中国战场上空起，直到 1942 年底还是“太平洋之王”。盟国飞行员在空中闻零式之名而丧胆者有之，确实杀出了威风。先是 1940 年秋到 1941 年春之间，零式将当时已为数不多的中国空军伊— 15 式与伊— 16 式战斗机先后击落数十架。重庆、成都、昆明的机场都在其航程之内，因为零式的续航力（加副油箱）已超过两千千米。中国空军当时使用的伊— 15 与伊— 16 式机对付日本的 96 式或

97 式战斗机还可以稍占上风，但远非零式机的对手。它们与零式在设计时间上相差五年多：伊— 15 是 1934 年的设计，零式是 1939 年的设计。双翼、蒙皮式的伊— 15 仍是一次世界大战的传统战斗机型。零式则代表二十世纪三十年代的设计思想，也参照了英国的“喷火式”和德国的梅塞施密特 Me–109 式等当时最佳的欧洲战斗机设计，还有美国的 P–35 与 P–36（P–40 式机的先期机型），又吸取了 96 式与 97 式在中国战场和日苏在诺门坎空战中的经验得失，因而是一种全新的、划时代的机型。旧中国自己没有独立的航空工业，飞机完全依靠外国。当时美国不愿得罪日本，苏联也无力相顾。因此，零式机在中国天空横行无忌了差不多两年。

美国在太平洋战争初期因准备不足，又遭受珍珠港和菲律宾两次重大打击与损失。英国陷于欧洲战事，在远东的空军只是少量落后陈旧的飞机。加之日本飞行员是在中国作战的老手，所以美、英吃了零式机及其飞行员不少苦头。

可与零式较量的美机只有陆军的寇蒂斯 P–40“小鹰”与海军的 F4F“野猫”战斗机。与零式相比有些性能相近，但又各有所长。1943 年春的珊瑚海与中途岛两次海空战役中，日方飞机共损失三百多架，美方损失约二百三十架，绝大部分是战斗机。美方在正确的判断与指挥之下，兵力集中，飞行员的技术与勇气都是最好的。从此日本的海空零式机一直处于劣势，大批优秀和经验丰富的飞行员战死。

在中国战场，零式与 P–40 机于 1941 年秋交手，“飞虎队”在陈纳德将军的四机编队和“一击脱离”战术指导下，一开始就占上风，并直到第二十三大队时仍保持空战中的优势。采取这种战术的前提是要有高度、速度和位置的有利条件，否则容易被零式缠住而陷于被动。1944 年笔者在一次轰炸黄河铁路桥的任务中就有过这种经验。我方四架 P–40 担任低空扫射桥北敌高射火力阵地，掩护 B–25 轰炸机低空投弹；我们在脱离铁路桥区后上升返航。当时由于有些麻痹大意，爬升缓缓，队形拉得较开。突然，我在三号机位置发现右前方有日本零式机正在向二号机（美国战友贝克特上尉）接近，我和四号机钟洪九同学几乎同时发现，我俩右上方也有几架零式飞机。他们是由新乡起飞来拦截的。从外形看比较短粗，涂的橄榄色，像是改进的 A6M5“疾风”式（注：按照战史记录，日本海军航空队于太平洋战争爆发前后，已大部撤离中国战场，此应为日本陆军航空队的战斗机，可能是中岛一式“隼”，也可能是中岛四式“疾风”，这两型陆军战斗机外形与零式相似，当时盟军和中国空军飞行员经常辨识不清，故出现识别错误当作零式，请读者注意）。钟洪九和我同时左上升转弯对着敌机飞去，他和一架零式格斗。我完成转弯后，看到一架零式已在二号机的直后上方处于射击的位置，我加大油门直冲过去，在远距离开枪，一方面是报警，引起他和长机的注意，一方面想吓走日机。但已来不及了，二号机被击中受伤坠落下去，长机发觉敌机作下滑转弯脱离。这时我已成了单机作战，敌机未发现我，在他击中二号机脱离时，我也击伤了他的飞机，使其脱离了战斗。接着在同几架飞机的格斗中我也被两架零式击中，翼根处（与座舱外壳的结合部）中弹，将风挡玻璃也震裂了一块，碎片打进了脖子。我只好推机头俯冲脱离，但当时的高度已不够，速度不快，两架零式一边一个夹着我一起俯冲。到超低空高度，我全开油门利用发动机的加力，两架零式始终不能追上，我看着他俩射击的曳光弹形成的光带在我下面飞过，当时是在黄河水面上，就像三机编队似的以全速飞行，不过一会儿他们就没敢继续追了。这次我们虽然损失了一架飞机，但那位美国战友后来跳伞降到解放区，不久就安全回队了。

从 1942 年初到 1944 年，零式曾有四次改型，P-40 也有三次改型，两者基本上保持了各自特点。日本毕竟因工业与技术力量有限，这些改型并没有质的飞跃，与美方后来使用的 P-51 型“野马”式和 P-47 型“雷霆”式相比较就落后很多了。P-51 与 P-47 无论在速度、火力、升限、续航力等方面都与初期战斗机有质的不同。从功率上看，P-47 在 2000 马力以上达到 2800 马力，接近于活塞式发动机的极限。P-51 的平飞最大速度超过 600 千米 / 小时，航程可达三千千米（我们执行过长达八小时的远程任务）。

（五）战斗生活点滴回忆

我们十二个第十二期毕业的中国飞行员直接参加第十四航空队第二十三大队作战，每个中队四人，我和李鸿龄、毛友桂、毛照品分到第七十四中队，同美国战友一起生活、战斗，结成了深厚的战斗友谊。中队长莫尼汉上尉是个西点军校毕业生，为人非常沉着，留着短平头，湛蓝的双眼，当他注视人的时候使你感到这是一个诚恳热情、对自己的职责非常认真的青年军官。一次，我随他从衡阳起飞，对岳阳车站的日军仓库作俯冲投弹。他了解到我过去是飞的P-39型“空中眼镜蛇”（Air Cobra）战斗机（这种飞机有一门三十七毫米机炮，发动机在机身中部，因为重心关系，它的操作性不好。苏联接受这种飞机用做地面攻击机，打坦克很有效），对P-40机并不熟悉，由于燃料太缺，我只飞过三个起落就执行战斗任务。因此，他教给我如何俯冲和瞄准目标，如何选择投弹时机等要领。但我第一次投弹还是因俯冲角太大，拉起过猛，把炸弹丢到洞庭湖去了。回来时他笑着对我说：“程，炸死不少鱼吧，哈哈。”我感到很惭愧。不过，我第二次投弹就直接命中了目标。那时我们的出击范围是长江一带，武汉到九江、南昌一带。李鸿龄同学是我们中首开纪录击落敌机的人，他在出击南昌机场时，一架日本运输机刚起飞，他发现了立即追过去将它击落于南面郊外，我们都为他高兴、庆贺。

令人惋惜的是，受战友们敬爱的莫尼汉少校（刚晋升）在一次侦察任务中失踪，判断是在武汉附近被敌机击落牺牲，接着李鸿龄同学也在一次出击任务中失踪，他也是我们同期中第一个牺牲者。这时正是1943年春末，在我国东部的空中战事逐渐活跃起来。日本高空侦察机常常飞越衡阳和桂林上空，这往往是一场空中恶战的先兆。最初，日本飞行员还是很自负的，他们的战斗机往往在三千米高度做着各种特技动作，进行挑战，诱我们同他们格斗。由于我方的地面监视网的及时警报，我机有充分的时间爬高，往往在高度上占优势，从六七千米直冲下来，以每小时六百千米以上的速度冲向零式的编队，攻击后以余速脱离，就免于与它搞长时间格斗。日机吃苦头后，也改变了战术。即使他们在护航时，也飞得高高的，但这却又给我们攻击它的轰炸机编队的机会。

到了夏季，我方的补充条件改善，加强了攻势作战。日方也分别在武汉和广州增调了部队，双方你来我往，战斗非常频繁。日本空军战斗机分驻桂林、零陵、衡阳三个机场，重型轰炸机 B–24 型“解放者”（Liberator）驻昆明；B–25 中型轰炸机则往往于出击前一日飞来桂林，次日凌晨出击。有一次我正在值勤时，有警报显示日机大编队从广州起飞在韶关加油。我们基地司令芬逊准将领队，我们上升到七千五百米高度，在桂林与零陵之间与敌机相遇。当时我飞的位置在最左边。看到长机摇动机翼，随即我也发现了敌轰炸机编队，是敌九九式双发重型轰炸机群（注：此应为川崎九九式轻轰，而不是重型轰炸机；如确为重型轰炸机，则应为三菱九七式重爆），编队很密集，略高于我机，灰白色的机身连成一大片，由于队形很密集，忽上忽下，摇摇摆摆，估计是因为它们机上机枪口径小，必须靠得很近才能组成交叉火网。接敌的时间实际上是很短的，我们七机转了大半圈子就直接扑过去，但那时一两分钟都似乎非常之长。我们投下副油箱，加大油门，开始俯冲。我们做完了准备工作，光学瞄准具亮了，机枪保险打开，随着长机向上拉起机头，以几乎垂直上升的角度，在敌机编队中央机开火。我注视着瞄准具，把敌机编队中最左边的一架轰炸机套住。它越来越近了，翼展充满了我的瞄准镜的光圈，我按动操纵杆上的按钮，立时六挺 12.7 毫米的大口径机枪一齐射出密集的子弹，六条光带指示着命中部位，很快从敌机的左发动机处掉下许多黑色碎片，冒出黑烟。我按住机枪发射按钮不放，除了通过光学瞄准镜看到敌机，我什么也看不见；不一会儿，它的烟冒得更浓，它突然向左倾侧过去，整个敌机向地面坠落下去，这时我的座机已与敌机相平了。但因为是头一次打敌轰炸机，见到这种情况，我稍稍愣了一下，瞬间后才意识到是把它击落了。

一种复仇的满足给予我最大的愉快。我总算能用自己的手掌握武器去打击敌人了。多少年的民族压迫，血债如山，旧恨又加新仇……这才算出了一口气。

1943 年夏季到秋季，我参加了多次出击任务。一次是对汉口的大轰炸，我们给 B–24 重型轰炸机作护航。我们的编队飞至汉口上空时，日机还在起飞，在它们拼命爬升、企图向我轰炸机编队接近时，我们利用高度优势，垂直俯冲下来，出其不意，在敌机未完全发现我们以前，我已经瞄准了一架零式机，射出了一长串子弹把它打着了火。我长机也击中一架。我们的轰炸机编队从容地投了弹，安全返航，我们战斗机也先后返回衡阳基地。

另一次则是对九龙船坞的攻击，也是为 B–24 重型轰炸机护航。出击的前一天下午，大队长霍洛威上校单机从昆明飞来桂林，看他笑眯眯走下飞机的样子，我们就知道明天有好任务。果然，第二天上午我幸运地轮值警戒。看到大队长招手，我们带着地图在跑道中集合，大队长宣布任务，简明扼要地指出了注意事项、编队次序、任务要求等。十六架飞机陆续起飞后，转了一个圈子就编好了队向香港方向飞去，那天桂林地区天气并不好，飞行五分钟后编队钻进了云层，我聚精会神地看着仪器板，在云层中保持稳定地上升。很快，十六架飞机都飞到云层上面了，原来的队形基本没有打乱，约一个小时后编队通过广西梧州上空，立即看到强大的 B–24 重型轰炸机在下面通过，非常准确地会合，没损失任何时间，两编队就直飞九龙。一想到两年前我们第一批赴美受训学生正是从九龙码头乘远洋轮横渡太平洋去美国，那时太平洋战争尚未开始，祖国的苦难正深，现在又要从空中看到香港、九龙，心头有种难以形容的滋味。就在轰炸机投弹，浓密的烟尘滚滚，港内激起一根根水柱时，大队长带领我们俯冲扫射过去，我一抬头，那不是半岛酒店吗！正好一路扫射过去。战斗机编队重新上升恢复队形返航，刚爬升到大约四千米，在广州白云机场起飞的零式机，横飞过来，朝 B–24 编队扑过去。我们战斗机编队正在 B–24 编队上面，不等零式机接近，我们就俯冲下来。我看准了一架已经从左侧接近 B–24 编队的零式机，从它的后上方成十五度接近并瞄准，它也似乎发觉了危险，没来得及向 B–24 机攻击而企图转弯脱离，但就在同一瞬间，我按动了机枪按钮，看到机枪子弹击中它的机身，落向地面。

1943年的夏季，这样紧张激烈的战斗非常频繁。我的另一个同学毛友桂在桂林上空牺牲了。这个平时腼腆得像个大姑娘的人，被敌机击中时受了伤，昏迷中飞机一直撞到地上——又一个为祖国的自由奉献了年轻生命的烈士。血债还需血来还，我下了决心，不管要多久，我一定要打到最后，为战友报仇。而且，我们直接参加美空军部队作战，无形中就是国家的代表，必须以自己的行动与战绩，甚至生命来为国家争光。

第二十三大队的美国战友们也给我极深刻的印象，至今难忘。因为美国空军飞行学生必须是大学一年级以上的文化程度，所以他们当中多数还是学生那样乐观、活泼、勇敢，而且各有自己的个性，分队长以上的军官们多数是资格老些的飞行员（珍珠港袭击以前的毕业生）。分队长克林格上尉曾在巴拿马运河驻防，留着漂亮的小胡子，一对漂亮并带点神秘的眼睛。他会催眠术，一次大家一定要他表演，他拗不过，就要我们坐下看着他。他的声音有种音乐感，娓娓动听，双目特别有神，一面注视着我们，一面用动听的语言叙说着动人的景物和故事，说着说着，慢慢地就有人被催眠了，像被迷住了似的随着他的语言而做出各种滑稽可笑的动作。

还有温文尔雅的贝尔上尉，打一手好桥牌，只要定约后，打几张牌就能摊下全副牌，以精确的分析向我们解说叫牌和攻守的道理。

最令我难忘的是一位北美印第安人的后裔，名叫吠陀维，外号叫“酋长”，身材不高，但非常健壮，古铜色的脸色，深黑色的眼睛，微微卷曲的黑发。他如真的穿上印第安武士的服装，头戴羽毛装饰的头饰，手持斧，骑在没有鞍子的骏马上，一定威严得像酋长一般。他和我们最要好，性情又极其温和热情。我看着他那带蒙古血统的面容就不禁有一种亲切感。他作起战来也是像印第安武士那么勇敢。不幸的是，他在一次运输飞机的任务中，因天气恶劣而撞山牺牲了，噩耗传来，我们都哭了。

一年的共同战斗与生活，由于我们两国有一致的目标——打败日本帝国主义，在并肩战斗中，冒着同样的危险，也分享着胜利的喜悦，生死相共的战斗友谊总是长留在记忆之中。

（六）结束语

1943 年底，中美飞行员混合编组的中美联队组建，并投入了战斗。一大群生气勃勃的年轻飞行员加入了同日军作战的行列，使我们的实力大增，我也被调入其第三战斗大队第二十八中队。这是个在抗日战争初期多次击落日军的光荣大队，并且以广东籍和华侨飞行员最多而著名。我在那里一直战斗到 1945 年 8 月日本投降。

1946 年底，当时的国民党政权决心发动内战，我的良知不允许我自己因爱国而投笔从戎的学生手上沾上自己人民的鲜血，我只好离开作战部队。

第七章 远征归来

1942 年，中国退到印度的两个师（中国远征军新三十八师和新二十二师）被整编成中国驻印军，这支部队被史迪威带到印度的兰姆伽基地，用全套的美式装备武装并接受全方位的美式军事训练。但是仅靠两个师在缅甸北部发起反攻，显然是不可能的。而当时中国军队的后备力量也不足以满足需求，所以 1943 年，蒋介石发表了著名的讲话，“一寸山河一寸血，十万青年十万军”，号召大后方的青年学生加入中国驻印军。1943 年 10 月，中国驻印军开始反攻缅北，夺占缅北要地密支那。1944 年 12 月 15 日，中国驻印军攻克八莫，半个多月后拿下边境重镇南坎，最终连通云南境内的滇缅公路。

与此同时，为了配合中国驻印军在缅北的反攻，国民政府集中二十万精兵，重组远征军。

1944 年 5 月，中国远征军第二十集团军以六个师的兵力强渡怒江天险，捣毁日军据点，连克腊孟、镇安各镇，血战松山，收复龙陵、腾冲。

松山血战历时一百二十天，官兵阵亡八千余人，日本守军除一人化装突围全部战死，无一人被俘或投降，双方阵亡人数之比接近 6 : 1。另外，中国军人伤者逾万。

松山，宛如一座高耸的抗战纪念碑，永远屹立于怒江之畔，它险峻的身躯向世人昭示：犯华夏者，虽悍必诛!

腾冲攻城战役历时四十二天，远征军全歼日军三千余人，以全胜战绩收复腾冲。战役中，该集团军九千多名将士英勇捐躯。腾冲之战的胜利，有力地促进了滇缅战场的胜利，在中国抗日战争及世界反法西斯战争史上谱写了光辉的一页。

滇西战役从 1944 年 5 月开始，一共历时八个月，日军被歼灭两万多人并被赶出了国门。中国远征军用六万多官兵的生命换来了反攻的胜利。这些来自大江南北的热血男儿永远长眠在滇西的高山峡谷之间。1945 年 1 月当硝烟散尽的时候，这些脚穿草鞋的士兵和另一支英勇的部队——中国驻印军在畹町附近的芒友胜利会师。

一、一寸河山一寸血，十万青年十万军

1942 年初，中国远征军入缅抗日，历尽磨难，十万将士仅剩三万余人，部分败退到印度。随即中国大后方掀起学生大从军运动，将十万学生兵通过著名的“驼峰航线”空运到印度，全部配以美式装备，成立“中国驻印军”。这支中国军队战无不胜，一路摧枯拉朽，全歼日寇王牌第十八师团，解放缅北，对于打通中国唯一的国际大通道起到决定性作用。

刘安祺

1944 年冬，政府号召“十万青年十万军”。方针确定之后，首先选调训练干部，然后由中央派人到各县市去发动青年从军。青年军的全衔是“知识青年远征军”，刚开始的时候成立了五个师——二零一至二零五师，师长都是当过军长甚至集团军司令的高级军官。我因为当了几年师长和军长，就被选为二零五师师长，同时还兼五十七军军长。青年军二零五师的司令部驻在贵州省修文县的阳明洞，就是王阳明被贬为龙场驿（修文古名）驿丞后自修讲学的地方，上面刻有“阳明玩易窝”五个字。

青年军的招募并不是各师分别办理，而是由中央统一招募，再分发各师。干部也是中央精挑细选之后分派的。青年军建立以后，还成立了一个青年军训练总监部，总监是罗卓英上将（他是陈辞修先生的骨干人物），蒋经国先生是政治部主任。我这个师的骨干是湖南大学和贵州大学

的学生，另外还有一部分是高中生和公教人员，什么人物都有。师之下辖三个团和一个炮兵营、一个工兵营、一个通信营，炮兵营长就是张国英，现在的台湾“国防部长”郑为元当时是我的团长，另外有好几个干部现在台湾当少将，当时的排长也有两个在台湾当过宪兵司令。我们成军之后，先选调训练干部，随后就开始训练青年兵。我的训练中心设在札佐，经过半年多的训练，老先生亲自校阅以后，认为我训练得还不错，和经国先生两个人一再地嘉奖我。

1946年1月，我被调升为青年军第六军军长，副军长是刘树勋。第六军其实就是第一军，因为番号具有掩护作用，所以数字都会多编一点。当时青年军已增加为三个军、九个师，我领导的第六军辖二零二、二零四、二零五三个师，驻在重庆；第九军由黄埔一期的学长钟彬（广东人）统率，辖二零一、二零三、二零六三个师，分别驻在四川泸州和陕西南郑；第三十一军的军长也是黄埔一期的学长黄维（江西人，陈官庄战役中被俘），他辖的是二零七、二零八、二零九三个师，分别驻在江西、福建和广东边境。每个师都准备担任作战任务。

我对第六军的安排如下：二零二师交给曾任胡宗南参谋长的罗泽闿；二零四师交给覃异之；二零五师则交给黄埔一期的同学胡素。整个军的任务除了督训部队之外，并担任陪都的卫戍任务。因为常常要视察部队（尤其是陪经国先生视察），忙得不可开交，我的老太太住在成都，我都没有去探望过她，非常遗憾。

青年军从征召、入伍一直到成军，这段时间正当抗战末期，国军精神疲惫，素质日差，而且战时生活疾苦，社会环境不好，经济状况也很险恶，大家觉得当兵是最贱的事，不只一般人民视当兵为畏途，连知识分子都不愿入伍从军，所以当时流行“好铁不打钉，好男不当兵”这样一句话。更何况抗战时军人的待遇非常差，我从七十八师师长、九十七师师长、五十七军军长，一直到青年军成立之前，家里连一个煤油灯都点不起，也很少吃肉；军队上课，粉笔也买不起，生活苦得不得了，所以谁都怕当兵。在这种状况下，经过政府和党国元老、社会名流的精心设计和大力号召，不只是大学生，很多大学教授都加入青年军的行列，中小学教员更多得是，现任台湾“行政院长”李焕也在响应之列，这些人大都被编为教官。这完全是在政府的号召下，大家体认到国亡无日，有血性、有良心的年轻人为了救亡图存，一致抗日，都热烈响应，其盛况真可以用“风云变色”四个字来形容。经过这一个运动，军人的地位也提高了，所有的好男都去当兵。来台以后，有一次青年军的纪念会请我去讲话，我就强调青年军的两大贡献：第一是唤回军魂；第二是充实了复员干部。如果没有青年军训练出来的十几万人，干部（尤其是中下级干部）的传承都断了，连台湾的接收工作都成问题。这两大贡献在历史上是不能抹煞的。

因为青年军待遇好，服装好，干部也是精选的，所以成军之后，军中积习得以铲除，民心士气也为之一振。当时我对青年军除了精选优秀干部、统御督训之外，还提出几个口号，经国先生很喜欢，比方说“以知识青年之觉醒，唤起国家之灵魂”“牺牲贡献，才可以挽救我们国家的厄运”，因为从军的青年许多都是小资产阶级以上，所以还有一个口号是：“享受先做最低的打算，贡献要做最高的准备。”这些也可以说是我政治训练的纲领。

王楚英

跟史迪威处久了，我最欣赏的就是他处事的公正。在一个盟军的军队里，这点是很重要的。我想说一件在兰姆伽军事基地开辟不久发生的事情。

兰姆伽这个整训基地，开办了很多学校，教学方案、计划都是美国人制定的。而孙立人、廖耀湘这些老带兵的人，都根据自己的经验要求部属，在严格执行兰姆伽训练中心的训练计划外，还要把每天早上和晚间的几个小时充分利用起来，加练体能、射击、筑城等。结果，此事引起了美军联络主教官斯利尼和菲力浦的强烈不满，他们曾横加阻止，但被孙、廖两位师长断然拒绝了。此事闹到了史迪威处。

那天是1943年的10月19日，史迪威刚由新德里回到兰姆伽。他心情较好，因为美国陆军和蒋介石的结扣解开了，美国陆军答应了蒋介石的条件，而蒋介石也同意由滇西出动十五至二十个师进攻缅甸。他听了斯利尼和菲力浦这两位美国联络主教官的控诉后，便兴冲冲地对他们两人说："你们二位做了件好事。我正要找他们呢，就麻烦你们二位把他们两人请到我这里来吧，你们也一道来。"

不一会，四个人就来到了史迪威的办公室。史迪威一反平时的严肃态度，竟起身相迎，笑容可掬地要孙、廖两位将军在他身边的竹椅上落座。他并没有马上谈斯利尼和菲力浦控诉他们二人的事，而是大谈他这次重庆、新德里之行的收获。说完，他才接着把话题一转，对孙、廖二人说道：'二位将军，我对你们的工作是满意的，新二十二师和三十八师都是我的好部队，我的孩子们都是好样的。不过，在我们内部出现了分歧，这两位上校不同意你们每天给部队另外增加几小时训练的做法，认为你们不尊重美国教官，打乱了训练计划，加重了官兵的身心负担，影响官兵的健康。你们有什么意见吗？"孙、廖二人听后脸色顿时沉了下来。廖耀湘是有名的"宝庆辣子"，一听便火冒三丈，愤然说道："中国是一个主权国家，我们两人是政府任命的师长，有权管理、指挥我们的部队。为了早日完成反攻缅甸的作战准备，我们对所属部队利用业余时间加强战备训练，这完全是我们的本职和主权。请恕我直言，美国联络主教官作为我们的盟友，对此事不该妄加干预甚至阻挠，他们也无权干预。"史迪威看到廖耀湘那种怒不可遏、越说越激动的样子，不但没有生气，反而劝说廖耀湘，请他别生气，有话好好讲。这使得坐在一旁的斯利尼和菲力浦显得局促不安起来。孙立人素有大将风度，他接着廖耀湘的话用很平静的语调和和气气地说："我和我的全师官兵都牢牢记住了史迪威将军在8月23日大会上的讲话。将军号召我们要像中国古代的越王勾践那样，卧薪尝胆、吸取教训、反攻缅甸、报仇雪耻，还教我们像岳飞那样精忠报国，要求我们加快完成战备，早日开展反攻缅甸作战。将军的话言犹在耳，所以，我们便抽出每天四小时的课外时间，来进行体能、射击、夜间行军作战及筑城作业等项与反攻缅甸密切相关的战备训练，这难道有错吗？试问，如果官兵体质不健壮，怎能耐劳？打仗、射击技术不好，怎能消灭敌人？我们所做的一切，就是要提高官兵的体质和战斗技能，消灭日本人。请史迪威将军做出公正的评价和处理，更希望美国朋友们也要有点远见，正确理解中美两军之间的盟友关系，互相尊重，千万不要重犯英国人对待我们的错误。”孙立人的话绵里藏针，把一个烫手的山芋，丢在史迪威的面前。

听完这番话，史迪威表情凝重起来，他很严肃地说：“我很赞成孙、廖二位将军的做法，对他们的话我也赞成。现在请斯利尼上校和菲力浦上校表明态度，如果你们二位也改变主张，转而支持孙、廖二将军的做法，那就等于什么事情都没发生过，大家好好合作下去。否则，就只好请你们离开现在的岗位，听候我另外的安排。”不知道是美国人有勇于承认错误、认真纠正错误的特性，还是这两位上校慑于史迪威的权威和孙、廖两位师长义正词严的讲话，有所悔悟，刚才那股趾高气扬、有人撑腰的劲儿，变成了低头道歉的谦和，表示愿意继续真诚合作共事。

自此以后，中国驻印军的训练就进一步掀起新的高潮，各级部队长可以独立行使职权而较少受到美国联络官的干预了。史迪威虽然还经常在兰姆伽、重庆和新德里之间奔波不停，但他总是挤出时间回兰姆伽住上十天半月，同中国官兵一道生活，检查训练，校阅部队，亲自观看新一军和特种兵部队的各项竞赛和战斗演习。

罗友伦

1945 年 1 月 22 日，我接掌了四十九师任师长。那时兵源枯竭，这个师的兵大部分是抓来的。其中有一个工程师也被抓来，我问他：“你为什么在这里当兵呢？”他说：“我是在修飞机场时被抓来的。既来之则安之，军中生活过惯了，觉得也还不错，如今我也时常出去抓兵，当抓到兵时，我就对他说：'我也是被抓来的，为了报国，你也只有好好地干。'逃亡被抓回来是要枪毙的。”那时军中有一句谚语：“铁打的营盘，流水的兵。”有逃有抓，所以也形成了部队吃空缺的现象。当我们在缅甸作战时，所有补给均由盟军供应，按人头计发米粮与副食品，每日清点人数，竟无一日是对的，主因空缺太多，无法确实计算，一笔烂账，实感汗颜，因此我对吃空缺深恶痛绝。我当了师长之后，规定一律不准吃空缺，违者军法从事，终于肃清积弊，风气为之一振，在严管勤训之下，成为一支坚强的部队，担任了昆明的防务。

没有多久，我转任二百师师长，时在 1945 年 3 月 17 日。二百师原为全国唯一的机械化部队，那时车辆已直属军部，因而机械化也成为有名无实，这个师曾在昆仑关、缅甸作战，与滇西反攻时，均立下赫赫战功，因此颇负盛名，但是部队伤亡很大，损失也不少。因为兵源缺乏，天天希望能获得新兵补充。突然有一天听说要送四千名新兵来，大家非常高兴。哪知四千名新兵到来时，才发现这批新兵竟都骨瘦如柴，甚至饿得难以举步，其中更有很多文盲，使我大吃一惊。因此立即展开保育工作，经过两个月的调养，个个都健壮起来，可以接受正常训练，于是关起罗东村子的大门，禁止官兵进入繁华的昆明市内，专心训练，生铁成钢。几个月之后，就成为坚强有力的劲旅了。

“十万青年十万军”，知识青年从军报国，改变了我国近代“好铁不打钉，好男不当兵”、文武殊途的观念。蒋委员长号召他们从军入伍，不是当军官，而是当战斗列兵，荷枪实弹，冲锋陷阵，杀敌报国。风起云涌的知识青年从军，自二零一师至二零九师，共编成九个师。各师均就近编成，唯独二零七师的青年兵由陕西西安空运至云南曲靖，自西北至西南，为我国有史以来最大的空运壮举，在曲靖接受了美援装备，改隶于新六军。

我于 1945 年 4 月 5 日接任二零七师师长，到任之后，首先遇到的第一个棘手问题，便是由于改隶而影响到补给系统的改变。因为青年军的主副食原来是以实物补给，而改隶之后变为一般补给，立即取消实物改发代金，相差悬殊，全师濒临断炊边缘。部队每餐以稀饭果腹，群情生怨，士兵来看师长在吃什么，发现也食稀饭，情绪稍平。我认为，如此粮秣不足的部队，何能要求军纪与训练？必须彻底谋求解决，乃亲往四川重庆，晋谒最高统帅面陈此情。当蒙拨款七千万元，先济燃眉之急，再以专案处理，恢复实物补给，始获平息，部队生活方趋正常。

那时有存心破坏青年军的建立者高喊“军队国家化，政党退出军队，实施军中民主”等口号，有别具用心人士随声附和，军中弥漫要求民主自由的声浪，不少青年兵也受其蛊惑，在军中发起请愿，提出部队长选举以及官兵平等等诉求，至有全连士兵于新任连长到职时齐赴师部、团部请求收回成命，挽留前任连长，藉集体抗争手段来争取者，也有假自由平等之名违抗长官命令者，不一而足，隐伏乱机。

我体察此一情势，思之再三，认为应标本兼治，使这些文弱书生变成赳赳武夫，由养尊处优的生活转变成刻苦耐劳的习性，使之能冒险犯难、视死如归，养成为国牺牲的精神。而严格的卫兵教育，实开其端，因此规定营区内外，均由卫兵负责管制，任何官兵未经准假，不得擅出营门；非假日不得进入戏院及娱乐场所。甚至副师长李修业亦接受卫兵的阻止。列兵进入营门，必须向卫兵敬礼，侵犯卫兵职权者，依法惩处。卫兵以连为单位，轮流担任，以青年兵充当，一连更比一连认真，卫兵为部队之耳目，森严的门禁是军纪严肃的象征，也成为节制之师的起点，企图效法汉代周亚夫的细柳营，使之传为千古佳话。每逢周会，举行阅兵分列，齐一官兵意志，讲解法令规章，灌输守法观念，实施军纪示范演习，培养服从守纪习性。例如一回在靶场上，曾有误杀士兵事件，引起官兵疑惑，于是立刻集合全体官兵，举行哀悼，告以靶场红旗为警戒区内，倘或擅自进入，易致遭受意外伤亡，必须遵照规定，以策安全。从此官兵视服从命令、确守规定为当然之事。

青年军二零七师驻扎在昆明的曲靖，经过了几个月的纪律与军事训练，由一群散漫的学生，成为一支有组织、有训练的节制之师。那时适逢昆明的“龙云事件”发生，因为中央改组云南省政府，龙云不愿意，在五华山省府所在地，指挥军队对抗。那时我们驻在曲靖营房，而曲靖的城防则由滇军的一个团担任，团长为王世高，当夜突然决定要以武力解决。我乃亲自驾车，冒着大雨，星夜赶了一百六十华里，由昆明回到曲靖师部，时天色微明，立即打电话请王团长过来一谈。我就告诉他道："云南政府改组，你暂时留在我师部，不要回去，免得发生误会。"并要他将枪械全部收缴，集中保管，四周城门的卫兵由我派人来接替，并要其所辖官兵不要外出。王团长打电话回去，一一照办，龙云次子龙二的部队驻在昭通，我恐龙二攻击曲靖，因此派了一个团堵住昭通的大道，结果发现龙二部队的士兵都已放假回家，更奇怪的是他们把枪支子弹也随带回家，是以在经过我们防区返营时，我军便把所有的枪支，零星予以收缴，因此在整个事件中，滇东的昭通与曲靖地区一枪未放，无人伤亡，安然度过，和平收场。而在云南的其他各地，包括昆明在内，均曾发生战斗。王团长保存了实力，因此他的长官很嘉许他，后来就升他为师长。他回部之后，非常感激我，还亲自到师部来见我，他恳切地说："师长，你对我讲的，句句都是实话，完全没有骗我。"后来，到 1946 年 6 月，本师驻在东北时，他的这个师隶属于第六十军，也开到了东北，特地到沈阳来看我，并对我说："我没有你，就没有今天，现在来到东北，愿意归你指挥，追随你建功立业，以报昔日恩遇。"言辞诚恳，情义感人。

尤广才

在缅甸战场，让我印象最深的就是美军在各方面所体现出来的优势。中美两国国力差距悬殊，体现在军队方面更如此。

第一个让我惊奇的是美军的工程机械化程度。那时候，美军就已经开始使用大批推土机、挖掘机，所以工程进展非常快，基本上部队打到哪里，公路就已经修到了哪里。我们到达孟关后走的中印公路，就是 1943 年春开始修筑的。两个美国工兵团和两个中国工兵团，以及大量印度工人参与其中，而我们当时还是用铲子、锤子等最原始的工具，所以这一路让我们大开眼界。

我们那时候也确实感觉到美军机械化的优势：比如攻到伊洛瓦底江边，只要找到船，他们马上就能装好发动机将船开动；遇到河流，美军也会迅速在几天内架好桥梁，效率非常高。美方还配备专门的修理所，修理这些机器。

我印象深刻的，还有美方给每个步兵连都发了一部 Walkie-talkie Radio，我们当时叫它“步声机”，那时的步声机体积很大，要背在身上。这对行军、作战先头部队向后面指挥官传达信息十分有利。美国军队在60多年前就有这样的通讯器材，不过遗憾的是，中国士兵普遍文化素质低，都不会用这种先进的仪器，几天后，这些步话机都被送进仓库束之高阁了。

美国人非常重视战前准备，对敌情、作战地形都做好充分准备。在攻打西保前，他们不但给连以上军官都配备了五万分之一的大比例地形图，还发了一份空中摄影图。我记得摄影图十分清晰，可以清楚看到地面上的街道、房屋、树木等，而此前中国师长用的还是比例尺为二十万分之一的橡胶地图。

从师部到营部，都配有一个美军联络官，他们传达中美军队要求、沟通双方情况。师部一级的联络官还有军事指挥权，我们师部的联络官是一位上校，我们都叫他科洛奈尔。

中国军队传统的供应和补给是由军需处提供的，每发放一级，就被克扣一层。不知是否因为对中国军队的情况比较了解，在这里，后勤供应都是由美军联络官直接补给到连队的，这样避免了中转单位的盘剥，也显示出美军组织的精简有效。我们到达营地时，许多美军联络官已经先到那了，连司务长很快就领到大米、牛肉罐头等，我们很快吃了饭。美军作战补充非常好，每场战役前会加强后勤补给，吃的都比平时丰盛很多。而从战场上下来以后，又马上把被服、弹药补充上去，随时作战、随时补充，后勤补给非常完善。

在国内时，我们的军纪就要求得比较严格，平时军纪扣都要扣好，走路也要挺直腰板非常规整——这个习惯我一直保持到了现在。国民党部队从来不留头发，都要剃成光头，每个连里有个理发兵，每隔一段时间就给大家集体理发。

中国驻印军的总指挥是史迪威将军，他喜欢到战地巡视，所以我们下级军官也有机会见到他。史迪威经常背着冲锋枪深入第一线，甚至和士兵一起作战，所以下面的士兵都很喜欢他，但听说和中国军方的上层关系不好。我们是下级军官，对上层的事情了解得不多，只觉得有些事情比较蹊跷。有一次，五十四军代军长阙汉骞到缅甸前线，我们还组织仪仗队欢迎过他，但没几天阙汉骞就打道回府了。后来听说是史迪威不欢迎他，史迪威愿意直接指挥到团。

参加会战的英军三十六师除了军官是英国人外，士兵全部是印度人，因为英国人在印度有多年的殖民统治，印度士兵从服装到装备基本上都跟英军一样，这也让他们有优越感，所以我感觉印度士兵对中国军人多少有些看不起。不过也难怪，我们那时的装备、整个国力都那么差，有什么资本让人家瞧得起呢？在这个战场上，有英国人、美国人、印度人、缅甸人和中国人，我深切地感受到：这是一场真正的国际反法西斯战争。

在我感觉中，美国士兵对我们还是比较友好的。美国大兵喜欢抽骆驼牌香烟，有时递给我们，但中国人很少抽。虽然都属于协同作战的友军，平时也难免有点小矛盾。有一次，连里的一个士兵和美军工兵团的一个黑人发生了点争执，他觉得那位美国人看不起他，回来告诉我，我那时正年轻，血气方刚，听说自己的弟兄受了气，就要冲过去找对方论理，结果美国联络官出来把我劝住，又是送烟又是送饼干让我消消气。好在师长潘裕昆得知后也没有处分我，我后来想，也是自己年轻太冲动了——人家是来帮我们的，我们怎么能和人家打架？

到达孟关不久，我们五十师的一五零团就被抽调进特遣队，参加著名的奇袭密支那战役。我的身份是五十师师部特务连连长，在攻击密支那期间，我们特务连要紧随师部，担负搜索、警戒任务，一般情况下很少直接参加战斗。但是因为有十六期黄埔的同学在一五零团，所以我格外关注战争的进展。

特遣队由三个团组成，除了我们师的一五零团外，还有新三十师的八十八团以及美军五三零七团。除此外，还有一支约三百人的缅甸克钦族别动队。特遣队由美军梅利尔准将统辖，分为K、H、M三个战斗队，都由美军军官指挥。

我还记得一五零团出发那天，电闪雷鸣、大雨滂沱，似乎预示着这将是一场极为艰难的战役。因为行动队行踪绝对保密，不能空投补给，所以每个士兵出发前都带足半个月的干粮和必需药品。

从地图上看，孟关到密支那的直线距离顶多有二百千米，但其路途之复杂程度远不是我们所能想象。它与孟关之间隔着两道大山、一条河谷，过孟拱河谷又得翻越更为险峻的库芒山脉才能进入伊洛瓦底江流域，沿途都是一望无际的原始森林，地形十分隐蔽，往往是等发现敌人时，几乎就已经是"面面相觑"了。

五月上旬，特遣队进入库芒山脉。这里山峦起伏，峭壁林立，行动十分困难，有时只能手脚并用地爬行，有时不得不在石壁上凿出台阶，以供攀援。辎重连和迫击炮连行动更为困难，骡马和人往往不能在一条路上行进，为了绕过一个悬崖峭壁要绕很远的路。上坡时，骡马走不动，人要扛着马屁股走；下坡更难，得有人走在前面顶住骡马前胛，后面有人拽着马尾巴，以防坠入山谷。即便如此，还是有超过一半的骡马累死或摔死在沿途中。

因为行军艰难，走在先头的美军有时丢掉武器和重装备，后来我们听到参加战役的战友们讲起这个情况，觉得既奇怪又可惜。这也许体现了中美两国国情不同，在美军方面，以保障人的生命为第一考虑；而在中国军人眼里，武器即生命，绝对不允许随便丢掉武器。

H分队的一五零团行动迅速，5月16日，他们已经秘密潜伏在密支那西机场。17日上午，美军五十多架飞机猛烈轰炸，日军全部爬出掩体工事，暴露在我们的枪口下。一五零团突然发动袭击，守卫机场的三百多名日军及其指挥官平井中左全部被歼灭。亨特上校在密支那机场的跑道上向史迪威发出了无线电密码信号——“威尼斯商人”，意思是“我军已占领机场，运输机可以降落”。当天下午，一百多架道格拉斯式飞机拖着滑翔机，穿云破雾，飞临密支那上空，第一个航次就把新三十师八十九团、美军八一九航空大队空运到机场，加强对密支那机场的守卫。

奇袭密支那，是史迪威最为冒险也最成功的军事行动。占领密支那机场有非常重要的战略意义，从此中美的空中补给不必再绕行凶险的驼峰航线，而改经密支那中转，不但缩短了航线，也降低了飞行高度。

密支那战略地位如此特殊，所以日军也调来大量增援部队，拼死反攻。我们的部队曾攻占了密支那市区，但又被日本人反扑过来，一直处于胶着状态。中国士兵伤亡巨大，我在战干团的三个同学都牺牲在密支那。史迪威对密支那战况十分焦急，先后撤换了四个美国联络官，最后迫于无奈，只能启用中国高级将领，新三十师师长胡素、五十师师长潘裕昆都被调来前线指挥自己的军队。

7 月 18 日，中美军队转入密支那街区巷战，日军被压缩到城北的最后阵地。五十师师长潘裕昆挑选了一百多名战士组成“决战敢死队”，在当地华侨带领下，冒雨绕到日军背后。腹背受敌的日军意志终于崩溃，残兵惶恐地逃出战壕，用竹筏泅水渡过伊洛瓦底江，向八莫方向溃退。最高指挥官水上源藏被逼到江边的一棵大树下拔枪自杀。历时八十天的密支那攻坚战终于宣告结束，中国军人以上万名官兵的宝贵生命，一雪两年前兵败缅甸的前耻，也换来了整个亚洲战场具有战略转折性意义的胜利。

奇袭密支那的消息传过来，我们这边也按捺不住，心里痒痒，都想自己上前线杀敌。我们连里的战士总在我身边不断嘀咕：“仗都是人家打，难道特务连就得一直站岗放哨，坐在看台上看别人打吗？”

一天早上早操完毕，我特地去找师长潘裕昆，向他请战。他微笑地看着我说：“好，部队就要出发，向缅中进军，决定把你连配属到一四九团进攻西保，你们要打个漂亮仗！”我回答：“一定不辱师长使命，坚决打个胜利仗！”回到连队后，我把这个大好消息告诉全连官兵，大家高兴得不得了。

西保紧靠伊洛瓦底江右岸，位于密支那与八莫之间，日军在这里构筑了坚固的阵地，准备顽强抵抗，阻止我们向八莫推进。

一四九团正向前方开进时，突然先头枪炮声大作，前方遭遇了敌人。通常遭遇战很难了解敌人的情况，团长罗西畴让我这个连抢占对面山头。等我们爬到半山腰时，枪声却越来越稀落，原来我们碰到的正是从密支那撤下来的小股敌人，他们无心恋战，夺路而逃。我们本来铆足了劲要打一场，但是未经战斗，敌人就已经逃脱，这让我十分失望。

3 月 16 日，一四九团对西保发起正面进攻，我们特务连被配属到第二营，任务是沿公路左侧，直接对西保市区进攻。在师炮兵营和团迫击炮连火力掩护下，我们连很快接近敌人，和敌人发生激烈战斗，战况十分紧张，到了中午还未解决战斗。

我在连指挥所待不住了，想到第一线查看情况，于是带上了号兵和两个传令兵。正在向火线跃进时，日军发现了我们，步枪子弹从我头顶、身体两侧“嗖嗖”穿过，身边的号兵应声而倒，我转头一看，鲜血已经从他的胸部军衣渗出直淌下来，没来得及反应或细想，密集的子弹继续“嗖嗖”地落在身前或身后的地面上。

我不敢怠慢，赶紧滚到旁边的一个凹地里，稍停片刻，又继续跃进。等我摸爬滚打来到第一排所在的位置时，只见阵地上刀光剑影、杀声震天，他们正在跟敌人肉搏拼刺刀。我赶紧让传令兵传命，让后面第三排加入战斗，两个排拼力攻击敌人，一阵厮杀，日军终于败下阵来，落荒而逃；两个排穷追不舍，一直追敌到伊洛瓦底江边。

当天下午，我们连直入西保市区，未遇任何抵抗便占领西保。当时还有很多日军没有来得及逃走，到了晚上，日军两辆坦克掩护其尚未撤出的部队撤退。又经过一夜战斗，天亮后，日军坦克和散乱部队在伊洛瓦底江边悉数被我们俘虏。占领西保十多天内，每到晚上，总有一些逃不出的敌兵到处乱窜，我们特务连在师部附近的阴沟里就搜出十多个敌兵。

战后清点人员，特务连伤亡二十多人。最使我悲痛的是我失去一位贴身号兵周勇，他连二十岁还不到。我想敌人善于狙击指挥官，狙击手一定是发现了我，目标对着我的，周勇是替我而死的。以后每每想到这一点，我都非常难过。

六十年后的某一天，我很意外地收到了从潘裕昆的外孙晏欢那里寄来的一份战绩表，上面还赫然写着“尤广才”的名字。这份《陆军第五十师缅甸西保战役有功官兵勋绩表·附表第八》上，在“功勋事迹”一栏中是这样评价我的：“忠勇果敢，指挥从容，行动坚决，于3月16日攻破敌坚固阵地，一举追敌至数英里，使敌不遑而抵抗。”原来这份战绩表是潘裕昆的女婿、晏欢的父亲晏伟权，为了追踪潘裕昆抗战事迹而在南京第二历史档案馆查出来的。令我十分感动的是，历史在一个甲子轮回之后，竟然能发现我这样的下级军官作战英勇的历史记录。

值得一提的是，当年将我们特务连配属到的第二营，营长叫张永龄，我们后来都被送到东北战场，新一军在辽沈战役被稀里糊涂地打垮了，我选择了投诚，他成了战俘。自辽沈战场后，我们便音讯皆无。在晏欢的帮助下，2007年我专程到南宁看望了已经九十六岁的张永龄，我们一见面便忍不住抱头痛哭。我没想到，在各自经历了那么多磨难以后，六十年后我们竟然还能相见……

在打西保的时候，美军还派来一个战地摄影队，一共五人，师部指定与我住在一起。那时白天平静，夜晚枪声大作，摄影队很敬业，哪儿有枪声，他们就赶紧赶过去。我有保护他们的责任，所以他们一动身，我也得派人跟着他们。我与他们住在一起十多天，我会点英语，经常与他们攀谈，相处很融洽。他们离开时，还送了些衣物给我做纪念，现在有时还会想念他们，这也算是中美联军结下的战斗友谊吧。

五十师在西保住了一段时间，从国内空运大批学生参军。师部成立了学生教导营，大大增强了作战阵容。部队的武器、装备得了充分补充，我们连一下子装备了五辆小汽车，可是部队没有会开车的司机啊，部队挑选有文化的士兵学开车，我学会了开吉普车，感觉好极了。

我们在缅甸打了胜仗，国内也受到很大鼓舞，国防部还派来了一支文艺队到师部、团部轮流演出。我记得一个晚上演的是话剧《雷雨》。之前我曾读过曹禺先生的作品，所以多少还能理解一些，当然士兵们文化程度普遍不高，也没有几个人能欣赏得了。我记得缅甸地方政府也派来文艺队来部队演出，虽然语言不通，但我们还是很有兴致地看完了演出。

打完西保之后，在一次训练中，一个士兵不小心踩上了日军埋下的地雷引起爆炸，当场死伤几名士兵，我受了重伤。卫生队立即用担架把我抬进美军野战医院，进行紧急抢救。刚开始我还能觉察自己躺在手术台上，但很快就被全身麻醉完全没了知觉。

第二天清醒后，医生告诉我：弹片由右肋穿进体内，他们从右下腹切开十厘米，取出弹片，消毒、缝合、包扎等一系列手术处理；右下肢膝关节窝也有弹片穿进。好在这些弹片没有击中脏器要害。

清晨一早，医院用救护车把我送进密支那后方医院。那时密支那刚被我们攻占，还来不及建一座综合型的完整医院，所以只能根据伤员的伤情，按轻伤、重伤、截肢等不同类型，分散建立不同类型的简易医院。我住的临时医院远离市区，只是临时搭建了几间帐篷，医务人员少，伤员也没有几个。

让我印象很深的一点是，在密支那战地医院的都是男性美国人——我后来听说是因为史迪威拒绝中美政府派女性工作人员来印缅战场。所以起初我根本分不出谁是医生、谁是护士、谁是业务人员。这些美国人都表情严肃、不爱讲话。专职给我换药、送内服药的，是一个二十多岁的年轻人，态度非常和蔼，我猜想他应该是位护士，我就用一些简单英语与他交流。时间久了，我们慢慢熟悉起来，有一次他还拿出妻子的照片给我看，还劝我礼拜天去教堂做礼拜。

在医院的精心护理下，我的伤很快痊愈。一天早上，我乘坐专供医院运送伤员的飞机，从密支那起飞，飞回五十师师部在腊戌的驻地。师长潘裕昆还特地指示副官处处长发给我一份校官伙食，以便早日康复。

第七章
远征归来

1945 年 5 月，我们作为最后一批远征军回国，回国的时候，沿途看到的都是激动的老百姓，以各种方式来欢迎归来的抗战英雄，我那时候觉得我的人生已到达最辉煌的顶端。

在南宁待了一段时间，部队又向雷州半岛出发，准备与日军在那里交战。行军到广西贵县时，突然听说日本投降的消息，我长舒一口气，觉得好日子终于来了，我终于可以有机会好好孝敬多年未见的老母亲了。那时候我最大的心愿就是盼望国共和谈成功，可别打了，也不想打了，打了八年抗战，别再中国人跟自己人打。

结果后来没谈成，在东北战场，我们稀里糊涂地就被打垮了。思考再三，我选择了投诚，不久，我被安排送往位于抚顺的解放军军官教导团进行思想改造。在那里，我见到了远征军的很多高级将领，廖耀湘、郑洞国、周福成等，我们的身份都“平等”了。在教导团里，主要让我们这些下级军官学习技术。半年后，教导团几次争取我，要我加入解放军参加淮海战役，我拒绝了。我想：我参加国民党跟共产党打仗，我再参加共产党跟国民党打仗，我这个人太无价值了。所以我坚持回到地方去。

在经过思想改造后，我拿着军管会给的一纸“安顺良民”的鉴定，回到沈阳，并与久别的妻子重逢。1952 年，我接到了东北工学院接纳我为正式工的通知。我利用晚上读夜大，代数、几何、物理、化学这些基础课我都学了，我似乎觉得生活又充满了希望。

我以为自己真的获得了重生，但我很快就知道，这不过是个错觉。一年后的一天，我接到被学校开除的通知，是因为“隐瞒历史”。不久，妻子也提出离婚，但离婚申请没有得到上级的批准。

那时候，我的女儿还小，我不忍心把孩子抛下，就拉小车、出苦力，给人家东拉西拉。我半夜跑到沈阳联营公司排队蹬车，天一亮就在那等车，帮人家拉货。我记得爬南站的天桥时，爬着爬着就流血，口吐血……难以想象那时生活之艰难。

1958 年，我到北京学习中医，那时候北京市开始清理“社会渣滓”，

“残渣余孽”都要一网打尽。大年三十那一天，我被抓去送到清河参加劳动教养。

我在清河农场一关就是六年，其间，妻子再次提出了离婚，此时，我已经没有任何能力去左右我的命运。我也不怨她，谁愿意和一个“反革命”生活呢？在农场搞劳动，就是种地开渠筑坝，清河农场那些堤坝都是我们筑起来的；灌溉，在农田种水稻，我会插秧，每天弯着腰插秧，累得要死，大跃进的时候每天挖地都要挖到半夜零点。

1965 年，劳改结束，我被遣回原籍，开始接受监督改造。这也是我 1938 年离家逃难后，第一次回到家乡，第一次与母亲见面。没想到时隔二十多年后，我竟然以这样一种身份与母亲相见，而她和哥哥也都拒绝认我这个“历史反革命”。我觉得此生最对不起的人便是我的母亲，在我很小的时候她便守寡，日本投降后，我第一个想到的，就是从此可以好好孝敬我的老母亲了，可是直到她 1968 年去世时，我还是一个她不能接受的“反革命”……

不久，街道上动员下放，我想这也是一个机会，于是我报了名，一个人插队落户，每天掏大粪、养猪、种棉花，我一人身兼三职，倒也养活了自己。凭借着当年参加远征军时候从美军那里学的英语和自己多年的积累，六十多岁时，我在村里当上了一名中学英语老师。我一直住在村里的一间茅草屋里，一住就是二十年，直到 1980 年 1 月，“历史反革命”的帽子才最终摘掉。1988 年，我和分隔二十三年的女儿才第一次见上面。

即便最艰难的时候，我也从来没有后悔过，我一直坚信，我没有做错什么，作为远征军的一员参加对日作战，是我这一生中最光荣的事。2008 年 11 月，我和另外两位参加过远征军的抗战老兵，来到云南重新回顾滇西战场时，我几次忍不住老泪纵横。庆幸的是，如今，已经有越来越多的人重新审视这段历史。我相信，它不仅仅是我内心深处永不褪色的记忆，也将会是我们这个民族一段永不褪色的记忆。

邓述义

我老家在湖北武汉。1938 年武汉沦陷，我随父亲迁移到陪都重庆。由于父亲是武汉裕华纱厂老板，家庭条件自然比一般人家优越。但是战火之下，人人都无安全感可言。那时的重庆也时时被日机轰炸，在一次大轰炸中，三姨妈一家基本被炸死了，只剩下大表妹穿着孝服住在我们家。我没有见到死人，却见到了大表妹心酸的泪水！

躲在防空洞里的人也并不安全。我记得有一回，日机炸了好久也没离去，防空洞里闷死了好多人。听拉车的佣人说，收拾尸体时，光是金表之类的金银细软就装了好几大箩筐。尸体埋在河边，涨水时一冲，就顺江而下，江面上满是死人！

我那时正在位于重庆南岸黄桷垭的博学中学念高三，家里的纱厂时时成为日本人的轰炸目标。重庆如若不保，再往哪里退？！中华大地上再也没有第二个地方可以容纳和养活那么多的人了！

1943 年 12 月，我和好友卢乐礼在他叔叔处（他叔叔为当时国民党军医处中将处长，熟悉参军的情况）摸清状况后，径直到军事委员会的一个机关，向卫兵讲明来意，要求见长官。

不久，一名上校接待了我们。同我们谈了许久之后，拿出本子让我们登记。我抢先写上了自己的名字，成为战时陪都第一个报名参军的学生。

那时国内还未提倡学生参军。学生是国家未来的栋梁，战争过后，还需要人来建设家乡。学生如若从军，战后谁来重振中华呢？但祖国已到了生死存亡的边缘，很快，报上刊出了大幅的头条，让学生们响应号召从军抗日！一时间，投笔从戎的热潮席卷了山城。母亲整日在家哭泣，父亲和校长不时相劝，但我的心已经飞向了印度。

1944 年元月，我们终于出发了。在昆明的机场里，美军重新安排了一次体检。美籍医官全是笑呵呵的，他们发给每个人一张体检表。检查完一项，若是合格则在对应栏内用铅笔画上个钩。

我在行军途中患了角膜炎，两只眼睛红红的，当然检查不合格。怎么办呢？难到要在这里打回票么？

想了一下，我撒腿就往机场外跑，找到文具店，抓起铅笔画了一个钩。钩是有了，但体检也近尾声。正着急时，过了关的同学都喜滋滋地出来了。我发现他们的手臂上均印有一个蓝色的表示合格的图章，灵机一动，拉过一位同学油迹未干的手臂紧紧一靠，我也就成了合格者！虽然字迹全是反的，但也没人注意，我就这样上了飞机。

抵达印度后，分到比哈尔邦的兰姆伽接受军训的我，被编入驻印军独立战车第五营。

在各种科目的不同训练中，印象最深刻的，要数在通信学校学习无线收发报的那十二周了。班上的同学来自各个营部，文化程度参差不齐。多数人根本不懂英文，还需要从 ABC 教起。第一节课下来，美国教官就吃不消了，苦着一张脸把这重担交给了翻译官。第二节课下来，翻译官也吃不消了，见我英文还勉强过得去，他干脆把这担子移交给了我！

我辛苦了十天，终于有了成效，原本连 ABC 都弄不清楚的同学终于能识得简单的英文单词了，课程得以顺利进行。美国教官就同我比较熟了。他们俩都是二十来岁的军士，一个是络腮胡 William Slider，一个是大个子 Henry Camp。络腮胡看我圆满地完成了教授字母的任务，高兴地送给我两盒“Pall Mall”双狮滤嘴香烟，我们俨然成了好朋友。课间的时候，也就常常坐在一起聊天。虽然我的英语有些蹩脚，连比带画竟也达到了交流的目的。大家都希望战争快些结束。

空闲时，我们常常三三两两约好到十来千米远的小街去买东西。遇上了车就搭，要是没遇上就步行。

有一次，正走着，有一辆车在面前停下来，车上的美国兵招呼道：“你们好！我能帮上忙吗？你们要去哪里？”想到自己不用再走下去，我们高兴得欢呼起来，回答：“我们要到市场去！”司机耸耸肩，大声说：“正好！上车！”大伙儿便吹着口哨跳上车！

1945 年春末，我们由一位美军上尉领着，到加尔各答去取新车。

到了目的地，就住在美军军营里和他们同吃同住。中国士兵习惯用的是一个大口盅加上一个汤匙。美军的伙食对我们来说就很不适应了，将牛肉粥、鸡块、沙拉和冰淇淋等倒在一个大口盅里，实在是糟糕透顶。为了照顾我们的习惯，就对中国士兵特别优待——允许分几次领取。

双方文化的不同，除了在生活方面有所体现外，还引出过一些小误会。

1945年夏动身回国时，部队安排每辆卡车上由一中一美两个士兵搭档，轮流开车。我的伙伴是一个比我大一岁的印第安纳州的黑人，当兵前也是个高中生。我英语不好，他中文也只会几个简单的词。因为交流有些费劲，于是没事的时候，我们就干脆唱歌，唱一些如《老人河》《老人们在家》《密西西比河》之类的老歌。虽然绝大部分都是不和谐的合唱，但我们还是唱得津津有味。

有一天，听他唱过一段深沉而雄浑有力的歌曲之后，我接着唱起了福斯特的名曲——*Old Black Joe*（《老黑奴》）。唱到“I hear the gentle voices calling‘Old Black Joe’”（我听到那温柔的呼唤‘老黑奴’）时，他突地大吼一声：“闭嘴。”对我怒目而视。

我丈二和尚摸不着头脑，又见他怒气冲冲，赶紧不停地赔不是。他好不容易冷静下来，却给我讲了一大堆道理，谴责我不应当侮辱他们黑人，话说完之后就板着脸不再理我。车队到昆明了，他也是冷冷地和我道别。

这样的误会毕竟只是少数，更多的时候，我们还是在打打闹闹中度过的。

有一次我的车在下山时出了毛病，放空挡滑下坡之后，就停在路中间不动了。我下车检查时，听到了一阵刺耳的喇叭声。回头一看，有好几辆美军军车被挡了道。

就在我请老乡帮着推车的时候，有一个美国大兵像是等不及了似的，张开嘴用英语在一旁叽叽歪歪地骂开了。等我推开了汽车，不甘示弱，也用英语骂开了。那美国大兵立马熄了火，跳下车向我走了过来。我才一米七二，而他却有一米九零左右，简直像头大熊！他走到我面前，只是伸出了右掌，按着我的头，向下一使劲，就让我摔了个大跟头。

我刚爬起来，他就又来那么一下。三五次下来，我就只看见周围的东西都在晃动。围观的人和美国大兵也都在哈哈大笑。我抓住一个空子，一下子往外跑去。回到车上提起冲锋枪对准了美国大兵，子弹上膛。

这一下，他笑不出来了，愣在一旁。但随即又面带微笑地两手高举摇晃着连连对我说："顶好！顶好！"

我看他笑得不假，就只用枪头在他屁股上狠狠戳了几下，大喊一声："快走！"

他如获大赦般赶快跑回车上去。车子开动时，居然还伸出脑袋，嬉皮笑脸地向我挥手："Bye bye！"一场闹剧就这样收了场。

还有一次，汽车在山峡抛锚了，待了三天，还不见援兵的影子。我与助手两人，想来想去，忽然记起离这里不到一百千米有一个美国人的汽车修理厂，于是我搭车前往求援。

到了门口才想到自己的英语水平很差劲儿，自我介绍时说得结结巴巴，翻译官又不在，急得我满头大汗。当那位少校厂长问我车到底是什么地方坏了，我完全讲不清楚。只好把他拉到相同的汽车旁边，指着后轮轴中间的齿轮包说："一些齿轮断在里面了……"

少校想了一下才说："好！你明天早上再来这里一次！"

等第二天我到达修车厂时，美国人早已等在那里了。汽车拖进厂，没过多久就修好了。

此事使我对美国朋友有了新的认识。他们办事效率高，简单、认真、平易近人，没有烦琐复杂的手续和官架子。这正是我们应该学习的地方。

1945 年，抗战胜利之后，我们在距离利多小镇约四十千米的地方扎起营寨，等待回国。虽然是住在大森林的边沿，但原始森林的恐怖我们还是见识到了。

在森林的夹缝中有一条宽十米左右、日照不足的深绿色小河，营里的炊事班就搭建在河边。班长、排长、营长和老兵们不停叮嘱大家不许下河玩水，传说是河里有鬼。

有个战友小福建，中等身材，很壮实，十分贪玩。仗着自己水性好，一天吃过午饭就摸下水，一会儿工夫就没了人影。河面上平平静静的，像什么事也没发生过一样。旁边有同学扔了根木棒下去，泡也没冒一个就沉了下去。仔细观察，原来木棒被那些纤细的水草缠上，越缠越多，死死缠在水下。像这样，不管人还是东西，根本不可能浮起来。

小福建就这么被留在了水下，没能回国！

陈永益

上初中以后，我渐渐明白了很多事情。那时候父亲在怀远当政府的一个小职员，母亲就留在家中照料一家老小。因为孩子多（十一个），收入又仅靠父亲一人，日子过得很困难。我排行老三，不想增添家里的负担。读完初中后，就留在了成都自己想法讨生活。

跳舞，是我在工作和学习之余最喜欢的一种娱乐方式。当地的民军招待所俱乐部，是我同好友邓叔峰、韩眼镜、王建明最常去的活动场地。但喜欢跳舞，并不就意味着我们不明白自己祖国的处境。虽然我们都还年轻，却对“国难当头”这四个字理解得刻骨铭心。

日本的飞机时常在头上盘旋，警报声听得我心惊肉跳，时不时做梦都还看见大轰炸时满是死人的盐市口，很多学校已在疏散中，连开课都很困难！在这种情况下，我们之所以还热衷于跳舞，除了的确喜欢之外，还有一点，是因为民军招待所时常聚着许多美国军人。他们穿着军便服，高大、帅气。特别是美国的空军，有时还自己带去乐队。他们热情、开朗，看到我们都很友好地打招呼。但我们最看重的是他们在同我们一起打日本鬼子。每当看到美国空军飞行夹克背上那行“洋人来华助战，军民一体救护”的黑色汉字时，我都莫名地躁动着，我要上前线打日本鬼子！

1944 年 5 月，韩眼镜兴奋地告诉我们，政府已经开始发布告征兵了！邓叔峰随即把衣袖往上一卷：“书又读不成，干脆去当兵！”我们四人就这样瞒着家人从军到了印度，编进了密支那新一军教导总队。那段时日，让我最不能忘怀的就是孙立人将军。

1944 年 11 月，一天上午，早饭后的体操训练已经开始了。教官正为大家示范动作，连长孙上尉忽然跑来宣布训练暂停，并立马开始整队。

不久，孙立人将军身着黄色将官军服，由两三个人陪着走了过来，军帽上青天白日的帽徽映着阳光闪闪发亮。立定之后，他威严地扫视四方道："今天，我来是要宣布一件事情。军法是不容情的，违法乱纪必受处理！昨天，我最亲近的副官被人发现在华侨家中留宿。他跟了我很多年。但是，不管是谁违反了军纪就是死罪！我宣布：将其正法！"

操场上鸦雀无声，两个机枪手押着一个五花大绑的人走了出来。那是个年轻小伙子，军便服皱皱巴巴的，耷拉着脑袋，帽子早不知掉到哪里去了，很是狼狈。但他却没有求饶。

枪声响过之后，孙立人将军站立良久，低下头用一张叠好的白手帕擦着额头。好一会儿，他才猛地抬起头来："你们要好好服从军纪，不管是华侨还是印缅的百姓，军人应该对妇女和儿童好生爱护！绝不允许有侮辱妇女、欺压百姓的事情出现！重者枪毙，轻者关禁闭！"

几十年过去了，那段话我从不曾忘记，就在那个时候，孙将军刚正不阿的形象留在了我心里。

教导团的训练是十分艰苦的，我累病了，被送进密支那总医院。入院的第二天，一位美国护士拿了本名册逐人进行核对。我一看见有美国护士进来，忙侧身将脸朝向里边。脚步声渐渐地离我近了，听见有人小声地用英文念道："147！"随后就有一只手轻轻地拍了我一下。我刷地红了脸，突地坐了起来，眼睛只敢向下盯着毛毯。"你叫 What（什么）？"我抬起头匆匆瞟了她一眼又赶紧低下来，然后小声说："我叫陈礼。"（我参军时用的名字）"我叫珍妮，西雅图，西雅图。"她特别地强调了"西雅图"三个字。"西雅图"是什么意思？我以前从未听过这个名词。直到这时，觉察出她的友好，我才敢大胆地抬起头正视她。她有一米八零左右，二十岁上下的样子，微笑着显得很亲切。晚间同病房的病友才告诉我，“西雅图”是一个地名，珍妮的故乡。

第二天一大早，珍妮就推着车来发药了。一看到药我就头痛欲裂，不肯吃。巡视病房的时候，她看见药没动过，便以询问的目光望着我。我拿起药做了一个吃的动作，然后皱着眉头又摇头又摆手说：“苦，不好吃！”她笑了笑，转身走了。一会儿的工夫，她拿了些白糖过来，笑着说：“甜，糖，sugar！”

住了一个多星期的院，我感触颇深。出国前那阵，我们从成都走路到新津，四十多里路走了一夜，到了新津机场累得根本没有力气，横七竖八地倒在跑道边就睡。而那天，我们的早饭仅仅是一些含有泥沙的硬干饭和炒得干瘪瘪没有一点油气的豆芽。没人管你吃不吃，吃没吃饱。

在医院的那段日子，我时常向珍妮要一些平时不常吃到的东西，比如鲜牛奶。她总是微笑着，并在给我东西的同时教我怎样念这东西的英文名字。出院的时候，她还送我一张照片和一张明信片。明信片上方是一面美国国旗，下方用娟秀的英文写着她的名字和通讯地址。

医院真是我的福地。我不仅在那里认识了珍妮，居然还遇到了老同学江天一。在他的帮助下我调到五十师的汽车修理排。班长兼教官是一个叫马丁的芝加哥白人，二十多岁。和我印象中的老美不一样，他是矮胖矮胖的，给人很有亲和力的感觉。我第一次到师部报到的时候，他就歪着头、挤着眼对我说：“How are you？”

他教我们开车，但一点也没有当老师的架子和傲气。通常是和大伙儿一起先用四个千斤顶把车顶起来，弄好后他才纵身跳上车，对着那节课的授课对象直挥手，“Here！ Here！”他的中文很蹩脚，授课时都是连比带画、手脚并用：左脚踩下马达，指着点火器对我们说：“点火，点火，OK？！”右脚踏着油门说：“加油！”……就这样学了一个多星期。上路之前，马丁指着排挡说：“排挡！”边说边用胖乎乎的右手抓住排挡，将排挡换到二挡后接着说道：“换挡，嘎嘎，No！”随后把食指放在唇边：“嘘——OK！”大家听得云里雾里不知所云。他急得满头大汗，船形帽都快掉下来了。最后还是一个老兵连猜带蒙地估计他是想告诉我们，换挡没有声音的学员可以上路了！我们高兴得欢呼起来。

第二天天还未亮我就醒了，怎么也睡不着，既高兴又紧张。马丁却和往常一样跟我亲热地打过招呼就钻进了一辆吉普车。不同的是今天他坐在副驾驶的位子上。

那是一个大晴天，上午九点左右，正是阳光普照的时候，我却觉着冷。马丁在一旁拍着我的肩膀给我打气。突然，公路上出现了一个直径约二十几米的弹坑。面对这突如其来的障碍，我完全傻眼了。马丁看我没动静，就在我耳边大声喊："刹车！刹车！"我这才意识到该怎么做，赶紧刹车。车停下来后，我发现自己的脚还在抖。这时，擦了一把汗的马丁却对我说："好，好，good！"事后，马丁为自己会说一两个中文名词而得意。我又把他那句一成不变的"How are you"给简化成"你好"教给他，他说起来有种独特的味道。

在他的细心教导下，我的车技进步很快，相处的气氛却一直没变，还是和乐融融的。这种氛围一直持续到我被调去给潘玉恩师长开车为止，临行前他送了一件我一直赞不绝口的飞行夹克，留作纪念。

1945 年 9 月 10 日，我随潘玉恩的车队沿史迪威公路回国。1947 年 10 月，我不愿打内战，从宝鸡回到家乡，从此远离了军旅生涯。

王汉忠

攻打密支那的战斗率先在火车站附近打响，我们和敌人展开了激战。

完全听不到枪声，全是隆隆作响的炮声。浓烈的硝烟不仅呛人，也遮住了视线，连对面的山头都看不见。我们和盟军的大炮加起来好几百门，大概在距离敌人五六里的地方，筑起了一个炮兵阵地，轮流不断地开火。

而我这个负责电话、无线电接线的通讯兵，正掩藏在距离敌人仅五六十米的观测所里。这里架起的炮对镜、望远镜，对敌人火力点的位置、角度不断进行着观测，具体数据就通过电话传回炮兵阵地。这里的电话线像是一条主动脉，不仅连接着下面炮兵阵地上的十几台电话，更与我军的核心火力、攻击策略息息相关。

突然，电话摇不响了，紧张的空气一下就凝结了起来。张山奇营长马上派了两个通讯兵去排查故障。可不一会儿，他们却无功而返。

于是，他走过来拍了下我的肩膀说："老王，派出去两个人都没排除故障，你去看看吧。"眼光里有一种信任。就这样，我一个人带上全副装备准备出发了。

我头上戴着钢盔，钢盔上用草做好隐蔽，挎上冲锋枪，带了两枚手榴弹，绑腿上还别了一把匕首，背上则是有五公斤重的四方形的铁皮电话机。

从战壕里摸索着出来，往炮兵阵地的方向走，顺着电话线一点一点地检测。开头一段，电话机摇起来都是滴溜直响，再往下查，电话机发出了咕咕的像是水没煮开的声音，找到了，我心中一喜。再仔细一瞧，原来电话线的胶皮被人用钳子完全剥离了，大概有七八厘米长，如花针一样细的铜丝被人插在了土里，很明显是敌人故意破坏的。我把它拔出来重新接好，电话就通了。但这个时候，我也知道我处在危险之中，心不由得紧了一下。

突然一个人影一闪，进了不远处的草丛，而这时候，我也看清草丛方向好像还有一个人。

我翻身找了一处低洼地方隐蔽起来，心开始扑通扑通地跳。怎么办？我暗暗问自己。他们可是两个人啊！冷静，我告诫自己，现在只有见机行事了。

我静卧在小土坳里，仔细观察了地形，我的正前方刚好有三个地势也相对较高的点，覆盖着茅草，恰好形成了一个三角区域，适于敌人移动、隐藏。我断定敌人一定就在这个区域里。他们有两个人，从人数上来讲，我处于劣势，只能按兵不动，等待着他们的反应。可过了好一会儿，对方也没有反应，我想，再等下去，吃亏的是我。

我目测了一下，这三个点都在我五十米的射程范围内，从位置上分析，那个占据三角区域的顶点是高点，茅草也最深，如果我是敌人我一定会选择这个点藏身。于是我把冲锋枪里二十发的弹夹换成了三十发的，对准那个方向，开始连续射击。在打了十五发子弹后，我发现对方依然没有反应。

到底是怎么回事呢？我心里纳闷。但藏身目标已经暴露，我把枪一背，从低洼的土坑里爬上来。匍匐前进了三十多米的时候，一只翻皮的皮鞋出现在眼前，那是日本人穿的鞋子。我对准鞋子，拼命开枪，但他的脚却一动不动。我再定睛一看，确实是一个人啊。我小心地站了起来，凑上去再一看，原来这里呈“八”字形地并排趴着两个日本人，他们的头靠在一起，像是在耳语什么，都头部中弹，死了。

我长松了口气，看来刚才那十五发子弹已经把他们消灭了。我仔细检查了一下，他们一个人头部中了五枪，一个中了两枪，中五枪的那个已经是血肉模糊了，而另一个人，有一发子弹是从下巴打进去的，这一枪就让他毙命了。他们身旁散落着一把日本王八撸子枪，这枪的射程只有三十米。我心中暗想，幸亏他们的枪射程不够，要不今天死的就一定是我了。他们两个人看样子是在商量着活捉我，挖点什么东西出来。这两个人看着就像是武装特务。

我不敢过多逗留，也没再去清理什么战利品，拿了那个三角形的枪套子，就赶回了观测所。

一回去，张营长就喜出望外地对我说：“老王，你刚出去不久，电话就通了！”

“那是啊，我把捣乱的两个日本鬼子都杀了。”我对张营长说。“怎么？”他又问。于是，我把刚才的情况一一向他说了。他拍着我的肩说：“好样的，你可是在百分之九十九都会死的情况下，把这百分之一的命夺回来了。到后面去休息吧。”

我冲了杯牛奶，吃了点糖果，算是压了下惊。想起这些日本人就是制造南京大屠杀的那帮混账东西，我今天也算是报仇雪恨了！我端起牛奶，一饮而尽。

周文星

1940年，我在湖南铁路中学念高三，日本人愈演愈烈的暴行，激起我强烈的愤恨，投笔从戎参了军，并在湖南的宪兵学校修完了军训课程。

1942年，部队调驻兰姆伽盟军总指挥部附近，我们的营房就建在离三国联合办公室不远处的一块高地上，不仅能十分清楚地看到三个国家的国旗和人群，就连每一个国家的升旗仪式都可以毫不费力地看清全过程。我军的升旗班严格按照国内的规定，每到指定时间清一色全副武装地举行升旗仪式，还有一个班的人在广场上集合，庄严地向国旗行礼，直到仪式结束。降旗亦是如此。英、美两国却不同，他们不搞任何仪式。只是在升降国旗时不管有事无事，有意还是无意，只要在场，都得立正，而且只需立正即可。

军训开始了，各个部队都有美国教官前去授课。中国军队的中下级军官一丝不苟地将《步兵操典》《射击训练》搬上训练场。就以射击为例，步枪射击有立式、跪式、卧式三种，要求出腿几公分，两腿之间几公分等等。排长就在旁边手把手地教，直到每一个动作都符合要求为止。稍有不对就骂，严重的还让士兵跪着晒太阳。美国人很是反对这种训练方法，他们主张自由、舒适，不受什么姿势限制。只要你觉得舒适、平衡，能开枪射击就行！

于是摩擦开始了，首先是我军的下级军官故意不将美国人那套放在眼里，摆出一副这是我们的兵，你们管不着的神情；美国教官则根本不把中国军官当一回事儿，表现出一副我是盟军指挥部派来训练你们的，连你也得听从我命令的样子。就这样，中国人按典范严格要求，美国人讲究实用、舒适，各抒己见。各个部队的训练就在摩擦中进行着。

因为语言的不通，我们交流起来有些困难。但美国人豁达大方，一见面就说“顶好”，有的还上前拍拍肩头、拥抱，表示友好。据说驻印军的副总指挥郑洞国，曾在一次团级以上的军官会议上鼓励全军士兵尽可能地多学英语，并要求各级军官带好头。美国大兵也很热衷于对中文的学习。在驻地时时可以看见这样的情形：中国兵哼着《雪绒花》，而美国兵唱着《义勇军进行曲》。双方见了面也时常相互请教。美国人的地方口音很重，两个美国兵谈话的时候，你根本只能听到叽里呱啦的一连串音符。

我军的军官，大多数都有一些高高在上的通病。士兵路遇长官，必须立正，敬礼让路，如在交通车上士兵得敬礼让座。而美国人则不同，他们除非有事要向长官请示报告须行礼之外，平时都无须敬礼、让座，可以和长官平等相处。美国军队除了营级以上的军官外，官兵一律拿着饭盒排队打饭。而我军原本在国内排、连长不和士兵同吃同住，给养也比当兵的高。到了印度之后连长以下的军官给养与士兵相同，很多老军官就感到很是委屈。

还有些老兵班长、排长喜欢对士兵进行体罚，这一点是美国人最看不惯的，时常加以阻拦，边摇手边说："不好！不好！"老兵却不予理睬，棍棒底下出好人，那是我们的祖训！何况连孙将军都没禁止，你来掺和什么。

孙将军时常到队里来看看的习惯始终没变，听说那位美国的将军史迪威也是没有架子的，甚至还不戴军衔，穿一件便服就满战区到处跑。

一天，营部下发了通知，要各连选送三至五名宪兵到总指挥部，史迪威将军要见大家。我和孔详鹏排长还有吴国民下士等五人匆忙前往。到了总指挥部门口，排长按照惯例脱帽行礼："报告！"里头响起一声回答："请进！"进去一看，一个身着美国咔叽夏威夷军便服的消瘦老人坐在屋里。排长又喊了一声："敬礼！"我们便行了一个军人室内礼。老人一摆手，说："随便点！"然后谦和地笑了一笑。我这才反应过来，这就是史迪威将军！他果然如传言所说的一样没有戴军衔！大伙儿原本打算好了，将军问什么我们就答什么，没想到他竟然什么都没问，冷了两三分钟的场。他见我们没说话，便开口对大家讲了一些盟军应同心协力的话语，然后要大伙儿随便谈，想说什么就说什么。

孔详鹏排长第一个问道："将军，为什么我们中国兵的薪水、食品等要美国人来发呢？”史将军反问道：“中国军官有吃缺（克扣东西中饱私囊）的吗？”孔排长回答：“是有的，但我们宪兵队绝对没有！”史迪威将军笑了，“我很理解你为什么会提出这样的问题。但不管你们那里有没有，既然这种现象存在，我们就得想办法杜绝它。而据我所知，这种现象在中国军官中由来已久，想要一下子杜绝是不可能的。而让美国人来管理此事就避免了这个问题的发生。也不用时常核查那么麻烦！”

——回答完我们的问题之后，他又和颜悦色地对我们说：“要照顾好自己，健康是胜利的基础！”

1943年秋，我调驻利多时已成为一名有些资历、有些经验的老兵了。进驻地是利多中国驻印军总指挥部，我们到达的时候，气氛十分紧张。指挥部获得可靠情报，日军扶植缅甸八莫傀儡政府后，训练出一批由印缅混血儿组成的奸细，已潜入印度境内利多进行情报和破坏活动。于是巡逻的重任便落到了我们头上。每晚四个人一组（中国兵两名，美国兵两名），我和杨思聪成了搭档。

为防敌机空袭，路灯都未架上，夜里一片漆黑，又没有规范的人行道。行走时，常被周围的树、雨季时搭的竹棚等挡住去路。地面潮湿，积水使路变得泥泞滑脚，即使铺上竹片、树枝也还是难以行走。美国宪兵的长筒胶底带钉胶鞋，既轻便又不打滑，穿上它甚至可以轻巧地爬树；而我们穿的只是普通的胶鞋，行动相对迟缓，他们就会上来拉我们一把。

换岗下来时，美国兵时常邀我们去吃夜宵。他们有一个冰柜，打开来奶油、面包、牛肉、鸡腿等应有尽有，自己去取也用不着客气。我那时是第一次见到冰柜，心想要是哪天我们国家也能拥有这种高科技的东西就好了。

下了接连数日的雨，巡逻的困难更加大了。美国宪兵的卡宾枪可以挎在肩上，披着雨衣戴着雨帽行动仍旧无碍；而我们是步枪，刺刀又重又长，也只好把枪膛部位尽量藏在雨衣内，迈步困难。就在这样的情况下，杨思聪又腿骨扭伤，整整三天无法出勤。

有一次夜里九时左右，我们正在一株大树下避雨，稍作休息。我用聚光筒搜索着河岸，发现岸边有一截横放着的死树。树有水桶粗，树干上似乎堆着什么东西。“哪一个？”我立即端起枪大声质问。

半晌没有回答，只有风雨声。其中一名美国兵叽里呱啦骂起来，摸出卡宾枪。“什么人？！再不出来就开枪了！”我将子弹上了膛。

“砰”的一声，杨思聪先警告性地朝天开了一枪。美国兵再次将光束交叉着射出去，那人装作被射中的样子，稍作停顿后，匍匐前进，向河奔去，企图逃走。我又射出一枪，击中其大腿。两个美国宪兵已经走了下去，我紧跟在后面。相距其实不过五十多米远，但坡陡路滑耽误时间，那人就死命地向着河边翻滚，我赶紧又补了一枪，此时美国宪兵已追了上去，一把卡着那人的后脖子提了起来。用电筒一照，他咬紧牙一句话也不说，只在他身上搜出缅刀一把、卢比若干等，看其穿着却是印度的黄军服。

扭送到指挥部才审问出此人系缅甸籍，因为会说缅、印、越山头土语，被日本军方抓走了亲人，经过间谍训练后要他潜入印度境内活动，盗取盟军指挥中心的文件，立功受奖后方放其亲人。

1943 年冬，我连参加了丛林战训练。一中两美三个教官，中国教官是新三十八师的上尉连长；美籍教官都是美国陆军中尉。训练的科目很多，有侦察、联络、爆破、劈刺（肉搏）等。三名教官分别交叉讲解，美籍教官讲解时就由翻译官在一旁逐字逐句翻译出来。翻译官姓杨，是国内刚出来的大学生，不懂军事专业术语，多次翻译出错，弄得美国教官很是生气。尤其是夜间演习，翻译配合不好，我们都很有怨言。好在我们不是新兵，多多少少对丛林战有点儿认识，摸索着学习，也还跟得上进度。

中国教官新三十八师的上尉连长，是一个很有学问的人。时常在讲课时引用战争实例，还指出了中国部队的特点：打完一仗，中国人首先问的是缴了多少枪，费了多少子弹；驾驶兵翻车了，先问车还能不能用，出了严重一点的事故，士兵还要受罚。而美国人则不同，他们会先问死伤了多少人，驾驶兵有没有事，再领一辆车就行了。但这样的差别也不是我们的过错。我们的国家穷啊！所以，我们更应该努力奋斗，将祖国建设得更加富强，让我们也能对一辆翻了的汽车毫不在意，让我们在战场上也能自己供给充足的枪弹！

听了这话，大伙儿更加努力起来。

在森林里，只有米和水，没有任何炊具却还要我们做出米饭来。我们急得干瞪眼，美国教官却笑着上来作示范。选择地方时应选择逆风林或几株大树的中间，因为这样才能不被敌人发现，也避免了被人闻到烟火的气味。只见教官砍下了一截竹子，装进一半水和一半米，然后在地面掏了一个竹筒大小的洞，将竹筒正正地放进去。筒口用树叶或芭蕉叶扎严实，再盖上一寸左右的细土，轻轻拍结实即可点火。听到竹筒的爆炸声立即灭火，饭就熟了！美国教官笑着拿给我们品尝，味道还真是不错！老美见大家都喜欢，更加高兴了，又介绍了另一种方法：用清水将米浸泡十五分钟之后，拿鲜芭蕉叶包扎三层，再挖一个洞将米放进去煮，一会儿饭就熟了！

从林战训练结束之后，大家都受益匪浅，也对美国人更增加了好感。

1944 年冬，我奉命调驻。工作是在离印度汀江十八千米的咚不咚马小镇旁的办事处担任警戒。学生兵一批又一批地运到兵站，他们都巴不得能马上到前线打小日本，时时缠着我们了解分配兵种的情况。

1945 年，部队办元旦晚会时也请了美军前来观看。那台晚会从筹备到演出还不到一个月，各部门分工明确，效率也很高，很快就推了出来。有歌有舞，还有诗朗诵、快板儿等，真是品种齐全，连演了两天。第二天，除了口琴、二胡独奏外还加上了口技！临到结束，大伙儿放开喉咙高唱《毕业歌》《抗战进行曲》，并喊着："打回祖国去！打通中印公路！打倒日本帝国主义！中华民族万岁！"果不其然，同年8月，日本小鬼子投降了！

潘克勤

1944 年 8 月 5 日，驻印军打下缅北重镇密支那，完成了第一期反攻任务。在密支那休整期间，我被调到新三十师八十九团任排长。

密支那的战火熄灭了，可伊洛瓦底江上仍是一片忙碌，汽艇往来穿梭，工兵们正在不分昼夜赶修横跨大江的桥。不久，八莫突击战打响。

元月 28 日，是十九路军淞沪抗战十三周年纪念，滇西远征军与驻印军选定这个日子，在离云南边镇畹町不到十英里的芒友会师。从此，中印公路由印度利多至昆明一条长达一千五百六十六千米的国际路线全部通车。

会师的礼炮刚刚响过，新三十师八十九团马不停蹄，奇兵突击芒友北面之南帕卡。南帕卡是通向腊戌的一个重要据点，日军的第五十六师团、第二师团、第四十九师团以及第十八师团的残部都退守在这里，准备负隅顽抗。根据部署，我第三营为攻击南帕卡第一线部队，我第七连为右翼侧击。

2 月 4 日是一个难忘的日子。天还没亮，全连提前开饭准备出发，连长命令第一、二排担任主攻，我第三排为预备队，向外围一片松林地带前进。这天，天气晴朗，中午时分我们到达预定地点。敌人已在山脊一线部署火力，阻止我军前进。

南帕卡右翼遭遇战开始了，连指挥所在山坡下架起了电话，指挥战斗。但我军处于仰攻位置，地形非常不利，第一排发动冲锋，均被击退。尹连长是个急性子，看第一排上不去，马上调来重机枪掩护第二排强攻。枪声大作，喊声震天，但直至黄昏，仍无进展。伤员一批批从阵地上退下来，两位排长也失去联络，下落不明。

这时，炊事兵送来了晚饭，我叫传令兵将饭菜送到伤员手上，连长和我蹲在大树下共进晚餐，他眼里布满了血丝，脸色很难看，拿着馒头，手在发抖。这顿饭谁也吃不下去，我向连长请战："连长，我们第三排上去吧！"他叹了一口气答道："也好。"

我举起冲锋枪命令集合准备战斗，同时对四个班长下达作战指示。

天已经渐渐黑下来了，森林里伸手不见五指。我们一排人小心翼翼地摸索行进，听到远处的炮声，知道已经来到敌人的后方了，手心里不由得冒冷汗，脚下一滑，我跌进一个大坑里，茅草高过人头。接着传令兵来报，七班已经顺利到达大路边，我命令七班继续前进，快速占领制高点警戒。不料七班刚刚跃过大路，敌人的机枪就哒哒地响起来，八班立即用火力掩护他们退回原地。我命令这两个班在左侧构筑工事，用火力封锁大路。

此时敌人知道腹背受创，退路已被堵截，于是命令重机枪拼命对我阵地扫射。火力凶猛，我又将九班调上来共同对付敌人。刹那间机枪声、手榴弹的爆炸声震撼着寂静的山林，一场厮杀开始了。

我冒着雨点般的子弹来到七班阵地，弹坑累累，四处冒烟。七班长和机枪手满脸血污，握着滚烫的机枪，正向敌人射击。这一班人伤亡太重了，伤员横七竖八地躺着，一个小伙子趴在地上，月亮照着他苍白的脸，嘴角流着血。我过去将他抱起来，不料他的胸口开了个大窟窿，血浆顿时像决堤的洪水，哗地涌了出来，我的袖子全湿了，地上的草皮洒满了这位战士的鲜血。不久，他的血流完了，我眼睁睁看着他断了气。

我像疯了一样，跑到机枪阵地，大声吼道："拿掷弹筒来！"憋足了气对准敌人那挺重机枪的火舌，发射枪榴弹。一道红光划破夜空朝着那吃人的黑洞喷去，那家伙再也无声无息了！

敌人的重机枪阵地被打垮了，三个班一窝蜂冲过大路，在山坡上构筑工事准备再战。我跑到右前方去观察敌情，树下却蜷伏着一个日本兵，这完全出乎我的意料。我条件反射般端起冲锋枪就扫射过去，可是枪栓卡壳了。日本兵站起来，端着上了刺刀的步枪向我冲来，我连忙躲开，等他转过身来，我已拔出腰间的大刀向他砍去。他三次冲刺都未得手，气力不支了。只见他喘着大气，一双死鱼眼睛胀鼓鼓地直瞪着我，嘶哑着嗓子，大声号叫："呀！……"踉踉跄跄地冲刺过来。千钧一发之际，我用刀把他格开了，可是无情的刀锋却同时劈到他的脸上，他满脸是血，枪从手上掉下来，栽到地上死了。

尹连长也赶到前线，我们共同研究作战部署，认为这个山头非坚守不可，但目前兵力单薄，敌人前来反扑，必然抵挡不住。而前方死角太多，火器不能发挥作用。连长决定，回去调迫击炮来助战。

果然不出所料，连长走后，敌人就开始反扑了。十来个敢死队员扛着炸药包，上着明晃晃的刺刀，向我阵地一步一步匍匐前进。

我正命令各班集中手榴弹，敌人却一声吆喝，手榴弹像冰雹一样向阵地落下来，一时山崩地裂，手榴弹在这个小小的山头上遍地开花。我一脸灰尘，满身泥土，睁眼看时，手旁竟有三颗就要爆炸的手榴弹正冒着青烟。我顺手抓起两颗嗤嗤作响的手榴弹，不顾一切地朝着那堆黑压压的影子用力扔去，轰隆一声，鬼子哇哇地叫起来。与此同时，另一颗手榴弹在我的右前方也爆炸了，又是轰隆一声，我什么也看不见了，耳朵嗡嗡乱响……

脑子里却仿佛看到敌人喊杀连天地冲来了，这是不行的！我忘命地喊着："弟兄们，打呀！"手榴弹、机关枪、掷弹筒响成一片，冲锋的敌人终于被全部消灭了。

这场争夺战，我排伤亡大半，全排五十二人只余下二十一人。不知过了多久，我开始感到右臂疼痛起来，一摸，原来在不停地流血。

弟兄们劝我下去休息。不，我不能走。我命令排副带领弟兄们坚守阵地，自己飞快地进入炮兵阵地，准备痛击敌人的进犯。

连长在阵地上见我这个样子，命令卫生员赶来急救，包扎伤口时发现里面有弹片，于是又送我下火线去手术室开刀，这时我已昏过去了。等我醒来的时候得知，连长已经阵亡了，我禁不住大哭起来。

这一天的变化真是太大了，生离死别何其快速。后来我从前线被直升机送到马格利达后方医院治疗。

南帕卡于 1945 年 2 月 8 日被攻克，激烈的战斗持续了四天。据新一军《精忠日报》报道，我连在南帕卡外围作战有功，我排共歼敌五十余人，击毙了日军中队长一人、小队长一人。

黄隆炽

1944 年，在我的软磨硬缠下，哥哥、姐姐（那时我父母早已仙逝）勉强答应了我跟着三位堂叔去从军的请求。

从军生涯也还顺利，到印度之后我很满意自己当上了一名步兵。在所有的兵种中，步兵上战场面对面打日本鬼子的机会最多，也最解恨！但那时战争已趋于结束了，根本没有上战场的机会。日本投降后，我虽满心欢喜，却也留下了不少遗憾：没能亲手治一治这傲气十足的小日本！

机会很快来了，就在我们进驻广东后不久，谭营长和李连长把我和龙排副一起叫到了连部，给了一个任务——押解日俘修建新一军印缅阵亡将士公墓。我和龙排副会意地交换了一下眼神，掩饰不住内心的喜悦。李连长没理会我们的小动作，继续说："龙排副负责同我方场地工程技术人员的联系工作，至于小黄，你就负责押解日俘劳动和整个场地的警卫工作。"我俩站得笔直，兴奋地向连长和营长行了个军礼："是！"谭营长训道："别高兴得太早，千万注意军容、军纪。在日俘的面前既要不虐待他们，也要有胜利者的威仪！"心里装着连长和营长的话，我俩领着队伍进驻东山公墓的工地。

驻地选在了东山街口的一座还没完工的楼房里（二楼用于居住，一楼就当警卫点），街口直通墓地，离那里大约二百米。整个墓地占地十公顷左右，坐落在广州沙河镇白云山石头岗，背靠一座圆锥形的小山。山前就是一座青色大理石纪念碑，正面雕上了孙立人将军的题词"新一军印缅将士纪念碑"。四条大理石柱直冲云天，从四面看去都是象征胜利的"V"字形。这四根大石柱还代表着新一军的军训：义、勇、忠、诚。而这四个字中又包含了四维——礼、义、廉、耻，以及八德——忠孝、仁爱、仗义、和平、仁义、武德、智仁、勇烈的全部要求。当时公墓主体工程已大致完成了，日俘的工作就只剩下挖地、抬土、运泥、填路等。

接收日俘的第一天早上，我们这个班的战友特地把自己打扮了一番。战士们都是经过挑选的，年轻、体质好，装备起来威风凛凛。吃过早饭，我们早早地到驻地门前等待日俘的到来。

八点整，一名矮个子日本士官带着二百多名战俘来到我们的面前，整好队之后就向我们敬礼，然后开始报告。那时候没有翻译，双方交流全靠笔写（日本人都懂汉字）。他们的口头报告我自是一句也听不懂，但我们都挺直了腰身。曾经不可一世的日本鬼子就在我们的面前，随时听候我们的调遣。我脑中闪过大轰炸时，日机在成都上空盘旋的情景，于是激动地大喊一声：“出发！”

日俘的劳动量其实很大，每天中午有一个半小时的休息时间，他们吃起自己带的盒饭时都是狼吞虎咽的。我们的心里也不好受，想起大轰炸时盐市口、顺城街等满街的死人，我就觉得他们特别可恨！可是他们也是人，是日本军国主义分子愚弄、逼迫了他们，才使他们犯下罪行。经过商量，我们每天还给他们烧上几桶开水，供他们解渴，日俘很是感激。

仇恨是无法抹去的。日本人奸淫我们的姐妹，杀害我们的骨肉同胞，有时甚至放狼狗咬死他们。但我们不是帝国主义，不会用野蛮的方式来对待那些哪怕已经犯下了滔天大罪的日本军人。

我们的战士从不打骂日俘，但日俘劳动时根本不敢偷懒。他们的士官和小队的军曹，稍有不合意轻则怒骂，重则殴打，抓到什么就用什么打。被打的人不但不敢回嘴，还得端端正正地站好，任他打骂，口里还得不断“嗨！嗨”地答应着。

一天中午，我正吃午饭，日俘士官来到驻地向我例行报告情况，进门先是一个恭恭敬敬的军礼（中日两国的军礼都是右手上举中指齐眉，但日军行礼手较平，中方军礼手较立。日俘这时行的是中式的军礼）。我把饭菜推到一边，示意他坐下，然后拿出一叠白纸，随手从上衣口袋里抽出一支漂亮的笔来。日俘士官一见这支笔就“啊呀、啊呀”地叫了起来，不断竖起大拇指对我笑。我写道“什么事”？他接过笔写了一些当天的劳动状况，以及同技术人员的接触情况，又感谢起我们来，说我们待人特别好。他见我没吭声，又写自己本是一名高中生，遣返回国后还是要读书的。他看着我继续写道：“你真有学问啊，简直叫我吃惊。我见过不少的中国军人，只有你最有学问，也最有风度。”他又指指我的笔写了“漂亮”这个词，还看了看饭桌上的菜饭写出“酒肉饭饱”四个字。

自从接手战俘以来，我就感觉到他们对我们的阿谀奉承，而我也确实看不惯他们的士官不把手下的兵当人的做法。一直苦于没有机会教训他一下，正好他提到这一点，我提笔就在纸上写道："中国有句老话'酒肉饭饱，无所事事'，这是骂人的话，你知道吗？我们人道地对待你们，也希望你们人道地对待你们自己人！"

他接过纸，看了好一会儿。明白意思后，立马站了起来，低下头，口中不断"嗨，嗨"！从此他再也没有对我巴结讨好说奉承话，见了我们的士兵只是立正低下头，口中叫着"嗨，嗨"！但日俘中，士官和军曹打骂士兵的现象少了。

1945 年底，在我们和日俘相处了两个多月后，公墓的土木工程基本完成了，上级命令将日俘遣返回国。

日俘工作的最后那天下午，我们让他们提前收工，回去准备一下东西，明日好离去。这是最后一次相处了。我们班上的其余十一个人都衣装整齐地端枪站在我身后。日俘士官把二百余人集合站在我们的面前，一齐向我们行了一个军礼。

我胡乱地用中国式的日本话要他们回国后好好工作和学习，不要再侵略他国和欺辱别国的人民。听我讲完之后，士官出列说了一连串日语，大意是感谢我们的照顾。而我只听懂了最后一句："谢谢关照！谢谢关照！"日俘们又一起大声说了一句"谢谢关照"之后，集体行了个军礼。我们也还了他们一个军礼，这个军礼包含了多少意义，中国的军人用大度的胸怀包容了他们多少罪行！

日俘开始出发了，不少人不断向我们招手，我们十二个人笔挺地立着。两个多月来我们从未打骂过他们。他们曾用狼狗、细菌和酷刑来对待我们的兄弟姐妹、骨肉乡亲，而我们从未将这些野蛮残酷的方式加诸他们身上！

卢国维

太平洋战争爆发以后，日寇相继攻陷英国统治下的香港和缅甸，切断中国所有海上、陆上的国际通道。中国与英方签署共同防御滇缅路协定并派出远征军入缅作战，然而第一阶段损失惨重。为挽救危局，中国与美国加强合作，通过空运中国远征军到缅北和印度，从东西两线夹击日军。美国还为中国提供可装备十来个师的新式武器、弹药、车辆以及通讯、医疗等器材设备到昆明和印度的利多。为了迎接这样大量作战装备和军援物资的接收、分配、训练、使用，1943 年秋，国民政府教育部和军事委员会外事局受命向川、滇、黔三省各大学征调除女生和师范学院外的应届毕业生作译员，经短期英语会话和军事术科训练后分配到云南、广西、缅北和印度各地中美军事机关和部队中担任翻译联络工作。

我当时是重庆中央大学机械工程系毕业班学生。我知道这是一项艰险的工作，却又是报效国家、锻炼自己的好机会，故主动争取前往。我的父亲从一开始就完全支持我去应征。

在重庆学习培训了两个月。译员训练团结业时，蒋介石亲自来讲了话。1944 年 4 月 30 日上午，我回家告别父母。当晚接通知第一批出发，翌晨即乘 C37 客货两用机飞往昆明。这是我有生以来第一次乘飞机。

在昆明，我们与先报到的贵阳、昆明地区的一批学生共约一百人，在车家壁步兵训练中心（ITC），接受美国教官三个星期的步兵武器结构、使用和教学方法训练。我们学习的步兵武器有步枪、冲锋枪、轻机枪、重机枪、迫击炮、反坦克枪、反坦克炮。有的美国教官还表演了蒙眼拆装枪械。除反坦克炮外，都在靶场轮流练习了实弹射击。我们很快掌握了要领和熟记了全部英文词汇。5 月 22 日学习结束，我和重庆大学的刘厚淳被分配到昆明美军作战参谋部。

在美军作战参谋部，我与刘君同在一个办公室，主要是翻译步兵武器使用说明书、武器训练和野战训练教材等。因有重庆和昆明两阶段训练的基础，翻译起来比较顺利，厚本厚本的资料，不到一个月就“歼灭”得差不多了，开始显得空闲。参谋部的巴顿准尉知道后，就安排我们陪同美国军官到滇西各地出差。这种任务亦不多。我闲不惯，7 月初的一天下决心找巴顿准尉商量，如果驻印度远征军或加尔各答兰姆伽战车训练中心还需要翻译，希望能调我去。约莫三天后，巴顿通知我，印度兰姆伽战车中心需要增调一批译员，可以调我去。

三天后的一个早晨，我登机起飞。第一次越过澜沧江、怒江和高黎贡山出了国门。飞机上巧遇复旦新闻系的邓蜀生，是我高中时代的同学。飞机过高黎贡山时飞行高度三万英尺，盘旋降落时，已能看到热带丛林、茶场和村落，还可看到三三两两在田间作业的黑皮肤农民。这时我意识到不可能是加尔各答西远郊的兰姆伽，问机组人员，方知是战时闻名世界的利多，驻印远征军总指挥部的所在地。

远征军总指挥部设在距机场仅约两英里的茂密森林的边缘，比较潮湿。先已分配来此工作的中大同学过懋德告诉我，郑洞国总指挥常去师、团视察或前线督战，只有半数时间在家。这时方知因新六军两个师的美军联络团扩大，急需增加译员，总指挥指示要我们全部留在利多。这原本是我的“第一志愿”，自然喜出望外。

我和邓蜀生被分配到十四师。当时西南边陲和缅、印的抗日战场分为东线和西线。东线总指挥为卫立煌，下辖第二军和东北军第五十三军及五十四军，共五万余人。主要战区在云南西南部至缅甸北部一带。西线总指挥为郑洞国，下辖新一军（军长孙立人）、新六军（军长廖耀湘），共四万余人。主要战区自印度东北部直至缅西北及滇、缅接壤处。新六军共有三个师，即十四师、新编二十二师和五十师，师长依次为龙天武、李涛、潘裕昆。十四师所辖四十团是陈诚早年曾任过团长的，故最受重视。

我们乘军车穿过丛林，越过田野，约一个多时辰到达距利多市镇两英里，隐蔽在树林中的十四师师部。师部三面都是操场，也被参天大树的茂密枝叶覆盖，从高空看下来也不大可能发现。所有的帐篷都是浅灰色，与印度的田野近似。林木繁茂，空气清新，大异于利多机场和田野间的湿闷。林间偶有孤鸟飞鸣，深夜间闻豺群凄嗥，环境无比寂静。

师长、参谋长工作所在的高台篷房面对操场，坐北朝南。平台和房屋结构都是用整根整根的大楠竹捆绑而成，屋顶铺的是草绿色巨幅帆布。屋内分隔成一间间办公室和卧室，说不上精致美观，却也整齐牢实。竹楼后是电讯班的帐篷。操场西面是两长排同式样共计十四个小型帆布帐篷。这两排帐篷从北到南依次为参谋处、军需处、军械处。两排帐篷的西面还有一些随地形布设的帐篷，是警卫排、通信兵（勤务兵）和炊事兵住的。厨房、浴室和厕所则分散架设在更靠后一带。操场南面则为储存枪支、弹药和被服等装备用的几个帐篷。再向东靠近大营出口通路是政治部搞宣传和师部开会用的两个大帐篷。在森林中，日照方向几乎不分东西。在这样安静的环境里，参谋处和联络团凭借有线、无线收发报机和电话，以及地图和作战态势图日夜紧张地工作着，“运筹帷幄，决胜千里”。

美军联络团的帐篷都是圆形，直径六七米，中高四围低，好像大蒙古包。一道门进出。我们行经远处，与美军士兵互相挥手招呼，大家都感到高兴。后来遇有闲暇时，也常串门聊天。

到达当天，师参谋长梁铁豹上校在操场北头的大棚房接见了我们。第二天早晨，师长龙天武，副师长许颖、政治副师长梁直平也接见了我们。他们都热情表示欢迎。我们同时也见到了早期志愿来昆明转派驻印远征军担任师翻译组长的香港籍人士潘士敦。

见过师长，我们接受了美军联络团拜访副团长派克少校的考核。派克少校谈得既活泼又认真，内容包括了武器和野战知识。提问多是战场实用的作业，或者说野外勤务。对话则谈林间兵营生活，文字口译要求反应快。只见他愈问愈有劲儿，有时甚至眉飞色舞，最后跷起大拇指，在我们二人肩头上拍了几下。下午参谋长即通知我和邓蜀生到参谋处接受任务。参谋长根据派克少校的意见给我们分工，我担任“我军作战”翻译，邓任“敌情”翻译。按美军代号分别为 G3 及 G2。G1 为人事，G4 为后勤，在美军中一看便知道。

第三天早上即开始工作。参谋长转来联络团收交的无线电战报和敌情简报。这样的翻译从一开始就成了例行工作。此外还有一些零星电讯和文件，随到随译。我军战报主要是缅北西、东两线的战况，敌情则包括东南亚各战区的日军活动。两周后，邓蜀生调去搞时事文化宣传工作，我便将邓的原有工作即敌情翻译一起接了下来。此后双报（作战、敌情）就由我负责到底。

谈到双报，至今犹感兴奋。缅北战场一幕幕艰险生动的战斗情景都在电讯中显现出来。有以中国远征军（驻印军和滇西军）为主力，先后攻克敌占孟拱、密支那、八莫等城镇的战役纪实，也有战士们壮烈牺牲可歌可泣的感人事迹。中国远征军为支援友邦，御敌歼敌于国门之外，英勇征战，打出了中华民族的气节。缅甸人、印度人固然感激不尽，英国人、美国人也万分钦佩。远征军不但仗打得好，军风纪也好，无论走到哪里都受到鼓掌欢迎。孩子们都习惯伸出大拇指不断叫“顶好”。“顶好”这两个字在印度传遍了。美军的战报也多用“顶好小伙子”来代表中国军队，表现出亲切和尊敬。

在我们南侧相邻的帐篷里，几位年轻的参谋根据我军作战和敌情活动报告绘制前线态势图，由参谋长、师长先后校阅签署后发战报电讯下达团部并抄报指挥部、军部和美军联络团。我因工作需要，被特许常去看他们绘制的这些图。

从战报电讯和态势上可了解到，缅北东西两线，中国远征军都绝对是主力。哪怕是在丛林中搜索单个分散顽抗的日军，美国军人都让中国士兵走在前面，他们远远跟在后面。敌狙击手往往把自己捆绑在高空的树干上，隐蔽于绿叶丛中。他透过叶间缝隙能看到你，你却看不见他。原来喜拣轻活干的美军担任搜索，被日军狙击手冷枪打死打伤不少。中国士兵多来自四川，个子不大，比较灵巧，习惯于山林复杂地形，装备又较轻，加上新积累的对付亚热带丛林蛇多、蚂蟥多、沼泽多等恶劣条件的经验，他们行动快，牺牲少，不断消灭敌方狙击兵，消除一线的后顾之忧。

打阵地战时，也总是中国军队在正面，在前面。最难忘的一役是歼击顽守密支那的敌军，最后攻克那个闻名世界和象征西线战事胜利碑志的缅北重镇的动人情节。在美十四航空队轰炸机连番投弹后，躲在坚固水泥掩体里的众多敌军依然顽固，需要我步炮结合，一尺一尺地向密支那敌军司令部推进。8 月 3 日凌晨，五十师一五零团一个敢死连由连长带领全连官兵，趁着天色未明，要冲上一个前面就是敌司令部的旱堤坝。连长身先士卒，右手举着手枪，从地形有利的左侧向坝上爬。万籁俱寂中只有轻微攀登的脚步声。不幸，连长同几个士兵刚从坝顶露头，就被敌军枪弹击中倒下，这时副连长立即接上，沉住气带队往上冲，很快翻上堤坝，准备匍匐前进。左右是排长、班长和十余个士兵。这时敌人从暗处迸出的火力网眨眼又将副连长和部分跟随人员击中。紧跟身后的一排排长立即自动向前，举手指挥继续匍匐前进。几挺轻机枪分别瞄准适才暴露的两三个火力点扫射，很快打哑敌方掩体火力，第二位代连长一面命士兵们喊话，一面发动冲锋。正在冲锋前进时刻，几声散枪响起，这位代连长又应声倒下。二排排长反应快速，命令实际已攀上了堤坝的全连官兵重新卧倒，步枪、冲锋枪、轻机枪一起轰鸣，成千发子弹齐齐压向模糊中的几个敌掩体。战斗终于告捷。天亮时，顽守的日军三三两两从掩体和较远的工事建筑物里，手举白旗走了出来。

这一幕情景，战报上略有描述。后又听了前线回来、参加过该役战斗的官兵亲身讲解。一个月后，我和邓蜀生一起专程去密支那看了那个小战场，包括旱堤坝和几个坚固的掩体。还会见了正驻屯密市的五十师的几位参谋，询问了当时战斗的实况，故印象特别深刻。当天下午在返回师部的途中，还遇上一件趣事。一位半脱军装的美国大兵在公路旁一个岩穴下兴致勃勃地用利刀，大块大块切割刚猎获到的连皮带角的野鹿肉，还热情地问我们要不要，表示可送我们几大块。我们毕竟还有一个军风纪，表示感谢但没接受。随即彼此以轻快的微笑结束了这一不期邂逅。

我们在师部的生活也不枯燥。早晨做早操，练跑步，下午打篮球，也有机会骑马。还曾到军部广场去看过两场美军送来的新到美国彩色电影喜剧片《女儿狂》和《乐哉军队》，看了昆明京剧团的京剧。我对京剧戏台上方的横幅颇有感触，那是总指挥郑洞国题写的六个大字："复见汉家威仪"。

有一次请假从利多乘长途巴士去西边一百二十千米地的萨地亚，看望驻印远征军新一军战车营里的同学陈珍念。从战车营广场北望，五十千米外一派巍峨壮丽、顶峰积雪、铁青色的几乎是拔地而起的大山横贯东西。问了才知那就是喜马拉雅山东段。想象山脊梁的另一侧就是西康（现四川省），就是中国，感到极为亲切和自豪。

攻克密支那后，西线已无重要战事，驻印远征军奉命利用雨季休整。参谋长派我到加尔各答去联系全师需要的印刷品。吉普车送我到丁苏吉亚，再凭驻印远征军司令部证明乘上直达加尔各答的火车。其间，偶有英、美、印军官上下车，在较大车站也见有成队英、印军队等候专车运送。我所乘列车经高哈蒂、库奇比哈尔和迪纳杰布尔，于第二天下午到达加尔各答。沿途无论是在路旁还是车站，印度人老的小的远远见到我这个穿着军服的中国青年都几乎无例外地跷起大拇指，或喊着“中国”，或喊着“顶好”，有的孩子还要跟着列车跑一程。

到加尔各答后，住进公园街埃斯特尔旅馆。这是一栋四层楼房，后面有一大片绿茵草地。为了接待盟军，旅馆把床铺全都换成了较宽的行军床，床单被单全是白色，像兵营或医院。大房间可住七八个人，房费全部五折优待。进房间见全住的美国军官，他们多是来此度假的。这些美国人见我进房，都“哈罗”“嗨”，高兴地招呼不迭，言谈间都表达了对中国军人的敬重。

第二天早上去印刷公司了解印刷品印制进度，知已全部接近完工，且正开始包装，三天内即可交运。利用等候时间，我参观游览了商业区、乔伦治大街、中央市场、豪喇大桥、加尔各答大学、植物园和中国城。也去拜访了中国驻加尔各答总领事馆和中国旅行社。为求安静，第三天就改住中旅社经营的中国饭店。第四天去印刷公司查阅发运单，知印制品已全部付运。这家印刷公司规模算中等，是山东籍华侨开的。在印度的华侨大半是早年来自山东，其中有一部分是八十年前英国政府从山东招来的警察（巡捕），转业后经商或打工，子孙繁衍，都成了比较富裕的侨民。

在加尔各答待了五天，工作、参观、游览均有收获。

10月中旬，雨季快将结束。回忆9月间，真是谈雨色变。那连绵不断的倾盆大雨，水声大过雷声，帐檐瀑布奔腾，使你不敢离开帐篷一步，普通的雨衣雨具全不顶事。每个帐篷只得发给一套专业用大雨帽、厚雨衣、长筒雨靴，以供轮流上厕所和必要的工作用。勤务兵则每人一套，否则大家都没水喝，没饭吃了。现在雨季已近尾声，三晴两雨，下的也只是中雨小雨，外出活动已全无问题。这时驻印两军，即新一军和新六军的作战部队开始由加迈和密支那分东西两路往南推进。东路新一军三十八师沿密支那—八莫公路南下，西路新六军二十二师经和平向瑞姑南下。新六军的十四师和五十师作为总预备队压后，但各有一部沿侧翼掩护南进大军。美军一四八团也编在总预备队。

11月7日新六军二十二师攻占瑞姑，12月15日新一军三十八师攻占八莫。由于防守瑞姑一线的残敌溃逃八莫，加以八莫北部公路沿线多有日军的坚固工事，八莫的攻防战比瑞姑要艰苦。

当新一军军长孙立人指挥他的部队与滇西远征军呼应，为南北夹击敌军以打通中印公路而从北到南先后攻占南坎、芒友，在芒友会师并继续向腊戌推进之际，我新六军十四师大部与五十师一五零团同时攻克密支那。尚在密市参加联防的四十二团陆续开始回师孟拱。师部及直属连队于1944年12月下旬最后撤离利多驻地。

1945年1月29日中国军事委员会发表缅北战绩初步统计：自1943年11月至1944年底，缅北、滇西我军对日作战，共死亡29454人；全歼日军精锐第十八、第五十六两个师团，击溃第二、第四十七两个师团及第二十四混成旅团，共击毙日军48858人，俘虏647人，缴获各种枪12000余支、炮160门、战车12辆、汽车606辆、飞机3架。被日军切断了两年零八个月的滇缅公路终于完全收复，中印公路也告全线贯通。

后来我在昆明陆军总部了解到：日军印支泰马战区司令寺内寿一被关麟徵集团军俘虏后，搜查出来一本日记，上面写着这样一段话：皇军在东南亚战场上可以一个师团对五个印度师或两个英国师，与美国师可一对一，但两个日本师团还难以应付中国驻印度远征军的一个师。可见，在寺内寿一眼里中国抗日远征军具有何等顽强的战斗力了。寺内寿一这本日记，当时由昆明陆军总部军务处（处长冷欣中将）送往重庆军委军令部，如今应保存在台湾国史馆内吧。

自利多撤离时，因师长龙天武去重庆述职，由副师长许颖压队。第一辆是汽车连长和警卫排长所乘吉普车作为先导和指挥，由汽车连长亲自驾驶。我同许副师长所乘车排第二。车队浩浩荡荡穿出森林，然后沿公路东行经利多机场南侧进入缅北平原。遇大弯路回头看，车队真像一条蜿蜒爬行的青蛇，但一小时后再看却变成了黄蛇。才意识到我们的全身可能也被埋藏有丰富石油和宝石矿的缅北大地上的黄土微尘覆盖。为了验证，看看前面的驾驶兵和副师长，眼珠、眉毛、鼻孔都看不清了。脸上简直可用精密测厚仪量出尘埃的以微米计的厚度来。大家相互瞧着，笑着，不一会儿前面的指挥车停了下来，并用麦克风小喇叭招呼全队都停下来休息，主要为抖去身上的灰尘和用路旁小溪的清水洗洗脸。下车再回头望，只见人们都在跳，都在笑。路南小溪，流水清澈无比，与路北堆满黄尘、活像雕塑泥坯的矮树丛相比，实在是太不协调。缅北大地真可以说是“金玉其外，败絮其中”这句古成语的反义素描了。

傍晚渐渐接近孟拱机场，地形地貌开始变化。黄土只在耕地出现。遍地丛林青草，北面也有了群山，空气顿感清新。大队到达孟拱已是皓月当空。吃过干粮就在机场西北角草坪上竖起一个个的行军帐篷。下一步行动全在保密中。副师长只轻声对我说了一句：“你明晨第一架飞机出发。”问是到哪里，他笑了笑：“连我都还不晓得。”根据战场形势和他的神情，我推断是到昆明郊区。我这是排除了各种不可能而得出的可能和由可能论证出判断的。军事纪律要严格遵守，我已经养成了保密的习惯，自己的想法也不能随便说或找人求证。

第二天拂晓起身，吃了“B”口粮就登机。我们这一车队人作为首批连同吉普车共占用了八架 C46 型客货两用机。我最先起飞，许副师长是最后一架。各团官兵、装备和直属部队除重型车辆和装备沿公路运行外，全部分批用飞机陆续载运。

在飞机上听美军机长讲此行目的地，果然是昆明东部。我们飞越大片小丘陵地和海拔四千多米的高黎贡山，上午九时左右降落。我们这一架是第一个起飞，又是第一个降落。我留在机场配合美国十四航空队地勤人员招呼同一批陆续空运到达的人员，直到八架飞机到齐。先期到此的十四师先遣官员中，一部分领送师部各处人员前往预先安排好的住地，另两个人陪送许副师长和我去县府拜会张县长，并在县府院内一套大小平房安顿下来。根据十四航空队美军联络员的通知，我中午又去机场开始迎接下面陆续到达的空运部队，即直属部队和三个团。他们将由两百多架次的 C46 机分批运送，每批十至二十架不等，到达时间昼夜不定。

在第二批飞机尚未到达的短暂时辰里我又在思索，为什么要不分昼夜整师整师地空运作战部队？大反攻并非如此紧急。联系到师部离开利多时收到的一条敌情电讯，即日军从广西柳州、河池、南丹北上，已先后攻陷贵州的独山、都匀，有继续向贵阳推进的态势，到益又从参谋处先期经昆明来益的一位参谋那里得知敌军已开始从都匀、独山南撤，这就再清楚不过了。既然缅北战区从军事上和外交上来看已不需要西线两个军的大部队留守，华南、华中大反攻也势在必行，东调是很自然的事。至于整师空运和昼夜不分，起因于日军侵黔，贵州危急，现在敌人退了还可能卷土重来。

十四师空运部队，以每天三批约四五十架次到达。因而译员相应增多，我们去机场接应的工作愈来愈轻松有序。六天时间全部运完。参谋长是最后一批到达。师属各部队分散驻屯近远郊区，大部分住帐篷。再过几天，满载辎重的重型车队和反坦克炮也到了。

此后就是休整和待命。一次参谋长让我同他一起去昆明。在那里见到了他的七八位老战友和老上级，从而了解到一些当时的国际国内形势，知道驻印远征军各军各师除少量配合东线滇西远征军继续清扫丽江东岸和腊戌的残敌外，都将陆续经滇缅公路撤离回国。也知道国内各战区无大调动。因此我估计师部近期内再没有战、情两报需要翻译。1 月底参谋长派我到重庆向外事局汇报全师译员回到益的经过和现况，并请示今后的工作。正逢龙师长和许副师长也飞渝述职。我便随同两师长一起去外事局。见到局长何浩若，两师长与之寒暄后就开始赞扬我们全体译员在十四师的工作：圆满地完成了任务，增进了中美军队间的友谊，对缅北各战役的胜利功不可没。接着何局长也讲了一些赞许和鼓励的话。

2 月底我仍乘美军飞机，由重庆绕经成都回昆明。何浩若局长及随员偕同几个美国军官在成都登机，一同去昆明。此时已是黄昏时分，半小时后天已黑尽。进入云南省境，由于气流变化大，飞机起伏、颠簸开始厉害起来。有时急剧升降的幅度高达七八十米，呕吐、喘气声不绝于耳。好不容易挨过这难受的几十分钟，飞近昆明就逐渐平稳了。这时才发现那几个全然无事的美国军官都是十四航空队的。在机场降落后，与何局长及其他外事局官员一起搭乘十四航空队军车前往我所熟悉的小西门一招美军作战参谋部所在。到房间仍昏昏然，没去餐厅即入睡。

在昆明小住后又回到地益。3 月底的一天，我接到通知调昆明陆军总部副官处担任翻译、联络工作，一直到日本最后投降。

从 1945 年 9 月 3 日南京受降之日起，我们因与美军联合抗日而被征调参加工作的大学生译员按规定纷纷办理复员。我于 8 月 28 日到了芷江，又随大队一起经衡阳、长沙、武汉再转船到南京。到南京总部办完手续，从此结束了一年零六个月的“戎马”生涯，乘飞机回重庆换取统一的证明函件，最后回沙坪坝中央大学交了差。回忆这一年半的译员生活，可以说虽非轰轰烈烈，却也多姿多彩。

朱立民

随着战事的进展，美国顾问团来的人逐渐多了，训练国军需要翻译员。就在我进入中央大学的第一年第一学期，快接近期末考时，政府的军事委员会外事局正式行文给学校，鼓励有兴趣的学生去考外事局的译员。我们中央大学有十七八个人去应考，其中有好几个华侨学生，通通考取了。当上了译员，人家都称我们翻译官，好像在政府做事就一定是官。

考取后我们都很高兴，也就没心念书了，而且我们报到的日期就在大考之前，刚好不用考试，可以早点去报到。在局里受了两三天的职前训练，就被派到昆明去。那时昆明有一个步兵训练中心，叫步校，一个炮兵训练中心，叫炮校。我被派到步校。

当翻译官非常顺利，我们第一批招考的译员英文程度都很好，虽然我二年级还没念完，有的则是三四年级的，而且回国念书的侨生很多英文程度都很好，跟现在的不一样。中英翻译本身一点问题都没有，问题在于我们不懂军事术语，后来由美国军官和中国军官在中间替我们协调，一两个星期下来，我们很快就学会了常用术语。担任翻译队队长的是一位军校毕业、英文很好的周少校，美方单位主管是阿姆斯将军。后来周少校要跟阿姆斯将军一起调走，就向上面推荐要我接任翻译队队长之职，我就接了下来。

刚去时，大家都是上尉官阶，我升了队长就变成少校，后来很多人也升了少校，变成资深的翻译官。

美国的顾问军官和士兵越来越多，训练的范围也越来越广，除了国内的之外，还有印度的，所以需要的翻译官越来越多。政府没有办法，就征调大学毕业生，不管什么系毕业的都征调，连英文最差的中文系也被征调。他们到底怎么翻译的，我不知道，反正有很多中文系出身的也的确做过翻译官。翻译官的事情很杂，不一定是去上课，英文差一点也不一定不行，总是有事给你做就是了。我们曾经负责好几班的翻译官训练，因此后来我们也变成了教官。

我去当翻译官，哥哥、姐姐都不赞成，他们认为我应该把大学念完再去。后来证明，如果那个时候不去，后来也会被征调。后来征调的，开始时也是给上尉的官阶。这些人有一部分后来丧失了生命，因为他们受训后就被派到前线去了。从师部一直派到团部、营部或连部，派到连部的就非常危险了，因为都在前线。我认识的有几个就是在前线，他们不是在作战，而是帮美国军官跟中国部队联络。炮火是不长眼睛的，身在前线很容易被波及。

训练的内容很多，有的教如何使用新式武器，有的讲将来到印度或缅甸时应该怎么打丛林战，有的讲理论方面，有的则是实际操作。

士兵的纪律和学习能力都很好，而且美国军官的训练方法设想都很周到。受训都要考试，他们知道很多受训的中国士兵根本不认识字，于是就把这些士兵分成两组：不识字有不识字的考试方法，用问答及实际操作；识字的除了实际操作之外，再加上书面考试。不是每个士兵都有机会受训，来受训的人都是经过挑选的，程度比较好，脑筋也比较灵活。一次训练好像两三个月，但也要看课程而定。

另外，中国长官来视察的时候，我们要把他的演讲翻译成英文，美方当然也要说几句客套话，我们再把这些话译成中文。翻译美军的话非常容易，替中国军官翻译就非常困难。那时中国的高级军官有的不识字，是靠经验、战功升上来的。我翻译的大都是最高级的长官，像西南干训团的教育长梁华盛，这批人的知识很好，讲话也有内容，但是也跟张道藩教育长向我们训话的情形一样，非常啰嗦，一讲就讲两个钟头。在外国人面前他们当然不好意思讲那么多，但是他们喜欢说中国的固有道德，什么信义和平啦，孔夫子说什么啦等等，我们非常烦恼。他们演讲，只有几个人能上去翻译，要怎么办？如果忠实地照翻，我们也翻不来，因为他们讲起话来没有逻辑，我们英文程度也没高到能随时将话翻得非常漂亮自然。于是我们几个人商量，决定采取一种折衷的办法。他们的话我们句句都听得懂，但是不要每句都翻，等他讲了一段话后，司仪请他暂停，我们心中已经组织好了，几句话就应付过去。后来有些长官问我："朱翻译官，我刚才讲了很多，你怎么那么快就把它翻完了？"这种趣事也偶尔发生。

我们在昆明步兵训练中心时，一度接受美方的资助。我记得因为我们待遇很差，曾经向政府反映薪水不够用，希望政府给一点津贴。当时甚至要罢译。有一个外事局的办事处听到这消息，就找队长来商量：

“千万不能罢译！”美方怕事情扩大，也知道我们待遇不好，就选了几个工作特别勤奋、成绩非常好的翻译官商量，美方说：“必要时你们可以脱离外事局，由我们来付薪水，替我们做同样的事。”我们就拿了几个月的美金津贴，当时也没想到这是不合法的。后来上面知道了。说不可以这样做，只好算了，但也没有受到处罚。

我在昆明服务了大概十个月，那里训练中心的中国长官是赵家骧，就是后来“八二三”金门炮战殉职的副指挥官。以翻译官的立场来说，他是最理想的长官，因为他讲话非常有分寸、有组织，想都不用想就可以翻译出来，外国人也最喜欢跟他打交道。他没有留过学，可是对外国人的心理有研究，知道如何跟外国人来往，所以我们做他的翻译官非常的轻松。他的中国文学底子非常好，会写诗，我们都称他为儒将，他太太的弟弟跟我们在中央大学是同学。

赵家骧将军很了解青年的心态，常找我们到他家去聊天，不分阶级，有几次不但找我们聊天喝茶，还请我们吃饭，对于提高我们的士气非常有用。有一次在他家吃饭，我上了一个大当。我是不吃狗肉的，那次大家事先都不讲明，他们都吃了之后也叫我吃，我就吃了，也没有觉得有什么特别，事后他们才告诉我那是狗肉，那时的感觉好像是比较热一点。

到了周末，训练中心就拨一两辆卡车，载我们进城看看电影，吃个饭，也有人去看女朋友，或者游山玩水等。礼拜六只有半天，礼拜天可以出去一整天。至于伙食问题则很伤脑筋，因为要我们自己来办。凡是广东人或广东籍的华侨同学办伙食的话，就一天到晚吃牛杂，吃牛的内脏，苦死了。我实在吃不下，只好花钱到外面的摊子吃。

至于“十万青年十万军”，那是我们到昆明当翻译官以后才成立的，跟我们无关。我们看过青年军成立后那种到处白看电影的情形，作风很嚣张。说起看电影，那时候昆明城里也有几家电影院，最苦恼的就是人很多，买不到电影票。我们最气的就是空军单位在昆明的人很多，航校也在昆明，他们也是周末出来玩。他们如果想看那一部电影，而且人数很多的话，我们就很难买到票，因为他们就用两个大个子抬着一个人，像飞机一样，从人群中冲过去，冲到售票口去买票。我们毫无办法，打也打不过他们，这种情形也不常有，只是看过这样的情形，都是敢怒不敢言。当时到底看了些什么电影，现在也没什么印象。

昆明很热闹，城外的名胜很多，气候也很好。周末如果我们不出来的话，就跑到附近的山上去，带个毯子躺在山上，在温和的阳光下睡觉，很舒服的。

西南联大是在昆明，我有几个老朋友在那儿念书，大家时有来往。我是教会中学毕业的，在那里念书不一定要信教，只是觉得每个礼拜天去做个礼拜，也很有意思。既然不能每个礼拜天都找个地方玩，就利用礼拜天的上午到教堂里做礼拜，或者加入唱诗班。我在昆明就遇到一位同学，他拖我入唱诗班，所以我有一个时期每个礼拜天都去唱诗。没有几首圣诗是我会唱的，只是跟着他们唱，反正跟着起哄就是了。唱诗班里有好多女孩子，这也是我们加入唱诗班的原因之一，藉这个机会去接近她们，有时候运气好的话，可以约好下午见面吃个饭、看个电影等等。

我附属的单位都是美国单位，只有昆明步兵训练中心是一个教育机关，有中国军官，也有美国军官，但是中心的行政是美国人负责，所以管行政的全是美国人，而受训的全是中国人。我们只有上课的时候才跟受训的人接触，平常没有什么接触。我们接触的只有赵家骧将军，而他令我们佩服得不得了。那时我们都觉得，如果中国的军人都像他这样的话，那我们早就强起来了。

步兵训练中心上课时分成不同班次，譬如说上丛林战，我们就在野外上课，很少在教室里。训练士兵多半是实际操作，教士兵如何使用迫击炮、机关枪、步枪、手枪等各种新运到的武器。那时中国军队虽然有很精良的武器，但是只有某种部队才有这种装备，很多部队的装备非常差，有些部队甚至连机关枪可能都没见过，所以他们这时都来学。抗战时每支部队的武器都非常不整齐。

当时常常有美国来的明星或演艺人员劳军，像鲍伯·霍柏，我们当然没接待过鲍伯·霍柏，他不会到我们这个小单位来。别的演艺人员倒是来过。他们也欢迎同单位受训的中国人参加，但不会给中国人安排特别的座位，好像摆明了这是给美军看的表演，我们只是客人而已。这件事情使中方很不满，因为每次有京戏来表演，我们都把前面最好的位子留给美国军官及士兵。问题是美国人不喜欢京戏，也不领情。就是这一类的小摩擦。我没听说我那个单位有什么别的摩擦，其实平常也没什么来往。

倒是我做了队长之后，想办法让单位给中国翻译官的福利改善一点。福利其实也可怜得很。以前周末派车子，都是派很烂的货车，我去了之后，头两个礼拜安排很漂亮的新货车，后来维持不下去，他们说调度有困难。有的时候也有进城去玩的美国军人，看见我们的车停在那儿，不但上了车，而且要坐在司机旁边那个最好的位子。有一次我就上去跟那些美国军人交涉，有一个就说："这是美军的车子，我是美国军人，有权坐在这儿。"我也不能跟他硬来，就说："请你把你的名字告诉我。"他说："好。"我说："我明天要把这件事向司令官的参谋报告。"他说："你去报告好了。"我报告之后，由于没有把他的名字搞清楚，他们一查没有这个人，就不了了之。

美国军官的素质还不错，有些士兵说话比较粗鲁。有一个年轻少尉刚刚到中国，什么都不懂，就对我说："朱先生，我想你们翻译官应该以'Sir'（长官）称呼我们。"我说："你知道吗？我们都有上尉或少校的官阶。你们才应该以'长官'来称呼我们。"他就没话讲了。

1943 年我们在昆明的十个月（或是一年）之间，中国方面的长官赵家骧被美方邀请到印度去参观国军在那边训练的情形，他因为不懂英文，就找我陪他去。我们搭美军的飞机到加尔各答，再到其他地区参观。

那时印度还是英国属地，英国的风气很盛。我们住在最好的宾馆，一天吃五顿。起床之前是床上早餐，梳洗完毕下楼是正式早餐，中午有中餐，下午有下午茶，晚上是晚餐。所有的侍者都是印度人，黑黑的，穿着白制服，头巾上都有亮晶晶的饰品，腰带是金色的，一双脚却是光着的，黑得发亮，对比非常有趣。

任何时候你留在旅馆都不得不打开窗户，因为没有冷气，热得不得了，只有靠风扇。可是一打开窗子，就什么声音都进来了。最难受的就是外面有人在唱歌，印度歌凄凉无比，好像在呻吟。当然可能也是我们艺术欣赏程度不够，不是所有的歌都这样，但是我们听到的好像都是非常非常凄惨的歌。我们一出大门往往就会被一群乞丐包围，胆子大的还抱住你的两条腿，不给钱就不放人。他们对英国人就不敢，英国军官有鞭子，会打人。乞丐一看就知道你是哪一国人，对美国人及中国人都是用这种方法，他们知道这两国人不会打人，而且一定会给钱。有时候给了钱就散开了，然而另一群又上来，所以上街也是麻烦。不过也不是每次都会遇到这种情形。

后来缅甸前线需要翻译官，我们又被调到前线去。我被调到缅甸是史迪威下的命令：他做了蒋中正的参谋长，有调动中国军队的权力。我们已经有好几个师进军缅甸了，曾经救过被围的英军，建了功。由于八莫有残余的日本兵，史迪威要我们中国军队负责消灭他们。他们虽然没有什么力量，但还在打。载我们几个翻译官的飞机在八莫降落，没有机场，只有跑道，日军打过来的炮弹落在我们飞机附近，我们就赶快下飞机跑到掩体后面，如果炸到飞机我们就完了。国军大概一个月之内就把日本人解决了。在那个月里头，史迪威曾经亲自到我们营地视察，下达作战命令，我就是翻译官。当时我很紧张，因为从没有翻译过作战命令，结果一看很简单，就是哪一个部队明天什么时候开始向哪方面作战，如此而已。我记得清清楚楚，那时中国方面有四个师长聆听这个作战命令，美军方面则有当地的司令，还有参谋长。我翻译之后，就散了，彼此也不商量，好像各做各的。我就留下来跟那四个师长聊天。非常可惜的是，那时我没有记日记，认识那么多位军人，结果一个都不记得，只认识赵家骧。其中一位师长好像是用四川话或湖南话对我说："朱翻译官，你对他们比较了解，他们怎么都要吃过早点以后才开战，都是八点开战，这明明要我们吃完了早点才开战，哪有这种事啊！"第二天，他们果然没有按照命令指定的时间进攻，而是拖到第二天的半夜才开战，结果把剩余的日本人消灭了。他们向美方报告的时候，美方也没有话讲，因为虽然他们没有按照命令时间开战，但是任务毕竟完成了。

那次作战还抓到一部分俘虏，其他日本兵有的被打死，有的自杀了。不过，所有被日本征调的随营妓女——就是慰安妇都还在，大概有十几个。由于有沟通上的困难，就调了几个日裔美国人来翻译。当时有很多在美国的日本人都已经被关起来了，也有被美国征调出来服务的，他们不打仗，而是做翻译或别的工作。他们用日本话审问那些被俘虏的日本兵及营妓，我们才知道那些营妓都是朝鲜人。

由于我们的阶层太低了，关于史迪威的一切只是听闻而已。我个人倒是确定了一件事。好多人说他的中文好，其实他的中文很烂，只是能听懂而已，说话都说不清楚，只有简单的事情可以用中文表达。我看得出这个人的脾气很坏，很不耐烦，有点独断独行的倾向。在我看见史迪威的场合中，他与中国高级军官的来往没有什么值得提的事情。

在缅甸我们也有休假的时候，假期大概是一个礼拜，休假的目的地一定是加尔各答——要离开丛林，就只有到都市去玩。我们在缅甸都住在丛林里，睡行军床。从缅甸到加尔各答，坐飞机要好几个钟头，而且一定得坐飞机，陆路没办法。

我们还是属于军事委员会外事局，拿的是中国政府的钱，不是拿美方的钱。在缅甸时待遇比较高一点，是以卢比计算，而且在缅甸工作，根本没有花钱的地方，所以一到加尔各答买起东西来就像疯子一样。那时我买了很多书。我们在缅甸的待遇，比国内的翻译官好很多。

国内的翻译官给上尉或少校阶级，并不是因为你有上尉或少校的资格，而是因为以少尉或中尉的军阶叙薪钱太少了，为了想办法多给你一点钱，才给较高的军阶。尽管如此，还是不够用，到缅甸后就好多了。

翻译官当中有很多都是成熟的男人，甚至有些是有家眷的，也有单身或比较单纯的大学生。任何一个这样的团体，总有人要寻找性的刺激：到了加尔各答，这方面就很容易解决。我们几个不敢去的，就在旅馆的咖啡馆聊天，或者上街走走，等他们回来，听他们讲经验。他们去的一定是专干那一行的地方。对干这一行的女人而言，根本就不把性当一回事。她们不会把感情融入，因为人太多了，有美国人、英国人、中国人，还有当地的印度人，都需要排队，而且每个人只有几分钟，如果慢一点，她还会催你。那有什么意思呢？找高级的要多花钱，他们又舍不得花，所以后来就不去了。

在同搭飞机或同住旅馆时，我曾看到国军各部队到加尔各答办事的军需官，手上金戒指一大把。他们没有办法用别的方法来存钱，就买金戒指。他们中间有油水可捞，在加尔各答把事情办完了，能揩的油揩了，就买金戒指或金块回去，一看就知道有问题。这些人都在发国难财。

有一次，我陪美方一位维塞尔将军到缅甸视察，那位将军要去视察一间离前线不远的野战医院。因为接近前线，他想先到前线去看一看。所谓前线就是连部，前面几百米就是敌人了。我身上带了一把自己买的卡宾枪。我当翻译官也很久了，但是连敌人都没看过。那天大雾迷茫，什么都看不见，只知道敌军就在前面两三百米的地方，我就拿枪往那方向开了几枪，算是“出了任务”。

这件事其实还有两点值得一谈。第一，这位美国长官是位准将，肩上挂了一颗星，他明明知道要视察的野战医院接近前线，如果有太阳的话，他肩上的星会闪光，这样就会被敌人发现。也许他有先见之明，知道会有大雾，不会发生什么事故。也许他没经验，因为他是直接从美国调来的，在美国是一个装甲师的副师长，没有作战经验。第二，我们到野战医院之前，医院派了一个少校军官来接我们，在吉普车上他就问美国长官：“将军，你要走快捷方式，还是走正路？”当然是越快越好。结果那军官就带我们冲进湖里，就往湖里头走，医院就在湖的对面。这位维塞尔将军比我还高一个头，但水都到他胸前了，他就回过头说：“我们非涉水穿过这个湖不可吗？非这样不可吗？”“不，长官！但这是快捷方式。”这话把他气坏了，我是更紧张了，因为我不会游泳。

最后我们折了回来，另外绕路去，真是莫名其妙。可见在美国军队里头，乜有对长官的话不加分析就执行的现象。最快的路要穿过一个湖，都快淹死了，怎么会叫做快捷方式呢？实在是莫名其妙。

八莫之战胜利之后，缅甸的局势逐渐平静，同时听说德国在欧洲已经投降，所以大家认为日本人投降的日子也不远了。这时候逐渐有翻译官开始辞职回国，预备回去念书。我就是其中之一。我是走新开的八莫—昆明公路，走过很多山才回到云南的。每个车队都是几十辆卡车，由一个美国军官带队，有一个中国翻译官陪着他坐第一辆车。我不晓得自己是第几个梯次的。准备回国的翻译官中，有很多人也动脑筋想发一笔小财，有的带香烟以及美军军官供应处里可以买到的东西，如咖啡、做冰淇淋的奶粉等，这些东西到云南都可以卖到好价钱。

还有人带军火。美国士兵对自己的手枪、步枪等都很随便，好像没有稽核一样，想卖就卖了。我们就买啊！我也买了一支手枪，后来想想不好，万一落到土匪手里就糟了。我这人还很天真，赚钱居然还要想到别的问题。我就把它卖掉，买了大批香烟带上吉普车，准备带回昆明去，谁知道到了昆明就被熟朋友一抢而光。

我是在昆明当翻译官时学坏的，又喝酒，又抽烟。美军军官供应处里什么牌子的香烟都有，在缅甸还有英国烟。我就每一种烟买一罐（那时是罐装），摆在自己的桌上，一会儿抽这支，一会儿抽那支，这样一抽也抽了四五十年了，刚开始只是为了好玩而已。那时有几个会打扑克的翻译官赚了不少钱，美国人打扑克，精的人很少，有很多很笨，我们随便弄一弄就赚好多钱。

回来之后我马上就把辞职的事办好，然后回重庆念书。我以前二年级的学分根本没有念满，不过政府有一个办法：凡是在抗战时期做过翻译官或是从军的学生，回到大学念书，如果共同必修科没有念完的话，可以全免。这样一来很多课程我就不必念了。所以我在中央大学念书，算算在沙坪坝一年，回到南京复校两年，三年就把外文系必修的课程都念完，然后就毕业了。这就是为什么我的毕业成绩单上只有 108 个学分。就因为只有 108 个学分，1954 年我申请美国大学的研究所时，有几个学校认为我还没有毕业，要我补修大学学分。

我两年内把三年的课程念完，其实都安排得很好，没有什么困难。唯一的麻烦是法文。那时规定第二外国语要念三年，我只有两年，只好先念一年法文，第二、三年的法文同时念，这都是变通。那时可以办得到，现在不可能办到了，现在教育部什么事都管得很厉害、很清楚。

我在四川时，从来没有觉得有隔阂。也许是因为语言上的关系，虽然我不能讲很土的四川话，但也学会了他们说的那一套，而且我说国语他们也听得懂，因此没有感觉到四川人有排外的心理或举动。

抗战时，很多有权有势的人，生活其实过得很舒服。有一次美国记者来访问，当时财政部长孔祥熙就招待美国记者吃美式早餐，有鸡蛋、熏肉、果汁等，跟普通美国早餐完全一样，这在当时的重庆算是很奢侈的。记者就故意问："现在你们抗战，老百姓的生活都很困苦，请问部长，您的早餐是不是每天都是这个样子？"这也是人家在外国报纸上看到后告诉我的。他如何答复我不知道，我想一定是很尴尬。当时我们的确听到好多传闻，说重庆有钱有势的人如何享受。重庆买不到的东西，可以从香港空运进来，像上海的大闸蟹。如果说像蒋夫人带点私人东西，我想是很普通的事，一定是有的。就像现在美国总统的幕僚长，把空军飞机当作私人飞机一样。有权势的人随便揩揩油，觉得无所谓，这种事不讲出来就无所谓，讲出来就变成丑闻。

王树勋

远征军第十一集团军八十七师于1944年5月10日强渡怒江成功，便一路势如破竹地攻占了日军于怒江西岸所设的护卫龙陵的所有据点，22日即直捣敌人龙陵城前卫的第二道防线——黄草坝。

黄草坝位于龙陵城北约十多千米处，东扼怒江，西靠腾龙公路，北近松山，故被日军视为松山外的龙陵县城的第二屏障。除在东面山地筑有互距一千米左右的三个坚固堡垒外，还设有一个重要的军需物资仓库。因此，当我军攻抵该地时，敌拼命据守，妄图以逸待劳，予我军于疲劳而后歼。然我军锐气正盛，意在速战。正面猛攻不下，乃采取迂回战术，既分散敌人力量，又给敌造成疑惧心理。在此情况下，我军发现其薄弱所在。我部即向北佯攻松山，造成从背面包抄松山的假象。这样一来，敌军果然抽一半以上兵力向松山后面驰援，我军便乘势向其兵力薄弱处的阵地发起猛攻，当敌军发现我主攻意图急回兵来救时，我军已克取了两个坚固堡垒。

敌军深知，如黄草坝被我攻克，不仅使其固守龙陵城受到极大威胁，而且使其要害据点松山守军处于腹背受敌以致全军覆没的境地。为此，日军又作剧烈反扑。但敌三个堡垒丢其二，我军已占绝对优势。被我所占的两个堡垒各当一面，敌屡攻屡败，在此关键时刻，张绍勋师长临阵督战，一时士气大振，杀声震天，步步前进。在山炮掩护下，以排山倒海之势，一鼓直冲敌仓库重地。张师长当即命令二六零团围攻敌孤军据守的最后那个堡垒。这时，我炮兵开路，以强大的火力把敌人轰打得不敢抬头，我步兵便乘势冲逼敌堡，将美制强烈炸药包和火箭筒向敌堡的机枪射口投入。一声巨响，真如天崩地裂。敌堡被摧毁了，里面死剩的十多个日军，一个举枪自杀（敌中队长野村一郎），其余的均举手投降（其中有七个印度黑人）。至此，黄草坝完全被我光复，所剩残敌全部向龙陵城北第三道防线深沟溃退。与深沟守敌会合，企图把我攻夺龙陵县城的部队拒于门外。

5 月 28 日，军司令部关于我军光复黄草坝缴获数以吨计的战利品的战地通报传到前沿阵地时，所有战士无不为之鼓舞，一时士气倍增，军威大振。三天前攻取黄草坝的二六零、二六一团的先头部队，仅一天多时间，便摧毁了敌人筑于深沟桥上那个极为坚固的桥头堡，拿下深沟据点，并长驱直入进取龙陵城北的最后一道防线——（下）碗厂。

龙陵城西面的文笔坡、西山坡，东面的广林坡、华坡、风吹坡等日军据守龙陵县城的临城阵地都被我相继攻克。

这时，日军除了东面的老东坡、南面的伏龙寺、西面的赵家祠堂、北面的东卡这四个与敌存亡相关的据点外，其余日军都被我压缩在方圆五里的县城内，成为瓮中之鳖了。

1944 年 7 月 2 日，正当我八十七师主攻龙陵城外围敌阵赵家祠堂、敌伪行政班、东卡等地即见效果的关键时刻，忽有二十多辆满载日军的装甲车，从腾冲顺腾龙公路溃退而来，从后面包抄了已攻入城内的八十七师。胜利在即的八十七师瞬间便变主动为被动，形成了腹背受敌、难以支撑的危险局面，担任前沿主攻的二五九团伤亡更为惨重。情况如此严峻，军司令部不得不下令所有围攻部队暂行撤退。八十七师暂撤地点是黄草坝。

在黄草坝休整三天后，集团军司令部又组织对龙陵城的全面反攻。在已熟悉敌我双方战地态势的有利情况下，各部队的主攻任务和目标不变。这次攻击，因敌人已有援兵，所以较前次任务更为残酷。赵家祠堂、回头坡、东卡等阵地，均是得而复失，失而复得，极难固守。其中，尤以二五九团第一营的攻击目标回头坡更是白刃拼搏都互无进退。这便极大地影响了左右两翼部队攻击的进取。

虽然全面攻击已经两天一夜了，但双方仍处于胶着状态。八十七师由于前次总攻击在快见战果时突然全面失利，师长张绍勋饮恨自杀。副师长黄炎接任师长后，眼看这次攻击的剧烈与残酷与上次有过之而无不及，便召开阵前会议，要各团、营长重拟战机，使攻击快速见效，否则将影响整个战局。会后，各团、营长亲临前沿视察阵地，重布战局。

二五九团第一营攻击目标回头坡是龙陵城外围敌阵的第一线，所以营长陈秉利、副营长秦良都共同亲往实地查核一天来的攻击情况，以便根据实际调整作战机宜，避免再产生不必要的牺牲。不料就在此时，两营长才走出前沿营指挥所不远，便被隐蔽在暗堡里的负伤日军开枪射击，两位营长应声倒地，为国捐躯。

全营兄弟悲愤至极，跳出掩堤要与日军死拼，团长下令阻止，一面指派重机枪连连长李忠国为该营营长指挥战斗，一面下令团直属便衣队拼命抢回二位营长尸体。便衣队在两个机枪连的掩护下，全体队员与敌人血战了四个多钟头，始将二位营长的尸体抢回团部，大家将二位营长全身的血渍洗去，换上一套新的校官军装，装进从附近找来的几块木板做成的棺材里，掩埋在团后面的山上。团长含着泪分别在两块木板上写上两位营长的籍贯、年龄、军衔，以便胜利后再作抚恤处理。

两营长葬后的次日拂晓，我一营弟兄怀着要为他们报仇的强大决心和力量，终于将日军视为龙陵城左翼的王牌据点回头坡攻克，为全面攻取龙陵县城打开了左边的大门。

1944 年 6 月 28 日，远征军司令长官卫立煌将军从长官司令部所在地——保山马王屯，携同七十一军军部少将秘书姚梓繁和两名中央社的战地记者到龙陵战地前线进行全面视察。

记得那天，天气特别助兴，从早到晚都未落雨。似此天气，从渡江到龙陵攻克，可算是仅有的一天。这一天一早，老东坡左右两侧的风吹坡、广林坡、三关坡、黄土坡、文笔坡、华坡等地的所有前沿指挥所里，特别是第十一集团军和七十一军的前沿司令部，气氛都异于平常。约九点左右，卫长官在第十一集团军总司令宋希濂将军和第七十一军军长钟彬将军、秘书姚梓繁少将、美军参谋团两名少将及其翻译官、几名中央社随军战地记者的陪同下，走进总司令部的前哨指挥所。卫长官风度谦和，步履矫健。那威而不严、充满胜利信心的神态，令人一见不禁肃然起敬。尤其是统帅着二十万人马，作为整个战区的决策者、指挥者，在战火中进行活动不用警戒，这更为鲜有。

十多分钟后，从战地来的各报社记者陆续走向集团军司令部的那个前哨指挥所。下午六点左右，才见宋总司令等将领簇拥着卫长官走出哨所。他们相互一一握手行礼作别后，卫长官才和同来时的随行人员一道，从尖山寺脚的崎岖小路朝黄草坝方向走去。

当晚十一时前后，集团军司令部便将卫长官阵地布战的结果形成文件，指派专人分别送达各部队，主要内容为：

1. 多方勘察，不惜一切代价将敌在龙陵城筑有的各个重炮暗堡摧毁，以造就攻克龙陵的优势，加速对龙陵的攻克和固守。

2. 不论何时何地遇有老百姓耕牛不准宰杀。

3. 不论官兵，其伤在头部或腹部者，应及时送黄草坝，再用军用飞机转送保山抢救，除此均在战地野战医院治疗。

4. 再不许互拉兵员补充本部兵额，对逃兵处决须经集团军审核，再经长官部批准。

5. 捕获的汉奸、间谍，查明属实就地枪决。

卫长官临阵布战后的一个星期，集团军司令部便抽调美军上尉教官舒尔到黄草坝用飞机侦察敌人筑在龙陵城内各处的坚固暗堡，同时又指令军、师各级前沿指挥部，重新调整部署新的作战机宜。

时近中秋，敌人设在龙陵城的大小据点，不论其坚固程度如何，都已被我军一一攻拔。特别是老东坡的攻克，大家总以为龙陵城是唾手可得的了，谁知与敌生死攸关的最后据点——东卡，却屡攻不下，并使我军花了不亚于老东坡的代价。

东卡，是龙陵城的东大门，北面是滇缅公路穿城的入口处，正东面是老东坡脚下一个不很大的坝子。日军便面对坝子和公路入口处筑有四个坚固的堡垒。堡身周围均在五米左右，但高出地面不过一米。堡垒的四周均选用椎栗树、红木树等坚硬木材，一棵挨一棵地栅在周围，再用钢板钉其上。顶端也有同样硬的木头栅严，再用钢板铺钉其下。因此，一般炮弹都没奈他何，就是重炮、榴弹炮等重武器，射程远点也很难奏效。

其次，还有更大的困难是，我四面围攻部队的交通沟都挖到敌人的堡群边，飞机轰炸或炮弹射击都无法进行。因此，除了用步兵的躯体去拼死攻克外，再无其他良策。

据这种情况，前沿各高级指挥部在长官部的统一部署下，决定以最大的牺牲和花最大的代价摧毁被日军视为是最后一张王牌的那四个堡垒，以快速完成总攻龙陵城这一光荣而又艰巨的历史使命。

8月8日，长官司令部对敌人四个堡垒目标进行全面总攻。所有重武器都要交织成强大严密的火网，不给敌人一点抬头喘息的机会。即使不能全部摧毁，也要削弱其予敌人仗恃的作用。在重武器总攻击之前，四周的前沿步兵先暂后撤一千米。以避我炮火锋芒，而后再待命行动。

下午一点，总攻击开始。所有重武器都从四面八方朝着东卡这个目标射击。真是万炮齐发，山摇地动。一刹那，只见东卡上空硝烟弥漫、尘土蔽天，整个龙陵城都被火光和浓烟笼罩着。这时我们的山炮阵地早从广林坡推进到龙陵城东约一千米处的碗厂设阵，对龙陵城敌人的护卫阵地东卡作直接射击。如雨点一般的各种炮弹的轰炸，把我们阵地周围都震得似地震那样波动，炮弹爆炸发出的热力所形成的热流，也不断向我们身边冲来，虽然天气还是和往常一样不停地淋着雨，但我们每个人的身上都汗流浃背。

大约一个钟头，枪声全部停止了，大地一片寂静，简直连虫鸟都无一丝声息。不多时，步兵们便从东卡四周跳出掩体，层层向东卡敌阵压缩而进。先是工兵全面扫雷，清除障碍。查出堡垒所在地，并作出标志，以便认清目标进行搜索。因几万发炮弹的威力所掀起的泥土、瓦砾、树枝、房屋断料几乎把四个堡垒全部掩盖了。因此，一时清找就非常吃力，只有把上面的掩盖层渐次清除，才能发现堡址。近千名工兵，步兵协力清理，直到下午五点多钟，堡身才逐渐显现出来。

这时，坚守在堡垒内的绝大部分残敌，由于堡垒被我军炮击掀起的泥土、瓦砾等物掩盖，里面的空气几乎不能流通，再也不能顽抗，被迫冲出来和我军拼以一死，这正中我军下怀，真是打蛇已把蛇引出洞来了。敌一出堡，我军便从前后左右一步紧接一步地压缩过来，包围圈越来越小，轻武器手榴弹都不能使用，一场天昏地暗、神惊鬼愁的肉搏恶战便开展起来。双方士兵丢下枪支，赤手搏击，四手紧抱，滚来滚去，直到把对方弄死为止。这样拼搏约两个多钟点，顽敌全部被歼，这场恶战方告终止。

打扫战场，在堡垒外击毙之敌不算，在堡垒里共有日军死尸一百六十多具，其中一名大佐、四名大尉。正当我军进一步向四面搜索时，突然，敌第四号堡垒又传出枪声，我清扫部队近前查看，方知是里面的日军指挥官田原小板持枪自杀，并于自杀前用所佩战刀，将堡内两名尚未窒息的日本军妓杀死。

这次战役，除击毙日军三百多人外，还俘获一百多名印度、缅甸等国奴役士兵，十二名日本军妓及她们的一些刺绣慰劳品，多为白绸手绢和千人缝。同时缴获的还有六百多条大小枪支、四面太阳旗、六把战刀。在一、三两号堡里的第二、三两层，共缴获各种枪支、子弹、瓶酒、食品罐头、药物等二百多箱，衣服被毯三十多袋（以上均为当时战地通报数字）。

就在我军打扫战场结束的当天傍晚九点多钟，七十一军司令部分头传下命令宣称：随着东卡的攻克，龙陵全境已胜利光复。各兵种及所属民夫全部进城休整三天，待命行动。在此期间不得侵扰惊恐未定的回家居民。

敌伪龙陵县平戛区区长、伪龙陵县平戛区维持会长、敌伪“警保总司令”蒋三元，在远征军神速攻取平戛之际，未及潜逃，遂被俘获。在平戛光复后的区公所囚禁了一个星期，在平戛街外的一个广场，由第二军军法处执行枪决。

日军侵占龙陵后，蒋三元便投敌为奸，卖国求荣，被日军赏以上述“头衔”。这条汉奸走狗配合日军血腥统治，犯下了灭绝人性的滔天罪行。在当上伪区长的第一年，就杀害了第六十军抗日军人的父亲唐大爹。唐大爹的大儿子于 1937 年从军，编入六十军随军出征参加台儿庄战役，英勇立功，晋升连长，并获六十元奖金。他将喜报及四十元奖金寄给家中父亲，因而此事遍传乡里。日军来后，蒋便说他父亲拒抗皇军，便将无辜的唐大爹杀害，企图以此对抗日家属及有反抗情绪的人进行威慑。

一位姓匡的老人，他的儿女都到山林里躲避去了。蒋贼知道他有个女儿生得姣好，硬逼他交出来，作为“花姑娘”献给日军淫乐。老人至死不从，被蒋三元下令杀害。

有一个被蒋三元派给日军的“花姑娘”，因较其他的美一些，蒋三元便将她藏在家里做他和他小老婆的烟枪手，专门为他们烧鸦片烟。一天，小老婆不在，他便要强奸这个女子。这女子极力反抗，并将他的两手咬出血。蒋贼恼羞成怒，拔出手枪将这女子打死。

1943 年 1 月，我第二军在芒市、象达、平戛一带搞敌情活动的人员，有四人暴露了目标，不幸被捕。蒋贼对他们用尽酷刑进行逼供，均无一所获，便将他们活埋。

从日军侵占龙陵、蒋三元当上伪区长和维持会长到我军反攻前夕，他共派了九十多个“花姑娘”供日寇淫乐。在查派时，如家属或本人稍有反抗表现，不是枪毙就是坐牢。

日寇侵占龙陵后，便到各地强派民工到县城及周围，沿江要冲构筑工事堡垒。修筑各地的工事和堡垒的民工，都要从几十里外的地方派来。这些民工被日寇视为牛马，任意摧残。日军在平戛修筑一个堡垒，从黄草坝派来二十一个民工，因忍受不了鬼子的虐待，便在夜间把看守的两个鬼子打死后一起逃跑。不幸，跑出不远便被日寇追回，其中六人被活活打死，其余全部被打伤致残。

在处决蒋贼的大会上，当第二军军法处李处长宣布蒋三元的罪状时，那些受害者家属简直泣不成声，有的竟跑到台上去，要求用刀子当着大会把他活活剐死。

汉奸蒋三元被枪毙后，在会所有人都高声呼喊，要将他小老婆及他一家老小抓起来统统伏法。可是，他小老婆在他被俘后便畏罪上吊自杀了，其余的均已逃匿，一时不能追捕惩办。在去搜捕他小老婆时，在他家里缴获了一百多包大烟，一千多块银圆，大小枪支四十多支，军大衣和军装多件，食品罐头数箱。

处决蒋三元后十多天，又在绕廊抓获了他的走狗副会长李才，但未及处决，他便在囚禁的房间里撞墙自杀了。

杨毓骧

1944 年 6 月 5 日凌晨，昆明的街道上还没有什么行人，一队穿着灰色棉军衣、布鞋的青年列队急匆匆从城市中穿过。两个小时后他们到达南郊的巫家坝机场，天空上还繁星点点。再过不多久，这五百名青年就要登上飞机飞赴印度。

“那晚的星星很亮。”六十多年过后，杨毓骧还记得当时只有十八岁的他特意抬头看了看家乡的天空。

须臾，C–47 运输机喘着粗气飞了起来。机舱里没有座位，所有人都想站到窗边，第一次从空中俯瞰古老的昆明城，再看一眼沉睡的家乡，这时他们才突然意识到，他们是真的要离开家了。“很多人和我一样，兴奋的心情一下沉重起来，大家不说话，心里默默祈祷。”

飞机经过澜沧江和怒江，机舱内的温度一下降了下来，再向前，白雪皑皑、海拔六千七百四十米的太子雪山出现了，这就到了飞行运输队所称的“驼峰”，在这条航线上，已经有五百多架盟军飞机失事。

杨毓骧的运气实在不错，据说第一批乘机飞印度的学生兵，临上机前被命令脱掉军服，长官们说因为印度气候炎热，根本用不着棉衣，这些军服可以留下来装备国内的士兵。结果，士兵们被冻得半死，不少体质羸弱的竟被活活冻死。

越过“驼峰”，又飞行了三个小时，终于在印度汀江机场安全着陆。“我们走下飞机，全身冻得像冰块，只好蹦蹦跳跳取暖，两只耳朵又痛又聋，互相讲话要大声喊才听得清楚。”

晚上，杨毓骧和大家一起洗澡，旧棉衣、棉裤和鞋袜全都扔到一个大坑里焚烧，当他们赤身裸体地走出来，崭新的黄色卡其布制服，白色内衣裤，绿毛衣、毛袜、灰色帆布腰带、黄色胶鞋已经整齐地排放在面前，学生兵们换上新军装，个个容光焕发，英姿勃勃。

十万中国驻印军由史迪威在印度亲自训练，是当时中国最先进的军队，杨毓骧所在的暂汽一团一千名士兵中有六百多名大学生。

1926 年，杨毓骧出生在云南省保山地区施甸县的一个农村家庭。1942 年 5 月 4 日，日军对保山实施大轰炸，当天保山县内正逢集市，赶集的密集人群成为五十四架日机重点袭击目标。这次轰炸，中国平民死伤逾万。

轰炸结束两天后，十六岁的杨毓骧路过保山，往日的城市千疮百孔，

“尸体的臭味一千米外都能闻到”。

1943 年，杨毓骧从保山县中学毕业后，考进昆明国立西南中山中学。第二年 9 月 16 日，蒋介石在国民参政会即席演讲，号召全国知识青年积极从军，征集知识青年十万人，编组远征军。

“这年我十八岁，刚刚符合参军年龄。而且政府重视学生军，待遇比普通士兵高，还承诺参军期间保留学籍，退伍后还可以继续上学，我在中学只上了一个月，就去报名参军了。”

在当时的中国军队里，在异国印度的中国驻印军是个例外，与国内的军队截然不同，他们不仅手握当时世界上最先进的武器，而且士气高昂，军纪严明。

早在 1942 年 7 月，中英盟军刚从缅甸撤退后，史迪威将军就构想了“反攻缅甸计划”。在这个计划里，史迪威在印度亲自训练十万中国军队，同时在滇西装备训练三十个师。这两支部队即后来的“X 部队”与“Y 部队”。

按照总部指示，在掌握机械化坦克、装甲车之前必须学会驾驶汽车，于是五百名学生兵和后来空运来的青年兵在兰姆伽基地编入“中国驻印军重兵暂汽一团”和“暂汽二团”，每团一百余人，杨毓骧和二十五名中山中学的同学全部在暂汽一团一营二连。

团长简立，湖南人，年约三十五岁，据说与新一军军长孙立人同毕业于美国弗吉尼亚军校，能讲一口流利的英语，皮肤白净，戴眼镜，被部下称为“儒将”。暂汽一团一千名士兵中有六百多名大学生，其他四百多人为高中生。不一般的团长和不一般的士兵，给暂汽一团赢来一顶“大帽子”。

暂汽一团引起的最大争议是，团长竟然根据士兵愿望，由各连推选出一名士兵做代表，成立“士兵委员会”，凡有关士兵的供给、膳食、被服、邮政等事宜，都由“士兵委员会”参加团部军需处管理，透明开放，没有腐败舞弊。

“士兵委员会”还办有全国性的“天声服务社”壁报，“天声”是由简立团长亲自命名，意为“振大汉之天声”。简立还写了一首歌词，有人谱曲后在全团传唱：“男儿快意着先鞭，投笔从戎志最坚。出国远征何壮伟，飞越喜马拉雅山之巅。铁轮电掣机械化，利兵坚甲永无前。浪涛翻热血，勋业著青年。气盛吞三岛，雷彻震九天。祖国复兴，世界和平。唯我中华儿女，重任寄吾肩。”

各连组织篮球队和排球队，营连之间经常举行友谊赛，团部还组织歌舞晚会、电影晚会和学术报告会。学术报告会由各大学的原学生们演讲，杨毓骧记得有一位云南大学生物学专业的学生讲了一场题为《兔子的生理技能》的报告，开始大家都觉得这个题目与机械化战斗无关，但后来去了缅北热带丛林，发现整日与毒蛇、蚂蟥、蚂蚁作战，才后悔当初没有认真听讲。

还有一次，全团士兵被集合起来去看电影，放映的竟然是如何正确使用“安全套”，让士兵们大吃一惊，但很快都认真地看下去。“团部发的物资品里也有安全套，虽然我们用不上。后来换了一个团长，他对美国人说，我们不需要这东西。从这件小事，大家就感觉这个人对其他事情也不会民主了”。

“暂汽一团”很快被其他部队戏称为“民主团”，军官们都严禁“暂汽一团”士兵到他们的军营拜访，也禁止他们的士兵去“暂汽一团”参观。而士兵们之间也少往来，“我们都是大、中学生，素质高，我们不愿意去其他部队，其他部队的也不想来我们这里”。

训练一个半月后，杨毓骧从汽车驾校毕业，司令部命令暂汽一团派三个连把军用物资从兰姆伽运送到印度海港城市加尔各答。这是一次难得的外出机会，各连都争着去，团长只好召开全团大会，由连长抽签决定。“我们二连连长侥幸抽中，全连士兵顿时向天空抛衣丢帽，欢呼若狂。”杨毓骧回忆，“每个人都把黄卡其布军装熨烫得笔挺，准备了两天的给养，有牛奶、饼干、牛肉罐头等，还发海军牌香烟，整洁的卫生纸。一切准备妥当后，在一个星光明亮的凌晨，每人驾驶着一辆 GMC 军车，直接驶向比哈尔省宽阔的公路上。”

在加尔各答，杨毓骧和几个战友乘坐双层电车游览市区，繁华的市区给爱好文学的杨毓骧留下了深刻印象，一个大胆的念头突然跳出来：“想当逃兵，去印度国际大学上学，听说文学泰斗泰戈尔就在那里任教。”不过这个念头一闪而过，“逃兵被抓住就枪毙，已经枪毙好几个了”。

1945 年 4 月，德国法西斯投降。一个月后，一名原西南联大的学生悄悄把毛泽东的《论联合政府》的文章整版贴到“天声服务社”壁报上，此事立即掀起轩然大波。中国驻印军总部稽查处认为是“异党分子”所为，把这名学生兵抓捕准备枪毙，杨毓骧和全连士兵签名要求保释这名士兵，暂汽一团所有士兵也纷纷签名。“大家没想到，简立团长竟然也签了名，这在当时的政治环境下，要冒很大的风险。最后总部不得不释放了这名士兵。经过这件事，大家对简团长更崇敬了。”

“民主团”的名声越来越大，日后的命运也愈加坎坷。

这时，抗日战争已进入尾声，半年前中国远征军与中国驻印军在中缅边境胜利会师，滇西国土与缅北地区也全部光复。这意味着，在缅甸战场，仗已经打完了。随着日本人趋向战败，对“民主团”——这个部队里的异类团队的监控却越来越严。

1945 年 6 月，暂汽一团、二团奉命进驻印缅边境利多，距离这里不远就是野人山。缅北的原始森林这时正由中美两国工兵修筑中印公路，这是继滇缅路后的又一条陆路国际通道。

“民主团”的士兵们渐渐感到，原始森林中的气氛越来越压抑。“驻印军总部对我们团士兵进行监视，只要对国民党有不满言论就立刻抓捕，有几名士兵被宪兵抓起来，周围还围上铁丝网。”

7 月，汽车兵团开着美国制造的军车“衣锦还乡”，受到杜聿明亲自接见，部队在昆明待命，准备开赴太平洋，参加东京登陆战。“大家情绪很高，‘打到东京’的口号每天喊几十次也不累。”

8 月 15 日，日本宣布投降，装备精良的驻印军成为蒋介石的装备最好、打胜仗最多的“王牌军”，立即调往东北，准备参加内战。投降日后第二天，暂汽一团每人发新军装一套，在敏感的时刻，这个细节引起了杨毓骧的注意，“因为每次打仗前，待遇就要变好一些”。

果然，两天后，部队接到开拔命令，目的地没有公布，但车上拉的都是炮弹。“车队到了湖南衡阳，我们每个人都意识到，肯定是去东北。大家于是把炮弹卸到火车站，开着空车就去了南京。政府承诺保我们的学籍，大家要退伍费，回学校读书。”

一千多名不听指挥、气冲冲要到首都讲条件的军人理所当然被视为一股不安全的力量，当他们行进到江西省泰和县时，被国民政府派出的一名团长拦截下来。团长强硬的态度反而更加激怒了学生军的怒火，“我亲眼看见有人抽出手榴弹，那个团长转身就上车走了”。

杨毓骧回忆，他们做了最坏打算，如果政府围剿，他们就就地上山革命。

只有一个人能浇灭这场酝酿中的大火。暂汽一团原团长简立受命于国防部，出现在老部下的面前。士兵们纷纷脱下新军装，换上驻印军的制服，“简团长流着泪，要我们听他的话。我们当然听，休整后开进南京城，老百姓都来看热闹，从没见过我们这样的军装，夸我们帅气”。

南京政府最终兑现诺言，学生军纷纷回到家乡所在地的大学，重进学堂。杨毓骧被分到云南大学。

暂汽一团是中国驻印军为数不多的几个遭解散的部队之一。

这是杨毓骧最后一次见到简立。29 年后，已经是教授的杨毓骧在云南西双版纳偶遇一名上海女陶瓷教授，两人交流中，杨毓骧得知女教授姓简，“姓简的人不多，我随口说我的老团长也姓简，没想到，这位女教授竟然就是简团长的侄女。我要简立的电话，她告诉我，她的叔叔已经去美国定居，她还告诉我，她的叔叔其实很早前就与共产党保持着联系”。

1979 年后杨毓骧回到民族研究所从事民族学研究。2005 年，杨毓骧和另外四名驻印军的老战友一起想成立一座博物馆纪念这段历史，为还在世的远征军老兵们写小传。

杨毓骧说：“几年前，我就约了几个老兵，商量重走中印路，那些远在异国的兄弟们多少年都没有人看过他们，多寂寞啊。我们想沿途为他们烧一炷香。这个计划很久了，迟迟不能实现，很多现实问题呢。这几年老战友们一个接一个去世，我们都老了。”

张清伦

1943 年 7 月，我被央峒村村长邓光标抓征兵到坡心乡府，交给国民党百色接兵部队。

我们被抓到坡心乡后，国民党接兵部队怕我们逃跑，就用绑脚带把我们每四个人连成一串，以控制逃跑机会。到百色后，住在百色特伍师管区第二补充军团，军团长杨温。最后补到国民党新一军的新三十八师。于是，当年 9 月我们从百色出发，路经金城江—贵州独山—贵阳，在贵阳考学兵七天，接着坐火车兼走路经云南省加益县—昆明，住在云南省云南驿。在云南驿飞机场集训三个月，同时保卫飞机场。从百色出发至云南驿飞机场，均是行军和训练，没有跟共产党部队打过一枪一弹。

1944 年农历正月初八，我们被国民党军总司令部派为远征军，前往中印边境，从印度迂回包围消灭侵略中国的日本兵。我随部队坐飞机飞过喜马拉雅山，到达印度阿萨姆邦的汀江。在清江口我们就开始换装，换武器。国内带去的衣物武器全部不用了。换上国外衣服和新式武器，就进入印度参加抗日战争。部队从清江口出发，又坐飞机到缅甸北部的孟关机场，下飞机后，就用地图和指南针走路行军，包围日本军。

1944 年 3 月，在印度加里格塔我军跟日本军打仗，打过汀江—素江—水口—瓦拉渣—卡蒙—坭子湾，打日本军七天七夜，把日军打垮了，接着我军又追赶日军，日军边战边退，途经三叉—马路—水口—金辽—八莫—南坎—南喊—芒石—那伐—碗店，赶出英国殖民地——缅甸，部队坐飞机回国。

我所在的部队系国民党新一军新三十八师一一三团，团长黄大忠（四川人），四营，营长刘基（四川人），四连，连长肖廷香（山东人），二排，排长张德园（山东人），十二班，班长童光兴（湖南衡阳大榕县人）。我们十二班是迫击炮班。我是迫击炮手，上等兵、下士班长，既负责射炮手，又负责管理下士。我们主要是配合兄弟班排，用迫击炮攻打敌人阵地。1944 年 10 月，我部与日本军在八莫作战。开夜战时，日本军在一个山堡上，我军在山下。为了抢占山头有利地理位置，我军摸黑到日军驻守的山下，接着用迫击炮轰炸日军。于是，山上的日本兵就从山上甩手榴弹下来。爆炸开的弹片飞来，我不幸被割伤左手肘关节骨，当时手有一半骨皮切破，手已不能扬起而往后翻了。在这种情况下，班长童光兴和战士陈学清（四川人）两人守护我一夜，到天亮，他们把我转送到印度密度陆军医院留医。后来又转到印度坭子湾十四医院留医。我在印度养治伤两年多。当时同班的战士还有：张顺耳（贵州省安陵县人）、谢兴华（江西人）、张尚清（四川人）、黄光华（四川人，副班长）、陈学清（四川人）。还有其他战友因岁月久远记不起他们的姓名了。

到了 1947 年农历冬月，我们伤兵乘飞机离开印度坭子湾十四医院，回到云南省祥云县云南驿乡水口堡上国民党二十三陵养老院疗养。到 1948 年 9 月，家里写信要我回家探亲，我的手已基本治好，于是我便请假回家探亲。是年 9 月 9 日离开部队医院，9 月 16 日回到家务农至今。

二、驻印远征军缅北战役

白崇禧

盟军自1943年1月至11月间，曾先后于卡萨布兰卡、华盛顿、魁北克、开罗等处召开几次军事会议，协商盟军作战战略，曾讨论滇缅方面之战事。决定盟军由印度方面反攻缅北，我远征军由滇西方面会攻缅北，打击滇北、缅西之敌，并扫除之，以打通中印公路交通。

敌在缅甸方面军为切断我中印通路，策动印度叛英，乃于1943年9月，以第十五军主力向缅西推进，拟进攻印度之伊姆法尔，此为敌以攻为守战略。第十八师团主力集中密支那、孟关地区，在此地区以北对我驻印军行持久战。第五十六师团与第十八师团之一部进攻怒江西岸，企图夺取该岸反攻据点，阻止我远征军之反攻。1943年10月下旬，我驻印军新三十八师与新二十二师，由利多向缅北之敌反攻，拟将敌歼灭，收复密支那，俾便我滇西远征军与英印缅军会师，以打通中印国际交通线。我新三十八师及新二十二师于1943年10月下旬，协同盘踞缅西之敌第十八师团作战，曾攻占新平阳、于邦、大洛等地，后会攻孟关而占领之，将敌第十八师团主力击破，敌损失约一联队，造成反攻缅北序战之胜利。

我军自占孟关后，敌拟在瓦拉本集结主力向我反攻，敌此项反攻计划为我所获，我乃迅速向敌穷追。此刻美军一部于3月4日进抵瓦拉本东北地区，向敌攻击，因敌反攻甚猛，美军退后八千米，我新三十八师一部支援友军，且将敌击溃，占领瓦拉本，新二十二师附战车营向敌追击，将胡康河谷之敌肃清。3 月 28 日，攻占沙杜渣（缅北天险），继向孟拱河谷攻击，敌第十八师团得第五十六师团与第二师团各一部之增援，于约七十五英里之河谷继续抵抗。我新二十二师与新三十八师附战车营在盟军飞机掩护下，扫荡沿途之敌，向加迈进攻并占领之。敌第十八师团向南逃窜，我军继向孟拱攻击，当地之敌为第二、十八、五十三师团各一部，固守阵地以抗，唯对于到达孟拱南约二英里的英军五百人攻击甚猛，我军为占领孟拱并解英军之围，乃渡南高江包围孟拱，经三昼夜之血战及两昼夜之巷战，遂于 6 月中旬占领孟拱，歼敌殆尽。

我军为打通中印公路，必须攻占密支那，乃编成突击队，以新三十八师一团、五十师一团及美军两营，另重炮一连为基干，于 4 月初由胡康河谷出发，经原始森林，崎岖山路，历月余之艰苦，孤军挺进，开辟道路，深入敌后百余英里，于 5 月 15 日攻至密支那城附近。敌惊为天降神兵，仓促应战，我军出其不意先占领密支那机场，以掩护空军部队之着陆。当时史迪威将军率新三十师主力、十四师与新二十二师各一部，立即空运至密支那机场增援，英军一部也同时由孙布拉板南下协同作战。敌守城军为第十八师团一联队、工兵队与宪兵队，及第五十六师团一大队，共约三千多人，凭险固守。5 月 17 日，我军始攻城，敌军死守两个月余，始终不退，至 8 月 3 日，我尽歼敌军并将密支那攻占。

我军为早日打通中印公路，乃乘缅北雨季时期，将驻印远征军整顿补充，并改编为新一军，辖新三十师、新三十八师；新六军辖十四师、新二十二师。当时军队区分以新一军为东路军，新六军为西路军，由密支那、加迈分向八莫、瑞古前进。敌第二师团一部由缅南增援南坎，以搜索队为基干，另附第二、第十八师团各一部编成一支队，由搜索队长源好三大佐指挥，守备八莫。

1944 年 8 月中旬，敌军到达防地构筑工事，并以一大队以上兵力任庙堤外围守备，企图固守八莫，阻止我军，以待十八师团到达时转移攻势。第二师团主力则于 8 月 20 日向芒市推进，增援五十六师团。敌军司令部误判盟军将由芒市、密支那进攻曼德勒，乃令第十八师团向芒市转进，第二师团也逐渐向曼德勒转进。我新一军由密支那附近沿密八公路向八莫前进，连续攻克庙堤、莫马克、曼西等要点，进围八莫，激战至2月15日将八莫占领，守城指挥官源好三被击毙，残敌除六七十人乘黑夜泅水逃脱外，余皆被歼。新六军由加迈经和平向瑞古前进，新二十二师于10月1日到达伊洛瓦底江北岸，将敌据点叫支、摩首、丁八佛因等处占领，新六军得美军渡河材料，渡过伊洛瓦底江南岸，击溃敌第二师团及伪缅军各一部，随即占领瑞古。新二十二师于11月14日将防务交由第五十师接替后，以一部控制曼大，主力沿曼大、当瓜线前进，攻占当瓜。新六军有切断腊戌、畹町之任务，当令所部向河西敌后迂回，以阻止滇西及南坎敌之退却，并截击腊戌方面来援之敌。12月1日，新六军奉命集结待命，当瓜防务由美军担任，当时新二十二师、十四师奉令空运回国入滇，归陆总部直辖。

新一军为争取战略主动，乃不待八莫攻占，即以新三十师主力绕道对南坎发动攻势，于11月底区分三纵队，沿密八公路两侧山地挺进，沿途将南于、劳支及其附近机场、茅塘等处先后占领。我迂回部队星夜突进，至1945年1月15日，袭占南坎，敌几乎全被歼。当我占南坎后，为使中印公路早日通车计，乃乘胜对敌继续猛攻，至1月16日，新二十二师主力沿芒友公路前进，新三十师围歼老龙山之敌。1月17日，新三十八师主力将盘踞南坎东北河套之敌肃清后，沿公路进出，攻占色南、般鹤，敌退老龙山核心阵地继续抵抗。1月21日，新二十二师主力将闹阳、苗西占领，与滇西我远征军取得联络，继续进攻，占领摩塘。27日占芒友，与我滇西友军会师，中印公路完全打通。

此时据守老龙山之敌，经新三十师五天之继续围攻，终于伏首歼灭。我军以占领腊戌为目的，继续推进至新维市市郊。20日将敌歼灭，占领新维。唯新维至腊戌一带，为道路险阻之绵延山地，易守难攻，敌以第五十六师团一联队及炮兵大队、战车队凭险固守，我仍以新三十八师作正面反攻，新三十师与三十八师一部沿公路两侧前进，先后将拉秀、芒利、明朗、温塔等要点占领，再渡南育河围攻腊戌，先占火车站，8日再占腊戌城，敌守备部队完全就歼。我军继占西保、孟岩，五十师攻占南图，于3月30日与英军会师乔梅，第二期缅北作战终止，驻印军在腊戌集结整顿补充。

黄仁宇

1943年春，中国驻印军队的补给、训练大致完成，反攻缅甸，打通中印公路的时机业已成熟。2月的一天清晨，黄仁宇和一群军官作为先遣部队，飞过驼峰到达印度的蓝伽，设立新一军的总部，此后一年半他就参与了反攻缅甸的行动，并且成为一名前线观察员，当起了战地记者，一边服役一边写了十余篇文章，投到当时最负盛名的《大公报》及其他报章。以下摘选其中几篇，以飨读者。

（一）更河上游的序战

各位看地图，知道印度沙的亚以南和孙布拉蚌以西有一段地区，上面盖满了重重叠叠的等高线，又点遍了圆叶树的记号，国境线到这里就断绝了。这里是属于中缅未定界的地区。我们称之为野人山。顾名思义，大家都可以想象这是怎样的一块蛮荒野地。

这里的树林，绿得发青，又青得带腥。在树林里面，只听得山下急流哗哗作响，枝叶丛里的昆虫鸟兽各发妙音；此外就不知天昏地暗。山洞门口有时伸出一个蛇头，顶上竖起红色之冠，当它张开血盆大口长吼一声时，雄心万丈的壮士也不免望而却步。在这样一个马为却行人为涕下的绝域里，我军正在以刺刀与手榴弹，写着一首血的史诗。

我军是去年在缅甸山谷里5月长征的精锐。他们的足迹曾遍涉伊洛瓦底江和更的宛河的南北。一年以来，马更肥，人更壮，兵器愈犀利，斗志愈旺盛。10月28日，他们奉了统帅部的将令，为了保护“东京路”，决定予敌人以无情的打击。

10月29日，他们击破了敌人的抵抗，进入了更的宛河上游诸流汇合的地区；占领了被敌人占领了一年多的新平阳和泰洛西北的战略要点瓦南关。捷讯传来，中外欢颂。

就在这时候，敌人利用后方联络的便利，由加迈以南运到了大量援军以及迫击炮和野炮，使他们在人员与火力两方面都占优势，但是我军仍以高度的牺牲精神和精练纯熟的技术，发扬着中国军人既坚且韧的特性，与敌人奋战。

10月31日，11月2日，11月10日，都是短兵相接、前仆后继、血满沟渠、天惊地震的日子。主要的战斗发生于大奈河及大龙河的交汇线，以及以北的于邦和临滨。每至机关枪与迫击炮和奏、山鸣谷应的时候，我忠勇将士无不视死如归，裹伤犹战。激战至十余日，不仅敌人企图消灭三角地区的我军未能达到目的，反而将新平阳的外围据点如临滨、沙牢等地让给了我们。检视战场，尸填丘壑，血洒荆棘，敌我的损害均重。但是我军占领了桥头堡阵地多处，在三角地区的脚跟就站稳了。

敌人在右翼既无进展，又打算在左翼占领一两座高地，以便威胁我军侧背。自11日起，由津川直志少佐亲率敌军五百余人，由泰洛北犯，猛攻瓦南关以南我军阵地。岂知出马不利，11日敌军一百六十余人轻率北进，我道路伏击队仅以一排兵力前后左右夹攻，大部敌人应声而倒，仅余少数仓皇遁走。从此敌人北望踟蹰，此身正在深渊，前进一步便是死所。而我军则在扫除战场，计算虏获，增强工事，预备敌人再度来犯。

不出所料，12、13、14日直至16日，敌人都再三北犯，这是一幕既悲且壮的战斗。我军居高临下，敌人你尽管来，只要你们缴纳死税。几次敌弹命中我阵地，爆音、破片、烟硝与血肉在丛林里面飞舞，可是我们战士无所动乎中。至16日，仅以敌人遗留在我阵地前的尸体而论，就达百余具，里面经随身文件证实的军官，有荒木中尉与山下大尉。后者经查为敌人在此方面机关枪中队的中队长，即此一点，可见战斗之激烈。在此次战役中，各单位士兵能够勇敢沉着，奋勇抗战，已经高级司令部传令嘉奖。而我赵振华上尉在混乱中仍然精细指挥，奋不顾身，洵属可贵。

16日之后，敌人在右翼方面得到增援，战事的重心又返该翼。22日敌人以山炮及迫击炮向我阵地猛烈射击。入夜敌人由加任方面偷渡成功，使该方面我孤军陷于苦战。但是敌人并没有得到什么。敌人渡河西北犯的部队达五六百左右。临滨之围，达四昼夜。我少数官兵曾忍过炮击，拼过肉搏，修过工事，挨过沉寂，血汗交流，从无休歇，至26日始得解围。而敌人早已损害惨重，既不能攻，又不愿退，徘徊怅惘于我军阵地前的死人堆里……

12月之后，天候转凉，白昼更短。我前方战士的挺战却愈加兴奋，而战果也一天比一天丰硕。12月1日临滨之战，我小部队被敌炮集中射击达六小时，又被数倍之敌三面围击，从午前十一时战到日暮，我军毙伤敌百余人，检视我军，战死及受伤者不过十数人。于邦我军，从11月23日独立作战以来，至今近月，被敌包围达十余次，敌人不过围着村前村后洒了一道血的圆圈，青天白日旗下的阵地屹然未动。在这些创造光荣纪录、树立优良传统、发扬民族精神的战斗里，李克己少校和刘景福上尉都功勋卓著。

截至目前，敌人已经再竭三衰，日来每次潜行退后几百米，轻轻掘着急造工事。战友的尸骸，鲜明刺目的日章旗和整件的兵器……都听任纵横搁置在这座阴森的原始森林里……

在山冈上，在大树旁，在灌木丛里，在村落边际，部队的壮士，却重新准备刺刀与手榴弹，准备写完这首血的史诗。

1943年12月20日寄自印度

12月31日《大公报》

（二）缅北的战斗：丛林内的阵地攻击

我驻印军在缅北的战斗，经过去年10月与11月的艰苦支撑，终于达到了争取时间掌握主动的目的。最近胡康河谷在风和日暖的条件下又度过了一个新年，我忠勇将士也一鼓作气地在大森林里突进四十英里。俯视战迹，尤其追念临滨于邦我少数部队困守孤村的精神，令人可泣可歌。战线向南推进以后，士气愈为旺盛。无论在杀伤、虏获以及战术战略的成就上讲，都可以打破纪录，树立新军的优良传统。

临滨于邦我军之完全解围，开始向敌人转移攻势，始自圣诞前夜。我某部队派遣的扫荡队，经过精细的搜索和严密的部署，毅然向村庄西北敌中村中队冲击。这一场战斗，每一寸的进展都是披荆斩棘和冒险犯难：在一片阴森的原始森林里，上面有敌人以钢板构筑的鸟巢工事，下面有俯拾皆是的触发地雷，部队散开之后，前后不能兼顾。但是我将士顾念战友的艰难及赋予本身任务之重大，仍然在敌人火网之下步步跃进。机关枪永远是那么喋喋不休，迫击炮一声声狂吼，偶然一阵地裂天崩，接着烟飞树倒，我汗流浃背的将士却仍然前仆后继地一贯突进。24 日午后，两军相持未决，各单位干部亲持冲锋枪，作为士兵楷模，在队伍之前以火力指挥。入夜之后，依然冲杀未已。圣诞日黎明，各班排相继接近敌阵，手榴弹与掷弹筒发挥威力，战斗更趋激烈。一直战至午前十时，枪声较稀，扫荡队突入敌阵。荒草丛里，到处笼罩着一层硝烟与灰土，纵横僵倒的都是敌人遗弃的尸骸，里面有中队长中村大尉等官长四员。虏获的战利品有重机关枪两挺，步枪二十八支，指挥刀和未用的地利多件。这次战斗不仅使独立作战的部队出围，而且使我军掌握着主动权，开始了以后方兴未艾的攻势。

12 月 28 日，扫荡队以新胜的余威攻击于邦主阵地。我炮兵队在这次战役里发挥了很大的功效，几乎像挖泥机一样把敌人阵地翻转过来，又以树干泥块和灰土替他们造了一所集体的坟墓。除夕之前一日，敌人自视死伤过重，前左右三面既为我军的火口所狂吞，后面又是滔滔不绝的大龙河，顶上还有美机所播散的弹雨，只能以一死相逃避。当我步兵勇士提着冲锋枪挺进的时候，敌人阵地内一声声爆炸，大多数敌人已横尸在工事里，化作胡康河谷之露！现在经扫除的战场，发现敌尸已达一百四十二具，里面包括这方面的指挥官管尾少佐以及大队指挥所的军官六员，夺获重机枪三挺，步枪七十一支，指挥刀三把。盟军军官参观战场后，亦复叹为森林攻守战的杰构。

岁序更新，我军继续渡河攻击。战士们俯视大龙河澄清的河水，洗去了面上的征尘，忘却了两月以来的疲劳，并且庆幸愈前进一步，便愈近国门一步。

河东依旧是仰不见天日的丛林，深林里面又蜷曲着数不清的溪流。敌人从临滨于邦至此，几次攻防，已经精疲力尽，神经上更受着无限痛苦的打击。沿途退却，早已士无斗志。1 月 13 日，两岸各据点完全被我肃清，敌人散布于各处的尸体，经我掩埋队收集达四十余具，河中流水、河上沙洲和河岸青草处处都是殷红血迹。

14 日和 16 日，我军占领大堡家和乔家两村落，预期敌人坚强的抵抗也不见踪影。因为我军处处掌握着主动，所以无往而不利。17 日我李支队出现于敌人的左侧背孟养河畔，敌人曾抽兵与我军在两岸血战三昼夜，支队歼敌百余，仍然持续前进。

截至现在为止，大奈河畔的战略要点太柏家已被我军占领一部分。20 日夜敌以舢板向南退却，遭我轻重兵器奇袭，大多数渡河器材都被击中倒翻河中。太柏家是一年以来敌军输送补给的要点。虏获的敌件中也明确地说明敌人准备输送重炮兵至此作战。但是现在形势很显然，这座拉加杠的命运将决定于这数日之内。

（三）大洛的奇袭

在新三十八师主力部队的攻击将要明朗化的时候，新二十二师六十五团衔着同一重要的任务，去收拾大洛谷地的敌人。这时候大洛的敌人正向拉家苏仰攻不下。团长傅宗良决沿更的宛河左岸直趋大洛的侧背，这是危险、艰难但是爽飒的战术。

部队渡河之后，找不到地图上所有的点线路。土人说：五年以来没有人走过这里。奇袭队就偏要做五年不来的访客！他们以快刀利斧在密密的丛林里开路前进。芦苇、红藤和纵横交错的枝干逐段肃清，但是部队穷一日之力，只能行进两三英里。

万一行进方向错误？过早被敌人发现？遭遇敌人伏击？森林里面入暮迅速，烟云缥缈，虎啸猿啼，处处刻画着野人山上的惆怅。我纵队在无限凄凉的条件下前进。第七日，前卫首先发现猎物，这一周的辛苦摸索总算得了相当代价！

第一批猎物是敌军一小队，正在河曲处构筑工事，我军渗透至敌军的侧背，然后四面合击。这一场战斗，只杀得敌人遁逃无处，战斗不过几小时，敌人无一生还，阵地转趋沉寂。我忠勇将士们检视战场，虽然手足面部都为几日沿路的芦苇碎石尖刺割伤，现在他们都溶浴在杀敌的壮快里，不知道尚置身于野人山上！

敌人前哨既被歼灭，部队长欣喜无似，虽然企图已被敌人发现，以后已进至较有利的地形，俯览谷地，不过六七英里。为了戒备敌人的埋伏，纵队还是周密而谨慎地蠕蠕前进。1 月 17 日敌人由大洛派遣一纵队北上，这第二批猎物，包含步兵两中队，重机关枪四挺，迫击炮和山炮各两门。在敌人的梦想中，前哨小队总还可以独立作战到若干时候。不料刚至百贼河南岸，就已进入六十五团的天罗地网。我纵队长眼见这么肥硕的猎品一头头进入陷阱，惊喜得要在树叶上掉下眼泪。这次厮杀经我军拾起的敌尸已达一百八十二具。罄其所有的轻重机枪四挺，都依次在“该团战利品清册”上签过到。七五榴弹炮两门虽经敌人推入河中，现在经我重捞获一门，并且这次战役中我军只伤亡十余人，为前所未闻的纪录。联络官闻讯，不住地跷起大拇指向我军叫：“顶好，顶顶好！”

现在奇袭纵队已经改奇袭为强袭，正在走下山坡准备突入睽隔经年的大洛村。敌人横线已被截断，我军官兵的自信心极高。回忆当由缅甸退却时我们在这个村庄内接过投粮，又在那处渡口撑过渡船，现在一一都在山下，但是今昔的心情相比，我们是如何胜过前年！

（四）缅北战斗

缅北战斗，是国军二次入缅的序战。以后真面目的战斗还要千百倍剧烈于今日。但是我们有充分的自信，我们一定能够干得很好。过去我们在报章杂志上，在演讲词上，发表多少次，只要我们有飞机大炮，我们可以迅速地打败敌人。今日我们已经拿出事实上的例证，足见以前的论断确切不虚。

我们的指挥官随时专注攻击与主动，我们的士兵相信森林战的能手是我们自己而不是敌人，我们的联络交通比敌人方便，我们的补给比敌人完满……凡是从前敌优我劣的地方，都反了一过面。从今以后，可以让敌人细细咀嚼兵器落后的滋味。

但是我们也要感谢盟军官兵，以上各战斗里，他们无役不从。他们飞着“海鲸”和“鲨鱼”，他们不仅协同作战，而且将我受伤将士运返后方，在我军士气上予以莫大的支持。

那些辛勤开路的工兵，那些筹办后方补给的人员，以及各野战医院与后方医院的军医与护士，都不能仅以一声“多谢”道尽我们心上的感意。没有他们的互助，不能开放这朵同盟合作的奇葩。

（五）孟关之捷

2 月 16 日

1944 年 2 月 16 日午夜，胡康河谷的丛林上罩着一重薄雾，布朗河北岸的健儿已经涉入冷彻筋骨的河水，进行着一处局部的包围；太柏家东西，炮声断续不已。这时候月落星稀，夜凉如浸。某部队的指挥所自部队长以至幕僚，正在围着煤油灯四周，不时用红蓝铅笔在军用地图上画着……

大家的注意力集中于日文翻译官。这位二十五岁的青年，戴着高度近视眼镜，一手抚着额头短发，一手正在弹药箱上执笔疾书。现在他的工作是翻译一份敌件。过去留学东京的七年内，他已经把满纸的假名弄得烂熟。所以，现在他毫不费力地工作着，一转眼间，已经写下了一大篇：“师团以歼敌于孟关附近之目的，决将主力转移至孟关以南……”

部队长默然无语，四个月的疲劳已使他消瘦了很多。加以最近立誓孟关不剃须，弄得满脸胡子。但是今夜满眶红丝的眼睛里闪耀着一种说不出的喜悦。于邦、临滨、太柏家、孟养河，多少次的攻坚守险，多少鲜血热汗，这些劳力终于没有白费，明天天明之后，就是我们收获的时候到了。

他轻轻嘘了一口气，在一角燃着一支香烟，计划着明天，想象着后天……幕僚们依旧在工作着。

日文翻译官首先打破这一团人的静肃："这里有一点看不懂，什么长久部队要占领阵地……"

情报参谋走上去："没有什么，这是他们的鬼把戏，你就写第五十六联队应占领腰邦卡之线。或者你就照原文写，我们都看得懂。"

他们一直工作到午夜二时，地图上已经布满了队标队号。部队长的决心早已妥定了："叫他们追击……"然后手指按在图上，"右侧支队迅速夺取这几个制高点——通信补给的情形由幕僚长决定一下。现在敌人恐怕已经发觉我们拿到他的退却命令了；所以，一切要快。"

他们的动作是极尽其快：半小时内，部队长的决心，幕僚长的要领，其他人员加入的细节，经过作战参谋的手笔，已经变成了作战命令。机器脚踏车上的排气管突然勃勃作响，作战命令已经随着轮胎驶向第一线去了。

部队长已经回到吊床上去休息片刻，但是，煤油灯下还是有人在工作着。这件命令由日文翻成中文，又要由中文翻成英文，以便明天"鲨鱼"和"海鲸"起飞的时候多点参考。现在我们可以听到英文翻译官的打字机很清脆的连放，和他们在灯下的对话："这旅团长和田俊二，日本音怎么读法？"

"爱达长几"，日文翻译官慢慢念着，又在拍纸簿上用大草画着"AIDA-JUNJI"。

"日本鬼子真爱找麻烦，明明写着和田俊二，又要念什么爱达长几。"英文翻译官一面发牢骚，一面照着拍纸簿上的几个字母向打字机钥上使劲地戳着。

可是他不知道五英里以内，丛林的另一角内和田俊二旅团长正在发脾气："马鹿夜郎，要你们将校传令也会失踪！"

月亮又隐起来了，某指挥所静寂了没有多少时候，电话铃子又响起来了，这次是部队长在讲话，部队长在吊床上接到第一线的电话："喂喂！是的……我是387……喂喂！"

传达排的机器脚踏车已经回来，正在向哨所卫兵发出暗号。

2月20日

2月20日午后，天气燥热，气压很低，一片片乌云在枝叶空隙里飞过去。大奈河通棕邦卡的公路上特别有一种阴郁沉闷之感，久经战场的战士知道这是惨烈战斗的征兆。但是，虽然如此，战士们的心情依旧是轻松的。公路左侧的芦草一动，可以听到上等兵李明和的低声自语："他妈的，又是他妈的干蚂蟥……"

周自成回过头去，看到李明和的左裤脚上血红了一大块；一条肥嘟嘟的干蚂蟥，肚子里胀饱了血。李明和愈是用手乱抓，蚂蟥把头尾的吸盘钉得愈紧，血仍旧不停地放出去。

"不要拽嘛，越拽越紧……"周自成把李明和的手拿开，右手抽空对着蚂蟥上猛力一打，蚂蟥的头尾一松，就掉在地上。

血仍旧在流，李明和也不管，翻开地上的乱草找住蚂蟥，用皮鞋一阵乱踩。蚂蟥看不见了，芦草倒了一大堆。

"踩没用场，……你把它烧成灰，摆在瓦片上露一晚，隔天起早一看它又活了。"周自成说着，一面把钢盔取下来摆在膝盖上，就率性把话匣子打开："那天我在那头打死那个日本军官，那蚂蟥才凶，看到人拢都拢了，动又不敢动……"

"你还讲，你为什么要把他打死呢？要是我就要捉活的……"

"那样不行啊！我走到他后头用刺刀对准他，用东洋话喊'日散司洛'，他就摸手枪。我想一枪打到他肩膀上，没打好，把胸脯打穿了，才拢个样子死了吗……"

李明和看他叙述得令人发笑，学着他的川话问：“你又拢个样子晓得他有退却命令呢？”

“我也不晓得啥子退却命令。我一摸，身上还有两张东洋票子，三张纸。我把他尸身往树林里一拖，拿着手枪、他的东洋帽和那几张纸就跑回来。后来连长说别的不要紧，那三张纸倒是敌人的一道退却命令。说我有功，要报到上头替我请一个牌牌。几张东洋票子倒让两个白美硬是要去要去了，我也不管……”

李明和逗着他问：“铜牌牌有啥子用场哟！打仗也不能挂。还是要连长帮你请五十个卢比倒可以买个手表……”

周自成没有回答，并且慌手慌脚地把钢盔戴了起来。

李明和回头一看，后面草里面排长来了，马上把头低下。

排长把手里的小树枝在周自成的钢盔上轻轻地敲着，一面说：“真是丫亚无，敌人把你们抬去了你们还不知道。”

周和李都把头更低下去了，但是排长并没有继续责备。

“现在告诉你们，敌人马上就要向孟关退却，我们在这一路埋伏，就是要断绝敌人的交通，尽量地不让他们回去，也不让他们增援上来。我们可能对两面射击，现在你们再不准谈话；留心看第三班在那大树上拉的那根藤。如果发现藤向左右移动，就是发现了敌人，各人做预备放的姿势。但是还不要射击，看到我的信号枪打绿色照明弹，大家才开始射击。你们不要随便跑出去，或者姿势太高，恐怕妨碍树上的射手……”

排长向第一班那边去了。

不知道什么时候，乌云上面开出一个洞，洞口照出来一线阳光。树枝上透过来一阵轻风，带着树叶清香，林子里面只有鸟啼，人都屏息着呼吸。

一分钟一分钟地过去了。

李明和有点睡意。但是，现在公路北端发现马蹄的声音，又好像没有，又有了，好像是去的声音，结果还是向这边走过来的。李明和回头一看，青藤已经开始动了，他赶快打开冲锋枪上的保险机，周自成已经拿出跪射预备的姿势，而且闭上了左眼。

时间仍旧是一分钟一分钟地过去。

敌人果然来了，前面两个搜兵笨头笨脑地经过设伏的位置。树叶里看到白亮亮的刺刀，逼着眼睛叫人晕眩。李明和一想：不好了，自己蹲的地方一定给这鬼搜兵发现了。不，他的担忧是多余的，这两个家伙匆匆忙忙地走了过去。青藤又左右动了两次，但是没有信号弹，只好让他们向孟关那边去了。

马蹄响更近了，不仅马蹄声，还有驮马不耐烦地呼气和驮鞍上的木箱碰在鞍架上，以及皮鞋踏在公路上的声音。

两百米以外，李明和看到一个日本军官骑在领前的马上，没有戴钢盔，痰盂形的军便帽上有一颗亮晶晶的金星。后面一纵队士兵，驱策着驮马一步一拐，李明和一点没有看错，驮马上驮的是重机关枪。

敌人的行军纵队已经到了第一班的正前，还是没有看到排长的信号枪。李明和的冲锋枪由敌人的指挥官瞄到第一匹驮机关枪的驮马上，看着这匹驮马又走过去了，还是没有看到排长的信号枪，李明和不由得一阵发急：该不是排长跑到哪里睡着了？睁眼看去，这批敌兵都是矮小愚笨的样子，步枪背在背上，钢盔挂在手臂上，头上都冒着热气，连弹药箱上漆的白字都看得清清楚楚。李明和觉得自己的心脏要跑出来一样，头上有些润湿。……

突然，绿色信号弹突然从公路左边树顶上俯冲下来。

李明和对着一匹驮马赶紧射击，但是后面树顶上的轻机关枪先开了火，已经把这匹驮兽和两旁的敌兵推倒在尘土三十公分的公路上，灰土上已经染了一摊鲜血。

公路两边的大树都怒吼了起来，敌人应声躺在灰土上。

近处的芦草也跟着怒吼起来，敌人笼罩在烟尘里。

李明和瞧着烟灰未散的地方还有两三个敌人站着，又对他们射击了一个弹夹。

3 月 5 日

3 月 5 日早上，寒气未散，视界朦胧，但是树梢顶上透过来的晴光，又可以断定今天是一个大晴天。

孟关的十英里内外都是平原，平原上长着小丛林，林内片片林空，林空上面生着丛草。

“机械化的祖宗”在训话，这位“祖宗”还不到三十岁，面上的肌肤和加兰人差不多，因为他是上海战役攻虬江码头的元老，所以有这样的绰号。

“敌人的第十八师团企图退却，但是正面友军把他们胶住了。左翼友军已经深入敌后，现在只要我们杀开一条血路，使敌人迅速崩溃。关于敌情、联络以及作战种种规定，昨天晚上已经和你们排长以上说过，并且要你们排长告诉你们，想必大家都知道了。我现在告诉大家的：就是大家要知道，司令部把首先进入孟关的光荣让给我们，我们大家得要争气。并且这是我们部队成立以来的第一炮，第一炮打得不响大家都丢脸……”

“机械化部队作战没有旁的，就是要胆大心细！大家照着规定做去吧，敬祝各位胜利！”

五点差十分，几百匹马力开始怒吼。五点，这群 N 吨重的家伙跟着开山机到攻击准备位置去了。五点五十，他们脱离了开山机，一个个排成战斗队形，大家呜呜叫着排山倒海地向南面去。

穿山甲很轻巧地换着排挡，从潜望镜里望着左前方排长车上的红色三角形。心里奇怪：怎么还没有遇到敌人的平射炮和地雷？……第二参谋所说的：敌人每个中队有十个酸手榴弹，专门对付战车，可不知道什么样子？他有一颗年轻而好奇的心，他希望今天打一次顶热闹的仗。

车子爬上一座小坡，冲断一根二十公分的树干，继续下坡，他把左操纵杆轻轻后推，使车身向左，保持和排长的距离。

引擎上发出的热量和噪音令人窒息，穿山甲把额上的汗揩了。不知如何触动了灵感：“这和大演习差不了好多。”但是话没有说完，一颗榴弹的爆烟在前面开了花，接着又有几颗弹花在附近开放，被弹面似乎和队形很吻合，空气的震动能由掩盖的空隙透进这N英寸的装甲。穿山甲有些犹疑，但是经验丰富的车长将传声器转在车内人员的听话器上，带着一种安闲的语调说："加油，对直前进，敌人用的好像是一种曲射兵器，不要理他，我们快要脱离危险界了。"

他们仍旧对直着前进，始终就没有遇到敌人的平射炮。途中唯一的障碍是三号车子碰到一颗触发地雷，履带炸破了，车身翻倒在树草丛里。三号车长利用车内无线电话报告："就是履带坏了，车身和引擎都好，没有人受伤。"第四号车子赶上去递补了队形的空隙。

外面太阳渐渐爬高，车内三公分七的大嘴在狂喊，副驾驶手的机关枪也在喋喋不休。穿山甲感觉到衬衫已经湿透了，全身的血管都膨胀着，皮肤上每个汗管成了一条喷泉，嘴内异常干梗。

就是这样地冲进了敌人阵地，敌兵以机关枪对着潜望镜和无线电杆作徒劳的射击。穿山甲顶上的"三七"向敌人机关枪巢大叫一声，这几个可怜的家伙已经连人带枪在尘土起处静默。

还有一堆散兵躲在工事里面，这是枪炮的死角，穿山甲一时兴起，决心"蹂躏"他们一下。车子突驶在敌兵壕的胸墙前面，左驾驶杆拿到底，车子做了一个三百六十度的大旋回，履带下的泥土把这堆猎物活埋起来。

车长又把传声器转过来，叫着："好啦，给你玩够了，后面跟随来的步兵会收拾他们的……快赶上去。"

穿山甲把油门使劲地踩着，车子飞过敌人的工事。

太阳爬得更高，战斗队形已经超过孟关了。

3月9日

3月9日午前十时，某指挥所已经随部队推近到某某村附近。通信兵刚把电话架好，这一片叶绿丛里马上活跃起来了。

战局顺利，这些幕僚们忙着自己的业务。青葱树下，日文翻译官和福冈来的盐塚义与长崎来的谷本正直对坐着。翻译官给了每个俘虏一支香烟，盐塚义和谷本谦卑地弯了弯腰，口里喃喃念着：“阿利阿达喔可萨依马司。”

作战参谋在指挥车引擎盖上摊开了一张军用地图，上面有很多红的圆圈和蓝的箭头。这些村镇上面都用阿拉伯字表示占领时间和进入部队：孟关上写的3月5号，新板上写的3月6号，这都属于穿山甲他们的一队。孟关东南十英里的瓦鲁班写的3月9号，这属于李明和他们的一营。更南的占木驿和丁高沙坎附近也写的3月9号，这是另一支队。

另一位作战参谋在拍纸簿上计算战利品，在虏获报告表上登记着：

装甲汽车（完好）二辆，

七五耗山炮（缺瞄准具）若干门，

四七平射炮……

三七平射炮……

…………

部队长并没有抽空剃胡须，已经坐着指挥车到前线视察去了，幕僚长看着参谋们的工作，一面问：“从追击开始，我们打死多少敌人？”

“已有的数字是一千七百三十一人，但是报告并没有完全。”

“不必等待数字的完全，我们将现有的概数报告上去。”幕僚长走了。

情报参谋和作战参谋谈了几句。

作战参谋跑回去追上幕僚长：“报告参谋长，现在俘虏说：敌军残部因为东南公路被我们截断，开始从森林里运动，想由二二七七高地附近渡河沿上山的点线路向西南退却，这和我们的判断符合。我们要不要再下一个命令要右侧支队派人去封锁这条路呢？问题是因为部队长自己也到这方面去了。”

幕僚长很干脆地回答：“我们还是下一个命令。”

作战参谋回到指挥车畔，抽出钢笔在一张稿纸上写下“×作命甲第七十一号。”

森林里面仿佛有蜜蜂嗡嗡的声音。

友军的“海鲸”正从指挥所上空飞过去，无线电台和电话总机像前线的机关枪一样的唠叨不休着。

（六）拉班追击战：击破敌人的抵抗线

3 月下旬，我驻印军争夺杰布山以南的隘路，与敌十八师团残部发生激战。3 月 21 日开始于康劳河北的阵地攻击，持续达一周。敌我常常在几码甚至一株大树之下胶着。丛林中，隘路内，敌人坚强工事之前，既不能展开多量兵力，也无从施行细密的搜索，我新二十师六十六团奋勇以冲锋枪手榴弹寻求敌人步兵与之接战。该团过去在腰邦卡，曾经以一敌六，创造以劣势兵力获得辉煌战果的奇迹，这一场战斗，更使该团的军旗生色。双方的火线由二十码而十码，推至五码，甚至接触，重叠，交错。而这样一条犬牙交错的战线，随着敌我的接近，因为攻守两方战斗精神的旺盛，以致处处开放着投掷兵器的弹花。战斗最惨烈的两日，步兵勇士连续以手榴弹投入敌人掩体的火口内，但是被敌人在未爆发的瞬间拾着投掷回来。在某一处工事之前，相持达几十分钟，某无名勇士一时奋起，自顾与敌人同归于尽，以五指紧握着已经发烟的手榴弹伸进敌人的掩体内听候爆炸，终于将藏匿在内的四个敌人炸毙。攻击北岸一处碉堡时，张长友上士遍身束缚手榴弹冲入敌阵。这种高度的牺牲精神，不仅使敌官兵感到震慑，盟邦人士亦为之惊骇。3 月 26 日，我军攻击敌加强中队阵地一处，敌官兵九十七名顽强抵抗，战斗结束，我军发现敌尸九十四具，残存三人狼狈逃遁，某班长拔出刺刀作飞镖，中其中之一人。27 日，六十六团继续攻击高乐阳附近的阵地，团长是一位勇敢、好沉思、主张出敌意表的将才。他的攻击准备射击，耗用了近两千发的炮弹，然后找到敌人阵地的弱点，施行中央突破及分段席卷。28 日敌人不支溃退。十天之内，我军为敌掩埋三百具尸体（计算敌军伤亡常在一千以上）。虏获敌炮四门，轻重机枪十二挺。

同日六十六团迂回至敌后的一支队，以及密里尔将军统率美军相继到达敌后交通线上。虽然敌军在以西的丛林内另辟了一条汽车道，但是主要抵抗线既被击破，侧翼又受威胁，不得不往南逃命。29日之后，我军开始纵队追击。30日清晨，超过交通要点沙杜渣，一日进展约十英里。步兵在丛林战中有此速度，实在令人敬仰，以致30日午间，我们以指挥车追随至六十五团后面，久久不见第一线营的踪影，为之深感惊讶。找到了窦营长那天，我们到第一线营去。

我们午前十一时由六十六团指挥所出发，一路经行山腹，路幅宽窄无定，路面又未铺砂石，车行非常不便。沙杜渣以北，辎重部队的驮马不绝于途，车行速度不能超过五码。这条路上还没有经过工兵搜索，半点钟以前，一匹驮马正遇着触发地雷，左前蹄炸掉了，尸骸委曲地躺在路侧，地上一摊鲜血。驾驶兵换上低速排挡，眼睛不停地注视在路面上，左右摆动着方向盘，处处吸动着车上人员的神经，使我们感觉着若断若续的紧张。

沙杜渣是孟拱河北渡口的一片林空，原有的几十家民房，只剩着焚后的屋柱，与附近弹痕寂寞对照。但是这些战场景象与丛林内的尸堆相比，则感觉得太普通、太平常了。

车子沿着渡口弹坑转了几转，我们进入了孟拱河谷。

这一带树林仍旧很密，路左是孟拱河的西岸，碰巧在一堆芦草空隙处，可以望见西阳山上的晴空。

路上几百码的地方没有一个行人，我们好容易遇到一个通信兵，但是他也不知道第一线营的所在："刚才还在前面一里的地方，现在恐怕又推进了。"

道路笔直，好像森林里面开好的一条寂寞小巷，路面松软，车轮在上面懒洋洋地走着，丛林里面各种飞禽与昆虫很活跃。

在孟拱河第一道河曲处，我们终于遇到了一群祖国的战士，但是他们并不属于第一线营，他们是六十六团派出的敌后支队。他们在两个星期之内，爬经三千英尺的丛山，迂回三十英里，经过人类从未通过的密林，自己辟路前进。在河东岸，他们以机关枪奇袭敌人的行军纵队。在河西岸，他们虏获了敌人一部汽车，击毙了敌人几十名，前面一百码的地方，还有敌人遗弃的尸骸。他们正拟北进沙杜渣，不期在公路上与六十五团会师。他们的任务已经完成，正待接受新命令，但是，他们已经快三天没有吃饭了。

这些弟兄们精神体格非常之好，他们正在打开罐头，填塞着空了三天的肚子。有的已经坐在道旁，燃着一支香烟。这里隔第一线营不到三百码，已经听到前面的机关枪声音，我们跳下了汽车，果然在道左树林下面僵卧着两具敌尸，苍蝇飞在死人的面上，酝酿着一种奇臭。

我们到了第一线营，战士们散开在公路两旁，右面森林内，相去不到五十码，第某连正在向西搜索，不时有几声步枪响，有时有三四发冲锋枪的快放，敌人三八式步枪刺耳的声音，夹杂在里面。

敌弹弹头波正在冲开空气前进，可是道路上往来的通信兵传令兵和输送兵都是伸直腰很神气地走着，我们也学着挺直着腰。

在一棵小树下，我们见到了闻名已久的窦思恭营长，他是第一位率部至敌后、首先以寡敌众的青年将校，同行的郑参谋替我们介绍。

窦营长告诉我们：发现正前面敌军一处掩护阵地有两挺机关枪，第 × 连正在与敌人保持接触。左翼孟拱河可以徒涉，已经与隔岸友军联系好了。右面森林里还有敌人的散兵和狙击手，第 × 连正在向西搜索。右侧敌人另外辟了一条公路，可以走汽车。这方面友军还在我们一千码后面。

郑参谋另有任务，将指挥车驶回去，我决心留在营指挥所看看战斗的实况，约定请他明天日落时候派车来接我。

（七）阵地之夜

现在我看到他们的指挥、联络与战斗了。

傍晚，第一线连搜索兵回来报告："正前方两百码公路两侧有敌人，携有机关枪，右侧森林里有敌人，右前方草棚里面也有敌人。"营长决心在附近构筑工事，准备明天拂晓攻击；一声命令之下，几百个圆锹、十字镐向泥土内挖掘，有些士兵拿着缅刀在砍树干，准备作掩盖。

我卸下了背囊与水壶，坐在背囊上与窦营长安闲地谈着。

我发现窦营长有一个奇怪的习惯，他喜欢把钢盔在布军帽上重叠地戴着，到了没有敌情顾虑的时候，就把钢盔拿下来，用不着再找布帽。还有，他的步枪附木上有一处伤痕，后来我才知道是泰洛之役炮弹破片打中的。

“敌人很狡猾，今天晚上说不定要来夜袭。”

“我很希望能够参观你们的夜战。”

电话铃响了，通信兵接着，将耳机交给营长：“窦先生，第六号要你讲话。”

我在旁边听着，窦伸过手来，对我说：“黄，请你把航空照像给我。”我从图囊上把航空照片递给他，依旧听着。

“喂！你是六号吧，喂，你前面应该有一片林空，大概三十码长，五十码宽，有没有？通过前面第二个林空就是拉班了……有房子没有了？……河左边有一道沙洲，有没有？……还看不到吗？你们隔拉班只有二百码了。六十六团还在我们后面一千码的样子，今晚上你们要防备敌人夜袭……茅篷里面还有敌人？……喂，你等一等，我自己来看看。”

窦放下电话机，对我说：“黄，你在这里等一等，我到第一线去看看。”

“我很想跟你去看看，不会妨碍你吧。”

窦戴上了钢盔，一面说着“没有，没有……”，我已经跟在他的后面，更后面，还有窦的两个传令兵。

我们彼此保持几步距离，沿着公路前进了一百七十码，到达第某连的位置。这里有一座茅篷，右边有一处林空，和航空照像完全吻合。前面五十码还有一座茅篷，敌人的机关枪就在缘角射击。右前方突然一声“三八式”，弹头波震动着附近的枝叶，我们的步枪和机关枪马上向枪声起处还击，枝叶很浓，看不见敌人。

窦指示了连长几句，我们依旧还回营指挥所。

夕阳照着河东来去的运输机，这家伙正在树顶五十码的低空投掷给养。枪声较稀，伙夫蹒跚着送了饭菜，美军联络官也来了。

我们在小树枝下打开饭盒，里面有咸肉与豆荚，联络官带来了啤酒，他用小刀把啤酒罐弄破，啤酒泡沫溢在罐外。

就在这时候，前面很清脆的一响，窦的传令兵叫着："敌人炮弹来了！"我们卧倒，尽量地使身体和地面平贴。

炮弹在我们后面一两百码的地方爆炸，爆炸的声音既清脆又沉闷，丛林里面有回响，还听得着几根枝干的断折声。

第二炮比第一炮落得更近，敌人在修正弹着。

炮弹一群一群地来了，敌人山炮连在施行效力射，空中充满了弹道波，一百码以外，落弹爆炸声音堆砌着，我仿佛看到孟拱河的河水在震荡，但是河东的给养飞机依旧在盘旋。

窦贴在地上和部队在通话，我回头看去，我们的豆荚和啤酒，在我们匆忙卧倒的时候都打泼在地上了，我拾起一个啤酒罐，罐内的液体已经只剩三分之一。听敌人火身口的声音，还是四个一群的在吼。

入暮以后，炮声较稀，我们嚼着冷饭与剩余的咸肉，窦一面吃饭，一面和美国联络官讲话："上尉，你要升少校了。"

"我一点也不知道。"

"他们都说，你下个月就要升少校。"

"或者，或者可能。"

"为什么要说或者呢？"大家都笑。

送小炮弹的货车，为了贪图倒车容易，一直开到敌兵出没的林空里去了，副营长和传令兵张大着嗓子叫他回来："你们上去送死呀！"但是驾驶兵居然在林空里将车子倒了一个转，很敏捷地开回来，防滑链条打在地上铛铛地响。

暮色更浓，森林虽然经过一天枪弹炮片的蹂躏，还是表现着一种幽静阴沉的美。

我和窦睡在一个掩蔽部内，面上手上都涂了一层防蚊油。一只蚂蚁跑过我的衣领，我想去抓它，身体蜷曲着不能翻转，感觉很苦恼。现在枪声炮声同时来了，我们的前面、右面和后面都有机关枪在射击。

今晚敌人果然来夜袭，我们岂不是占领着一道背水阵？

敌人炮弹虽然都落在我们后面，我又记起窦营长的一句话：“如果敌人炮弹多的话，或者会沿着公路来一个梯次射。”

背水阵，梯次射，这些念头不住在我脑内打转，我又记起今天是 3 月 30 日，明天 31 日，后天就 4 月 1 日了。掩蔽部外面电话兵唠唠叨叨地在炮火下利用电话空闲和同伴谈着不相干的事，五码之外，步哨叫着：“哪一个？”我感觉烦闷，潮湿空气令人窒息，瞧着窦一会听电话，一会翻过身又睡着了……

那一晚没有夜袭，也没有背水阵和梯次射，我那阵烦闷的情绪不知在什么时候渐渐平静下去，我的呼吸渐渐均匀，也就一睡到天亮。

第二天早上，是 3 月最后的一天。

拂晓攻击没有实施，敌人都后退了；但是我们搜兵前进了不到一百码，又和敌人接触了。掷弹筒、“三八式”从树叶丛里飞过来，我们也回敬以冲锋枪。半小时内，前面射击得非常热闹。

电话铃又响了，第一线连报告：“正面敌人后退了一百码，右侧翼没有敌踪。我们向西搜索半英里，没有发现敌兵，也没有发现六十六团友军上来……”

“正面敌军非常顽强，我们前进，他们射击得一塌糊涂，我们一停止，他们藏起来一个也看不到……”

窦决心亲自到第一线排去视察，我跟着他一同去。

我们有了前面林空的一半，第一线连已经逐渐渗透至右侧林缘，一路大树根下都有第一线连的急造工事。左边公路与河岸相接，河岸有几棵大树、一堆芦草，我们可以看到河里的草洲。这就是拉班，地图上用大字写着的 LABAN。我真奇怪，地图上的家屋，这里连踪影都没有，这里只有几座茅篷，看样还是新近修筑的。

机关枪和小炮射击手对着公路上和林缘的出口，小迫击炮弹药兵正在打开一个个弹药筒，他们表现得那么安闲和镇静。

邱连长引导我们分枝拂叶地到了第一线排。弟兄们卧倒在大树下面，有的把橡皮布晾在树枝上，还有人吸着香烟，树干上两米以内都是枪炮括穿侵透的弹痕，偶然还有“三八式”刺耳的“卡……澎！”我真羡慕这些祖国健儿们安之若素的态度，这时候说不定可能飞来一颗枪榴弹和掷榴弹，说不定会掉下来一串机关枪的弹雨。恐怕这几个月来的阵地生活，已经使他们不知道什么叫做紧张了。

“这前面二十码的茅篷里面就藏着敌人……”邱连长指向前面。

我蹲下去只看到丛林里面一团青黑，或者最黑的地方就是所指的茅篷，但是看不到敌人。

我看到营长给连长当面指示，说话的时候两个都站着，去敌人只有二十码。

“我想敌人正面虽然宽，当面敌人没有几个人了，我们得马上攻上去，无论如何得把道路交叉点先拿下来。第 × 连配属一排给你指挥，警戒右侧翼。你小迫击炮弹够不够？……”

“够了。”

‘你尽管射击，我叫他们再送几百发到营指挥所，要是右翼李大炮他们早一点上来更好。迫击炮我亲自指挥，山炮连的前进观测所就在你们这边吧？你叫他们延伸射程。”

“请给我一个救急包？”

攻击开始之后我跑到炮兵观测所，那边靠孟拱河很近，左右都很开阔，是观战的理想地点。

我看到他们一个个前进停止，看到他们射击，同时敌弹的弹头波也在我们头上成群地飞过去，我们选择的地形非常之好，对直射兵器毫无顾忌。

敌人知道我们步兵脱离了工事，开始向我们炮击。

第一炮在我们后面二百码处爆炸。第二炮在我们前面一百码处爆炸。

这两发试射的炮弹既然这样接近，显示着敌人已经选择这一片林空附近做目标。一群炮弹落在营指挥所的右侧，一群炮弹落在前面树林里，一群炮弹落在正前面空旷地，带给了我们塞鼻的硝烟味，一群炮弹落在后面孟拱河里，激起了几十码高的水柱。

我们冲动而忍耐地蜷伏着，但是炮兵观测员和炮兵连长正在听着敌火身边声音，他们对着射表讨论，然后指示我们自己的炮兵阵地。

我们的听官确实应接不暇，敌人的炮弹有山炮、重炮和迫击炮，现在我们的炮弹群也充塞在空间了。

冲动着，忍耐着，蜷伏着，四十分钟之后，敌弹才离我们远去。我瞧着一位受伤的弟兄，头上缠着救急包，口内不停地叫着哎哟，三步两步地经过我们的位置。另一棵大树之下，一位弟兄伤了背脊，他静静地俯卧着，战友们帮他撕开背上的衣服。还有一位弟兄腿上沾满了鲜血，身体靠在歪斜的树干上。他的一身都不能动，但是痛得将头部前后摆，眼泪淌在面上，我看着旁边的士兵替他包扎，我问他："你们救急包够不够？"

正在帮他包扎的士兵抬起头来："有吗，请你再给我一个救急包。我的两个都给他们用掉了。"

我分了一个救急包给他，这时候担架队已经扛着沾满了新痕旧印血迹斑斑的担架跳着跑上来。

这一次攻击，我们前进了二百码，迫击炮连一位班长殉职。刚才还是一位勇敢负责的干部，半点钟内已经埋葬在阵地的一端。第 × 连也阵亡了一位弟兄。

不知道什么时候下了雨，一点一滴，落得非常愁惨，我冒雨跑到那位班长的新坟上去。林缘附近，士兵们正在砍着树木，增强新占领的阵地。刚才用作迫击炮阵地的地方，现在只剩得纵横散放的弹药筒和刺鼻的硝烟味。前面很沉寂，只有几门小迫击炮和小炮，为了妨碍敌人加强工事，半分钟一次地盲目射击着。

阵亡者的武器，已经给战友们拿去了，坟边只剩着一个干粮袋，里面还剩着半瓶防蚊油……

雨落得更大了，一点一滴掉在阵亡者的新坟上……

那一晚我并没有回去，森林里面我听到右翼六十六团的机关枪和手榴弹越响越近，快要和我们并头，部队长因为了雨声可使行动秘密，又加派了某人另辟新路到敌后去。这都是很好的消息，我想再待一夜。黄昏之前我打电话给郑参谋，叫他不用派车来接我。

相处两日，我和营长以下树立了很好的感情。我才知道我们的军官都是面红红的像刚从中学校出来的男孩，但是事实上他们比敌人留着半撇小胡须好像都是兵学权威的家伙不知要高明多少倍。我看到这些干部早上挤出牙膏悠闲地刷着牙齿，或者从背囊里拔出保安刀修面，我才知道，他们并没有把战斗当作了不得的工作，仅仅只是生活的另一面。

起先，我总奇怪，这些弟兄们作战这么久，怎么一身这么洁净？后来我才知道，他们任务稍为清闲或者调作预备队的时候，就抽出时间洗衣，一路晾在树枝上，随着攻击前进，至晒干为止。有时候看到他们吃过早饭就将漱口杯紧紧地塞一杯饭准备不时充饥。有些弟兄皮鞋短了一双，一脚穿上皮鞋，一脚穿上胶鞋，令人触发无限的幽默感，也令人深寄无限的同情。部队里的工兵和通信兵，技术上要求他们紧张的时候松弛，松弛的时候紧张，而他们也就能够做到那么合乎要求……

一位弟兄分给我一包饼干，我知道他们自己的饼干都不够，但是他们一定要塞在我的手里："这是上面发下来的，你应该分到这一包！"

另一位弟兄帮我培好掩蔽部的积土，然后笑着说："保险得很！"

那一晚我有我"自己的"掩蔽部，窦的两个传令兵找了很多迫击炮弹筒，替我垫在地面，筒上有一层桐油，我再不感到潮湿。我把背囊里的橡皮布和军毯，学着他们一样，好像在钢丝床上慢慢地铺得很平，再不想到背水阵和梯次射，很安稳地在枪炮声里睡着了。

早上，我爬出掩蔽部，在朝气里深深呼吸，抬头看到 4 月份的阳光。

窦和他们的士兵忙碌得不得了，我们的重炮、山炮、重迫击炮、轻迫击炮一齐向敌人射击。某人开路威胁敌人已经成功，某人又和我们并肩了，我们准备奋力一战。

昨天炮弹落得最多的地方，今天是我们迫击炮阵地，我看到射击手将鱼雷形的重弹一个个向炮口内直塞，然后这些怪物以五十多度的发射角直冲而去。敌人炮弹也不断向我们飞来，五码以内，窦的传令兵拾起来一块两英寸长的破片，生铁仍温热烫手。但是这时候每个人只想着如何发扬我们的火力，每个人都竭心尽力于本身的工作，大家都感觉得敌弹的威胁轻微不足道了。

射击手依然将炮弹一个个塞进去，炮口很顽强地一个个吐出来。这时候只少了班长。班长长眠在炮盘右面三十码的地方，已经经过十六小时了。

步兵勇士们好容易耐过炮战完毕，现在是他们活跃的机会到了。他们长驱直上，前进了五十码，一百码，一百五十码，我们越过那几座茅篷。昨天，我们还仅仅看到河上草洲的一个角，现在我们已经在草洲的右前面。第一线连还不断地在推进，机关枪和手榴弹震动着丛林内的枝叶与孟拱河水。

右边丛林里发现一具敌人的尸体，我和窦的一个传令兵去搜索，我们彼此掩护着前进，恐怕遭敌人的暗算。进林十码处我们看到两顶日本钢盔和一顶军便帽，草堆上躺着一具敌尸，颈上腮旁都长着一些胡须，绿色军便服上凝结着血块，机关枪子弹穿过他的喉头和左胸部，地上一堆米饭，一群蚂蚁……

我拾起那军便帽，里面写着“熊本正——四七部队”。

传令兵把他的尸体翻转过来，在他的身上找到两张通信纸，上面写着“菊八九零二部队第二中队”，此外在一个小皮包内找到长崎什么寺的护身符和一块干硬了的牛肝，那牛肝是什么意思，我至今还不懂。

传令兵很怅惘，没有他所要的日本卢比和千人缝。

我们回到公路上。一棵大树被炮弹削去了一半，地上躺着一个士兵的尸首，破片打开他的脑部。传令兵打开他的背囊，背囊里还有一箱重机关枪子弹，看样子是弹药队跃进的时候被炮弹击中的。翻开干粮袋，干粮袋里有一包白锡包香烟和一包饼干。

传令兵拆开饼干，一面说着：“昨天发的饼干都还舍不得吃，现在又打死了。黄，你吃不吃？”

我默默地摇了摇头。

我们继续前进。沿途看到担架队抬下来几位负伤同志，我们又穿过两个林空，循着公路向右转，跨过一座桥，桥底下歪倒着一个敌人的尸体，头浸在水内。

好容易追上了第一线连，全身装具弄得我汗流浃背。

邱连长给我看他新俘获的一支手枪：

“你看见桥底下的尸体没有？”

“看见的，头还浸在水内。”

“这是敌人的一个大尉，手枪就是他送我的。”

树枝上晾着水湿的地图和日文字典，这也是桥下大尉的遗产。

我得了一个大尉领章和一张十盾的日本卢比。

前面还在推进，机关枪还在怒吼。

敬祝你们攻击顺利。

缅北4月的气候是这样的毫无定算，午前还是大晴天，午后就下倾盆大雨。我没有找到汽车，只好包着橡皮布回去，路已经被雨水冲为泥坑了。

我在雨中蹒跚着回去，离前线渐渐远了，雨声里，还听到敌人向我们步兵阵地不断炮击。

窦营长，邱连长，六十五团，六十六团，新三十八师第一一三团，一步一步离你们远了，但愿你们攻击顺利，早达孟拱！

1944年4月10日寄自缅北

4月21日、23日、24日《大公报》

贵阳广播电台播送

（八）随车出击记

在缅北的战斗里，我战车群建立了很大的功勋。

自辉煌的3月开始，他们每日整备车辆，待机出击，冲破敌军阵线，蹂躏敌高级司令部。这班“淘气的孩子们”成天与尘土、饥渴、烟硝为伍。二十四小时之内，他们所看到的尽是血和肉：碾平在履带下的血肉，被榴霰弹推倒在地上的血肉，下战车时伏在公路上的血肉，和被敌军四七破甲弹突贯、在驾驶座位上成仁的血肉……

但是这班珠江、柳江、湘江和嘉陵江上的孩子们，平均年龄不过十九岁，战斗与淘气是他们的第二天性，经过一串的疲惫而血汗交流，他们共同的结论是：“好耍，好耍得很。”

4 月 23 日，他们决定在南高江东岸五七一高地以南的丛草地内使用战车，我坐他们某部指挥组的战车，随同他们出击。

早上，晨曦刚透入孟拱河谷，我们已经进入西阳山下的待机阵地里了。

这些十几吨的家伙纵横疏散在林缘内外，战车兵坐在草地上，步兵团长、某指挥官、赵副指挥官和战车营的赵营长围着一张航空照像，他们决定攻击开始的时间、攻击到达线、火力指向的地区和特别的联络方法。

无线电车上的美国士兵嚼着口香糖，一位四川孩子正在向 × 通话，他们的符号编成暗语，每句话又重复地说着，听来很可笑的：

“二少爷，二少爷，把你的拖鞋，拿过来，拿过来！”

“豆腐店老板，豆腐店老板，我的小孩，我的小孩，不吃奶了，不吃奶了！”一大堆人围着笑，美国士兵也跟着笑，但是他不知道为什么笑，只好说：“No good，顶不好！”

空中掩护战车音响的 P-40 已经在飞来飞去，重炮正向当面敌人怒吼，开山机已经回来，向营长报告，进入路开设好了。

连长再告诉每个车长，我们先要向东前进一千码，然后才向南，那边芦草很深，不要过早下去，否则会陷在污泥里。

指示完毕，登车，出发。

我高踞在第九号车车长的位置上，在我左边的是搜索排的王排长。

我们通过一处小河，工兵队正拆去河上的轻便桥，预备架一座永久桥。战车群在桥左的河床内通过，履带一片片掉在水里，像农家的水车一样，上了河岸，换挡，加油，战车很轻快地上坡，炮塔上的战车兵抖巍巍地到了坡顶。坡顶有一根树枝凌空横挡着，每一个头盔经过这里时便都藏在炮塔里去了。

路上步兵们看着战车惊奇而喜悦地傻笑着。一辆指挥车看到战车来了，尽量地避开道路，躲在路旁草丛里，车上人员也聚精会神地欣赏着战车。

道路至此完了，战车群突入开阔地。前面的战车排成楔形，我们在楔形的内面。车行加快了，履带辗断的枝叶飞在我们面上，前面车辆所卷起的泥灰像一层烟幕，灰土充塞着我们的眼耳口鼻，我们也看到前面我们的炮弹的弹着。

太阳在我们左面，我发觉到我们的队形已经向南直进了，我看到了我们的步兵，也看到他们在树上所布置的信号板。我们出了步兵线，向着敌兵盘踞的林缘直扑。

楔形的尖端已经发现了敌人，开始射击，视界很开阔，连长车上的无线电指挥着战斗队形。

敌人的机关枪也向战车还击了，我们赶紧缩进炮塔，放下掩盖。

从潜望镜里看过去，右面有一片一英里宽的丛草地，正前方有一条小河，左边也有一条小河，两河直交，河岸都有小树和丛草，敌人就潜伏在这一带。

枪炮响得更密，可以感觉到敌弹在装甲上跳跃。但是我们一切都居上风，还没有遇到敌人的平射炮。我们楔形的左半部已经到左面河边树林里去了。我们可以看到“三七”的炮弹在林内爆炸，枝叶在应声瓦解。

我们在变换队形，楔形的右半部掩护左半部渡河，然后两半变为两个纵队，隔河直下。河左岸的敌人站起来向后逃，战车追上去。两个纵队一面射击，一面直到前面河缘，冲断小树，压倒丛草，互相向内转，将车辆驶了一道剪形路线，蹂躏敌人的阵地，然后很轻巧地回来。但是炮塔仍然恋恋不舍地回过去继续向敌人清算。每当车子和人身同时震动的时候，一种压力紧迫肺部。射击手打开炮门，黑暗而动荡的炮身像在隧道里行驶的火车厢，代替机车上放散出来的煤烟的是刺鼻的硝烟味……

离敌人渐渐远了，各车的炮塔转正，我们打开掩盖，抬头看见一碧晴空与安然无恙的南高江，P–40已经飞到两英里外去了。我们的步兵正在前进，我们攻击只耗费了二十分钟，现在前面树林里有步兵勇士的冲锋枪响了。

我们退回待机阵地，经过树林的时候，车子减速，炮塔上的炮击手将三七弹壳一堆堆地抛下来。大家叫嚷成一片：

“你射击多少发？”

“今天只打了五十多发。”

我几乎笑了出来，二十分钟射击了五十多发，你平均每分钟就射击了两发半，还不给你“要”够了吗？

放下了头盔与无线电发声带，一个个跳下车来。烟，灰，汗，三位一体，每个人都是这样一副面孔，鼻子左右两端聚灰特别多，像平剧里的脸谱。

“首脑部”的几位马上围着地图与航空照像去讨论去了。今天奇袭成功，人车都没有损失，根本就没有遇到敌人的平射炮，因为地形开阔，战车肉搏班根本不敢接近。但是，第十一号车陷在河左岸的烂泥里，现在还没有拖出来，有一排步兵保护着。

第二参谋和第三参谋更忙，他们到每一辆车子下面去询问战斗经过。综括起来：河右岸的车子没有直接看到敌人，但是火力都已指向步兵所要求的地区。河左岸的车子突入了敌人步兵阵地，消灭了两挺重机关枪。

一张黑面孔眉飞色舞地说：“我压了敌人的一挺机关枪！是我压的！”

另一张黑面孔也眉飞色舞地说：“十一号车子就是要去压机关枪，才陷了下去吗！”

我对这样热闹的场合感觉到很兴奋，仿佛我也沾上了一点光荣。驾驶军士指着车上的小白点给我看，这都是敌人的机关枪子弹碰擦上的。

一共才叫嚷吵闹地休息了四十分钟，首脑部根据各方报告认为这样的攻击很有利。为了彻底消灭敌人的机关枪巢，决心再攻击一次。但是这一次用不着 × 辆的大编队，只派遣了七辆：第 × 连的五辆为第一线，王排长的两辆为预备队，预备队要第一线车辆发生故障与空隙的时候才许上去，或者突然发现敌人侧防机关枪的时候才许射击。

我坐在王排长车上副驾驶手的位置，引擎发动以后，赵营长特别又跑过来叮咛我们："你们绝对不要为了好玩随便射击，不是刚才所说的情况，就是发现了敌人，也不要加入战斗。不是玩的。"于是，我们又循着原路前进了。

副驾驶手的位置更便于展望。左边有一挺气冷式的重机关枪，松开销钉，方向和仰度都很能运动自如。空隙里望到驾驶手手脚一致地换挡，眼睛不断地注视前面，这时候无线电耳机很吵闹，王排长和他的射击手争论一个小问题：

"刚才我们走这边来的。"

"哪里，这里是敌人前晚截路的地方，要到那棵树下才是……"

但是耳机里还是传来一阵沙沙的声音："靠右一点好了，照着前面独立树走。"左右操纵杆前后运动，车子走着波状路线。我心里正想，敌人刚刚喘息未定，看着这些怪物又成群结队地来了，不知如何狼狈？炮塔上王排长在叫："快关掩盖！"我把掩盖放下来，驾驶手离开操纵杆去放掩盖，车子还是朝前走着。

我们旋动着潜望镜，看到五百码以内重炮的弹着，这是我们阵地里打来的烟幕弹，在替我们指示目标。

车子再前进了三百码，前面五辆，成为一列横队，我们后面两辆保持着三十码的距离。

这一次攻击比较富于危险性，敌人已经把平射炮拖上来了。一发平射炮弹正打在五号车子前面，我们看着五号车子滚进沟里，而且躺着不动了。我们正匆忙加速前进想去补上间隙，但是五号车子突然又爬出水沟，并且奋勇向敌人冲击，所有的枪炮一齐向敌人加速狂射。

我们前进到河边林缘，所有的车辆向敌停止，对着攻击目标吐尽枪弹炮弹与胸中闷气。在森林地带作战，我们不能亲眼看到我们的战果，但是就让这些小炮弹在敌人阴森的工事之内爆炸，以倒塌的掩盖替这班不知死活的家伙造一座义冢吧！敌人的平射炮又射击了，弹着在五号车子的左边，可以看到浓烟。这时候每一秒钟都充满着惊险。我们的车子不放弃当面射击目标，但是将车子前进后退，左右摆动，使敌人瞄准困难。驾驶手不停地换挡，不停地摇摆着两根驾驶杆，脚板在离合器与油门上打转，好像一个狂人在跳舞。这种动作要求过人的智力与勇气，这是决死的兵种在机械上的惊人表演！但是，驾驶手已经满头是汗了！

半点钟后，攻击完毕，我们照着营长的指示，由楔形变成纵队凯旋。我们仍旧是全师而还。只是预备队没有遇到战斗的机会，看着炮弹箱与子弹带完好如故，不免有些怅惘。

今天的任务已经达成。跳下战车，遇到了赵副指挥官，他正要到军指挥所报告战斗经过。我们坐在他的指挥车上，一路我们谈着敌人的平射炮，恐怕是慌忙进入阵地，连工事都没有做好，所以射击得这样漫无标的。我们谈着五号车子假装被炮弹击中的机智。

到午后一时，我知道我们十一号车子拖出来了，我知道我们的步兵已经占领了小河的北岸，一部已经渡河了。

5 月 2 日寄自缅北

5 月 17 日《大公报》

（九）苦雨南高江

这几天缅北常下阵雨，我们担忧了半年的雨季，终于又开始了。我们指挥所后面的一道小溪，昨天还可以看得到河床，今天早上已经变了一道六十码宽的浊流。河水夹着泥沙和上游冲下来的树木，以每分钟一百码的速度奔灌而去。从枝叶丛里仰望上空，还是阴霾起伏，这时候真令人挂念在南高江作战的国军诸将士……

在这卑湿的山谷里作战，最使指挥官感到局促的，就是正面太狭小，无法展开。从孟拱河谷最北的沙杜渣到铁道线上的孟拱，全长约六十五英里，但是谷底的平均宽度不过七英里，殊不适于大军之运动。我们走进山谷，看到左右都是一脉二千英尺以上的高山，中间唯一的一线平地又被南高江东西辟为两半。南高江嘉亲语又称孟拱河，在晴季水深不过膝，不但可以徒涉，还可以在河床上行驶野行性的车辆，如指挥车或战车，本不足成为地障。但是河流曲折太多，小部队渡河运动容易遭遇伏击。在拉班至瓦拉渣间，敌军曾以小部队东西流窜，后来几次遇到我军的侧射，就不敢再轻于尝试。至于兵力较大的部队在河上横跨着来去，因为联络补给以及对山洪的顾虑，也未被采用。目前攻守两方都采用正规战法，就是河两岸的部队各自为战，于是每一纵队只有两英里到三英里的正面。正面狭小，渗透困难，也不能施行大规模的迂回和包围。这是敌军能在河谷里遂行持久抵抗，迟滞我军行进的一大主因。

自瓦康以南，森林原没有杰布山一带稠密，这一带有许多林空和丛草地；但是稍微开阔一点的地方都被敌人的炮火封锁，我们不得不逐段驱逐树林内的敌人，然后在林内绕道前进。敌军自瓦鲁班惨败之后，知道补给线若完全依赖公路，一被我军迂回截断，就会全军覆没。于是也在森林里开辟与公路平行的汽车路。自孟关至孟拱的牛车道，于一年以前为敌人加强为公路，路幅宽约四码，在南高江西岸沿江并行，是这次作战敌我所共赖的主要纵线。但是除此之外，从沙杜渣至瓦康以及茵康加唐，沿途发现敌军新辟的临时道路，多得不可胜计，这样又增强了防御的坚韧性。国军在山谷里遇到另一不利，是南高江各支流与攻击方向正交，例如从瓦拉渣到茵康加唐不过四英里，竟有五条横阻去路的小河，这些小河在晴季多为干沟，但是被敌军利用之后，对于我们攻击部队是一重障碍，尤其限制我战车部队之活动，入雨季后将更困难了。

敌人在这一带的防御是很独特而顽强的，有时候沿着干沟构成数带阵地，有时候选择特殊地形筑成坚强据点。因为南高江曾屡次改道，至今加迈附近满是改道以前的遗迹，特别富于长条形和马蹄形的沼泽。敌人就惯于利用马蹄形的池沼作为环形据点，这样的据点有三百六十度的射向，在丛草里俨如碉堡，很能够争取时间。即算没有野战工事的地方，敌人也还是以散兵逐段抵抗，且战且退，但是每退至多不到一百码。森林和丛草里视界有限，以自动火器封锁道路确切有效，我们要驱逐敌人，必须派出搜索，展开一部分兵力，沿道路两侧，击破敌兵的抵抗，前进数十码，又派出搜索，又再展开兵力……各级部队长如果希望进展比较迅速，或想战果有些决定性，则必须以一部迂回至敌后。无论团营连排各单位，多少总要竭尽手段施展一点全面的或局部的侧翼运动，也就是要伐路到敌后去，但是这种战斗方式仍旧很耗费时间，因为既要披荆斩棘，又要秘密企图，并不是一件很容易的事。

在这样一片地区，整齐的战线已不复存在，攻守双方都在树林内构成无数的大小袋形，两方的炮兵都很活跃，轻兵器不在十码之内决不轻易射击。4 月下旬的一个黄昏，我曾在南高江右岸某第一线连逗留几小时，当我和连长正在一处散兵坑里谈着的时候，机警的连长突然指着河东的芦草地叫我看，那边正有两个敌兵在匍匐前进！我问他们为什么不用机关枪射击？连长用安闲的口吻说：“这种目标，又在一百码以外，通常我们都只有轻迫击炮干掉。”所以这一带战法的独特与战斗的坚硬吃力，不是一语可以道尽的。

河谷两侧壁的山地，并没有被我们放松，经常都有强力的部队忍受人类忍耐的最大限度，在悬崖绝壁上运动，企求使正面攻击容易。他们所选择的路线，决无道路可循。地图上所标示的村落，事实上都不复存在。他们必须携带全部行李辎重，他们必须自己在丛林内开天辟地，爬上二百英尺的一座山，下山，又再爬一座三千英尺的高山。他们随时可以在山顶山麓或山腹遇到敌人。4 月，我军争夺这村庄的一带高地，我们攀登那七十度以上的陡坡时，简直是四肢交互找着树根枝叶连拖带爬，刚到山顶，满以为下坡可以少吃一点力，不知下坡还要困难，坡度还陡，全身的装具使重心太高，脚底下的丛草滑得可怕。我想着伙夫登山送饭，我想着两天在这里行军的时候就觉得战栗。这时候山腹内还常常发现小股敌军东西流窜，及至到达阵地，丛草拂面，只听得左近枪声零落，看不到一个敌兵。这里还是河谷的边缘，标高不过一千二百多英尺，士兵视为“平地”的地方，其困难已经如此。担任迂回的部队动辄走上两三星期，重兵器各单位的骡马倒毙殆尽，补给虽以空中投掷为主，但是只能投掷到后面，作战部队本身还是要担任一部分人力输送。常常，投掷不到就有粮弹不济的危险。一次迂回成功，大家虽感痛快，但是回顾丛山，真是一步一泪！

我们感觉得痛快的地方是对空中没有顾虑：我们有绝对的制空权。白天，我们可以假定每一架飞机都是盟军的，空运解决了我们补给的最大困难，但是，我们并不是每天都有飞机支援地上部队的战斗。

敌军第十八师团与我军对阵已半年，死伤惨重，士气衰落，已经是确切不移的事实，证明于敌文件上的是大批军官因为作战不力被撤、遣、降。但是敌军曾陆续得到五次补充，并且有很多是第十二师团拨补的老兵。最近，第五十六师团的一部又陆续发现于本战场，如果将孟拱河谷的敌军加以轻视，则殊属过于乐观。

现在南高江西岸，我军正沿公路进攻马拉关，一部已至马拉关以南的敌后，这些地方距加迈还有十八英里。至此之后，公路从几座高地内曲折，我军还要通过索卡道以南的隘路。南高江东岸，地势较低，随处都是湖沼和湿地。据说每年6月至9月，通常都为洪水淹没。但是更东的高地，十英里内外，敌我军正在沿山沿谷混战。战线极为紊乱，我们不仅由北向南攻，有些山头我们还由东面、西面甚至由南向北攻击。这一片高地之能被我军掌握，则不仅加迈之命运决定，并且对于我军尔后进出铁道线，也有决定性的影响。现在我军距加迈最近之处为芒平以南，在加迈东北约七英里。其他机动部队之行止，则不便于本文内叙述。

国军在缅北奋战7月，其英勇壮烈，技术上与士气上令人可喜之处，已经人尽皆知。但是他们的种种艰难困苦，恐怕还没有为国人所深悉，当此大雨滂沱之际，不禁引起我们无限的系念。

5月10日完稿

5月20日《大公报》

（十）密支那像个罐头

5月16日消息：六十六团与美军混成的左侧支队到达密支那近郊。

“怎样这样快？”消息传来的时候，大家都还有点将信将疑的样子。这时候六十六团与司令部不能通报，我们看军长的态度，也没有一点喜形于色。但是纵令如何机密，透露出来的消息已经瞒不住了。一天天地，车站已经占领了，我们的飞机已经在密支那着陆了，喜讯相继而至。17日早上，同帐篷的潘参谋在悄悄地清理行李，他已经担负了秘密任务。什么任务？我们又不便去问他，但是大家心里明白：他是随空运增援部队到敌后去的。他和我们匆匆地握了手：“再见！”留下几封转寄国内亲友的信，就无声无影地走了。

连续几天，各方的报告还是错综而矛盾。21日消息，六十五团降落已经成功，攻城战正在进行中。十四师第四十二团已接到命令，正在某某空军基地集结，待命起飞。并且我们从私人口中得到的消息，这一次军长还要在司令部派一个军官随同出发。我和第一课的陈参谋过去曾在该团服务过一年，自信很适合担任这种工作，因此我们两个便毛遂自荐地去见军长。

军长并不否认，也没有责备我们毫无根据地就直接报告，他正在清理着一堆战地写真，他一面看着那一堆照片，一面微笑着说：“要去也只能一个人去，你们哪一个去呢？”

我望望陈，陈也望望我，我们都要去。

我们出去找李课长，请他主持公道。“这还不简单吗？”他取出两张纸条，一张写上“去”，一张写上“不去”，叫我们拈阄。我的手抖着，打开拈来的纸团，里面正是“去”！我高兴得跳起来！

当日我草草地将行李塞在一个橡皮袋里，另外预备了一个干粮袋和一支步枪，由六十六团的梁参谋长给我一纸手令，就出发了。我高兴得心脏都要从肋骨里跳出来，催着驾驶兵将车速开到四十码，直驶某某飞机场。

这样，我就有了密支那之行。

5 月 23 日午前十一时，一架 C-47 将我们带到密支那上空。

当机身左倾那引擎转速减低的时候，我们并不十分开心。因为平常人家说得如花似锦的伊洛瓦底江，在机窗里看出去仅仅是一道较宽的浊流，两岸的树木几乎淹进水里。而飞机场也仅仅是小树林里面的一片砂土地，我们看不到密支那的街市。

飞机吸了一口气，就在这砂土地上降落了，因为当天早上下过大雨，轮胎与地面接触的时候还弄得水花四溅。

我扛起了我的橡皮行囊。我的步枪因为与部队用的子弹口径不合，在某某飞机场起飞前就叫人送回去了，这是我的不幸，以后因为缺乏自卫武器，使我不知道多受了多少罪。但是当日下飞机的时候，一身的负担较轻，自以为是很得意的。

我们一行纵队横跨飞机场而过，经过跑道的时候，一架联络机正要着陆，弄得后面的人四散逃避。这块黄色的砂地，事实上倒是很具规模的。停机场上还有两三架运输机，周边这里一堆炮弹，那边一堆给养。很多人在跑来跑去，还有些人在伫立着、徘徊着、凝望着。总而言之，情形和我们后方根据地的飞机场差不多，只是秩序比较乱一点。

我们到了飞机场附近的小丘陵上，太阳渐渐升高，令人觉得发热。我们把行李扔在地上，开始设计我们的住处。我们在地上拾起来一个绿色的降落伞，虽然是湿的，但是今夜能在这薄薄的绸布下过一夜还不坏。伞顶已经找了一根树枝撑起来了，伞角的绳子也挂在旁边的树枝上了。我们挥着汗，工作三分钟又休息五分钟。几个士兵在伞的周边挖一条排水沟，其实排水沟又有什么用！昨天睡在里面的士兵正在树枝上晾他们的军毯，每件装具好像都曾丢在河底下浸了一点钟又捞起来的一样！今晚如果下雨，我们会有一个可怕的晚上。

丘陵下面就是飞机场，东北和西北面都是一脉高山。我们的混合支队就是从那西北的山地里渗透过来的。因为我们有很多好的向导，这些向导们带着部队绕过敌人的每一个步哨。我们的骡马，我们的山炮，都沿山沿谷而来，敌人的神经中枢却始终麻痹着。一直到了谷地，我们的部队还大休息了两天，士兵们竟脱掉衣服在河里洗澡，让敌人的小火车鬼叫似的“卧！卧卧！”地来了又去。

密支那附近的灌木林又正好给部队们捉迷藏。据说我们的搜兵走到飞机场的时候，向后面报告：前面发现一块很大的“林空”。排长说：“让我上来看看吧！”后来他们对飞机场发射了五发炮弹，大家冲上去，只有三四十个敌人，马上都给歼灭了。我们就是这样占领了飞机场。

这时候太阳照得眼睛发晕，丘陵的圆叶树上一颗颗未干的雨水还向下滴。正东面，隔我们两英里的地方就是密支那，我们又能看到一两座白色铅皮屋顶，十三架美国飞机正对那边俯冲轰炸。

飞机三架四架一群，飞成一字队形，在目标上面盘旋盘旋……突然第一架机头向下，机腹挺起来，排气管发出一道黑烟，在空中产生一种声音，两颗黑色的小点掉下来了；机头再向上钻的时候，地面开了一朵黄黑色的烟花，烟花笼罩过那白色铅皮房子以后，我们才听得到“过了时”的声音：“轰……轰轰……”

第二架飞机第三架飞机如法炮制，连挖排水沟的士兵都停止了工作，张着口看得呆了。

轰炸之后，飞机群再来一次扫射，他们依旧一架一架地盘旋，按次序俯冲下去：“碰碰碰碰碰……”那几挺超重机关枪打得特别响亮。

现在陆空攻击的目标正在城缘边际——密支那没有城垣，也没有稠密的街市：但是它有很多修直宽阔的马路，纵横直交，它有很多白铅皮的洋房，在圆头树底下疏散地排列着，它是一座现代化的村落。火车站正在心脏地带，一切我们可以在航空照像上看得清清楚楚。而那座火车站，在我们没有来之前，我们六十六团进去过两次。

住处稍微弄妥帖之后，我到处去找红布。密支那近郊的部队，无论中国兵、美国兵还是少数的印度兵，都在左肩上挂着一块红布，像开什么庆祝会一样，没有这种标识就有被人当作敌兵开枪误杀的危险。我依着两个士兵的指示，在一处降落伞下找到我所要的那么一块，以后我也被认为是攻城部队的一员了。

整整一天，除了清晨我在周营长处喝过一杯牛乳之外，没有再吃过一点东西。现在已经到午后四时，没有一个人提起吃饭。但是我太饿了，我像一只饿瘦了的狗，忍不住到飞机场上去徘徊，以便相机猎取食品。

迎头来了凡公师长和他的三位幕僚，项参谋、李参谋和宋秘书。除了李参谋之外，都是我们上次在南高江观战的伙伴，现在他们每个人都挂了美国式的冲锋刀，而且项参谋手下正挟着两包美国干粮。我正要找他布施，他已经猜透了我的来意，当时就塞给了我一包。

我赧然地接着，并问他们要向什么地方去。

“你们到哪里去？”

“到六十五团去指挥，你要去吧？”

“师长，我很想和你们去。”

“好，车上还坐得了，快去拿你的行李来。”

四十二团还没有战斗，我想先到六十五团去并不坏。而且，那边发无线电报比较方便。我去报告四十二团团长，团长很同意。我跑进刚才撑开的降落伞下取了那个橡皮包冲出来时，正好，他们的车子正要开了。

车子驶过我们刚来的跑道，转一个弯，再转一个弯，穿进灌木林，只有那么短短的一点行程，又在另一处丘陵的边缘上停下来。右边有一架打坏了的日本轰炸机，机窗已经碰掉了，现在已经成了几个士兵的“行营”。我看着士兵们拿着一个脸盆弯腰跑进机腹里面去。

六十五团指挥所设在丘陵的脊上，排水比较良好，我们去的时候，团长正在打电话。这位王团长从17日担任指挥作战以来，已经一个星期。他的脸色黄得可怕，经常很少吃东西，只是喝咖啡，将不加糖的咖啡一口一口地吞下去。没事的时候就躺在床上，但是没有看见他闭过眼睛。这样操劳怎样能够持久呢？任何人看到他一定为他担忧。但是，以后当他亲自督战的时候，他的眼睛里突然放出奇光，提着嗓子指挥三军，我才知道他的坚韧性有这样伟大，我想他就是一个月不休息也能够支持得住的。

指挥所替我们支开了一块油布，并且把我们的橡皮布张开替我们做了几个吊床。一排横卧着凡公师长的卫士、我和李参谋，项参谋竖卧在我们的枕头的一边。

项参谋轻轻地说："我们现在还没有二十二师他们好。"

我们怎样能和二十二师比呢？我们只有二千多码纵深，这二千多码是我们的第一线和预备队位置，司令部和后方机关，我们的补给线还在辽远的天上！我们大家都是这样匆忙而来，以致我们的东西都带得这么少；但是运动的时候，我们又觉得带的东西太多了。

我们后面还有几门山炮，他们不时胀饱肚子一吼，使大家大吃一惊！

飞机去后，地面上的战斗趋于紧张，机关枪像一座风扇在狂转，听声音好像在我们面前只一千码的样子。

晚上九点，我和项参谋刚从无线电台回来。我们从来没有在这样星月无光的晚上，在生疏的高低不平的地上走过这么远。回来，大家都有些疲倦。李参谋和师长的卫士已经都躺在床上，我们也预备休息。

我们计划怎样睡觉，决定两人合作，只打开我的橡皮行囊，由我分一床毛毯给他，此外，大家都不脱衣服。这时候外面下起倾盆大雨来，油布旁边的雨水一线一线地飘了进来，顶上也在一滴一点地渗漏着，床上已经成了一条水槽，我们很踌躇，毯子虽然拿出来了，但我们仍旧坐着没有动。

我永远不会忘记这个时候：5 月 23 日午后九时十分，四野漆黑，雨还是倾盆而下，听着枝叶树干支撑不住了。在我们右前方一百码的地方，突然一声："卡蓬！"大家都震惊了，这是敌人的三八式步枪，但是怎么这样近呢？接着，右方又是两声："卡蓬！卡蓬！"子弹的射向直对我们，我们听到它们在我们头上"嗖"地飞过去。

我们还希望卫士能够挡住他们，但是我们的左后方也来了这么一下："卡蓬！"这后面的枪声给我们的威胁特别大，现在事态很显然：敌人已经乘雨夜渗透过第一线摸了上来，并且以火力把我们包围了。

“卡蓬”“哧！”一颗子弹把我油布外面的小树打穿，我们都卧倒在地上的污泥里。

枪声加急，落弹渐低，“卡蓬、卡蓬”的声音不绝于耳，曳光弹从各方面飞来，并且那燃烧着的镁光到我们头顶上就没有了，好像落弹就“噗哧”一声掉在我们的腿边。我们的卫士在抵抗，我们的机关枪“啪啪啪啪啪……”敌人的机关枪“颇颇颇颇颇……”敌人一点也不示弱，并且愈来愈近。

“卡蓬”“哧！”左后方又来了一颗流弹。

前、左、后三面的枪声愈逼愈紧，树林里的落弹正在增加，空中的弹道像一座万花筒。敌人已经发现了我们的位置，并且在施行三面包围，只有南面靠通信队的枪声比较稀一点，我们得赶快向那方面运动。我捡了一床毛毯，右边李参谋还在。我这时候手无寸铁，李参谋手上还有一挺冲锋枪，我自信我使用冲锋枪的把握比他还好一点，我要他把枪给我，他就给我了。我们两个人卧倒组成了一字长蛇阵，开始离开我们那块油布，向南面运动。

我们爬行了二十分钟，还只走了三十码，偏偏我们走的路线正在联络官的帐棚后面，满地尽是空罐头。碰着那些罐头，突然作响，不由得令人更心慌。我总埋怨李参谋踩了我的毯子，其实我的毯子是因为卷在小树枝上才拖不动的。这时候枪弹太密，我恐怕手部足部受伤，尽量使身体和地面平贴，因此手腕足膝都被刮伤擦伤，我的头部正淋着雨水。

“噗哧！”现在南面又有枪弹飞来，我的脚部更感觉得酸软，不知如何地，我已经掉进了一个散兵坑里去了。

散兵坑里已经有了一个人，我们彼此都吓了一跳，但是马上我就知道他是六十五团的翻译官，翻译官在发抖。

枪声四面合围，曳光弹道织着一方严密的网，我知道不能再前进了。我叫李参谋在附近找一个地形卧倒下来，但是这时候他不知道因何一定坚持着要前进，他从我手里取了冲锋枪，依旧向南爬行，他这一去，没有几分钟就负了伤。

我和一个翻译官在一起，我们手无寸铁，我着急，我着急得要死，敌人冲上来我连自尽的机会都没有！我只好和翻译官约定，无论如何，就算敌人冲上来了，我们也不要动，我们只得待机会，如果情况变得好一点，我们得向飞机场那面爬。

“轰！”一发迫击炮弹在后面斜面上爆炸，我们的耳朵震得嗡嗡作响，泥土一块块地狠命打在我们身上，幸而没有破片飞进工事，我们检视身体，都还没有受伤。

五十分钟之后，混战才结束，我们听到单独的“卡蓬”，被我们驱逐得远去了，我听到凡公师长和王公略团长都已经回到指挥所，我们心里多么痛快，我们像服了一帖清凉剂。

但是指挥所里，李连长阵亡，团长的传令兵亦阵亡，还伤了很多人。我们油布下面，四个床空了一个，李参谋的右手给迫击炮破弹片击中了，伤了骨头，现在已被送到裹伤所去。

我有些遗憾，我想：假使我当初慷慨一点，把工事位置让给李，我自己还可以另找到一个。那时候他有了掩蔽，或者不会固执着单独前进，就不会受伤了。

但是我把这些情绪一压抑，“现在不是遗憾的时候！”

第二天早上，我们送李参谋到野战医院去。

野战医院在一个掩蔽体内，也就是几块油布撑着的一间棚子，但是他们有相当的医药设备，他们有手术台。

大雨仍旧是劈头劈脑地淋来，我们想缩进到油布棚子里面去，但是地上都是睡在担架上的伤兵，我们无处插足。刚刚把身体藏在屋檐下，几分钟内大雨已经把我半边衣服淋得紧贴在肉上。

缅北密支那一带就是这样的气候：每晚下雨，一直到第二天正午，正午之后会突然云消雨散，太阳露出脸来，晒得你肌肉发痛。

而这时候正是云浓雨密，负伤将士衣襟湿透，肩上腿上的湿处映着鲜红血迹。担架在源源不断而来，有些担架没有地方摆，就放在油布棚外的烂泥上。这些烂泥上还有一根根小草，但是多数的地方已经成为一片片水潭。这里丢一个水壶，只有壶颈还在外面；那边水里有一床美国军毯和美国夹克，被泥水黏成一团。雨仍旧在油布上哗哗唱歌，外面有一队美国兵逗留在那里，他们绿色宽大的制服已经贴在皮肤上，而且变成黑色了。但是他们依旧英雄气概地站在那里，一动也不动。有些伤兵在呼叫，有些伤兵虽不呼叫，而他们失血的脸却是那么憔悴！战争是残酷的，但这是一幅多么生动的画面！我在想：假使战后让我做一个电影导演，我会知道如何布置这种场面，用不着一点夸张。

手术台上有一个伤兵在开刀，几位缅甸小姐在忙来忙去，她们有些穿着美国制服，脚上拖着长筒马靴。有些还是头上挽髻，下面系着绸制裙子。有两位小姐长得特别美丽，看她们真可爱。

同来的王翻译官说："这几位缅甸小姐真不坏。""她们总是在最危险的方向工作。"

医院里面决定送李参谋回后方休养，他自己也很愿意去，因为他暂时已不能写字，不能放枪，不能卧倒和匍匐前进，留在这里徒然增加顾虑，到后方去，可以好好医治，伤愈再回到前方来工作。我们和他握别的时候，一串水正流进我敞开的衣领，弄得我背上冷入筋骨。

现在只剩下我和王翻译官回去，我们趁着有车子，再去找找潘参谋。王翻译官驶车很高明，但是开得太快，通过一潭积水的时候，弄得水花飞溅进我的眼睛，幸亏我们这几天过惯了"两栖类"的生活，倒也无所谓了。

车子经过跑道，附近的炮兵阵地又在鸣炮，前面机关枪也在工作了。在这样大雨如注的时候，前方将士还在一片废墟上作两三码泥泞地的争夺战。这真是战争！

我们找到了潘参谋，他正在无聊地坐在一块油布下面，赤着脚，地上铺了两床毯子。所谓毯子，已经和地上的泥浆混成一片了。

他的眼睛发红，脸色干枯，他的胡须像刺猬一样。我想到再过几天我也要变成他那样子，我不由得打颤。"进来吗！"他在叫我进去。但是他的棚子这样潮湿，这样凌乱，我想还不如在外面淋着雨爽快些。但是我没有这样做，弯着腰进去坐在泥没了的毯子上。

他问我带照相机来没有，我默默地摇了摇头。

“哎呀！真可惜，17日那天我们飞机着陆的时候真惨，地上的高射机关枪对着我们直打，飞机还没有着地就在上面打死了两个。我们还没有站住脚，敌人就冲锋到飞机场上来了。你看，这时候拍成照片那多好玩。”

我看他这样兴奋，我知道他还储存着无限的精力，他又说了：“我常常到前面去，他们说：从来没有参谋人员会跑到这样前面去的，我听了好不高兴。有一次还跑到敌人那方面去了，幸亏侯超文救了我，侯超文作起战来真勇敢。有一次我被敌人打了五枪，一枪都没有打中，只把我身上挂的图囊打了一个洞。还有一次我上去虏了敌人两匹军马，我拿一根绳子牵着拖回来。”

我问他：“马呢？”

“交给指挥部的美国人去看去了，我要求他们将来密支那打通了他们要还一匹给我。……喂，老黄，我可以回去吗？我现在衣服都没得换，他们要我来和空军炮兵联络，老不让我走……”

我没有方法答复他的问题，而外面的王在催着走，我只好走了。

午后又是照例的天晴，空军又来轰炸，我们又站在高处观战。自从我们肃清飞机场正面的敌人之后，我们就和敌人胶着了。敌人抱着必死的决心，我们也有必死的决心（因为我们只能前进）。因此双方的伤亡非常大。

我们知道晚上睡觉是万万做不到的，我趁着天色还早就把电报发出去。希望在日没之前躺一会，但是睡不着，因为不习惯，并且我喝了美国干粮里的咖啡。

一到晚上，敌人又来夜袭。

一切似乎如有公式。起先是正前方“卡蓬卡蓬”地愈响愈近，然后后面或者侧方的“卡蓬”响应着。曳光弹从指挥所的上面飞过去，还有几颗子弹打穿附近的树枝。枪声加密，曳光弹飞来愈多，然后机关枪排山倒海地怒吼起来。

24 日那夜，敌人夜袭我们四次。

起先，我和项参谋约定：如果附近发现枪声，先要凡公师长的卫士到师长床边去侍卫，我们大家警醒着看以后的情况再处置。我刚刚合眼，项参谋忽然在我枕边推了三下，这时候外面雨声哗啦哗啦地落个不停，毛毯上面完全透湿，下身一截绑腿皮靴也未干。我眼睛一下睁得透开，就问："来了吗？"

"还没有，不过下大雨，你得注意些！"

瞳孔之外，无一不是黑暗，一时我恐怖之念突起，仿佛一切都没有主宰。如是我翻了一个身，再也睡不着了。

十分钟以后，敌人果然上来了。这次敌人向我们右前方猛袭，"卡蓬、卡蓬！颇颇颇……"卫士弯着腰跑了。突然后面好像只有二三十码的样子，也有一个敌兵向我们放了一枪。我赶紧叫项参谋，但是这时候他不知道如何倒睡得那样安稳，推了好几下才醒，醒来还是慢吞吞的没有动作。我拿了冲锋枪（我已经接受了李参谋移交的冲锋枪和冲锋刀，并且在床头上准备了个很容易拉火的手榴弹），一面跑进油布棚外的散兵坑，一面叫他快出来，却还是没有看到他出来。"噗哧！"一颗流弹掉在我们布棚子里！这时候他才突然出来，两只皮靴一下飞进散兵坑内。

这时候各人的散兵坑里面，都积水三四十公分不等，有些卧射散兵坑就像洗澡盆子一样，这种洗澡盆子多少给你一点安全保障。这时候大家都希望活着，所以跳进洗澡盆子，都是毫无犹疑地。

第二次敌人来袭时，宋秘书正负责向美国联络官去协商美军炮兵的火力。他刚走过我们油布棚，忽然有两颗枪弹在他极近的地方飞过去。他当然跑进我们的棚子里。但是他那高大的身材正碰着棚顶油布的凹处，一些积水哗哗地泻下来，他这时候已经卧倒在我们床头地面上，那些积水正淋在他的头上，他不由大怒喊道："喂！你们谁在小便！"

天啦，你几乎拆掉了我们赖以安生的棚子了，还怪我们小便！

第三次夜袭在午夜二时，附近落弹很多，并且有几颗炮弹打了进来，我和项参谋为安全计，决定到师长的掩蔽部里去暂避。

因为他对于附近地形比较熟悉，由他在前面领路，我在后面跟着，我们的姿势都很低，就是用手掌足膝爬着。经过一片芦草地的时候，他忽然蹲在那边不动了，过了两分钟，他还没有动，我不由得奇怪起来。

“老项，走呀！蹲在那边干什么？”

他回过头来，我才猛醒这不是项，项刚从他身边走过去，我的视线一中断，就看错了人。他是一个卫士，项已经走得很远了。

我轻声呼唤着项，但是没有踪影。爬着，爬着，附近的景物都不对了，突然瞥见右前方的杨树，白天我曾来过这里一次，我知道我完全走错了，赶紧站起来跑了几步，这时候视界稍为明朗，但是也只能模模糊糊看到三五码外左面停了三部指挥车！我岂不是走出步哨线了吗？附近一个人都没有，我不由汗流浃背……右前方枪声还像煮粥一样。

我也不知道如何又走回去了，我觉得我爬在一堆泥泞的松土上，我知道这是工事的积土，果然我爬在一个黑影的前面，黑影也爬来了，黑影是一个士兵，黑影带着一支步枪，枪口指向着我。

我故作镇静：“你是 × 连弟兄吧？你快带我到师长的掩蔽部去！”

这位弟兄眼睛发光，他的食指按在步枪的扳机上，又向前爬了两步，我们面对面了，他的枪就挺在我们的胸前，他怀疑：“你到底是谁？”

“我是黄 ×！”

他的瞳孔还是露着怀疑的光，我知道他食指的第一节正在扳机上，我的危险还没有过去。

“我是黄 ×，不是敌人，你不要那样怕我！快带我到师长的掩蔽部去！”

“哦！”他突然把枪收回去了，就带我到掩蔽部，只转了几转，原来就在这里！

掩蔽部里水汽和汗气塞满了，凡公师长正在一角抽着香烟。我听着他说：“我们得先决定攻击方法，然后按部就班地干……我们得吃鱼肝油，等下把我带来的鱼肝油送一瓶给阿王……”

这几次攻击，敌人一点也没有占到便宜，因为我们很巧妙地控制了各方火力。第二天早上我们捡获了很多敌尸，并且捕获了俘虏。

第三天，我们真正的攻击开始了。我们随着凡公师长到一个飞机掩体里去督战。

我们的炮兵群在施行效力射，天候很凑巧，差不多提早了两个钟头就云消雨霁，而且大放晴光了。但是旁的地方可不一样，某某空军基地就不能起落飞机，没有空军出动助战。

太阳向我们直射，降落伞棚子、油布棚子还在掉水，地上的浅草还含着晶莹的水珠。“通、通、通、通！”我们的炮弹直飞而去，隔了一段时间，又“顿、顿、顿、顿”如数地掉到敌人的阵地里，王公略团长正和第一线通话：“喂、喂！炮弹落得怎么样呀？……还太近了，喂，我通知他们延伸射程！”然后放下耳机，大声叫着：“翻译官，快通知炮兵指挥官，第一线前进了，炮弹妨碍他们，要他们延伸射程！”

翻译官带着消息回来：“现在炮兵集中火力于第五第七两号目标，他们先射击两发烟幕弹，请你看看弹着如何？”

飞机掩体的积土像一座城楼，泥泞得很，不容易爬上去。我记着那两天凡公师长总是在叫：“黄 ×，拿我的望远镜到城楼上去，看到有什么情况就回来报告，等一下项参谋宋秘书你们三个人轮流换班！”

这时候“城楼上”视界非常宽阔，前面一片丛草地，再前面有一间白铅皮洋房，洋房后面有一排树林。总共隔我们不到二千码的样子，机关枪的声音清晰得如筛碎米。

我们隐约判断得那里是我们的第一线，现在烟幕弹在白洋房的后面放气，部队长放下望远镜，点着头：“这打得还差不多，这还差不多……”

有时候凡公师长也到“城楼上”眺望，他的姿势站得很高，他口里说：“这里隔敌人有二千码，机关枪打我不到。”后来电话报告：“那树林里还有绑在树上的狙击射手，昨天飞机炸也没有炸得下来，炮打又没有打下来。”他就说：“恐怕是假的嘛，敌人和你们开心的嘛。”

附近的美国兵知道有一位中国将军，大家都跑来玩，他们总是夹七夹八地问："到中国还有好远？到八莫呢？我们走八莫呢还是到腊戌？"后来"城楼上"的人越聚越多，敌人的观测所看得眼红。

一发山炮弹在掩体的左边爆炸，黑色的爆烟腾空而上，大家都卧倒了。第二发，第三发，三发之后又沉寂了。

师长和宋秘书指挥着美国兵下去，并问他们："你们的官长呢？"

美国兵就都四散地走了。

凡公师长看着过意不去，又说："你们一两个人来看看还可以，不要大家跑上来成一堆一堆，又指手画脚的，敌人的观测所就在那边高地上，还不看得清清楚楚。"

左第一线前进了一百多码，他们要脱离公路了。凡公师长要我去通知四十二团，要他们特别注意公路的警戒，左右侧派出斥候，我们只管攻击前进。如果敌人钻隙的时候，我们要求他们的自动火器以一部指向于这几点。师长并给了我一份航空地图，要我按着地图走。

我照着航空地图走到马路上，对了，航空图上的这个弯，就是这个弯；这地方正有一座桥。不出十分钟就找到了四十二团。我向王团长那边报告完毕，但是我余兴未足。这里有欧阳，有吴和范，他们都是我们在哀牢山一块带兵的兄弟，我们已有三年不见了。我告诉他们现在的情况。他们对我的航空图与冲锋刀都很羡慕。"但是，对不起，我自己一样都没有，这都是借来装神气的。"

我看到士兵们，这些故人们照着我传达来的意思做着工事，我知道任务达成了，我很高兴。"我回头来看您们，现在我没有工夫。我要到师长那里去报告，哪天您们攻击前进，我一定和您们一同去玩。"就和他们分别了。

回来以后，指挥所的人正在喝粥，这几天我们的起居饮食乱七八糟，喉咙是干的，嘴唇是枯的，什么东西都难以下咽，这碗粥掺着酸菜吃，倒也马马虎虎。但凡公师长刚端着碗，忽然想起一件心事，他叫电话兵：

"替我接杨先生！"

电话兵摇了半天，放下耳机："报告师长：敌人现在包围他们的某翼，某部附近打得一塌糊涂，杨先生到前面去了，耳机里听得到机关枪的响声，倒很清楚。"

师长的碗放了下来："好，那么无线电话试试看。"

无线电话耳机里呼呼地响，也接不上。但是传过来的枪声如放爆竹。

师长一会儿指挥我拟一个电稿，一会儿叫项参谋把航空图上的透明图快画好，一会儿说："你们替我听电话派一个人到城楼上去眺望，我来休息五分钟。"就跑到降落伞下的铅皮板上躺着了。

我看着项参谋用蜡笔在透明纸上画着队标队号，我们的各队前进了五十码，一百码，都还黏在城的缘边上。只有一队的一翼向前突出，但是敌人还是向那面反攻，彼此的伤亡都很大。

一点钟之后，"杨先生"的电话通了，师长一跳起来，他好不快活。刚才敌人钻隙进来二十个人，由一个大尉领着，现在完全给我们"杨先生"打死了。"杨先生"说：他缴了一挺轻机关枪，十七支步枪，很多枪榴弹。敌人没有一个回去，敌人的尸体也没有一具被拖回去。

傍晚，他们把这些枪都送来，还缴来一边三个星大尉领章。后面跟着美国士兵，他们要求我给他们一支三八式步枪玩。我向他们说，虏获的武器都要缴上去登记的。其实，我挺怕他们这些冒失鬼拿着三八式射击，在这种环境之下，很能引起误会与不幸。他们拿了两颗日本枪榴弹走了。

雨又开始下起来了，这时候史迪威总指挥到了，凡公师长到他的油布棚底下去会商去了。六十五团团长率领了一连兵亲自去督战，只剩着宋、项和我三个人在守电话机。

师长回来以后，六十五团团长相继回来，雨慢慢下得大了，师长向附近部队要了一间油布棚子，一时我们棚子里面紧张起来。

师长打电话叫"杨先生"来开会，但是"杨先生"指挥所到我们这里一路有敌人的好几组战斗斥候，今夜不能够来，因此这次会议的出席人就寥寥无几了。

我们不能点灯，只能把手电筒遮上有色布照在航空图上商议。前面的机关枪一连串打过去，又一连串打回来，而我们在工作着。

美国联络官在图上压了一道指痕，这是美国部队的状态，项参谋把那份态势图也拿上去了。凡公师长很兴奋地说："第一，我要求明天日没之前我们部队统统要超过这一线。第二，我们得改变 ×，我们不 × 了，我们要 ×。黄 ×，你写得快一点，你把我的意思拟成作战命令，我马上画行，无线电班准备用密码发给杨先生。"

"明天 × 点钟开始攻击，纵火，陆空联络的细节，你们想好写好给我看……"

"明天的补给由项参谋告诉余 ×，并且和 × 上校商量，携带粮秣，万不可缺……"

项参谋冒雨跑出去，并且又匆忙地跑回来："报告师长：余 × 已经领到干粮 × 包，今晚 × 时可以将第一线部队分配完毕，弹药都够了，各部队 × 时之前可以完成一切准备。"

"那很好。"

我将项参谋的右手一把抓住，在帐棚一角我们斟酌命令全文的结构，决定了细部事项，有时候他念着，我就写了下来，我们把作战命令写好，交给凡公师长。

右第一线没有问题，左第一线可不得了。笔记命令送不上去，口头命令无法传达，有线无线电话恐怕敌人窃听，只能将命令译成密码口头传授出去。通信兵的动作太慢，刚译好一句，敌人又到了"杨先生"的附近。有线电话不通了，无线电话没有回声。这件命令已经交给我们，一切的责任都在项和我的身上，旁的单位都照着命令的决心动作了。而这时候"杨先生"还完全不知道，或者他们还单独陷于苦战。命令规定明天早上 × 点钟就要开始动作，现在快要到午夜十二时了，我们与"杨先生"的联络还一点把握都没有！凡公师长和六十五团长睡在铅板上睡得那么安稳，我们怎样办呢！

这几天我已经开始染上了很严重的伤风，总是咳嗽和打喷嚏，喉咙痛或许是抽烟太多的缘故，但是戒烟一天，还没有效验。遇到这样焦躁的晚上，我咳嗽得更厉害，而声带更感觉得痛，我的小手巾已经被鼻涕湿透了。这时候无线电话通了两分钟，刚一开始讲话又被切断了，我咳嗽着找着那几个通信兵。

“你们搅……搅……什么嘛？”

项参谋也顿着脚骂：“这件命令传不出去，你们三个家伙明天……”

这时我们没有同情，也没有忍耐了。

又下了一阵骤雨，前面机关枪还是一连串地打过去。

好了，有线电话通了，凡公师长也醒了。他指示我们说：“赶快利用时间，不要一字一译。把重要的话摘上几句，明天早上再补一份笔记命令。”

重要的字句译好，由项参谋亲自读给“杨先生”。半点钟后，“杨先生”回电给我们，回电很简单，只有“遵令”二字。

我看到宋秘书始终躺在那边没有动，第二天早上我问他：“我们发命令发不出的时候你睡着了没有？”

“没有”，他轻轻地笑着说，“人心都是一样的，那怎么睡得着？是不是？”

这天是5月26日，我一生永远不会忘记这一天。

午前我还随从凡公师长到右第一线去视察，在公路右侧我们看到六十五团长。这时候六十五团左翼突出部分已经击退了敌人的逆袭，而且站住脚了，右翼各部队超过了道路交叉处向东渗透。各路进展都很顺利，沿途仅仅有少数残敌没有肃清。当我们站在丛草边际的时候，偶尔还有几个狙击兵向我们射击，但是大体上讲，一切已无问题，师长已经很满意。

对付在路口白洋房内的机关枪巢，决定使用平射炮。平射炮已经人力挽曳上去了。左第一线枪声零乱。我去看了我们的重机枪队，工事构筑得很稳固，射界良好，回头我把一切所见报告凡公师长。

于是我们退回“城楼”下期待好音，只要左翼固守，右翼待机进攻，今天的收获不难达到我们的期望。

午后一时，枪声突起于正前方及右前方，有线电呼唤不灵，凡公师长很想知道各队进展的情形，并且要准备督战队及对付敌人夜袭的准备。他写了一张笔记命令给傅团长，要我送上去，同时将第一线情形视察后报告。

我抽选一个中士和一个列兵去，因为他们刚从六十五团回来，知道如何避免敌人的火力封锁，知道如何选择路线。我们就出发了。

我们走上公路的时候，有一部指挥车满载着空的担架直驶上去。中士强迫他们停车，驾驶兵很不高兴，但是他仍旧把车子刹住，让我们上去。

“快点上吧！我们有紧急公事。”

“我们还不是有紧急公事！”

“等下我可不能再送你们下来哟！”

“谁还要你送，我们不会走吧。”

车子直驶到道路交叉点不远，白洋房在望，我们下车，中士在前面领路。我们经过很多芦草地，以前部队停顿的地方现在都已经寂无一人，我们在芦草里歪歪曲曲地穿了几转，又过了一条小河，水深过膝，流水冷彻骨髓。我想，这对于我的伤风不是一件好事，但是也忍耐着，连皮靴带绑腿的两脚就徒涉过去了。

我看到预备队就在这里构筑临时工事，我知道我们快要到了，但是中士说，刚才部队长就在这里，现在已经到前面去了，再上前去的路他也没有走过。

我简洁地和他们说：“照电线走吧！”

我们又走过了二百码，电线也找不到了。但是前面是一个林空，过了林空，又是芦草，再过个林空，然后有一座村庄，里面都是我们的战士。我们通过那两处的时候，都是低姿势突然跑过去卧倒，因此我们都安然地到达村庄内。在一所茅屋下面我们看到部队长，我把笔记命令交给他。

这座村庄已经是密支那的一部分。里面有印度式的水井，有许多木栅栏，很多印度人、缅甸人和许多我叫不出名字的人种，都已经集中在一间小屋子里面，很多小孩在啼哭。我们弟兄们正在围着村子构筑工事，他们正在拆掉那道木栅，因为恐怕敌人纵火。

我才知道我们右翼已经向左旋回展开，刚才我们上来的道路正和火线平行。六十五团长将每一个步枪队和重兵器队的位置、敌人的配备以及他们将来的计划告诉我，我把他一一笔记在透明纸上。我把师长没有写在笔记命令上的意旨口授给他，他再在笔记命令上签字将原件退还给我，我们便回去了。这一次，刘连长和我们一起回去。

我们出了村庄，或许这时候我们比较要大意一点，但是我记得清楚，一路上我还叫士兵们："距离放大，姿势低一点，快跑过去！"这时候我们差不多走成一个"金刚钻"队形：我的前面是那位中士，左边有两个列兵，后面跟着刘连长，我在最右翼。当我快跑完第一个林空的时候！

"噗哧！拍！"

好像谁在我们后面放爆竹，我已经被推倒在地上了，三八式的步枪弹击中我右边大腿。我爬到一撮芦苇下面，裤子上的血突涌出来。当时的印象是很清楚的，一点也不痛，但是感觉得伤口有一道灼热，而且渐渐麻木。我知道我的左腿没有受伤。右腿虽然贯穿了，但是似乎没有伤到筋骨，因为我还能够滚进几步。我松开了裤带，撕破了衬裤，把救急包绑上。一个士兵已经跑来帮着我绷扎止血。真想不到昨天在薛排长那边开玩笑似的要了两个救急包，今天真的都用上去了。假使不是那两个救急包，血会流得比现在多，并且伤口沾了污秽，情形还不堪设想。

这位士兵把我的冲锋枪接了过去，扶着我在丛草里跑了两步。我的腿又麻木了，于是再度躺下来。敌人在我们 × 侧方最多不过二三十码，并且他能够看到我们，我们看不到他，我们还相当地危险，幸亏敌人没有再向我们射击。

我发觉我把裤带和冲锋刀都掉在裹伤的地方，我问扶我的士兵："你可不可以把我那刀拿回来？"他笑着说："你放心，我都替你拾起来了。"

他指着他的干粮袋说。

刘连长上来了，他扶着我的右臂，另一位弟兄扶着我的左臂，让我右脚不着地，很迅速地通过第二个林空。这时候敌人潜伏在附近，我们的目标很大，有被一颗敌弹全部贯穿的危险，但是这几位同事们不顾本身的安危扶助我，这种勇义，将令我永志不忘。

另一位弟兄背着我过了小溪，再出来两步就遇着了担架队，就是刚才说不送我下来的担架队。

于是我就睡在担架上，经过那座桥的时候，很多美国士兵们跑出来和我们打招呼！“朋友们，不要着急，你们干得顶好！”

我们报以微笑。

担架队把我们抬到师指挥所，凡公师长跑出来了，面上表现着忧虑的样子，我捏着师座的手：“师长，没有关系……”

我把前面的情形告诉他，我把透明图与部队长签过字的笔记命令交给他。我感觉得释然，我的任务已经完成了。我没有去见四十二团团长，但是我可以叫他们报告。

但是我忘记不了冲锋刀，我把李参谋的那柄交给项参谋，再央求凡公师座：“师长，您有两把冲锋刀，您把卫士身上的那把送给我作为纪念，好不好？”

师长连说：“好好……”就叫卫士把那柄刀解下来放在我的担架边。

宋、项和薛排长都送我到U字形的医院里去，美籍军医替我上药，眼睛眯眯笑着：“你运气好，没有碰着骨头。”听了他的话，我的信心更坚固，心情更释然了。

前两天看到的缅甸小姐替我注射防疫针，也是笑眯眯地说：“You are very lucky. It might be worse.”

27日午前，红十字飞机送我们到后方医院。

躺在飞机上，我开始感觉得伤口刺痛。但是起飞之后，我忍痛看看机窗下的密支那。

密支那正在右边，白铅色房子隐约可见，但是飞机没有经过市区上空，只在伊洛瓦底江上打了一个转。

伊洛瓦底江水色浑黄，上面的白沫在打圈……

我匆匆而来，又匆匆而去，一切如在梦中。那底下是我们立誓要夺取的城市，我也在那里流了几滴血。我不甘心密支那之行就是这样喜剧式的结束，我一定要卷土重来。

下次来我要在密支那街上驶指挥车。

午后一时，我已经躺在 × 后方医院的病床上，我的长官与同事闻讯而来，他们带给我莫大的安慰，牛乳、水果和饮料堆满了小桌儿，我的勤务兵也来了。

陈参谋前次因为抽签失败，曾经生气病了几天，这时候他也不埋怨我，看着就说："你这冒失鬼！"

我向他们叙述了一次负伤经过，他们又急切地问："密支那怎么样了？部队都进去了没有？"

我看着勤务兵正在打开一个水果罐头，刀口正沿着罐头的边，还有圆周的一小部没有割开。

"密支那好像这个罐头，割开的刀口正像我们的到达线。"

我希望凡公师长现在可以吞食罐头内的所有物了。

6 月 6 日写于利多 14 医院

6 月 12、13、16、17 日《大公报》

（十一）加迈孟拱战役

自从写过那篇《苦雨南高江》之后，南高江畔的季雨，更是一发不可收拾。起先，雨水还不过在河床里面陡涨，后来突出两岸，作无边无底的泛溢。孟拱河谷本来就狭隘，这一来，整个变成水的世界。从飞机上望下去：下面是水和树，树和水，浸在水中的树和淌在树中的水。这种景象，如入鬼乡。我们在河谷里面，看到工兵队辛苦搭成的桥梁一座一座地被水冲去；水再涨起来，每夜帐篷要搬动两三次，很多小丘陵成了孤岛。公路变成一段段污泥了，飞机场要待晴天才可以着陆了，最后，除了几艘汽艇之外，整个交通系统都陷于崩溃了。

但是，缅北之战已经进入最紧张的阶段。驻印军主力沿着河谷奋战七个月，倘使不能到达铁道线，干脆就要全功尽弃，另一方面，密支那的奇袭部队势成孤军，而且有被反歼灭的可能。所以：兴废存亡，系于此战。

大家都很紧张：军长刚从后方视察回来，又立刻飞赴前线。孙、廖两师部，也逐日在敌人炮火射程之内推进。C-47 式的运输机冒恶劣气候昼夜飞行（补给全赖空中投掷），失事坠落已经发生多起。炮兵阵地里面，掩体和弹药掩蔽部都像污泥糊成的，幸而有不漏水的纸壳弹药筒，炮弹得而无恙。树枝上纵横挂着橡皮布，每个官兵穿着透湿的衣服，靴底上结成大块污泥，在丘陵的斜坡上一步一蹒跚。只有炮口音还是那么响亮，每一震动，把邻近树枝上的积水都抖下来，然后弹道波在潮湿的空气里直划长空而去。

公路上，好几部指挥车陷在深泥里，看样子已经被困多日。车上偶然还有一个士兵，他的一身湿透，头顶上便是帆布篷凹着的积水，但是他一点也不关心，只用冷漠而忧郁的目光看着辎重部队的同事们。那些官兵们，从钢盔、面孔上，以致全身服装都沾满着污泥，现在正牵着骡马在尺多深的泥浆里面挣扎，每个人的目光都是冷滞而萧瑟的。

再前面，便是芦苇和池沼，丛树与荒丘，步兵勇士们在这阴沉沉的天气作生和死的搏斗。左面的库芒山和右面的沙逊山，现在都笼在烟云里。烟云下面也遍处是新三十八师和新二十二师的战士，他们从利多出发转战到这里，已经半年多。半年多的经验，使他们觉得冲锋陷阵，并没有在这泥泞而长满着丛莽的山坡上攀登着更可怕。多么愁闷而霉暗着人心的天气啊！我们代表着人类忍耐的最大限度，可是，这限度也快要被突破了。

只有高级将领的心头并不黯然。他们静心读着透明纸上的态势图。以态势论：敌人和我们南北对峙，南高江把彼此的阵地劈为两半。两岸地势太低湿，我们只留置了一部分兵力，主力已经向左右山地延伸。这种延伸完成，很能够将敌人一举包围，只是这些山地很陡峭，攀登迂回并不容易。以补给条件论：我们依赖空运，他们有铁道线，彼此的利害参半。以数量论：原来相差无几，作战7月，死伤相继，彼此的情形也不相出入。但是最近敌人得到大量的增援，第五十六师团的一部已经出现于战场，第二师团的第四联队和第五十三师团的主力也将于最近到达，很有推翻均势的可能。如果我们要保持攻击的威势，还应当投入新锐兵力。现在我们总算增加一团生力军；局势既然如此紧张，我们不能再错过战机。要快！快！快！印缅区的雨季里，气温却仍旧燥热。这种潮湿而又燥热的空气令人心慌，高级将领们虽然乐观而自信，那种“要快，赶快”的情绪却笼罩着整个司令部。

这是“躁急的6月”前的一般景象。

躁急的6月终于被打开了。右翼廖师长麾下于5月30日突破马拉高敌主阵地，敌人在这一带盘桓近月，最后不得不狼狈南窜。这天以前，敌人以堂堂之阵和我们在河谷里持久抵抗，从此之后，他们就被驱进加迈公路曲折部的盲肠内，完全失去斗志。

左翼孙师长麾下在南高江以东占领三千二百英尺高的瓦兰山顶以后，全部兵力也兼程南进。西汤支队以一团不到的兵力在丛山之内奔突4日，5月27日，全支队游泳而达南高江西岸，占领加迈以南七英里的公路要点西汤，并且迅速向南北两端席卷，当日就控制公路长达四英里。他们这样突然出现，使敌人不得不惊惶失措：很多部队正在开饭而毫无警戒，一时空袭警报齐鸣，敌人居然把支队当作降落伞兵！到午后，支队更蹂躏到敌人的重炮阵地，虏获十五公分重炮四门。

局势既然急转直下，高级将领的乐观与自信更加充沛，士气也更为旺盛。孙师长几次来电：只要派一部分兵力来接守后防，他的部队不仅可以打通公路，并且可以南下孟拱。廖师部的幕僚会议，决定以强大的兵力侧敌行。军长也亲赴廖师部。驻印军的兵力，至此展开到最高度，各部队都没有控制什么预备队，就一线成凵字形，在遍地泥泞中向南运动。

大雨仍旧倾盆而下，部队行军速度是每六小时一英里。三十八师已经有弟兄三名失足掉在泥渊中，以致窒息身死。这一军两万人，在透明图上构成“有利的态势”。可是对我们每个兵员讲，我们这些“有利的态势”是纵横踯躅于山巅谷底，每个人泥浆到顶，一列列地人倒马倾。对高级将领讲，这是孟拱河谷的最后一战，不是大捷，便是惨败，这中间毫无圜转之余地。

6月1日到3日，廖师的右侧支队由右迂回成功，在加迈西北截断公路和附近的小径。经此一役，加迈两端都入我军掌握；而敌人十八师团主力还在以北的索卡道一带山地，前面既被我正面部队压迫，后方交通线又经遮断两处（另一处在西汤），已经陷于死地。右侧支队一面在公路上布置障碍，一面向南亚色一带搜索前进，担任阻塞公路的这一营于1日到6日间，曾经被敌人两个大队兵力反复猛扑。我官兵虽然弹缺粮少，完全没有重兵器，增援的希望又很渺茫，仍然死守道路不退，以致敌人由北向南打通退路的企图始终不逞。4日以后，我们正面部队再把逐连逐排的兵力加入火线，加紧向南的压迫，并且各单位再分段派出截击队，到处设伏，使盲肠内的敌人处境越加狼狈。7日，我军已经摧破敌人的抵抗，并且击灭以工兵队组成的残敌百余名。到黄昏，发现敌人炮兵阵地。激战一昼夜后，占领整个炮兵阵地，虏获一零五重炮四门，山炮六门。9日，正面两翼队和担任截路的右侧支会合。一旬之间，十八师团的主力就此瓦解，残存兵员不过三五百名（根据俘供），在毫无组织之下，各自向山林内逃命。

在廖师肃清盲肠时，孙师的西汤支队也陷于苦战。西汤支队迂回更远，楔入更深，到达更早，也更使敌人感到痛苦。所以敌人曾集结公路南北两端的兵力前后夹击，一定要恢复赖以生存的交通线。西汤剧战之日，敌人曾以一个联队兵力，附重炮四门、野炮十二门、速射炮十余门和轻战车五辆由南北两端同时猛攻，我军数量火力两居劣势，犹不得不两面作战。5月28、29两日，支队南北两端告紧。幸亏各队都能倚借地势，发扬火力，敌人攻势都被击退。

6月1日，敌一大队向我南面阵地攻击三小时，被我军击退，敌遗尸达五十余具。午后四时，企图秘密迂回阵地左翼，反被我军袭击。再拟封锁支队通后方的渡口，又被我军发觉。同日敌一大队凭借各种炮火向向北防御的第三连猛攻，也未得逞。2日清晨，敌再向第三连攻击。一日之间，冲锋达十四次。我军弹药过少，又无炮火支援，以致连长殉职，第一排与敌肉搏五小时，在毙敌八十名之后，亦复全排牺牲。当时形势一度危殆，第三连死伤过重，被迫稍向南撤。而敌一中队，又追到该连侧翼，幸经第一连发觉，以火力反包围将敌队形击溃。从此之后，敌人犹复昼夜攻击，支队在凄风苦雨、死伤枕藉之下被迫两面迎战。到6月5日，支队原属的第二营由东岸归还建制。西汤支队突然得了这批生力军，信心更加坚固，又继续支持到9日。这时候索卡道的盲肠已经肃清，全军准备捕捉加迈袋中之鼠，敌人亦复觉悟击灭西汤支队为不可能之举，战事才稍沉寂。

西汤支队和右侧支队的孤军奋战，对于全军以及全战役都有决定性的影响。他们不仅牵制敌人兵力；并且破坏了敌人的计划，使敌人纵有优势兵员与火力，无法集结使用，不能形成重点，构不成有利态势，只能放弃主动。试想在那样阴风霉雨的季候里，我们部队前后散置在泥沼内外，不是他们那样积极有企图心，能够艰苦奋战，让我们主力按敌人的计划一步步走进火网，会招致如何严重的损害！

就在这一星期之内，孙师的一团乘势向南突进，占领巴棱杜，瞰制孟拱城。孙师的另一团肃清南高江东岸残敌，追迫到加迈对岸的支遵。廖师各团也继续分段席卷。“凵”字队形已经扼住加迈四壁。5月15日，“凵”字队形变成“○”字，支遵一带的我军以橡皮舟开始渡江，廖师长各部也深入加迈西南。西汤支队同时奉命转移攻势，“振臂一呼，创病皆起”，一日之内，击毙敌第四联队第一大队长增永少佐以下百余名，由南向北，所至披靡。16日各队向核心工事区冲杀，几经肉搏，遂于十三时占领加迈。这地方是敌人一年以来转运补给中心，累存的粮秣被服不可胜计。一年以来，敌情图上总是把这地方画成一个很大的红圆圈，现在总算改成蓝色队标，表示我们已经扫穴犁庭了。

这时候孟拱的敌军还有第五十三师团的主力，兵力虽多，举棋未定，一面对北要防御我军南下，对西南又要应付铁道线上的英军。炮兵联队长高见量太郎等部队未遑集结，只顾良肴美酒，一味责怨部下。一部分兵力原拟增援密支那，半途又折回孟拱，我们勘破敌人这些弱点，决定放胆断行，奇袭其最感痛苦方向。

6 月 16 日夜，大雨滂沱，遍处泥泞没膝。孙师在巴棱杜的一团轻装南下，几经绕路旋回，于 18 日晨到达孟拱东北二英里半南高江的北岸。当日江水陡涨，河幅宽四百码，并且水流势急，这一团人以一日作渡河准备，居然于当晚到达孟拱东北，敌人还未发觉。20 日晨，敌军正攻击英军，使其被迫后退，我军突然出现于两军侧翼，使敌人仓皇之下，溃不成军。北岸我军也策应佯攻，使敌人不知措手。南岸这一团人在敌人混乱之下迅速旋回展开，配备少数排哨阻塞东北，主力由东北绕南而到达孟拱西南，然后对孟拱城猛攻。23 日，已经占领火车站及城区一半。敌军退守西北隅顽抗不去，巷战两昼夜后，我军才收复这缅北名城。

加迈、孟拱战后，缅北之战才算得到决定性的胜利。驻印军在铁路线上立住了脚，生住了根。但是我们付出的代价不算不重大。战死战伤的不用说，即以未列入死伤数内的官兵，所受的痛苦，也非言辞得而形容。军长于 6 月 18 日到加迈，慰问各单位官兵时发现很多弟兄两月之内不曾脱过鞋袜，并且长久浸在泥浆水泽内，再脱下鞋袜时，脚上的皮肤附在袜子上整个地被撕下来。

敌人，尤其是十八师团的敌人，已经在战场上和心理上都被击败。这次战役他们集结了十八师团百分之九十的兵员，五十三师团的两个多联队，和第二师团的第四联队，火炮之多，也超过我军。结果这样被分段围歼，实出意料之外。到孟拱攻下时，我们计算虏获，第十八师团和第二十一重炮大队的重榴弹炮、野炮、山炮都全部在内！（全战役我们虏获各式火炮六门，各式车辆六七部）并且俘虏田代一大尉以下七名，也为战场上罕见之举。

6月底到7月初，每日都可以捕获俘虏。有些敌兵穷无所计，浮在木板上顺流而下南高江，希望在下流可以归还敌队，不时被我们捞获。有些逃散在山林内被嘉亲人捉着缚住。也有些在向土民乞食的时候就擒。甚至部队里的伙夫勤务兵都呼唤着："到山上捉敌人去！"他们以捕俘请赏当作狩猎一样的游戏。每日夜枪声不绝，后来廖师长甚至下令："每次鸣枪，一定要缴去一名俘虏，否则即为无故鸣枪，应受处罚。"

这些俘虏，对他们的官长一致痛恨：五十五联队的士兵骂他们联队长山崎四郎是一只木脑袋。一一四联队的士兵说他们的联队长丸山房安作战时还带着一位美貌的慰安队长。五十六联队的士兵对他们的联队长最为愤激，这位长久竹郎大佐，在最后我军合围要完成时，收集部下一百多人，连伤病的都在内，要他们死守一个山头，他自己马上下过命令就趁机会先逃走了。

敌人留下的物资，也多得不可胜计。很多日子，我们弟兄都拥有日本军毯，享受日本米饭以及海带、酱油粉等。即以我军收集的文件而论，大的篇订成册，哪一个队职官长曾受几等勋，哪一天升中佐，哪天向经理科领了多少出差费都赫然在目。我们的情报参谋皱眉："我们只管野战参谋业务，要这样详细的资料干什么？"

战役结束了，大家对敌军的估价：第十八师团总算还不错，以一对一还能和我们支持半年。可是这一次终于被歼灭。第二师团和第五十三师团未免太差劲了。

8月14日，中美混合机团的朋友们在印东基地庆祝空军节；他们邀请我们去玩，我们一窝蜂似的拥去了。

一到那边，我们才发觉他们几十个队员们住在草地的帐幕区内，连一个勤务兵也没有。我们这一群内还有两位将官——龙师长和盛书记长，他们自队长以下给我们以优渥的招待，忙得每个队员都当差，我们感觉得不安之至。于是我们到外面乱跑免得太麻烦他们：朱参谋找到了一位飞行员，是他军校时候的同学，他们去谈空军里的生活去了。小钟到飞机场去看P-47。我不知如何钻进美国帐幕区，被一位照相专家吸引住了，他说他是航向员，照相不过是玩玩，但是事实上他担任拍摄全队的生活照片。

等到回到他们的餐厅时，朱参谋已经收集了很多资料，他就在一个角落向我们广播。他说：这些队员都在美国受过训，他们的待遇不过和陆军差不多，他们自作战以来还只掉过一架飞机，没有损失过一个人员，他们的军士级人员都戴人字臂章，和美国军士一样，不过质地是红的。

他们的中国队长是吴超尘，最近才升少校。我说好像在哪里看见过他的名字，但是记不清在哪里了。这位队长身体不高大，说话的时候也是柔声柔气的，和美国队长（也是一位少校，他的名字我忘记了）的粗肥体格成一个强烈的对照。说到这位美国队长，令人不大相信他是一位飞行人员，看上去年龄在三十五岁左右，体重起码有二百五十磅，眼睛是大而蓝的，面颊是红的，就像一位惯喝啤酒的中年人。但是他的精神非常好，工作效率非常高，那天，他自己就亲自率机群去轰炸，听说他历来常常如此。

还有中国方面的张副队长，是一位热情流露在外面的东北青年，他曾亲自驾车邀我们参加庆祝会，并且一块去找新六军商借军乐队和向汽车兵团请业余剧团参加表演。所以我们好像很熟，真想不到这次一晤面，我们就生出了这么多事。当时他又替我介绍他们队里的作战参谋崔上尉。崔上尉是八一三以来的老将，他和我们谈淞沪和武汉时代的古战场，以及后来在成都驾轰炸机逃警报的险遇。他又感慨地说，他们在陆军里的同学，都当少将了。我们很同情地说，我们觉得你现在的地位比陆军少将好。

在他们的餐厅里我们还认识了美国方面的作战参谋（他们叫做OPERATION OFFICER）西格菲司上尉。这是一位浅褐色头发，淡蓝眼睛的小孩（大概二十二三岁），他不大说话，但是他的精力到处想找地方发泄，看着他静静地坐在那儿，可以窥见他的内心正在想着什么激动的玩意。后来我们听到人家说：他是十四航空队里的出色人物，有炸沉敌人十四条舰艇的纪录。但是看他的样子不过是一个带稚气的青年，顶多不过是一个棒球选手而已。

九点钟左右，他们集合升旗，什么东西都是双份：中国国旗，美国国旗，中国空军旗，美国空军旗，中国队长和队员，美国队长和队员，中国和美国军士，跻跻跄跄，站满了一大坪。所不同的，我们有两位将官率领着我们观礼，他们没有；他们找来了几位美国飞行护士小姐，我们这边没有。

升完旗之后就举行纪念仪式，这种仪式单调而冗长，完全是中国式的。一下稍息，一下立正，美国带队官不懂这些礼节，就只好看着中国队的动作，有时候也不免做错，而适得其反。太阳越晒越厉害，演讲的越来越多，美国朋友们听不懂，也耐不惯，有些顽皮一点的军士就慢慢地、很自然地坐在地上了，还有些也不报告，就径自走了。这里可以看出中国人的刻板严厉和美国人的活泼随便。我不在这里讨论哪一个好，我只记得去年，我们在德里参加联合国日的时候，全典礼只有国旗、军乐队、五光十色的制服和轻快的纵队行进，没有一个人演讲。我觉得，我们国际性质的集会里所有的仪式还是轻快一点的好，就是纯粹中国人的集会里，最好也弄得简单一点，请演讲的时候尤其不要把所有有地位的人都拖出来应酬一下，因为在台底下肃立听几小时的味道实在不好受。

好容易典礼完毕，我们回到餐厅，崔参谋告诉我，他们今天下午还有任务，恐怕要派飞机出去轰炸。很早以前我就希望有机会随机观战一次，因为地面战斗我已经看得够了，总不能脱离那一范畴。空战，轰炸，这是多么有刺激性的节目！五千英尺的灵感，高速度里的偶然性，简直要使我们心醉！恐怕那天是中国空军节，他们对于观战的座席特别慷慨吧。我们和崔、西格菲司商量，西格菲司去请示。回头他告诉我们，陆军方面的同事们如果想去观战，你们可以去五个。他还把左手五个指头伸出来，用中国话讲：“五个！”那一下使我们高兴得几乎跳起来！

朱和小钟还在帐幕里休息，我跑去大惊小怪地告诉他们：“喂，他们去轰炸，我们可以坐他们的飞机去，还有座位，你们去不去？”

他们当然说去，我们六只脚板劈劈颇颇地跑回餐厅，马上跑去报名。

五个人已经足数了。第一个是吕德润，那时候他还在军部兼秘书，他比我们先来一天，到此的目的就是随机出征。此外就是我们三个和凌课长。凌课长天性好动，好奇心比任何人都大。据说在利多的时候，无论是谁的车子，也不管开到哪里去，只要给他碰到了，他总要跟着去，这次他更没有不去的道理。

西格菲司一定也很赞成我们这种莽撞，但是他笑着说："你们四个人可以随着编队参加中空轰炸，一个参加低空轰炸……"

他的话没有说完，凌课长抢着说："那么我参加低空轰炸。"

西格菲司接着说："低空轰炸是去破坏腊戍附近的一座桥梁，炸完就走，非常危险……"但是凌课长接着："Me — Low — Altitude."

我想和他妥协："课长，西格菲司上尉讲低空轰炸很危险，你是一个课长，出了事不大好；并且，我这里有照相机，让我去算了吧，拍几张照片回来大家看看……"

但是他干脆坚持着："我去低空。"

我真后悔在利多的时候不该把空军节的消息告诉他，假使在平时，我一定要和他争执辩论一番。但是现在许多人面前，他是中校，我只有尊重他的意见。于是他一个人参加低空轰炸，我们大伙参加中空轰炸，事情就是这样决定了。

三、滇西远征军在滇西缅北战役

白崇禧

敌第三十三军司令部以本多政财为司令官，指挥第十八、五十三、五十六等三个师团，及独立第三、三十四混成旅等部，对缅北盟军滇西之远征军作战，企图阻止国军援缅，及截断中印联络。1944 年 4 月，敌以五十六师团主力及五十三师团之一部，占领腾冲、松山、平戛、龙陵、芒市等要点，加强工事，阻止我远征军西进入缅。

我滇西远征军为协同盟军反攻缅甸，并肩作战，并打通中印公路，接受军援，拟先肃清滇西敌人，遂于1944年5月10日拂晓，以五十三军、五十四军及炮、工特种部队为攻击兵团，先后攻克马面关、桥头、片马、固东街、江苴街、象达等处（此时远征军多美式武器装备，火力大增），进展顺利。我远征军为扩大战果，乃于5月22日全部渡江，增援至前线，并区分为第二十集团军，指挥第五十三军、第五十四军及预备第二师为右翼军，其攻击目标为腾冲；第十一集团军为左翼军，指挥第二、六、七十一军，以龙陵、芒市为攻击目标，陆续占领腊猛街、镇安街，曾一度攻占龙陵城。此时值滇西雨季，人马运动困难，后方补给不继，至 6 月中旬后，敌集结残部企图反攻，与我鏖战于龙陵、松山、象达、平忧等处达三月余之久，敌人于腾冲、龙陵、畹町、松山皆筑有强固工事，尤以松山工事最为坚强，我军每攻下一处，皆牺牲很大。我第七十一军及新二十八师围攻松山时，经五次进攻，后由第八军再以九次之连续攻击，使用兵力达三个师，历时三月，始将敌核心堡垒占领，敌守兵一大队歼灭，而我牺牲很大。

右翼军以第七十一军荣誉第一师、新三十九师于8月中旬围攻龙陵城，将外围据点占领，后敌增援反攻，所占外围尽失，迨我援军一九八师、二百师到达，再兴攻势，经五昼夜之激战，始将敌人包围。敌为避免全军覆灭，向南坎溃退，我于11月3日占领龙陵城，继续追击。11月20日，我占芒市，敌退出畹町，拟在滇缅国境交界处与我决战，我左翼第十一集团军全部及五十三军继续向敌攻击，经二十五昼夜之激战，双方仍在搏击中，后因我驻印军于1945年1月15日占领南坎，继续南下，敌为避免全军覆没计，乃突围向西南溃退。我于1945年1月19日占领畹町，并追过国境，我五十三军一部与驻印军、盟军于芒友会师，中印公路完全打通。

远征军全部战果统计：伤毙敌4885人，俘敌647人，虏获步枪2644支，轻机枪601挺，炮150门，战车12辆，飞机3架，汽车606辆，马1430匹，其他零星军用品甚多。

四、远征军和驻印军与敌作战总检讨

白崇禧

（一）敌方

敌为切断我滇缅路唯一国际路线与阻止我军援缅，及策动印度独立，始用四个师团，其后继续增至八个师团，配属海空军，将滇西、缅北占领，且一度攻进印度之伊姆法尔。在初期，因盟军准备未周，协调不良，故遭挫折；迨国军在滇西得美械补充，于印度兰姆伽基地得美陆空军器配备，并加紧训练，反攻滇西缅北时，敌在缅防线太长，备多力分，处处防御，陷于被动，故滇西、缅北二战场皆为盟军击破，敌损兵折将总在五万人以上，元气大伤，我打通中印公路以代

敌占安南、马来亚时，泰国即倒向敌方，且出兵缅甸助日。此时，敌若想断我滇缅路国际交通，可由新加坡海军基地，宣布以海军舰艇封锁仰光，阻截船舶来往。相信可达成此一目的，因当时英在远东主力舰“韦尔斯亲王号”“却敌号”已在新马海面遭敌机炸沉，而美国在太平洋舰队于珍珠港偷袭后，多数毁坏，英、美其余海军主力皆在大西洋以对付德意，实无力东顾印度洋，故日本只用新加坡基地，以相当舰艇即可封锁仰光，断我滇缅国际交通，不必兴师动众。敌占领滇西缅北广大地区，失制空权于盟军，故我反攻时，敌军损失过半，证明其战略错误。

敌人若仅以海军封锁仰光，不用陆军登陆，则英国不会向我求援，

美国也不会参加滇缅之战，如此显于日本有利，此为其战略错误。以上三项为我本人当时之感想，今写回忆录，顺便提出。

敌自仰光登陆，于滇缅路作战之初，仅以四个师团配属优势空军，向滇北缅西攻击，即占领滇缅各要点，所向无敌，此为敌武器、装备、训练皆优于我，并有优势空军支持之故。即按兵力数量而论，敌四师团共约九万人，并不比我远征军三个军为少，而敌之武器装备较我优势多矣。

远征军反攻滇西缅北之役，敌第五十六师团有一联队守腾冲，我以四个师之力围攻，历时两月，始将敌消灭；敌步炮各一大队守松山，我以三个师之力，历时三个月，始将敌歼灭，占领松山。敌虽歼减，我军亦伤亡枕藉，付出代价甚大，足见敌有与阵地共存亡、死守不退之决心。

缅北滇西之作战，敌以在缅主力向缅西推进，以试探性攻击向印度之伊姆法尔进攻。当时印境空虚，故甚感恐慌，其实敌以攻为守，并无占领印度之力，以后敌因攻入印度未有如何之反应（叛英），乃自动撤出印境。

敌步炮联合约三千余人，死守密支那城，经我军两个多月之围攻，全部被歼，此证敌有与兴城共存亡之决心。

自我滇西远征军及驻印远征军反攻滇西缅北以来，以有美国补充武器装备，火力优于敌人，再加美空军大量之增援，故盟军掌握全部制空权。而敌人战线太长，备多力分，处处陷于被动，此为其失败最大原因。当时日本东条式飞机已为美国产 P–51 驱逐机所制服，美国并有 B–29、B–25 轰炸机等攻击利器，在缅甸崎岖山地轰炸敌人代替炮兵火力，敌空军处于劣势，此亦敌失败之主因。

（二）我军

我应英之请求，派遣远征军入缅作战

我军入缅初期，因与英军协调不良，当敌自仰光登陆向北挺进时，英军避开正面，退守铁路以西，使我军首当其冲，因我准备未周，又系远行军，故处处被动，受敌攻击。其后敌以战车隔断我联络与退路，我军在曼德勒以南失败后，本拟撤退回滇，因后路断绝，仅小部撤回滇西，

多数向印度利多转进，沿途山路崎岖，人烟稀少，我军饥寒交迫而死者甚多，但无一投降者，此乃革命精神之最高表现。

第三军军长杜聿明，练兵作战均有成绩，此次远征入缅，因与友军协调不良，故遭挫败，其所属二百师师长戴安澜将军于退却时，与敌搏击阵亡，甚属可惜。当时罗卓英将军为远征军指挥官，我军因无制空权，战车为敌优势装甲所捣毁，阵线不稳，故伤亡很大。

远征军协同驻印军反攻滇西缅北

远征军此刻已全部换用美械装备，效力加强，战斗力也随之大增，唯训练方面比不上驻印军，故战役之表现不及驻印军出色。

由陈纳德将军所率之空军飞虎队，其司令部在昆明，此系美国罗斯福总统有意援助中国，故采纳民间建议，组织志愿空军而来援助中国。飞机之作战，性能第一，当日本东条式飞机一出，我俄式 E-15、E-16 驱逐机简直望尘莫及，迨飞虎队到来，拥有 P-51 驱逐机及驰名国际之 B-25、B-29 轻重轰炸机，性能皆远超日本，我空军之劣势顿时改观，远征军因得飞虎队之支援，掌握制空权，故于地面作战大为有利。

当我远征军攻打盘踞缅西之敌时，在敌缅侧面之驻印盟军，为数虽不多，由西向东攻击缅北，使敌侧背受威胁，精神打击甚大，敌恐后路被截，心理因而动摇，故我得占便宜。

远征军反攻滇西时，有几个据点，遭敌顽抗：一为腾冲，敌以一联队防御，我动用三师以上部队，历时两月始攻克之；一为松山，我以三师人马，费时三月，始将敌守军步炮各一大队完全消灭。敌此种与阵地共存亡之精神，使我牺牲很大代价。腾冲、松山两据点之攻克，与畹町城之驱敌，得力于美械装备甚大，最重要者为飞虎队制空权之掌握，使我安心在地面作战，故能将滇西境内之敌完全扫荡驱逐。远征军且与驻印军在芒友会师，使中印公路打通，以接受美国军援，增强我整个抗日军事力量。

中印公路由滇西远征军与驻印盟军双方之协同努力，以军事力量扫除滇西缅北之敌，以机械化工兵使用开路机器，将绵延崎岖之山路辟成公路，并铺设油管，由印境通过缅北、滇西直达昆明，供输汽油，供我空军、陆军战车、汽车以及民间之使用。盖汽油与军事，若血液与人身，至为紧要。

我国产汽油甚少，据我所知，已发现者有玉门油矿，但产量有限，距前方所需相差太远，因炼油机器、技术落后，炼出之油，杂质多，发挥力小，不适飞机之用。当敌将我国际交通线封锁，汽油供应困难时，我曾以酒精、木炭为代用品，充燃料以供汽车之用。在中印公路未开通前，曾以飞机由印度越喜马拉雅山驼峰空运，唯数目有限，情形极为艰苦。后中印公路通车，又有油管供输，效力之大与前相较，有如天渊之别。

我驻印军编组训练与补给

我驻印军原由第一次远征军司令官罗卓英指挥，共辖三军，因在缅北作战失利，归路为敌截断，除二百师、九十六师退回滇西外，其余各部沿途饥寒交迫，死亡甚多，遂退入印度之利多，编成新编第一军，辖新二十二师及新三十八师。1944 年 4 月，由国内空运第十四师、三十师、五十师到印，统归史迪威将军指挥，以后此五师编为两个军，新一军以孙立人为军长，辖新三十师、新三十八师，附战车一营；新六军以廖耀湘为军长，辖十四师，新二十二师、五十师及炮兵、重迫击炮各一连。

我驻印军训练基地，在印度东南之兰姆伽，由史迪威将军调来美军教育干部担任训练。美国陆军训练方法，多半采自德国，盖世界陆军之强莫过于德国，若干美国高级将领如魏德迈等皆留学德国。美军官兵平时生活虽似自由，但基本训练或战斗训练之要求皆很认真，对命令必须绝对服从。

美国担任训练，所用武器、装备、弹药全由美军供给，极为丰富，实弹射击，其使用弹药绝无限制。以炮兵而言，每年有二十八次之练习射击，驻印军在印三年期间，一团炮兵所射击之练习弹共有四万发之多，数目相当可观（据说德国军官以每人亲眼看过一万发炮弹之爆炸为标准）。而步枪之射击，更是漫无限制。此虽看似消耗浪费，实有其代价，盖平时多练习，战时命中率自高，杀伤效力亦大。美国炮兵射击，以营为单位，行面的射击，若欲毁坏敌人某一据点工事，视多少炮弹能将此一据点面积填满而破坏之，方为满足。有一次美国炮兵顾问至贵州之都匀炮兵学校视察，见该校训练单炮射击，回来笑对我说："现在单炮射击已不用了。"其意此法已落伍，且效力甚微，我说："我们的炮与弹有限，不得不如此，但单炮射击有时也有用。以昆仑关作战来说，我军以单炮在侧面阵地射击敌之反斜面阵地而收战果。"

当时驻印军编成一百零五榴弹炮两团、一百五十六榴弹炮一团共三独立炮兵团。每师有炮兵一营（规定为山炮，但新三十八师为一百零五榴弹炮是例外），步兵三团，工兵一营，通讯兵一连。每营除步兵三连外，加一重武器连（有迫炮排，重机枪排，无后座炮排）。每连除轻机枪九挺外，尚配备有六十迫击炮，火焰喷射器。火力之强，至少与敌相等或有过之，再加战车与空军之支援，故火力能够压倒敌人。

当时空军有性能优越火力高强之 P-51 驱逐机可制匪敌东条式飞机，有携带五百磅或一千磅炸弹，破坏威力极大，可代替炮兵之 B-25 轻轰机；另有速度快、双腰身的 P-38 侦察机，为侦察利器。

驻印军训练时，有充分之弹药供给，作战时除优势之装备外，有充分之弹药补充，故可以火力压倒敌火力。此外又有优势空军及优良战车之支持，故能以速度压倒敌速度。前曾述及现代战争，是以火力压倒火力，以速度压倒速度，以纵深突破纵深，现在我驻印军已具备两种优势，至于纵深之突破，只有待于作战时之运用而已。

驻印军曾先后将顽敌所占之孟关、孟拱、密支那、八莫、腊戌等要点攻陷，或歼敌全部或歼其大部，或使敌溃不成军，所向皆捷，将敌使用在缅之各师团击破，我驻印军反攻缅北之役先后两次，若敌、我兵力相等，则我军之战力与敌相等或有过之，此种战例，在国内几乎绝无仅有。

驻印军每一官兵每日至少有半斤肉类，尚有蔬菜、巧克力、香烟等物，因此反攻缅北之役，官兵皆人强马壮，此亦增加战力之一种。在远征军未出发前，英国为求我出兵，由印度总督魏菲尔派来一代表到重庆，与我国商谈，对我入缅之远征军给养由英国代办，物品由美国出钱作为美国军援，当时我奉命接待，与他洽谈，他曾问我：“每天每人六两肉够否？”我想到国内官兵每天哪有六两肉吃，因此不觉莞尔一笑。这一笑，对方以为我还嫌少，可见他们营养之丰富。

（三）记一些事

史迪威将军担任中印缅盟军总指挥，指挥队伍以国军为主力，英、印、美军次之。至攻下密支那后，史迪威曾回重庆一次，当时他请我吃茶，聊天，我问道：“你指挥的几国军队中，以哪国战斗力最强？请你客观地说说。”他回答说：“美军第一、中国第二，印度第三。”

史迪威在反攻缅北战役中，常以团为单位，直接指挥中国军队，置团以上指挥官及其机构于不顾，不仅破坏建制，且对我高级将领有轻视心理。

印缅两地原始森林甚多，有恶性疟疾蚊虫，被咬者发高烧，破坏红血球，重者致死。军中特备头罩（两眼可望见外面），以供夜晚宿营与守卫带用，并擦有避蚊油。再者森林内多蚂蟥，常咬伤行人，又据说猿猴千百成群，常围攻人马单少的送食者，此乃有趣之新闻。

当欧洲战场意军求和德军将要崩溃时，印度总督魏菲尔派来一断臂将军到重庆，据称英国原预备可供四十万游击队用的轻武器，拟投给欧洲反纳粹的国家，因欧战快要胜利，德国即将崩溃，如此一来已不需要，拟转送我国以做抗日之用。该代表先与外交部长宋子文谈及，宋再与魏德迈说，而魏不肯，他说：“这是英国人慷他人之慨，英国的武器取之我们美国，你们若要，直接向我们讲。”英代表事后反驳说，这批武器是英国制造的，希望经由飞机或公路送给中国，而魏德迈始终反对。

又当时，我国送海军人员赴美受训，美国补充我战艇，英国丘吉尔也补充我一艘七千吨重之巡洋舰、两艘驱逐舰、四艘潜水艇，而美国即责难英国谓：“太平洋海军由我美国负责，中国不需要潜艇。”游击队武器不愿我们接受，舰队也不许我们补充，美国人不许我交结第二个朋友，这真是奇怪的了。

五、美军战俘眼中的远征军将军

我是一个第二次世界大战被日本人关押在缅甸仰光二十一个月的战俘。我正在写一本有关中缅印战区和仰光战俘营的书。这里的战俘都是美国人、英国人、中国人和印度人。

这里的战俘营里有许多高尚的人，其中一位就是中国少将齐学启（H.C.Chi）。他是1942年上旬在缅甸战役中指挥一个师作战时不幸被俘的。那时他们驾驶一条小船渡河（乌尤河，在印度缅甸边境，编者注）逃走，但是他被对岸敌人机枪击中负伤，在这次越狱行动中，只有将军和一个士兵是幸存者（注：他并不是越狱，他就是和伤病员在过河时被俘的）。

齐将军原在美国和日本接受教育，他的英语有一点口音。他可以用英语和日语阅读、书写和与人交流。他是战俘营所有各国战俘的灵魂人物。

日本人要齐将军保证今后不再越狱，同时企图要他在电台上做叛国宣传。齐将军平静而断然地拒绝了。后来The Kempei Tei（日本的宪兵组织）也来威胁他。长时间不给他食物，最后甚至断水。面对这一切，齐将军一直保持平静和自信。在监狱里，难友们都传说齐将军和蒋介石将军有特殊关系，说蒋将军的前妻和齐将军的妻子是亲姐妹，她们都姓普（Po）。

有一次，日本人的傀儡——南京汪精卫政府派员拜访齐将军。他们的目的是希望齐将军站到他们一边。有难友说亲眼看见一个南京高级官员来找齐将军。他们把他带到外面一个城市里，请齐将军洗澡并用上等菜肴款待他，然后和他谈话。

他们说他们来是为了请齐将军加入在“仁慈的”日本人领导下的中国新政府。要求齐将军签署一个协议，他就自由了。将军淡淡地拒绝了。有意思的是将军在拒绝之前很客气地说感谢他们的来访和这些酒菜。这时那些来访者挂在脸上的微笑慢慢地变成了恼怒。将军脸上自始至终保持着轻蔑的笑容，表明他在观赏这场闹剧中得到了很大的享受。从那以后，将军就遭受到无数次毒刑拷打。

不久，一个晚上，将军被他手下的一个士兵刺伤了。这个士兵被南京傀儡政权收买成了叛徒。在战俘们的强烈抗议下，日本人最后同意由麦肯齐（Mackenzie）中校军医为齐将军进行手术，试图挽救齐将军的生命。但是，齐将军还是在三十六个小时后牺牲了。

在我的回忆录中将更加详细地描述这位不同寻常的人，我的书将在1996年6月或者7月出版。我希望找到齐将军的亲属，告诉他们这位中国军人是怎样的一个人。齐将军有着令人着迷的魅力和自始至终为自己的祖国效力的精神。他谦虚的品格和流畅幽雅的英文风格表现在当年他给英国陆军准将霍布森（Hobson）的一封信中。

附：

宁死不屈——中国远征军齐学启将军

1945年5月14日重庆《大公报》的仰光专电中有一段该报仰光特派员的报道：

前新三十八师副师长齐学启将军，于3月8日，为寇刺伤腹部，3月13日病重逝世，那一天，是所有盟俘最伤心的日子，他们齐向齐将军的惨死致哀，对日寇刽子手的暴行深恶痛绝。据恢复自由的若干盟国战俘对记者说，齐将军的确是中国的伟大军人，他是中央监狱里数百战俘中最受人爱戴与最能给人援助的人物，在英美袍泽的眼里，他是黑暗时期的光明与鼓励的源泉。在这三年的黑暗地狱中，他对盟国最后胜利的信念，从未动摇，并屡次拒绝了日寇“诱令”加入宁伪组织的阴谋……

齐学启，湖南宁乡人，1923年毕业于北平清华大学，复留学美国诺维琪军校，学习骑术，返国后，进入军界。1931年九一八事变后东北沦亡，他深以为耻，常说军人责任重大，“应为民族尽孝，为国家尽忠，个人之一切均在所不计”，以爱国主义激励部属。1932年一二八之役和1937年八一三之役，齐学启部都参加了战斗，屡建奇功。1938年，他去长沙任税警总团参谋长。

1942年日本帝国主义以狂猛的攻势，侵入缅甸，并扬言与纳粹会师中东。此时，中国军队远征缅甸，配合盟军，配合盟国与日军作战。齐学启在这支部队中任新改编三十八师少将副师长。1942年3月27日，新三十八师从安宁县出国，在誓师之日，齐学启将军历举古今中外远征壮烈事迹，勖勉同袍以班超、霍去病自励，最后大声朗诵“男儿生兮不威名，死当葬蛮夷域中”，全体将士激昂慷慨，声泪俱下。4月，新三十八师进入缅甸战场。

4月16日，在仁安羌北面的英军第一师及战车营，已经被日寇包围了两个昼夜，粮尽弹缺，水源断绝，该师师长斯考特将军一再告急。齐将军奉命驰援，于17日傍晚赶到，立即向日寇展开猛烈攻击。经过三天苦战，日军主力被击溃，丢下一千二百多具尸体，狼狈逃出阵地。解除七千名英军之围，孙立人将军和齐学启将军率领的中国健儿，取得了入缅远征第一次大捷。

中国军队将被俘的英国军人、美国传教士和新闻记者五百余人解救出险，并把从日寇手中夺回的英方辎重汽车一百多辆，交还英军。英军第一师官兵对此深为感激。

由于仁安羌援救英国军队的功绩，1943年，英国政府特授予新三十八师师长孙立人将军“英帝国司令”的勋章，美国政府也为此授予“丰功”勋章。

仁安羌大捷后，齐将军奉命转进卡萨、温早之间，掩护入缅中国军队转进。5月9日卡萨告急，齐将军奉命到卡萨前线指挥并负责与第五军联系。当晚十一时，在齐将军亲临前线指挥下，一一三团健儿们迎头痛击了日寇大约一个联队的第二次进攻。11日，齐将军奉命返回师部，在离开卡萨时，他去第五军军部，请求派给车辆运送伤兵，因延误了时间，一一三团已按原计划转移，齐将军与师部失去联络，遂随同第五军转进。途中遇到新三十八师在卡萨负伤官兵十八人，齐将军见他们叫痛啼饥，痛苦异常，便决定同他们一起向深山觅路西进，追寻师部。

为了重伤员不掉队，齐将军在村中买了几头牛，让他们骑坐前进，他自己则不顾多年心脏病同轻伤者一起徒步跋涉。19日到了乌有河畔，重伤官兵大都创口发炎，连骑在牛背上都不能再走。齐将军又设法买来竹子编成竹筏，全体乘坐其上，准备乘着大水顺流去荷马林。谁知23日，在荷马林上游二十英里处，突被日寇骑兵追来，齐将军面临恶境向官兵嘱咐：“昔日成功，今日成仁，此其时矣，弹尽各自裁。”在日寇的轻重机枪扫射之下，十八个人除一人落水逃生外，其余的都壮烈牺牲。齐将军头部中三弹身负四创，卧倒血泊中，完全失去知觉，日寇检得其符号，知为将官，遂为其裹伤。齐将军苏醒后，始知重伤后被俘。

齐将军决意以一死报国，拒绝换药并绝食。日寇联队长企软化，表示恭敬，齐将军斥责呵骂，意求速死。不久，被转送至日寇荷马林旅团部，敌旅团长向他询问有关情况，齐将军正色大声说："中国军人，可杀不可辱，速枪毙，勿多言！"敌旅团长故意拔出佩刀付之，齐将军即猛力向前夺刀自刺，并说："求仁得仁，又何怨！"敌人又急忙把刀抢去。后来敌人只好把他解送仰光中央监狱俘虏集中营。

仰光中央监狱俘虏集中营，关押中国、美国、英国、印度、荷兰、缅甸等各国数百名战俘，被日寇逼作苦工。齐将军经常利用时机，用英语或华语，向各国战俘讲演中外历史上的忠勇故事，中国抗战必胜及盟国最后必胜的道理，各国战俘深为感动，无形中成了大家的领袖。

齐将军被俘后，日寇转告了南京汉奸政府。1944 年 5 月汪伪政权派陆军部长叶蓬同过去与齐将军相识之汉奸一行十二人，赴仰光劝降。齐将军大声训斥："尔等腼颜事仇，认贼作父，不知人间羞耻事，夫复何言！""速去！"叶蓬等又以个人名义馈送名贵物品，多次设宴相招，都遭齐将军拒绝。结果，叶蓬等只好悻悻而去。临走前，叶蓬恼羞成怒，对中国战俘进行煽动说："汝等不能去南京享受高官厚禄者，皆因齐某一人顽固不屈之故。"

齐将军在囚三载，威武不能屈，富贵不能淫，深受中国战俘之爱戴，但也引起一小撮民族败类的不满。在中国战俘中有某部少尉排长蔡宗夫、中尉排长杜学统、士兵章吉祥等人，以齐将军一人不屈，影响他们不能达到丧节求荣的目的，各怀恨在心。先是处处与齐将军为难，甚至横加侮辱。齐将军经常以善言劝导，晓以大义，并以其自身劳作苦工所得来的工资分赠蔡宗夫等加以感化。但这些人已成日寇走狗，反而更加仇视齐将军。

1945 年 3 月，缅甸北部日寇节节败退，齐将军预感缅甸战场即将全面反攻；而蔡宗夫等见日寇有撤出缅甸模样，深恐一旦被解送回国，难逃法网。遂萌发杀害齐将军的恶念。他们曾企图用毒药暗杀，被齐将军察觉未遂。3 月 7 日，日寇最后一次对齐将军进行劝降，又被齐将军臭骂了一顿。第二天晚间，在日寇支持下，章吉祥乘齐将军上厕所时突然行刺，举刀贯腹部，伤势危重。同狱中有一英国军医上校，想尽种种办法，找来一些药品，请求为齐将军施行手术，竟被日寇制止。许多盟国战俘只得每日为齐将军之生命祈祷。由于天热而又得不到治疗，齐将军伤口发炎溃烂，于 3 月 13 日晚十时三十分去世。战俘们均表哀痛，并纷纷索取遗物，留为纪念。

抗战胜利后，国民政府曾追晋齐学启将军为陆军中将。其忠骸原厝云南沾益，后空运长沙，公葬岳麓山。谋刺将军的一干人犯也受到了应有的惩处。冯玉祥将军曾在诗中称赞齐将军："还有师长齐学启，宁死不屈世惊叹。……壮烈足称中华魂，光辉史册万万年。"